中山大学哲学精品教程

中国文化导论
（修订本）

李宗桂 ◎ 著

中山大学出版社
·广州·

版权所有　翻印必究

图书在版编目（CIP）数据

中国文化导论/李宗桂著. —修订本. —广州：中山大学出版社，2021.1

（中山大学哲学精品教程）

ISBN 978-7-306-07088-3

Ⅰ.①中… Ⅱ.①李… Ⅲ.①中华文化—教材 Ⅳ.①K203

中国版本图书馆 CIP 数据核字（2021）第 001570 号

出 版 人：王天琪
策划编辑：嵇春霞　徐诗荣
责任编辑：徐诗荣
封面设计：曾　斌
责任校对：邱紫妍
责任技编：何雅涛
出版发行：中山大学出版社
电　　话：编辑部 020-84110283，84111997，84110771
　　　　　发行部 020-84111998，84111981，84111160
地　　址：广州市新港西路 135 号
邮　　编：510275　传　真：020-84036565
网　　址：http：//www.zsup.com.cn　E-mail：zdcbs@mail.sysu.edu.cn
印 刷 者：广州市友盛彩印有限公司
规　　格：787mm×1092mm　1/16　19.75 印张　333 千字
版次印次：2021 年 1 月第 1 版　2023 年 2 月第 2 次印刷
定　　价：68.00 元

如发现本书因印装质量影响阅读，请与出版社发行部联系调换

中山大学哲学精品教程

主 编 张 伟

副主编 沈榆平

编 委（按姓氏笔画排序）

马天俊 方向红 冯达文 朱 刚 吴重庆

陈少明 陈立胜 周春健 赵希顺 徐长福

黄 敏 龚 隽 鞠实儿

中山大学哲学精品教程

总　序

中山大学哲学系创办于1924年，是中山大学创建之初最早培植的学系之一。1952年逢全国高校院系调整而撤销建制，1960年复办至今。先后由黄希声、冯友兰、傅斯年、朱谦之、杨荣国、刘嵘、李锦全、胡景钊、林铭钧、章海山、黎红雷、鞠实儿、张伟等担任系主任。

早期的中山大学哲学系名家云集，奠立了极为深厚的学术根基。其中，冯友兰先生的中国哲学研究、吴康先生的西方哲学研究、朱谦之先生的比较哲学研究、李达先生与何思敬先生的马克思主义哲学研究、陈荣捷先生的朱子学研究、马采先生的美学研究等，均在学界产生了重要影响，也奠定了中山大学哲学系在全国的领先地位。

日月其迈，逝者如斯。迄于今岁，中山大学哲学系复办恰满一甲子。60年来，哲学系同仁勠力同心、继往开来，各项事业蓬勃发展，取得了长足进步。目前，中山大学哲学系是教育部确定的全国哲学研究与人才培养基地之一，具有一级学科博士学位授予权，拥有国家重点学科2个、全国高校人文社会科学重点研究基地2个。2002年教育部实行学科评估以来，稳居全国高校前列。2017年，中山大学哲学学科成功入选国家"双一流"建设名单，我系迎来了跨越式发展的重要机遇。

近年来，在中山大学努力建设世界一流大学的号召和指引下，中山大学哲学学科的人才队伍不断壮大，且越来越呈现出年轻化、国际化的特色。哲学系各位同仁研精覃思、深造自得，在各自的研究领域均取得了丰硕的成果，不少著述产生了国际性影响，中山大学哲学系已逐渐发展成为全国哲学研究的重镇之一。

在发展过程中，中山大学哲学系极为重视教学工作，始终遵循"明德亲民"的"大学之道"，注重培养德才兼备、具有家国情怀的优秀人才。诸位同仁对待课堂教学，也积极参与，投入了大量的精力。长期以来，我系在本科生和研究生教学工作中重视中西方经典原著的研读以及学术前沿问题的讲授，已逐渐形成特色，学生从中获益良多。为了进一步提高教学质量，我系计划推出这套"中山大学哲学精品教程"，乃从我系同仁所撰教材中择优出版。这对于学科建设与人才培育而言，都具有十分重要的意义。

"中山大学哲学精品教程"的编撰与出版，是对我系教学工作的检验和促进。我们真诚地希望得到学界同仁的批评指正，使之更加完善。

"中山大学哲学精品教程"的出版，得到中山大学出版社的鼎力支持，在此谨致以诚挚谢意！

中山大学哲学系
2020 年 1 月 8 日

目 录

上 篇

绪 论 ·· 3
  第一节 文化和传统文化 ·· 4
    一、文化概念的诸种界说 ·· 4
    二、传统文化的特定内涵 ·· 9
  第二节 中国传统文化的流变和分期 ································ 12
    一、中国文化的孕育期 ·· 12
    二、中国文化的雏形期 ·· 16
    三、中国文化的定型期 ·· 18
    四、中国文化的强化期 ·· 22
    五、中国文化的转型期 ·· 23
  第三节 学习中国文化的目的、意义和方法 ······················· 25

第一章 中国文明发展的特殊道路 ······································ 27
  第一节 原始宗教的产生 ·· 29
    一、从万物有灵到多神崇拜 ·· 30
    二、从动物崇拜到图腾崇拜 ·· 31
    三、从图腾崇拜到祖先崇拜 ·· 32
  第二节 氏族制的脐带与文明的门槛 ································ 33
    一、祖先崇拜与血缘心理 ··· 34
    二、农业社会与宗法制度 ··· 35
  第三节 "人惟求旧，器惟求新" ······································ 37
    一、从家族到国家的维新路径 ····································· 38
    二、"以天为宗，以德为本"的伦理框架 ······················· 39

第二章 中国封建社会经济结构和政治结构的基本特征 ················ 40
　第一节 中国封建社会经济结构的基本特征 ················ 40
　　一、封建社会有机体的诸种再生产 ················ 40
　　二、地主经济和小农经济的互为盈缩 ················ 42
　　三、农本商末与资本主义生产关系萌芽 ················ 46
　第二节 中国封建社会政治结构的基本特征 ················ 48
　　一、家国同构 ················ 48
　　二、世卿世禄与官僚制度 ················ 50
　　三、君权至上 ················ 53

中　篇

第三章 弘扬主体精神的儒家 ················ 59
　第一节 先秦儒家人情化的伦理亲情 ················ 59
　　一、泛爱众而亲仁 ················ 59
　　二、以德王天下 ················ 63
　　三、隆礼重法 ················ 67
　第二节 汉代儒家神学化的天人观念 ················ 72
　　一、天人感应与王权神授 ················ 72
　　二、三纲五常与正谊明道 ················ 74
　　三、阳德阴刑与独尊儒术 ················ 77
　第三节 宋代儒家哲理化的理欲之论 ················ 80
　　一、"天地之性"与"气质之性" ················ 81
　　二、"存天理，去人欲" ················ 82
　　三、理一分殊 ················ 85
　第四节 返本开新的现代新儒学 ················ 87
　第五节 儒家人生哲学模式 ················ 92
　　一、儒家的理想人格 ················ 93
　　二、三纲八目与大同世界 ················ 95
　　三、内圣与外王 ················ 98
　　四、正己正人与成己成物 ················ 98
　　五、穷独与达兼 ················ 100

· 2 ·

第四章　心不逐于物的道家 ·· 102
第一节　先秦道家从无为到逍遥的演变 ································· 102
一、无为而无不为的老子 ··· 102
二、逍遥于"无何有之乡"的庄子 ······························· 106
第二节　道家思想在前期封建社会的演变及其作用 ············ 110
一、秦汉新道家的形成和衰落 ······································ 110
二、玄学的兴起和演变 ·· 113
三、隋唐道家思想的流播 ··· 117
第三节　道家思想在后期封建社会的流变 ·························· 119
一、道家思想在宋代的兴盛与儒道融合 ······················· 119
二、道家思想在元代的兴衰 ··· 120
第四节　道家人生哲学模式 ··· 121
一、道家的理想人格 ·· 121
二、不以物累形与返璞归真 ··· 123
三、无为无不为与不为人先 ··· 124
四、与时迁移和功成身退 ··· 125
第五节　儒道互补的内在原因 ·· 126
一、阳刚与阴柔 ··· 127
二、进取与退守 ··· 128
三、庙堂与山林 ··· 129
四、群体与个体 ··· 130
五、恒常与变动 ··· 132
六、肯定与否定 ··· 133

第五章　墨家思想的兴衰 ··· 136
第一节　民之"三患"与"兼以易别" ································· 136
一、忧民之"三患"的同情心 ······································ 136
二、"兼以易别"的仁爱精神 ······································ 137
第二节　利即是义与忠孝惠慈 ··· 139
一、利即是义的实惠取向 ··· 139
二、忠孝惠慈的伦理规范 ··· 140
第三节　尚贤与尚同 ·· 141

  一、人格平等的尚贤心理 …………………………………… 141
  二、天下一家的尚同精神 …………………………………… 142
 第四节 墨家人生哲学模式 …………………………………… 143
  一、墨家的理想人格 ………………………………………… 143
  二、讲求实惠的功利原则 …………………………………… 144
  三、爱心充溢的群体意识 …………………………………… 145
  四、平均平等的文化心态 …………………………………… 146
 第五节 墨家的悲剧：由显学而绝学 ………………………… 147
  一、天下尚同于天子：对平等思想的内在否定 ………… 147
  二、"和"胜于"同"：墨衰儒盛的内在原因 ………… 148

第六章 法家思想的浮沉 …………………………………………… 150
 第一节 法、术、势的产生与合一 …………………………… 150
  一、法、术、势的旨趣 ……………………………………… 150
  二、韩非对法、术、势的综合 ……………………………… 152
 第二节 "争于气力"与"计算之心" ……………………… 154
  一、由道德而"气力"的三世演化说 ……………………… 154
  二、"用计算之心以相待"的人际关系论 ………………… 155
 第三节 "圣人执要"与君主专制 …………………………… 156
  一、帝王之具："圣人执要" ……………………………… 156
  二、法家思想与专制集权 …………………………………… 157
 第四节 法家人生哲学模式 …………………………………… 158
  一、法家的理想人格 ………………………………………… 158
  二、"法不阿贵"的平等观 ………………………………… 159
  三、靠"气力"立于世的独立精神 ………………………… 160
 第五节 秦的统一和法家思想的由显转隐 …………………… 161
  一、法家思想和秦朝兴亡 …………………………………… 161
  二、德主刑辅：儒法地位的模式化 ………………………… 163

第七章 佛教的流传及其对中国文化的影响 …………………… 165
 第一节 佛教的基本思想 ……………………………………… 165
  一、佛教基本教义的核心 …………………………………… 165

二、四谛说 …………………………………………………… 166
　　三、缘起和轮回 ……………………………………………… 167
　　四、无常、无我和涅槃 ……………………………………… 169
　第二节　佛教在中国的流传和发展 ………………………………… 171
　　一、佛学发展三阶段及其与本土文化的关系 ……………… 171
　　二、中国佛教——禅宗 ……………………………………… 175
　第三节　佛家人生哲学模式 ………………………………………… 179
　　一、佛家的理想人格 ………………………………………… 180
　　二、心如古井 ………………………………………………… 181
　　三、随缘而安 ………………………………………………… 181
　　四、与世无争 ………………………………………………… 182

下　篇

第八章　中国传统文化的结构和核心 …………………………… 187
　第一节　中国传统文化的结构 ……………………………………… 187
　　一、文化结构论 ……………………………………………… 187
　　二、中国传统文化结构诸说 ………………………………… 189
　　三、中国传统文化的表层结构和深层结构 ………………… 190
　第二节　中国传统文化的核心及其特点 …………………………… 192
　　一、中国传统文化的核心 …………………………………… 192
　　二、中国古代哲学的特点 …………………………………… 196
　　三、中国古代哲学对中国传统文化的影响 ………………… 201

第九章　中国传统理想人格、价值取向和社会心理 …………… 203
　第一节　传统理想人格和价值取向 ………………………………… 203
　　一、传统理想人格 …………………………………………… 203
　　二、传统价值取向 …………………………………………… 207
　第二节　传统社会心理 ……………………………………………… 211
　　一、求善与名声 ……………………………………………… 211
　　二、群体与关系 ……………………………………………… 213
　　三、义利与德才 ……………………………………………… 216

  第三节 需要层次论与"早熟"型文化 ⋯⋯⋯⋯⋯⋯⋯⋯⋯⋯⋯⋯ 218

第十章 中国传统思维方式 ⋯⋯⋯⋯⋯⋯⋯⋯⋯⋯⋯⋯⋯⋯⋯⋯⋯⋯⋯ 222
  第一节 传统思维方式诸说 ⋯⋯⋯⋯⋯⋯⋯⋯⋯⋯⋯⋯⋯⋯⋯⋯⋯ 222
  第二节 对主客体关系的认识 ⋯⋯⋯⋯⋯⋯⋯⋯⋯⋯⋯⋯⋯⋯⋯⋯ 226
    一、事实判断与价值判断 ⋯⋯⋯⋯⋯⋯⋯⋯⋯⋯⋯⋯⋯⋯⋯⋯ 226
    二、道德判断与价值判断 ⋯⋯⋯⋯⋯⋯⋯⋯⋯⋯⋯⋯⋯⋯⋯⋯ 227
  第三节 整体直观 ⋯⋯⋯⋯⋯⋯⋯⋯⋯⋯⋯⋯⋯⋯⋯⋯⋯⋯⋯⋯⋯ 228
    一、直观与经验 ⋯⋯⋯⋯⋯⋯⋯⋯⋯⋯⋯⋯⋯⋯⋯⋯⋯⋯⋯⋯ 228
    二、体悟与直觉 ⋯⋯⋯⋯⋯⋯⋯⋯⋯⋯⋯⋯⋯⋯⋯⋯⋯⋯⋯⋯ 230
  第四节 类比外推 ⋯⋯⋯⋯⋯⋯⋯⋯⋯⋯⋯⋯⋯⋯⋯⋯⋯⋯⋯⋯⋯ 232
    一、类同与类比 ⋯⋯⋯⋯⋯⋯⋯⋯⋯⋯⋯⋯⋯⋯⋯⋯⋯⋯⋯⋯ 232
    二、经验与推导 ⋯⋯⋯⋯⋯⋯⋯⋯⋯⋯⋯⋯⋯⋯⋯⋯⋯⋯⋯⋯ 234
  第五节 比喻和象征 ⋯⋯⋯⋯⋯⋯⋯⋯⋯⋯⋯⋯⋯⋯⋯⋯⋯⋯⋯⋯ 236
    一、比喻出韵致 ⋯⋯⋯⋯⋯⋯⋯⋯⋯⋯⋯⋯⋯⋯⋯⋯⋯⋯⋯⋯ 236
    二、象征见意境 ⋯⋯⋯⋯⋯⋯⋯⋯⋯⋯⋯⋯⋯⋯⋯⋯⋯⋯⋯⋯ 238
  第六节 对形而上的向往 ⋯⋯⋯⋯⋯⋯⋯⋯⋯⋯⋯⋯⋯⋯⋯⋯⋯⋯ 242

第十一章 中国文化的类型和特点 ⋯⋯⋯⋯⋯⋯⋯⋯⋯⋯⋯⋯⋯⋯⋯⋯ 244
  第一节 文化类型说 ⋯⋯⋯⋯⋯⋯⋯⋯⋯⋯⋯⋯⋯⋯⋯⋯⋯⋯⋯⋯ 244
  第二节 中国文化的类型 ⋯⋯⋯⋯⋯⋯⋯⋯⋯⋯⋯⋯⋯⋯⋯⋯⋯⋯ 246
    一、中国文化类型诸说 ⋯⋯⋯⋯⋯⋯⋯⋯⋯⋯⋯⋯⋯⋯⋯⋯⋯ 246
    二、趋善求治的伦理政治型文化 ⋯⋯⋯⋯⋯⋯⋯⋯⋯⋯⋯⋯⋯ 249
  第三节 中国文化的特点 ⋯⋯⋯⋯⋯⋯⋯⋯⋯⋯⋯⋯⋯⋯⋯⋯⋯⋯ 253
    一、中国文化特点诸说 ⋯⋯⋯⋯⋯⋯⋯⋯⋯⋯⋯⋯⋯⋯⋯⋯⋯ 253
    二、以人生和人心为观照的文化特点 ⋯⋯⋯⋯⋯⋯⋯⋯⋯⋯⋯ 257

第十二章 中国文化的基本精神 ⋯⋯⋯⋯⋯⋯⋯⋯⋯⋯⋯⋯⋯⋯⋯⋯⋯ 267
  第一节 中国文化基本精神诸说 ⋯⋯⋯⋯⋯⋯⋯⋯⋯⋯⋯⋯⋯⋯⋯ 267
  第二节 以人文主义为内核的文化精神 ⋯⋯⋯⋯⋯⋯⋯⋯⋯⋯⋯⋯ 269
    一、自强不息 ⋯⋯⋯⋯⋯⋯⋯⋯⋯⋯⋯⋯⋯⋯⋯⋯⋯⋯⋯⋯⋯ 269
    二、正道直行 ⋯⋯⋯⋯⋯⋯⋯⋯⋯⋯⋯⋯⋯⋯⋯⋯⋯⋯⋯⋯⋯ 270

三、贵和尚中 …………………………………………………… 272
四、民为邦本 …………………………………………………… 275
五、平均平等 …………………………………………………… 278
六、求是务实 …………………………………………………… 280
七、豁达乐观 …………………………………………………… 281
八、以道制欲 …………………………………………………… 282

第十三章　中国传统人文思想 ……………………………………… 285
第一节　坚韧不拔的从道精神 …………………………………… 285
一、孔子的从道思想 …………………………………………… 285
二、从道精神的历史表现 ……………………………………… 288
三、传统从道精神的现代审视 ………………………………… 289
第二节　"文化中国"的包容意识 ……………………………… 292
一、由"文化"而"中国" …………………………………… 292
二、包容意识 …………………………………………………… 293
第三节　守成创新的进化意识 …………………………………… 295
一、尊重传统而开新 …………………………………………… 295
二、重视常道而权变 …………………………………………… 296
三、崇尚守成而拓展 …………………………………………… 298
第四节　崇德重义的价值追求 …………………………………… 299
第五节　追求崇高的理性精神 …………………………………… 302
第六节　中国传统人文思想的功能 ……………………………… 306

后　记 ………………………………………………………………… 311

上　篇

人类社会的发展是一个自然历史过程。世界上任何民族文化的发展，都是一个自然历史过程。民族文化在其发展过程中，受制于特定的历史地理条件、社会经济结构和政治结构，质言之，受制于特定的文化生态环境。中国文化有自己特殊的生长、发展条件，有与世界上其他族类的文化迥异其趣的特质、功能和精神风貌。因此，有必要对中国文明发展的特殊道路、中国古代社会特殊的经济结构和政治结构进行探讨，以便我们更好地了解中国文化，发展中国文化。

绪　论

源远流长的中国文化，是中华民族智慧的结晶和精神风貌的体现，是人类文明发展进程中的重要成果，是世界上自成系统、独具特色的文化。

古老的中国文化，曾经使我们民族跻身于世界强国的行列，自立于世界民族之林，给我们民族以无比的自豪和自尊。然而，也正是这古老的中国文化，在宋、明以后，伴随封建生产方式惰性力的增强，其负面因素成为中国传统社会长期缓慢发展的思想根源。步入近代，伴随着欧风美雨的袭击，中国社会在内忧外患的挤压下艰难前进，与世界先进国家的巨大差距，将传统文化的消极面映衬得十分突出。"五四"新文化运动开启了中国文化的新生面，促进了中国社会和中国文化的转型。① 一方面，一批向西方寻求真理的进步知识分子，学来了科学、民主、自由、平等、博爱的思想，并以此为武器，向着旧传统、旧思想展开了激烈的批判，向西方学习、走西方的路，甚至"全盘西化"，成为他们的思想旨趣。另一方面，马克思主义在中国的传播，使中国共产党人及其影响下的一大批进步青年，对旧思想、旧文化、旧传统进行了猛烈的批判，"打倒孔家店"成为风靡一时的口号。"孔家店"、孔孟之道几乎成了旧思想、旧文化、旧传统的代名词。此外，与"全盘西化"和"打倒孔家店"的激烈的反传统的思维趋向相反，出现了维护传统、弘扬"国粹"并力图用传统文化抗衡外国（主要是西方）先进文化的文化保守主义思潮。于是，全盘西化、马克思主义、文化保守主义三股思潮相互激荡，在传统思想与现代文明、本土文化与西方文化的关系上，做出了截然不同的价值判断。究其实，分歧的焦点在于对中国传统文化的价值系统的评判，在于中国如何实现现代化、实现什么样的现代化。

从20世纪80年代起，随着改革开放的日益深入和扩大，随着西方文化再度涌入神州，随着对中华人民共和国成立以后经济社会发展一度艰难曲折的深沉反思，开始了一场以中西古今比较为特征、以尽快实现中国现

---

① 参见郝侠君等主编《中西500年比较（修订本）》，中国工人出版社1996年版。

代化为宗旨的全国范围的文化讨论热潮，体现出改革开放新时期文化研究的显著特征和鲜明价值取向。时至今日，以文化讨论热潮为表征的文化研究已经整整40年了。大致说来，40年的文化研究经历了三个阶段：20世纪80年代，带有强烈的激进色彩、具有明显"向西走"的特征、以批判性为主的传统文化研究；20世纪90年代，以"国学热"的兴起为标志，回归古典，开掘传统，注重传承，以肯定性为主调，具有"往回走"特点的传统文化研究；21世纪以来，在全球化进程扩张、全球化意识日益增强的态势下，由于经济社会迅猛发展但文化建设相对薄弱而引发的人们对文化价值系统构建、安身立命之道建设的追寻，而以"国学热"和"文化热"交相递进为表现形式，以理性平和的心态为底蕴，以文化自觉和文化自信为信念支撑，具有很强现实感和实践性的文化研究。① 这个时期的文化研究和文化建设，其显著特征是"向前走"。

20世纪以来中国社会和文化发展的进程表明，要合乎理性地研究、传播中国传统文化，要科学地构建中国特色社会主义文化，就必须了解中国传统文化。对于当代大学生来说，正确把握中国传统文化的主要内容和基本精神，从现代审视传统，从传统观照现代，面向世界、面向现代化、面向未来，为参与当代中国现代化建设而提高自身的文化素质，是题中应有之义。

第一节　文化和传统文化

孔子有言："名不正则言不顺。"（《论语·子路》）要准确把握中国传统文化的特质，科学评判中国传统文化，首先应当把握"文化"和"传统文化"的内涵。

一、文化概念的诸种界说

什么是"文化"？这是个看似简单实则极为复杂的问题。

---

① 详见李宗桂《40年文化研究的反思和前景展望》，载《社会科学战线》2018年第10期。

绪 论

关于文化的定义，到目前为止，国内外没有一个公认的权威定义，学者们都是从不同的角度对其进行界定，没有取得共识。据不同资料统计，关于文化的定义，有说一百多种的，也有说两百多种的，甚至有说远远不止几百种的，可谓众说纷纭，莫衷一是。在我看来，要说明"什么是文化"，并不是一个经院式的学究问题，而是一个牵涉理论和实际两个方面的具体问题。从理论方面看，它涉及文化学的理论前提，即文化学的对象、性质和范围问题。只有对象清楚、性质明白、范围确定，才能科学地界定文化。从实际方面看，它涉及文化学以及文化史的研究状况。只有在大量地、透彻地进行脚踏实地的研究以后，才能有根有据地确定文化的内涵和外延。而相关的理论准备和实际研究，自中华人民共和国成立直到1985年年底为止，几乎是个空白。在20世纪80年代的文化讨论中，人们大都着力于对中西文化特点和优劣的比较，以及传统文化与现代化关系的探讨，而疏于文化学本身的理论建设。自20世纪90年代以来，人们对文化理论的关注逐渐多了起来，但要么是沿用或者借鉴西方文化人类学的理论，要么是简单套用历史唯物主义的理论框架进行推导，至今没有一个为人们所共同认可的"文化"定义。①

在中国古代，没有作为单一概念的"文化"之名，但有"文化"之实。"文化"一词，在中国古代本指"以文教化"，与武力征服相对应，即所谓"文治武功"；也有单指用"文化"去教化、感染、熏陶对象的，如"以文化之""以文化成"。《周易·贲卦·象传》曰"观乎人文，以化成天下"，可看作中国古代关于"文化"的原始提法。孔颖达在《周易正义》中解释道："观乎人文以化成天下，言圣人观察人文，则诗书礼乐之谓，当法此教而化成天下也。"这已有从精神、思想的角度阐释文化内涵的意味，质言之，是从观念形态的层面理解文化。类似的例子甚多。如西汉刘向说："凡武之兴，为不服也；文化不改，然后加诛。"（《说苑·指武》）晋束晳说："文化内辑，武功外悠。"（《补亡诗·由仪》，转引自《昭明文选》卷十九）梁昭明太子萧统注曰："言以文化辑和于内，用武德加于外远也。"（《昭明文选》卷十九）有论者概括指出，中国古典意义的"文化"概念，与"武功"概念相对，其意义是"人文化成""人文教化""文治教化"，核心在于道德教化、道德感化、道德涵化。其中，

---

① 详见李宗桂《文化学建设与文化现代化》，载《中山大学学报》2005年第6期。

"文"是内容,"教"是手段,"化"是过程。具体是指通过礼乐典章制度等手段,对人们进行教化、教行,不断提高其道德情感境界。以"人文"来"化成天下",使天然世界变成人文世界,在这个教化、化成的过程中充满情味,充满诗意,充满美感。①

这些说法与我们今天所说的"文化",含义大不相同。今天所用的"文化"(culture)概念,据认为大约是19世纪末从日文转译过来的,其源于拉丁文culture,原有加工、修养、教育、文化程度、礼貌等多种含义。《美利坚百科全书》认为:"文化作为专门术语,于19世纪中叶出现在人类学家的著述中。"② 而文化之受到专门研究,是在19世纪下半叶人类学、社会学、文化学等学科兴起之后,因为这些新学科均以文化为研究的主要题材。从那时至今,国外许多学者给"文化"下过定义,但至今没有一个统一的看法。

从字源上看,拉丁文culture有多种含义:①耕种;②居住;③练习;④留心或注意;⑤敬神。德文、英文、法文的"文化"一词,都来自拉丁文culture。

文化学的奠基者泰勒(E. B. Tylor)先后给"文化"下过两个定义。在其于1865年出版的名作《人类早期历史和文明发展研究》中,他指出:文化是一个复杂的总体,包括知识、艺术、宗教、神话、法律、风俗以及其他社会现象。在其于1871年出版的、影响深远的代表作《原始文化》一书中,他又指出:"文化或文明是一个复杂的整体,它包括知识、信仰、艺术、道德、法律、风俗以及作为社会成员的人所具有的其他一切能力与习惯。"③

美国著名人类学家、美国人类学协会前主席克莱德·克鲁克洪教授认为,文化指的是"某个人类群体独特的生活方式,他们整套的'生存式样'"。据此,他给"文化"下了界说:"文化是历史上所创造的生存式样的系统,既包含显型式样又包含隐型式样;它具有为整个群体共享的倾向,或是在一定时期中为群体的特定部分所共享。"④

---

① 黄有东:《"人文化成":"文化"的中国古典意义》,载《现代哲学》2017年第3期。
② 转引自〔法〕维克多·埃尔《文化概念》,上海人民出版社1988年版,第5页。
③ 〔英〕泰勒:《原始文化》,蔡江浓编译,浙江人民出版社1988年版,第1页。
④ 〔美〕C. 克鲁克洪、W. H. 凯利:《文化的概念》,见拉夫·林顿等编《世界危机中人的科学》,哥伦比亚大学出版社1945年。转引自〔美〕克莱德·克鲁克洪等《文化与个人》,高佳等译,浙江人民出版社1986年版,第4页。

《苏联大百科全书》(1973)将文化概念作了广义与狭义的区分。作为广义的文化,"是社会和人在历史上一定的发展水平,它表现为人们进行生活和活动的种种类型和形式,以及人们所创造的物质和精神财富";作为狭义的文化,"仅指人们的精神生活领域"。

有的苏联学者认为:"文化是受历史制约的人们的技能、知识、思想和感情的总和,同时也是其在生产技术和生活服务的技术上、在人民的教育水平以及规定和组织社会生活的社会制度上、在科学技术成果和文学艺术作品中的固定化和物质化。"①

《大英百科全书》(1973—1974)赞同将文化概念分为两类。第一类是"一般性"的定义,即文化等同于"总体的人类社会遗产"。第二类是"多元的、相对的"文化概念,即"文化是一种渊源于历史的生活结构的体系,这种体系往往为集团的成员所共有",它包括这一集团的"语言、传统、习惯和制度,包括有激励作用的思想、信仰和价值,以及它们在物质工具和制造物中的体现"。

英国著名文化人类学家马林诺夫斯基(B. Malinowski)认为:"文化是指那一群传统的器物、货品、技术、思想、习惯及价值而言的",并且包括"社会组织"。②

法国学者维克多·埃尔指出:

> 文化概念包含着两种相互补充的观念:一种观念把文化客观地看作是决定某个人类群体生活的独特性和真实性的行为、物质创造和制度的总和。这种特殊性所赖以存在的共同部分并不仅限于可见事物的范畴;用卢梭的话说,它还包括存在于"人类内心世界的"情感,并在很大程度上影响着"风俗、道德和舆论"。实证主义的体系很可能会遗忘这个不可见世界。另一种观念则注重于这些行为、物质创造和制度对人和人类群体所产生的心理作用和精神作用,在这里,人类群体被看作是一个集合体,人也不是被视为单独的个体,而是文化概念

---

① 中国社会科学院苏联东欧研究所理论研究室:《苏联理论界论社会主义精神文明》,东方出版社1986年版,第5页。
② 〔英〕马林诺夫斯基:《文化论》,费孝通等译,商务印书馆1946年版,第2页。

之目的性的表现形式。①

他认为,"文化,就是对人进行智力、美学和道德方面的培养",文化并不是包括行为、物质创造和制度的总和。②

我国学者任继愈认为,文化有广义和狭义之分。广义的文化,包括文艺创作、哲学著作、宗教信仰、风俗习惯、饮食器服之用,等等;狭义的文化,专指能够代表一个民族特点的精神成果。③

梁漱溟先生认为:"文化,就是吾人生活所依靠之一切……俗常以文字、文学、思想、学术、教育、出版等为文化,乃是狭义的。我今说文化就是吾人生活所依靠之一切,意在指示人们,文化是极其实在的东西。文化之本义,应在经济、政治,乃至一切无所不包。"④

我国台湾地区著名学者钱穆认为:"文化即是人类生活之大整体,汇集起人类生活之全体即是'文化'。"⑤ 他在《中国文化精神》一书中又说:"文化即是长时期的大群集体公共人生。"⑥ 他在其《文化学大义》中说:"文化只是'人生',只是人类的生活……文化是指集体的、大群的人类生活而言。在某一地区、某一集团、某一社会或某一民族之集合的大群的人生,指其生活之各部门、各方面综合的全体性而言,始得目之为文化。"⑦

20世纪以后的中国学者,能够把古典的文化含义与西方的文化含义融汇在一起,提出具有现代意味的文化界定。⑧ 多数学者认为,对"文化"作最广义的理解,如说它是人类创造的物质文明和精神文明的总和,

---

① 〔法〕维克多·埃尔:《文化概念》,康新文、晓文译,上海人民出版社1988年版,第54页。

② 〔法〕维克多·埃尔:《文化概念》,康新文、晓文译,上海人民出版社1988年版,第54~55页。

③ 任继愈:《民族文化的形成与特点》,见《中国文化研究集刊》第二辑,复旦大学出版社1985年版,第1页。

④ 梁漱溟:《中国文化要义》,见《梁漱溟全集》第三卷,山东人民出版社1990年版,第9页。

⑤ 钱穆:《文化与生活》,见《中华文化之特质》,世界书局1969年版,第121页。

⑥ 钱穆:《中国文化精神》,三民书局1973年版,第2页。

⑦ 钱穆:《文化学大义》,兰台出版社、素书楼文教基金会2001年版,第4页。

⑧ 冯天瑜、何晓明、周积明:《中国文化史》(第2版),上海人民出版社2005年版,第12~13页。

使"文化"成了无所不包的概念,失去了它作为具体事物的特殊性,模糊了它的特质。而作最狭义的理解,如指以文艺为主的文化,则又失去了它本来具有的一般性。他们认为,从文化的发展过程看,它既属于见诸文字的东西,又属于见诸社会现象的种种事物,比如习俗、心理、宗教、艺术等传统,总的说来都是人类的精神活动的产物。持这种看法的人,都倾向于接受作为观念形态的文化的定义。①

我认为,"文化"概念可以从广义和狭义的角度定义。广义的"文化"(又称"大文化")包括三个层面:一是指物质文明和精神文明成果的总和;二是指政治、经济、文化的总和;三是指人们的生活方式。狭义的文化(又称"小文化")包括两个层面:一是指文学艺术,二是指思想、精神(观念形态)。本书中所谓的文化,是指狭义的文化。而且,这个狭义文化是指思想文化(或称"精神文化"),亦即观念形态的文化,而不是文学艺术。因此,本书从观念形态的角度界定"文化"的内涵:文化是具有特定民族特色的,反映其思维方式、价值取向、理想人格、国民品性、精神风貌、审美情趣等精神成果的总和。

二、传统文化的特定内涵

正如对文化概念的理解差异一样,关于"中国传统文化"(人们习惯略称为"传统文化")的内涵,学术界有不同理解。一种观点认为,"传统文化"是在过去的一个很长历史进程中形成和发展起来的,是指在周秦至清中叶这三千多年历史中形成并发展起来的文化。另一种观点认为,"传统文化"是指从过去一直发展到现在的东西,传统文化是现在文化的反映。还有一种观点认为,"传统文化"是指植根于自己民族土壤中的稳态的东西,但又有动态的东西包含于其中,是过去与现在交融的过程,渗入了各时代的新思想、新血液。一些学者提出,"传统文化"不仅表现在各种程式化了的理论形态方面,而且更广泛地表现在人们的风俗习惯、生活方式、心理特征、审美情趣、价值观念等非理论形态方面。一些学者对此作了进一步的分析,并认为,文化形态是由语言和文字、物质生产与物质生活、精神生产与精神生活、各种层次的社会组织与社会关系这样一些

---

① 参见《中国文化研究集刊》第一辑,复旦大学出版社1984年版,第6页。

子系统构成的大系统。它是历史发展的综合成果,是社会的整体性产物。它一经形成,必然要陶冶每个社会成员,使他们的思想、观念、心理与生活实践自然地符合它的要求与准则,因而它具有普遍性、整体性的品格。同时,文化形态又具有直观性、丰富性、多样性、具体性的品格。

有的学者认为,传统文化可分为物质文化、制度文化和社会潜文化以及经典文化。其中,物质文化和制度文化比较容易变化,而后两个层面的文化往往依靠历史的惯性维持自身的稳定。

有的学者认为,中国的传统文化当然包括封建时代的文化,但并不仅仅是封建文化。近百年来,中国的传统文化发生了很大的变化,使它包含了近代文化、"五四"以后的新文化等。

有的学者认为,中国传统文化从根源上讲不是一源分流,而是殊途同归,是各种文化的大融合。从哲学上讲,是各种思想的互相影响和渗透。①

综观上述观点,可见对传统文化内涵的理解是见仁见智、众说并存。我认为,这主要是由研究者对文化内涵的理解不同,对"传统"的理解不同,研究的角度和方法不同,特别是各自的价值观念不同而造成的。尽管如此,上述种种观点的提出,毕竟从各个方面和角度对中国传统文化的内涵作了有益的探讨,都富有一定的启发性。至于那些把"礼"或"礼治"、把人文主义精神、把"实用理性"、把人本主义等作为中国传统文化内涵的概括或者定义的做法,是误把中国传统文化的内容、基本精神或特征作为定义,是值得商榷的。

关于"传统"的内涵,国内外学术界都有不同的理解。其实,对于中国传统文化的内涵、范围、评价,人们分歧甚大,其重要原因之一,就是对"传统"的理解不同。恩格斯在《社会主义从空想到科学的发展》中认为:"传统是一种巨大的阻力,是历史的惰性力,但是它是消极的,所以一定要被摧毁。"② 他在《路德维希·费尔巴哈和德国古典哲学的终结》中又说:"在一切意识形态领域内传统都是一种巨大的保守力量。"③ 显然,恩格斯在这里是从社会革命的角度揭示"传统"的社会功能和历史作

---

① 以上均参见张智彦《"传统文化研究"述评》,载《哲学研究》1986年第6期。
② 中共中央马克思恩格斯列宁斯大林著作编译局编:《马克思恩格斯选集》(第3卷),人民出版社1995年版,第717页。
③ 中共中央马克思恩格斯列宁斯大林著作编译局编:《马克思恩格斯选集》(第4卷),人民出版社1995年版,第257页。

用，而不是给"传统"下定义。恩格斯的剖析给我们启迪：在社会转型时代，"传统"是消极的力量，必须被摧毁；在社会稳定的时代，"传统"是"保守"既成社会秩序的巨大力量。这有助于我们解析中国传统文化的合理价值和负面作用。

当代美国著名学者爱德华·希尔斯（Edward Shils）在其名著《论传统》中认为，传统是围绕人类的不同活动领域而形成的代代相传的行事方式，是一种对社会行为具有规范作用和道德感召力的文化力量，也是人类在历史长河中的创造性想象的积淀，包括物质产品、思想观念、惯例和制度。同时，传统又是一个社会的文化遗产，是人类过去所创造的种种制度、信仰、价值观念和行为方式等构成的表意象征；它使代与代之间、不同历史阶段之间保持了某种连续性和同一性，构成了一个社会创造与再创造自己的文化密码，并且给人类生存带来了秩序和意义。① 希尔斯的这种观点，注意到了文化心理结构和行为方式的沿传和稳定，并从价值取向的角度肯定了传统对社会秩序的稳定作用。

文化学家认为，传统是由历史沿袭而来的思想、道德、风俗、艺术、制度等，是特定民族在漫长的历史实践活动中积累而成的稳定的社会因素，体现在劳动方式、生活方式、思维方式、行为方式等社会生活的一切方面，涉及政治、经济、意识等相当广阔的领域，并通过社会心理结构及其他物化媒介得以世代相传。传统也是一种特殊的社会文化信息系统，经过无数次重复，在不同时代、不同阶层的人类社会关系实践中得到积累、固定和传播。②

我国目前对"传统"的主流界定是："历史上流传下来的社会习惯力量，存在于制度、思想、文化、道德等各个领域……对人们的社会行为有无形的控制作用。传统是历史发展继承性的表现。"③ 此外，有论者强调"传统"具有活生生的生命力，认为传统并不是某种过去了的东西，而是存在于我们的生活方式之中，甚至它本身就是我们的生存方式。它对人的作用是内在的。人在接受传统时，同时亦在创造传统，传统永远是活生生

---

① 〔美〕爱德华·希尔斯：《论传统》，傅铿、吕乐译，上海人民出版社1991年版，第1~44页。
② 覃光广等主编：《文化学辞典》，中央民族学院出版社1988年版，第337页。
③ 《辞海》，上海辞书出版社1989年版，第242页。

的、发展的。传统一旦形成,便会获得某种生命力。①

综合上述国内外对"传统"概念的表述,结合本书论述的实际情况,我认为,所谓"传统",就是历史上形成的、具有稳定的组织结构和思想要素、前后相继、至今影响着人们的特定的思维方式、价值观念、道德风俗等深层文化的社会心理和行为习惯。所谓"中国传统文化",就是中国历史上流传下来的、由思想家提炼出的理论化和非理论化的并转而影响整个社会的、具有稳定结构的思维方式、价值取向、国民品性、伦理观念、理想人格、审美情趣等精神成果的总和。

本书将根据上述理解,对中国传统思想文化做出事实概括、理论分析和价值评判。

第二节 中国传统文化的流变和分期

依照上述我对文化和传统文化的概念的理解,可以对中国传统文化②的流变和分期作一个大致的划分和简略的描述。

一、中国文化的孕育期

殷周时期,是中国文化的孕育期,具有浓厚的宗教色彩。这一时期,先是信奉天命神权的宗教世界观占统治地位,然后是"以德配天命""敬德保民"思想的出现,继而是怨天尤人思潮的兴起。

一般认为,中国文化的形成,开始于史前,即从传说中的文明时期开始。这种看法当然是有道理的。但是,这种观点的不足之处,是把文化与文明混为一谈,因而显得不够严密。而且,这种观点所使用的文化概念是广义的,而非我在前面所指认的观念形态的文化。基于此,我将中国文化的孕育期从殷周开始划分,即把有了观念形态意味的天命神权思想,以及作为中国文化核心的哲学思想的标志的"阴阳五行"的产生,看作中国文

---

① 朱德生:《传统辨》,载《北京大学学报(哲学社会科学版)》1996年第5期。
② 为了行文的简便和读者阅读的便捷,以下将"中国传统文化"略称为"中国文化"。

化发展的第一期。

殷代是天神至上的时代。其时，受生产力和自然科学发展水平的限制，人们深受自然和社会的双重压迫，宗教迷信观念占据着支配地位。从已发掘整理出来的殷墟卜辞来看，殷人头脑中充满了宗教迷信观念。

殷人认为，人死了以后，其灵魂仍然存在，并且继续关心、影响着人世间的事。因此，遇有生产、征伐等大事，他们都要占卜，求得祖先、上帝和鬼神的指示后，再去行动。例如，卜辞中有"乙保黍年""大甲不宾于帝"①的记载。乙是殷先王名，大甲是殷先祖名。这两条记载分别说明，先王保佑粮食丰收，先祖大甲不配陪在上帝的周围。这是把人事与死人的灵魂以及上帝相联系。还有"今二月帝不令雨""帝令雨足年？帝令雨弗其足年？""帝其降堇？""伐舌方，帝受我又？""勿伐舌，帝不我其受又""王封邑，帝若"②等记载，分别意为：二月不下雨，是帝的命令；一年中雨水足不足，取决于帝的命令；饥荒出现与否是帝的命令；是否征伐舌方，也取决于帝的旨意；就连殷王给臣下封邑，也要取得帝的同意。帝以超人间的力量成了人间的主宰。在《尚书·盘庚》上篇中，盘庚对执政者说：按照先王的制度，必须恭敬地顺从天的命令，因此，他们不敢永久居住在一个地方。由于不永久居住在一个地方，因此从立国到现在，已经迁移五次了。如果现在不去继承先王的遗志，不了解上天的旨意，那还谈什么继承先王的事业呢？……上天本来是要使我们的生命在这新邑里绵延下去，要我们在这里继续复兴先王的伟大事业，安定四方。可见，殷人对先王的服从，是以对上天的服从为原则的。

除了"天命""帝"范畴外，《尚书·盘庚》下篇中还出现了"德"范畴。但这个"德"也是以"上帝"的旨意为行动准则的："肆上帝将复我高祖之德，乱越我家"，即现在上帝将恢复我高祖成汤的大业，把我们的国家治理好。

可见，殷人行事，是以先人的法令制度为不可动摇的原则，而先王的法令制度则是以上天的意志为原则。这是一种以祖先崇拜和天神崇拜为价值取向的粗陋的王权神授理论和宗教信仰。

周代统治者继承并发展了殷代的天命神权思想，但他们并不完全信赖于

---

① 董作宾：《殷墟文字乙编》7781、7549，商务印书馆1948年版。
② 郭沫若：《卜辞通纂》374，科学出版社1983年版。

天命，而是引进了"德"范畴，以解释王朝兴替、人事盛衰等社会现象。

周代统治者宣称他们是受上帝之命而替代商王朝的。他们说，由于他们善于治理国家，因而上帝很高兴，就命令周文王灭掉殷，代替殷接受上帝赐予的大命，来统治它的国家及其臣民。（见《尚书·康诰》）而"皇天上帝，改厥元子"的根本原因，则是"民之所欲，天必从之"（《尚书·泰誓》），"天视自我民视，天听自我民听"（《尚书·泰誓》）。殷代统治者"惟不敬厥德，乃早坠命"（《尚书·召诰》）。通过对殷王朝灭亡的经验教训的总结，周统治者看到，"民心"比"天命"重要，而又更难把握。"天命靡常"（《诗经·大雅·文王》），乃是由于"民心无常"。而要得到"民心"，就须施行"德政"。因此，他们提出了"敬德"的思想，用"德"来配天命，以巩固其统治。"德"的具体内容，一是"敬天"，即借"天"的权威来维护统治阶级内部的团结，约束他们不要干危害统治阶级利益的事，同时在精神上麻醉、控制百姓。二是"保民"，即为了保护其统治而讲究统治策略，以使人民不离开自己、不反对自己。具体说来，就是要"知稼穑之艰难""知小民之依（痛苦）"（《尚书·无逸》），亦即要知道一点劳动人民的痛苦，对"小民"要行一点恩惠。总之，"敬天"与"保民"不可分，二者结合，即是"以德配天"的实现。可见，周人对于天人关系，不再像殷人那样完全听命于天，而是在天神思想的笼罩下，尽人事以待天命，这反映了主体意识的初步觉醒。周代统治者关于"德"的说教，成为后来儒家主张"德治"的根据。

当然，应该看到，周人虽然相信"皇天无亲，惟德是辅"（《尚书·蔡仲之命》），主张敬德慎罚，开始注意人的能动作用，从而与此前的天命神学思想有所区别，但从总体上看，他们仍是以"天命"为思考中心的，敬德保民最终是为了"祈天永命"（《尚书·召诰》），即祈求天命来永保王命，而这正是天命神权思想的实质和核心。因此，周人的世界观仍属天命神权的宗教世界观。

值得注意的是，在西周时期，出现了对中国文化影响深远的阴阳、五行思想。

原始的阴阳五行学说，形成于殷周之际。

形成于西周初年的《易经》①，是一部卜筮之书。该书所讲八卦，由

---

① 张岱年：《中国哲学史史料学》，生活·读书·新知三联书店1982年版，第18页。

"—"和"--"两个符号排列组合而成。"—"和"--"的原始意义是否即阳和阴,《易经》并没有讲,而且,《易经》中也没有阴阳二字。不过,"—"和"--"在这里已蕴含着"阳"和"阴"的意味,这是十分明显的。《易经》试图用代表两种不同性质原理的符号"—"和"--",以及它们之间的排列组合来概括自然界和人类社会的繁杂现象,这是用理论思维的方式来掌握世界,是哲学思维的开始。

五行说最早见于《尚书·洪范》。《洪范》是西周时的作品。① 《洪范》说:

> 五行:一曰水,二曰火,三曰木,四曰金,五曰土。水曰润下,火曰炎上,木曰曲直,金曰从革,土爰稼穑。润下作咸,炎上作苦,曲直作酸,从革作辛,稼穑作甘。

显而易见,这里讲的水、火、木、金、土所分别具有的性状和功能,是从生产实践和日常生活中概括出来的。水、火、木、金、土已不单纯是五种具体物质,而是五个范畴或类概念,成为人们认识自然现象之网的纽结。这正是理论思维的开始。

原始的阴阳五行说,到西周末年有了新的发展。

西周末年,伯阳父用阴阳说解释地震:

> 幽王二年,西周三川皆震。伯阳父曰:"周将亡矣!夫天地之气,不失其序;若过其序,民乱之也。阳伏而不能出,阴迫而不能烝,于是有地震。今三川实震,是阳失其所而镇阴也。……山崩川竭,亡之征也。川竭,山必崩。若国亡不过十年,数之纪也。夫天之所弃,不过其纪。"(《国语·周语上》)

这里,伯阳父将"阴阳"看作"天地之气",用以解释自然现象(地震)和社会现象(亡国),并将自然现象与社会现象联系起来,已有天人感应的意思。这对后来的中国思想文化有很大影响。汉代董仲舒即是以阴

---

① 张岱年:《中国哲学史史料学》,生活·读书·新知三联书店1982年版,第6页;金景芳:《西周在哲学上的两大贡献》,载《哲学研究》1979年第6期。

阳五行为骨架，建构其天人感应的思想文化体系的。

西周末年，史伯对五行说有所发展。他和郑桓公谈话时说：

> 夫和实生物，同则不继，以他平他谓之和，故能丰长而物归之；若以同裨同，尽乃弃矣。故先王以土与金木水火杂，以成百物。……声一无听，物一无文，味一无果，物一不讲。王将弃是类也而与剸同，天夺之明，欲无蔽，得乎？（《国语·郑语》）

这里，史伯是用五行的相互结合来说明事物的成与毁，并用五行来解释自然与社会现象，具有和伯阳父一样的思维特点：自然哲学与历史哲学不分；用具体、直观的事物来概括、解释自然与社会现象。

总之，殷周时期的天命神权思想、敬德保民思想以及阴阳五行思想，都对后来的中国文化的发展产生了深刻的影响，尽管这些思想在当时还缺乏严密的体系和系统的论证。

二、中国文化的雏形期

春秋战国时期是中国文化的雏形期，表现出较为鲜明的人文意识。这一时期，随着社会生产力的发展，随着社会转型和文化转型进程的加快，思想文化领域出现了诸子蜂起、百家争鸣的盛况。各家既相互批判，又相互吸收，相互渗透、融合，从而形成了中国文化的基本形态。

学术界一般认为，儒、道两家思想构成了中国文化的两大主干，这当然是有道理的。但当我们从对中国传统心理的探讨的角度看问题，分析中华民族的精神素质和价值观念时，问题就远不是这样简单，不是用"进取"和"退守"或"阳刚"和"阴柔"，就能概括儒、道两家的思想内容及其特征，以及中国文化的基本精神的。实际上，先秦儒、墨、道、法、阴阳等家各有其追求的理想人格和价值取向，在相互争辩、抗争中，逐渐相互吸收、渗透、融合，最终凝聚为中华民族精神的重要成分，转化为中国文化的深层结构。

先秦哲学中，儒家从亲亲有术的原则出发，在血缘关系基础上，分别亲疏远近，由此展开自己的理论。孔子思想的核心是仁，以仁释礼，仁礼结合，形成了仁礼一致的体系。从政治作用看，仁是礼的精神支柱，仁礼一体；从主体修养来看，恭、宽、信、敏、惠是实现仁的具体要求；从血缘关系来看，孝悌是为仁之本；从人我关系来看，忠恕是为仁之道。这些思想都凝结着鲜明的政治和伦理色彩。孔子以后，孟子进一步发展和完善了仁的学说，并将其具体化为仁政说和性善论，同样反映出了伦理本位的人本主义思想。孟子尽心、知性、知天的认识，也是以人的浩然之气为根基，以发挥主体能力为前提的。这一切表明，儒家重视的是现实的社会人生问题，讲求的是人道而非天道。孔门弟子子贡讲"夫子之文章，可得而闻也；夫子之言性与天道，不可得而闻也"（《论语·公冶长》），便是一个明证。

和儒家一样，法家也重人道而不重天道。以韩非为代表的法家，一切着眼于现实的功利。他们大讲特讲的是"争于气力"的事情，是法、术、势相结合的政治思想和统治权术，以及人与人之间不可调和的利害关系。尽管法家在政治主张等一系列问题上与儒家尖锐对立，但在重人道轻天道、倾心于社会人生问题方面，却相反相成。重人道成了儒、法两家共同的追求和思想特点。

与儒、法两家相反，道家不重人道而重天道。道家由对自然的观察、对天道的探论而引发人事，转而又把人事系于天道之下。"人法地，地法天，天法道，道法自然"（《老子》二十五章），便是道家老子所向往的天、地、人的有序状态，最后是向回归自然之道中去寻求解脱。庄子追求精神完美，要超脱一切是非、物我，作逍遥之游，以达到"天地与我并生，而万物与我为一"（《庄子·齐物论》）的境界，使主体与客体混一，也还是为了通过精神上的自我提升，而与天道同一。至于天道何以如此，则不必深究。

墨家的情况与道家有所不同。墨家主张兼爱、互利，反对攻人之国、攻人之身，要以兼易别，实行无差别的人类之爱。他们尚力非命，义利并举，其政治伦理观带有明显的功利色彩，与道家迥异其趣。但是，墨子大倡天志、明鬼，其尚同思想，要求百姓上同于天子，而天子最终上同于天。这样，天就扼住了人的命运，具有浓厚宗教色彩的天道观掩盖了以力代命的非命思想的光辉，天道压倒人道。从这个意义上来看，它与儒、法两家截然不同，而与道家却颇为契合。

可见，儒、法、道、墨四家在其学说的表征上虽各不相同，儒、法人道显赫，道、墨天道昭著，但现实的社会人生问题却是它们共同注目的课题。作为中华文化整体的一部分，四家在相互争辩中相互吸收、渗透，发展了相互联结的一面。而这主要是由它们是同一族类的文化，以及他们学说中都关注现实的社会人生问题所决定的。儒家不患寡而患不均，固然反映了他们维护社会和谐的强烈的群体意识，而与其鼎足而立的墨家，在由兼爱之心、交利之路走向天下尚同目标的途程中所发出的呐喊，却正表现了二者在求平均问题上的互为同调。主兼爱的墨家，一方面尚力、尚同，与法家相沟通；另一方面重义、讲仁，与儒家相联系。墨家互利实惠诚然是为了兼爱，而倡性恶的法家主张"为我"，以利害为权衡，却不一定就是同器之冰炭。二者之重功利原则，主张用自己的力量去改变其社会地位、改造社会，实现个体价值的归结则是殊途同归的。不仅如此，道家反对累于物、累于俗，鄙弃对物质利益的追求，只求精神完美，恰与儒家重义轻利的情趣相反相成。此外，政治主张泾渭分明的儒、法两家，却在主张中央集权的大一统和等级制问题上不谋而合。在人生理想和处世态度方面，儒、墨、法各执一端，却又都主张积极进取，有所作为……凡此等等，反映出自春秋战国以来，随着社会经济发展，国家统一趋势增强，各种思想既分又合的时代特征，特别是深刻反映出了作为同一族类文化的四家思想的联结性、互控性和转换性。正因如此，随着思想交融过程的延伸和秦的统一，特别是经过汉初统治者对统治思想进行的艰难选择，由董仲舒对诸子思想进行扬弃，对社会加强了内在和外在控制后，先秦诸子四家的理想人格经过糅合，在旧结构中添以新质，终于凝聚成独特的中国文化精神。这种文化精神的主要内容是：深沉的历史责任感；自强不息；关心他人；讲求道义；注重整体利益；强调个体道德的价值。它一经形成，便对民族的社会心理和价值观念产生深刻的影响，从而使之形成特定的传统心理。

　　要而言之，春秋战国时期，思想文化通过社会变革的洗礼，经过诸子百家在争鸣中对自己学说的提炼，以及对别家学说的吸纳，构成了中国文化的雏形。

三、中国文化的定型期

　　秦汉时期，是中国文化的定型期。这一时期的文化，带有制度化、模式化和程序化的特征。

绪 论

秦的统一，建立了封建专制的中央集权国家。汉兴以后，在除秦苛政的同时，继承并发展了秦的各种制度。

封建土地所有制在全国的确立，是在秦汉时期。秦统一后，运用国家权力，使封建土地所有制在全国最后确立。秦始皇三十一年（公元前216年），秦王朝政府"使黔首自实田"（《史记·秦始皇本纪》引《集解》徐广曰），这就意味着承认自耕农土地的私有权，并给予保护。这是封建土地所有制在全国确立的法权方面的反映。

公元前209年爆发的秦末农民大起义，推翻了秦王朝，但没有也不可能改变封建土地所有制。汉初地主阶级实行的措施，许多方面均在于直接维护巩固封建土地所有制。例如，楚汉战争刚刚结束后，在汉高帝五年（公元前202年）五月所发的诏书中，有关"复故爵田宅"（《汉书·高帝纪》）以及"民以饥饿自卖为人奴婢者，皆免为庶人"的种种规定，皆在于扶植地主和自耕农，以确立并巩固封建土地所有制。以后，在文、景时期的多次"减田租"（《汉书·惠帝纪》），其目的正是维护封建土地所有制。这些措施实行的结果，是地主土地所有制得到巩固和发展，自耕农向两极分化。

在整个两汉时期，封建土地所有制主要包括国有和私有两种形式。国有形式主要是屯田和公田。一些研究者认为，终西汉一代，屯田仅限于西北边境和西域，其主要目的是对付匈奴。公田是政府控制的无主土地。这些公田常常被政府"赐"给臣民或"假"（借）给贫民。由政府控制的大量公田，是国有土地的重要部分。

秦汉时代的封建土地私有构成，一般分为皇室土地、地主土地和自耕农土地。皇室土地是由少府征收赋税的那部分山林川泽和土地。但这一部分土地在私有土地中，不占主要成分。

地主土地才是封建私有土地的主要成分，它制约着自耕农土地的发展，并进而影响着封建经济结构以及政治结构的运行。地主土地所有制开始于秦的军功授田。商鞅变法时规定，凡得敌一甲首者，除赐爵外，还赐田一顷、宅九亩（见《商君书·境内》）。这种按照军功授田的方式，是秦统一前后地主土地所有制发展的主要途径。大量史料表明，到秦末汉初，土地买卖成为地主兼并土地、发展地主土地所有制的主要途径。就连西汉高祖时的相国萧何也要"多买田地"，"贱强买民田宅数千万"，而且，刘邦知道后也不反对和制止。此外，《汉书》中从季布、陆贾到王莽等人的列传，以及《食货志》和《盐铁论》，都记载有土地买卖和兼并的资料。①

自耕农土地也是封建土地私有的重要部分。这种土地所有制产生于战国初期，"一夫挟五口，治田百亩"（《汉书·食货志》），就是这种所有制的典型形式。随着封建土地所有制的发展，到汉代，自耕农开始不断分化。而分化的主要原因，在于汉代"土地私有、土地买卖是普遍存在的事实"②。晁错说："今农夫五口之家……于是有卖田宅鬻子孙以偿债矣……今法律贱商人，商人已富贵矣；尊农夫，农夫已贫贱矣。"（《汉书·食货志》）董仲舒曾指出土地兼并造成的两极分化现象：土地"民得买卖，富者田连阡陌，贫者无立锥之地"（《汉书·食货志》）。这种土地兼并、两极分化的现象，是封建土地私有制的必然现象。而大地主土地所有制通过兼并而发展，自耕农土地则不断分化、破产，以致出现地主经济与小农经济互为盈缩的运动（详见本书第二章第一节），或时人所称的封建社会的周期性震荡，便成为封建土地私有制发展的必然规律。

秦汉时期确立的封建土地所有制，成为此后两千年一脉相承的根本经济制度，并成为封建社会政治制度、思想文化制度的基础。

在封建土地所有制基础上，秦汉统治者建立了为中央集权统一国家服务的官僚政治制度、思想文化制度和伦理道德规范。

秦王朝作为专制主义中央集权的国家，权力高度集中、皇帝个人独断是其基本特征。这首先表现为皇帝享有至高无上的权力。国家一切权力均操在皇帝手中，"朕即国家"，"朕即天下"。皇帝的诏令是法权的根据，皇帝本人是国家最高司法裁决者。权力高度集中的结果是个人专断。而要实行个人专断，就必须集权力于一人之手。因此，秦始皇事必躬亲，"天下之事无大小皆决于上"（《史记·秦始皇本纪》）。与此相应，便是国家观念和王位继承方面的"家天下"。秦始皇想使帝位"二世""三世""至于万世，传之无穷"（《史记·秦始皇本纪》）；汉高祖刘邦希望"非刘氏不得王……不如约，天下共击之"（《汉书·张陈王周传》）；汉武帝刘彻要使皇位"传之亡穷，而施之罔极"，"永惟万事之统"（《汉书·董仲舒传》）。汉代为了巩固这种君主世袭的"家天下"，还从宗法制度上着眼，

---

① 林剑鸣等：《秦汉社会文明》，西北大学出版社1985年版，第2~8页。
② 朱绍侯：《秦汉土地制度与阶级关系》，中州古籍出版社1985年版，第44页。

使"立子以嫡不以长,立嫡以长不以贤"的"嫡长子继承制"成为君主世袭的原则。同时,这种宗法制又成为地主贵族、皇室瓜分财产和权力的重要原则。这一切均于秦汉时代确定,而贯穿于此后的整个封建社会。

秦汉时期还确立了封建官僚政治制度。这一时期的官僚统治体系,以"家天下"为原则,以维护皇帝个人专权为目的,实行军、政、监察分权,相互牵制。如秦时确立的"三公九卿"制,其"三公"(丞相、太尉、御史大夫)是一人之下、万人之上的官职。其中,丞相"掌丞天子,助理万机"(《汉书·百官公卿表》),但兵权却在"主五兵"的太尉手中(《文献通考·职官》),其地位与丞相相同。御史大夫掌监察,其地位虽略低于丞相和太尉,但常在国君左右,且负责秘书工作和管理文件,特别是充当皇帝耳目,监察百官。这就在制度上保证了三者互相牵制,只有皇帝一人才能总揽大权,收到了"圣人执要,四方来效"(《韩非子·扬权》)的效果。地方各郡也一律置"守、尉、监"(《史记·秦始皇本纪》):守治民,尉典兵,监御使负责监督百姓及官吏。这种组织原则,一直贯彻到县以下的基层。这样的官僚系统,既有利于统治阶级对人民的统治,也从制度上保障了皇帝的个人专断,因此为以后的历代封建帝王所继承。在以后的两千年中,不论是隋唐的三省六部制,还是之后的内阁制,其基本原则总是三权分立、相互牵制的。① 而这种官僚体系的制度化,就在秦汉时代。

尤为重要的是,中华民族思想文化的真正统一及其相应制度的建立,也是在秦汉时代。

秦统一后,实行"书同文,行同伦"(《礼记·中庸》)。"书同文",是利用国家政权的力量,从思想交流的工具、文化的载体——文字使用的一体化方面来促使民族文化的凝聚和形成。"行同伦",是从心理状态和伦理规范方面,促成统一的民族文化的形成。

秦亡汉兴以后,汉代统治者经过几十年的探寻,由武帝时的董仲舒总其成,形成了适合民族心理素质的思想文化制度。

董仲舒顺应秦汉之际要求思想统一的社会思潮②,针对汉初无军功不得封侯,以及汉兴以来军人政府和文人学士的矛盾,力主建立一套文官制

---

① 林剑鸣等:《秦汉社会文明》,西北大学出版社1985年版,第8～12页。
② 详见李宗桂《董仲舒:秦汉思想的统一者》,见《中国人文社会科学博士硕士文库·哲学卷(下)》,浙江教育出版社1998年版,第1469～1514页。

度,做到"量才而授官,录德而定位"(《汉书·董仲舒传》),以改变先秦儒家私门传学和法家"学在官府,以吏为师"的传统,为大规模培养人才开通了道路,为官僚系统的建立和健全提供了制度和人才上的保证。

此外,董仲舒还从社会伦理规范的建设入手,提出了"三纲五常"的封建道德总原则。他还从统一思想的角度,提出了"罢黜百家,独尊儒术"的建议,为汉武帝所采纳,从而在文化政策上为后来以儒为主的文化模式提供了蓝本。他以儒学为主导、以阴阳五行为骨架、以天人感应为核心的思想体系,是一种以直观外推为基本方法的经验论思维模式,也为后来的以经验论为特色的传统思维奠定了基础。

要而言之,秦汉时期所形成的经济制度、官僚政治制度、家庭制度、文教制度以及伦理规范,奠定了此后中国文化的基础。秦汉之后,秦汉思想文化风貌成为后世遵循的楷模,秦汉时期成为中国文化的定型期。①

四、中国文化的强化期

宋明时期是中国文化的强化期。这一时期的文化,带有不同于以往的哲理性和思辨性,以及为封建政治服务的自觉性等特点。

这一时期,在思想领域,出现了影响整个后期封建社会发展的宋明理学。

宋明理学作为一种社会思潮,它的兴起,是与一定的政治、经济状况相联系的。虽然宋明时期已是中国封建社会的后期,但从北宋到明中叶,生产力仍有相当程度的发展。此时,封建经济高度成熟,地主土地私有制和封建工商业都有一定的发展。商品货币关系的发展,削弱了农民对地主的依附关系,改变了人们关于传统天命伦常的观念。土地兼并的扩张,激化了农民与地主的矛盾。在思想政治领域,封建专制主义进一步强化,封建的政治统治和思想统治都日趋完备,因而使封建社会的历史惰性日益显现,整个社会呈现出相对的停滞性。

宋明理学是儒、释、道三教合流的产物,以天理人欲之辨、穷理尽性为主要内容。

---

① 详见李宗桂《大一统的秦汉文化》,见阙道隆主编《中国文化精要》,中国青年出版社1994年版,第57~68页。

理学的开山祖师是周敦颐。他对《老子》的"无极"、《易传》的"太极"、《中庸》的"诚",以及阴阳五行学说等思想资料进行熔铸改造,对宇宙万物的生成变化,以及封建人伦标准道德等,都做了说明。

朱熹对周敦颐的学说加以新的阐释,既克服了玄学、佛教空无本体论的理论局限,又改造了董仲舒以"天"为主宰的粗糙的天命神学,建立了以"理"为本的天人合一宇宙观,使传统儒学走向哲理化。在此基础上,他套用佛教华严宗"一多相摄"的理论,建立和发挥了"理一分殊"的学说。华严宗通过"一即多,多即一"的论证,否认事物的差别和矛盾,从而论证其出世主义的观点。朱熹则通过"理一分殊",论证"理只是这一个,道理则同,其分不同。君臣有君臣之理,父子有父子之理"(《朱子语类》卷六),从而把三纲五常、忠孝节义等封建政治伦理道德说成是至高无上的天理,君、臣、父、子,都要按照自己的本分,依从天理行事。这种"理一分殊"的理论说教,较之传统的天命思想要精巧得多,这就使传统儒学的理论价值和社会效果得到很大提高。①

从总体上看,作为宋明时期思想文化基本内容的理学,是后期封建社会的官方统治思想,它加强了封建社会的历史惰性,思想界变成了一潭死水,了无生气。以《四书集注》为代表的理学家思想,严重桎梏了人们的思想,有利于封建文化专制主义的实行和封建社会的稳定。② 同时,它阻滞了经济的发展,排斥和阻碍接受外来的科学知识和思想观念,扼杀、抑制了资本主义生产关系的萌芽,把三纲五常哲理化,上升为"天理",使之与宗法家族制度相结合,从而在各个方面强化了中国传统文化。

五、中国文化的转型期

从清代到"五四",是中国文化的衰败期,也是其转型期。这一时期的文化,带有新旧杂陈、"死的要拖住活的,新的要突破旧的"的特征。

明清之际,"天崩地解"(黄宗羲),封建制已走向没落。由封建土壤孕育出的封建文化,也已呈现衰败现象。一些具有启蒙思想的人,对封建专制主义和封建蒙昧主义进行了批判。他们提出要"不以天下私一人"

---

① 李锦全:《儒家思想的演变及其历史评价》,载《孔子研究》1986 年第 4 期。
② 参见邱汉生《四书集注简论》,中国社会科学出版社 1980 年版。

(王夫之),要求以"天下之法"代替封建专制的"一家之法",声称"为天下之大害者,君而已矣"(黄宗羲),甚至怒斥"自秦以来,凡为帝王者,皆贼也"(唐甄)。他们反对传统的"崇本抑末",主张"工商皆本",抨击科举制度,主张设立学校,尊重并吸取自然科学的成果,批判宋明理学"空谈心性"的虚诞学风,注重经世致用,提倡面向实际,开辟了一代重实际、重实证、重实践的新学风①,从而宣告了封建文化的没落和寻找并建立新的思想文化体系的开始。

然而,思想启蒙的道路是坎坷的。清代前期由于有过一段相对稳定的社会秩序,出现了所谓的"康乾盛世"的回光返照。在"文字狱"等思想专制下,启蒙思想出现了曲折回流。特别是清统治者妄自尊大的闭锁心态,导致了因循守旧,排斥新思想、新科技的现象,最终在帝国主义的洋枪洋炮的轰击下,败下阵来,割地赔款,丧权辱国。

"五四"新文化运动的兴起,是中华民族在内外交困的境况下,对传统思想文化进行自我批判、救亡与启蒙并行的民族自救运动。一代青年高举科学与民主的旗帜,批判旧思想、旧文化,提倡新思想、新文化。一些具有初步共产主义思想的人,将马克思主义介绍到中国,试图用新的思想、新的方法来构筑新的文化体系。

然而,此时的国粹派、全盘西化派等,也极力宣传自己的主张,在思想文化领域掀起阵阵波澜,以抗衡马克思主义思想文化体系的建立。

尽管从清代以来,中国社会在从传统走向现代的历程中,步履维艰,但在客观上,人们已经看出,旧的思想文化体系已经不能适应社会发展的需要,中国文化需要转变形态了。

遗憾的是,由于旧思想的羁绊,特别是自20世纪20年代以来,直到新中国成立,中国社会的救亡图存是当务之急,历史的脚步主要是在战火中行进,思想文化的建设没有也不可能真正提到议事日程上来。新中国成立以后,由于人所共知的种种失误,一个具有现代意识、多维视野、民族特色的思想文化体系,并未真正建立起来。

一个批判继承历史文化传统而又充满时代精神、立足本国而又面向世界、具有中国特色的新型文化价值系统的建立,有待于我们在新世纪的现代化建设实践中不断探究、理性反思和科学抉择!

---

① 萧萐父:《中国哲学启蒙的坎坷道路》,载《中国社会科学》1983年第3期。

第三节　学习中国文化的目的、意义和方法

　　我们今天学习中国文化，既不是为了发思古之幽情，也不是为学术而学术，更不是为了复兴"儒教"，或者对抗西方先进文化，而是为了把握民族文化的精神和特质，对其进行如实的批判和科学的抉择，更新民族思维方式、价值体系和心理素质，建构具有现代意识的新的思想文化体系，用新的思想文化体系来充实我们的精神境界，为中华民族的伟大复兴贡献力量。

　　学习中国文化，有助于增强我们的民族自信心和自尊心，坚定文化自信。中国文化是东方文化的集中表现，有着独特的价值系统和思维方式，是人类文明发展史上的一块瑰宝。通过学习中国文化，我们可以发现古老的文化中不乏在历史上起过积极作用，而且至今仍有其存在价值的东西；发现民族文化对于当今自身发展和世界文明发展可有之贡献；发现中国文化长于西方文化的地方，而不妄自菲薄，自诬其民族。[①]

　　学习中国文化，有助于我们辨别良莠，抛弃封建糟粕。毫无疑问，以封建时代文化为主体的中国文化，有着不少至今已丧失其合理性的东西，其中某些内容，如因循守旧、唯上唯书、任人唯亲等，早已成为我们前进的绊脚石。而深沉的历史责任感和使命感，自强不息、厚德载物的文化精神，己所不欲、勿施于人的磊落胸襟，和而不同、崇德重义的价值准则等，则应继承下来，赋予新的内容，灌注时代精神，发扬光大。

　　学习中国文化，有助于我们开阔文化视野，以吞纳百川的气概，以开放的心灵，面向现实、面向未来、面向世界，学习、借鉴、吸纳其他民族文化体系的积极内容和优良传统，建设高度发达的社会主义精神文明。中国文化素有包容精神，能够并善于与外来文化融合，以升华自身。我们要发扬这一传统，向所有不同于我们民族文化的其他文化学习，取人之长，补己之短，以创造、发展中国特色社会主义文化。

　　学习中国文化，有助于提高我们的文化素质，增强人文素养。市场经

---

① 李宗桂等著：《中国优秀传统文化的现代价值》，人民出版社2019年版。

济固然有很多优秀的特质，但市场经济的负面因素也不可忽视。功利主义、现世主义、物质主义、享乐主义、极端个人主义等不健康甚至极为有害的思想观念，侵蚀着我们的社会，侵蚀着我们的青年一代。由于机制不健全等因素的影响，初等、中等教育成了应试教育，高等教育缺乏应有的人文关怀和文化素养的熏陶。因此，学习中国文化，对于化解市场经济的某些负面影响，对于提高以大学生为代表的一代青年的文化素质和人文素养，显然具有重要的理论价值和实践意义。

学习中国文化的方法，自然是辩证唯物主义和历史唯物主义的方法。具体说来有：历史与逻辑相一致的方法；从抽象到具体的方法；归纳与演绎和分析与综合的方法；等等。此外，结构分析法，心理分析法，解释学的方法，现象学的方法，文化人类学的方法，系统论、控制论、信息论、协同论的方法，以及其他自然科学的方法，都可采用。总之，一切能对中国文化做出合理解释，使人能够接受、给人教益的方法，都是行之有效的方法，都应提倡使用。

第一章

中国文明发展的特殊道路

中国传统文化的特质与中国文明形成的原因及其发展道路有关。要正确把握中国传统文化的特质,科学地予以评判、扬弃和转化,就需要对中国文明的形成及其特殊发展道路有切实的了解。

正如"文化"概念的众说纷纭一样,对"文明"的理解,人们存在着很大分歧。同样,对"文化"与"文明"的关系的理解也是众说纷纭,有人认为二者是同等的概念,但多数人认为二者既有联系,又有根本区别,至于联系和区别的合理边界何在,却未能取得共识。在西方,德国古典哲学家康德对"文化"与"文明"做了明确的区分,将人类发展过程中的技术、物质因素和精神的各种外化形态均归于文明,而将构成人类本质力量的精神的内在性因素归于文化,意即文化是人的内在素质,文明是文化的外在形式或表现。① 这一划分标准在欧美学者中有着极大的影响,以至于有人将"文化"归入"精神自由"领域并视为高级境界的概念,而将"文明"归入"物质技术"领域并视为低级境界的概念,表现出"重文化而轻文明"的价值倾向。但是,弗洛伊德将"文化"理解为"人类生活赖以超脱其动物性并区分动物生活的一切",故而"不同意把文化和文明加以区分"。② 在我国,梁漱溟一方面声明"文化与文明有别","文明"是指"生活中的成绩品"或"生活中呆实的制作品"(如器皿和政治制度等),"文化"是指"生活上抽象的样法";另一方面提出"文化与文明是一个东西的两方面",如一种政治制度既可说是"一民族的制作品"(即"文明"),亦可说是"一民族生活的样法"(即"文化")。③ 而

---

① 参见许苏民《走出困惑:一个新的文化定义》,载《贵州大学学报(社会科学版)》1989年第1期。
② 转引自〔法〕维克多·埃尔《文化概念》,上海人民出版社1988年版,第3页。
③ 梁漱溟:《东西文化及其哲学》,商务印书馆1922年版,第77~78页。

在当代,"文化"与"文明"的关系仍然是个有争议的话题。有人认为,"文明是文化的内在价值,文化是文明的外在形式。文明的内在价值通过文化的外在形式得以实现,文化的外在形式借助文明的内在价值而有意义"①;还有人认为,"文化是人的内在心理的方面,文明是文化的外在形式或表现"的观点是不确切的,因其"把进入文明时代以前百万年的人类社会生活排斥在文化之外",故可"把文化心理素质确定为文化的基本内核"。②

依我看来,"文明"与"文化"是两个内涵不同、外延有异的概念。"文明"的含义比"文化"广泛。一方面,"文明"与"文化"具有部分相同的内涵,即指精神、观念或意识形态。另一方面,更重要的是,"文明"的内涵与"文化"并不完全相同,且比"文化"的外延大。如《周易·乾卦·文言》曰:"见龙在田,天下文明。"孔颖达的《正义》将"天下文明"理解为"天下有文章而光明",并将"文明"与"阳气在田,始生万物"相联系,故其所包括的范围并不限于精神方面,而首先是指物质方面的内容。在古文献中,"文明"有时与"文物"通用,而具有"文章器物之意",如"文物以纪之,声明以发之"(《左传·桓公二年》)。"文明"的另一个含义,是指人类社会的进步状态,与"野蛮"相对,如"变荒裔之民为文明之俗"(范景文:《昭代武功编》卷三)。

概而言之,"文明"包括人类所创造的物质和精神两个方面的成果,而侧重于指物质方面和社会进步的状态,而文化更多的是指精神方面的教养、教化。

关于中国文明的起始时间,在国内学者中存在着很大分歧。有的学者提出:"中国有六千多年的文明史。"③ 有的学者认为:"文明社会的到来也就是国家的出现,国家是文明的政治表现,是文明社会的概括。"④ "把中国文明的形成从早商再上溯一个较长的历史阶段,看来是可能实现的。"⑤ 按照这种意见,"文明时代的开端也就是阶级社会的起源"。持不同意见的学者认为:"人类文明的历史比阶级社会的历史要古老得多",

---

① 陈炎:《"文明"与"文化"》,载《学术月刊》2002年第2期。
② 许苏民:《中华民族文化心理素质简论》,云南人民出版社1987年版,第3页。
③ 唐兰:《大汶口文化的社会性质及有关问题的讨论综述》,载《考古》1979年第1期。
④ 李学勤:《中国古代文明与国家形成研究》,云南人民出版社1997年版,第2页。
⑤ 李学勤:《重新估价中国古代文明》,载《人文杂志》1982年增刊。

第一章　中国文明发展的特殊道路

"人类自有历史以来，就有文明"，"在阶级社会产生之前……文明已经有了不同程度的发展。中国古史传说时代，从燧人氏、伏羲氏、神农氏到黄帝都代表着远古文化的一定阶段"。①

恩格斯在《家庭、私有制和国家的起源》一书中，把"文明"时代看作"野蛮"时代之后的一个时代，并说："由于文明时代的基础是一个阶级对另一个阶级的剥削，所以它的全部发展都是在经常的矛盾中进行的。"② 而中华民族进入阶级社会或文明社会是从夏朝开始的，即发端于约公元前 2070 年或公元前 21 世纪，意即中华民族有着四千多年的文明史。不过，20 世纪在浙江发现的公元前 3300 年的良渚遗址，又将中华文明的历史前推了一千多年，所以人们常说中华文明有五千年的历史，或者概略地称为"上下五千年"。人们将中华文明推至原始社会末期，是与中华文明社会形成的独特发展道路相映衬的。

根据我对"文明"的理解和在本书绪论第一节中对"文化"概念的诠释，我把阶级产生、国家出现之时看作中国文明时代的开始。不过，为了叙述上的方便和便于读者理解，本章仍从原始宗教谈起。

第一节　原始宗教的产生

原始宗教是原始人类受到自然界沉重压迫，把自然力和自然物神化的结果。

当人类步入氏族社会后，生产范围有所扩大，实践经验有所积累，逐步认识了许多自然现象与人们经济生活的联系，从而对某些自然现象抱有某种希望，产生控制它的要求，而实际上又无法控制时，便会把主观意愿通过幻想表现出来，把自然现象神化。精灵、神等，就是原始人群在考察各种自然现象之间的联系，以及人与自然之间的关系时，所产生的虚幻的观念。相信人有灵魂、灵魂不死，是原始宗教产生的思想基础。

原始宗教是人类文明史以前的宗教形态。它的主要形式有：自然崇

---

① 林甘泉：《论历史文明遗产的批判继承》，载《中国史研究》1983 年第 2 期。
② 《马克思恩格斯选集》第 4 卷，人民出版社 1995 年版，第 177 页。

拜、动植物崇拜、鬼魂崇拜、祖先崇拜、图腾崇拜、灵物崇拜、偶像崇拜，等等。这些原始宗教形式，归纳起来可以分为两大类：一类是对自然力和自然物的直接崇拜，即把可以直接为感官所感觉的自然物和自然力当作崇拜对象，如虎、狮、山、河、雷霆、闪电；另一类是对精灵和鬼魂的崇拜，即对由幻想而形成的某种神秘自然力量的精灵、鬼魂等的崇拜，如山精、河神以及中国人幻想中的龙等。

总的说来，原始宗教的崇拜对象没有超出自然物的范围，具有明显的直观性和神秘性。

一、从万物有灵到多神崇拜

世界上各个民族都有过自然崇拜的阶段，中国自不例外。有人认为，最初的自然崇拜很可能在山顶洞人时代便已出现，但缺乏直接的证明。尽管山顶洞人在死者身旁撒赤铁矿粉，可被分析为对红色的崇拜，但还不足以证明这就是自然崇拜。更何况，对于这一现象，学者们之间有着颇不相同的解释，有的认为是爱美之心的显露，有的则认为是灵魂不灭观念的物态化。

大约在仰韶文化时代（约公元前5000年—公元前3000年），万物有灵的观念和由此而引起的自然宗教祭祀活动开始盛行。

为了解释自然界的变化和神奇力量的根源，原始人通过简单的类比，把自然物拟人化，设想其同人一样，具有情感意志，并各有灵魂存在。这便是万物有灵的观念。这种观念认为，日、月、风、雨、雷、电等都是具有超人间力量的神灵；天地、山川、水火等也有神灵主宰；人死后变为鬼，树木有灵，鸟兽会说话，石头能思考，可谓"无物不神，无鬼不灵"。

由于各种自然现象分别被不同的自然之神所支配，原始人要求福避祸，就得与自然之神搞好关系，于是产生了种类繁多的宗教祭祀活动，以沟通神人关系。仰韶文化时代，祭祀成为人们生活中的大事。考古发现的这一时期的文化遗存表明，祭祀是氏族生活中必不可少之事。①

中国古代用以指代国家的"社稷"二字，本是指土神和谷神，它们是

---

① 参见《临潼姜寨发现仰韶文化早期原始氏族村落基址》，载《光明日报》1980年5月27日。

人们祭祀的主要对象。在中国文字中,表祭祀的字大都从"示"。《说文解字》云:示"从二("二"的古文为"上"字)三垂,日月星也";"示,神事也"。可见,祭祀最初是从崇拜日、月、星等自然物发展而来的。这种宗教祭祀活动,历史悠久,影响深远。所谓"国之大事,在祀与戎"(《左传·成公十三年》),便是明证。《左传·昭公元年》曰"山川之神,则水旱疠疫之灾,于是乎禜之;日月星辰之神,则雪霜风雨之不时,于是乎禜之",反映了自然崇拜(而且是多神崇拜)的广泛性。这种以万物有灵为基础而形成的对自然的多神崇拜,在后来的漫长历史时代中,一直保存着。人们给各种自然神起了专门名号,日神叫羲和,水神叫河伯,风神叫飞廉,火神叫祝融,等等,典型地反映出原始宗教崇拜的自然崇拜特征。

二、从动物崇拜到图腾崇拜

在中国远古的原始宗教的多神崇拜中,除了自然崇拜之外,动物崇拜也是一种普遍现象。

由于自然力的强大和自然崇拜观念根深蒂固,人们习惯于用自然崇拜的观念解释社会历史问题,分不清自然和社会的界限。同时,对动物的既依赖又畏惧,使人们把动物当成神灵来膜拜。恩格斯曾引用费尔巴哈的话说:"一个部落或民族生活于其中的特定自然条件和自然产物,都被搬进了它的宗教里。""人在自己的发展中得到了其他实体的支持,但这些实体不是高级的实体,不是天使,而是低级的实体,是动物。"① 费尔巴哈本人指出:"对于自然的依赖感,配合着把自然看成一个任意作为的、人格的实体这一种想法,就是献祭的基础,就是自然宗教的那个基本行为的基础。"② 这是对动物崇拜产生原因的科学说明。

中国古文献中有极丰富的关于动物崇拜的记载。《山海经》把很多历史传说中的人物或各地区的神灵,都描写成奇特的动物,或与动物有关。《南山经》中的神灵全与鸟、龙有关;《西山经》中的神灵都与马、牛、羊、虎、豹有联系;《北山经》所提到的神都与蛇、马、猪有关,其神

---

① 《马克思恩格斯全集》第27卷,人民出版社1972年版,第63页。
② 〔德〕费尔巴哈:《宗教的本质》,王太庆译,商务印书馆2017年版,第30页。

"人面蛇身",或"马身而人面",或"彘(猪)身";《东山经》的神灵是"人身而龙首",或"兽身人面",或"人身而羊角";《中山经》中的神灵,则是"人面鸟身",或"其状如人而虎尾",或"马身而龙首",或"龙身而人面"。此外,书中还把许多奇鸟怪兽的出现,同水、旱、风、瘟疫和社会动乱联系在一起。《山海经》的这些记载,反映了人们在恐惧心理和神秘感的支配下所产生的对动物的理想寄托,也反映了人们与动物之间的密切关系。而20世纪末在河南濮阳县发现的距今6600年的西水坡仰韶文化遗址中,墓葬主人的左右两侧出现用蚌壳精心摆塑的龙、虎、鹿和蜘蛛图案的随葬品,从实物上反映了当时人们对"龙""虎"等想象或现实的动物崇拜。

如果说,动物崇拜反映出人们的思维水平仍局限于感性直观的阶段和对具体事物的认识阶段的话,那么,图腾崇拜便是向抽象思维迈进的新的一步。图腾崇拜的动植物对象,已不是指某一具体的个体,而是指该物类的全体。这种观念上的综合能力,是人类抽象思维能力有所发展的反映。同时,图腾崇拜的对象一般与本部族或氏族有特定联系,是其祖先或守护神,具有鲜明的个性特征。这样,图腾崇拜的对象就反映了具有类概念的综合性,也反映了某一具体氏族将自身从别的氏族区别出来的分析性,体现了氏族的个性。

图腾崇拜是动物崇拜同人们对氏族祖先的追寻相结合的产物。中国远古时代的图腾崇拜相当流行。《说文解字》云:"南方蛮闽从虫,北方狄从犬,东方貉从豸,西方羌从羊。"这些部族的称号,表明虫、犬、豸、羊曾是他们远祖氏族的图腾。现代考古发掘多次发现图腾崇拜的痕迹,如在山东发现的刻有半人半鸟形象的东汉画像石,刻有人面蛇身形象的汉代石雕。值得注意的是,夏后氏的先人以龙为图腾。闻一多先生曾在其《神话与诗》一文中说,龙是想象中的动物,它兼具蛇、兽、鱼等多种动物的形象特征。龙图腾可能是吸收多种动物图腾的特征融合而成的一种图腾,它可能反映了一些氏族结合、同化的过程。闻一多这个见解,是有道理的。可以说,龙图腾的出现,反映了中国古代文化具有融合性的特征。

三、从图腾崇拜到祖先崇拜

当母系氏族社会进入父系氏族社会以后,男子由于成为生产的主要承担者，而在氏族中升到主导地位。氏族按男系确定血统，改变了母系氏族社会人们"只知其母，不知其父"的状况。在这一时期，人们把氏族或部落的始祖之神，从动物身上转移到男性英雄人物身上，开始用社会本身的活动来说明社会历史。表现这一转变的便是由图腾崇拜向祖先崇拜的过渡。

父系氏族社会的锄耕农业使人们的生活有了较可靠的保证，畜牧业的兴盛意味着人征服和支配动物取得了伟大胜利。人减少了在动物面前的自卑感和依赖感，增强了优越感和自主感，不再把动物当作神圣之物。同时，父权制和私有财产的出现，需要确立和巩固父系血统关系，以保证财产继承权，这就使崇拜男性祖先具有了必要性和可能性。图腾崇拜的后期，出现了以男性生殖器为图腾的崇拜。在龙山文化和齐家文化的遗址里，发现了陶祖和石祖。祖是男性生殖器的造像，象征生殖繁衍之神。"祖"字从"示"从"且"，"示"表祭祀，"且"的甲骨文和金文字形都像男阴。陶祖和石祖的出现，标志着图腾崇拜的衰落和祖先崇拜的兴起。

祖先崇拜的一个重要产物，是关于英雄祖先的神化的出现。如传说炎帝是古羌人氏族的始祖和宗神，首创农业，号神农氏。黄帝是北方一些氏族的先祖，是华夏族的缔造者，舟车、屋宇、衣裳、医药等文明器物都是他发明的。这类神化的共同点是：认为当时各氏族都分别出自一个才智超群、贡献巨大的男性神化式先祖。① 这种祖先崇拜的观念，影响十分深远。它不仅使古代中国社会带着氏族制的脐带跨入了文明社会的门槛，并进而由氏族制发展到宗法制，而且，它还深刻地影响了中国的家庭结构、社会结构，以及社会心理和意识形态。

第二节　氏族制的脐带与文明的门槛

由于中国社会是带着氏族制的脐带迈入文明时代的门槛的，因此，建立在血缘心理基础之上的祖先崇拜观念特别发达。而以人工灌溉为主的农

---

① 参见牟钟鉴《中国原始人思维的发展和中国哲学思想的萌芽》，载《中国哲学史研究》1980年第1期。

业生产，需要发挥集体协作的力量，抵御旱涝灾害，则又使统治者得以利用氏族制的脐带，发展了具有相当程度群体意识的宗法制。由此，中国社会的结构和文化具有与西方迥然不同的特征。

一、祖先崇拜与血缘心理

　　祖先崇拜是氏族社会的产物，血缘亲族关系是它的生理和心理基础。同时，祖先崇拜也是鬼魂崇拜的产物。鬼魂崇拜同血统姻缘观念相结合，就发展成为祖先崇拜。最早的祖先崇拜，是崇拜氏族团体的共同祖先，然后才产生了部族团体的共同祖先，再后，随着家庭的产生，出现了家庭的祖先崇拜。

　　祖先崇拜的对象，就其本质来说也是鬼魂。但是，它与崇拜者之间被认为有血缘关系，崇拜者对鬼魂有祭祀的义务，鬼魂被当作崇拜者的保护神而受到祭祀。

　　原始人一般是把祖先鬼魂当作保护子孙的善灵来崇拜的。由于祖先崇拜的对象是善灵，又与崇拜者有血缘相连的密切关系，所以，祖灵常被转化为地方守护神而受崇拜。

　　最原始的祖先崇拜，包括在图腾崇拜之内。但是，图腾崇拜中所体现的祖先观念属于自然崇拜的范畴，这和作为鬼魂崇拜的一种形式发展起来的祖先崇拜是不同的。前者崇拜的是某种物类的神秘力量，后者崇拜的是某个死人的魂灵。

　　作为崇拜对象的鬼魂，并非任意择定的，而是氏族公认的、力量强大、能造福氏族者。留传下来的反映祖先崇拜的祭制，可以证明这一点。《礼记·祭法》曰："夫圣王之制祀也，法施于民则祀之，以死勤事则祀之，能御大灾则祀之，能捍大患则祀之。"另外，从祖先崇拜观念使用的"祖宗"概念的意义和它所指认的人物，也可以看出来。《礼记·祭法》记载，有虞氏"祖颛顼而宗尧"，夏后氏"祖颛顼而宗禹"，殷人"祖契而宗汤"，周人"祖文王而宗武王"。可见，作为祖宗的人物，都是强有力的人物，甚至是开国元勋。"凡祖者，创业传世之所自来也。宗者，德高而可尊，其庙不迁也。……祖者，祖有功；宗者，宗有德，其庙世世不毁也"（《礼记·祭法》注引赵氏匡语），便是对此准确的解释。

　　血缘关系是祖先崇拜的基础。没有血缘关系，就无从确定本氏族的祖先，也无从整合氏族部落内部的关系。当一个部落征服或合并另一个部落而生活于一个共同体内时，血缘关系的不同，往往成为彼此融合的障碍。如果利用人们对血缘关系的重视，能找出两族间在血缘上的联系，则会起到维护共同体统一、促进融合的作用。

祖先崇拜的作用，表现于氏族社会及其具体的氏族联合体中，主要是纪念祖先的功绩，利用血缘关系，通过对祖先的崇拜来加强血缘观念，巩固以血缘为基础的内部团结，同时，确定人们之间的辈分关系。①

家庭制度确立之后，家庭和家族内部的祖先崇拜，是以较为严格的血缘关系为基础的，并以较亲近的血缘关系，作为联络感情、增进团结的纽带。它从血缘上区分了人际关系的亲疏厚薄，对于财产继承、权力转移等，起了重要作用。

二、农业社会与宗法制度

作为原始公社共同体的氏族及其祖先崇拜观念，由于我国特殊的地理环境以及由此决定的社会状况，而使其在我国跨入文明时代的门槛时，不仅没有彻底清算氏族制，反而将氏族制的"脐带"带入了文明社会。

我国古代以水为生、以农立国。我们的祖先总是"观其流泉""度其隰原"，以便"彻田为粮"（《诗经·大雅·公刘》）。这是我国古代文明"早熟"的地理条件。

我国又是一个以治水闻名的文明古国。纵横交错的江河湖泽，既带来灌溉之利，又招来洪水之灾。从传说中的黄帝以来，我们的祖先就累世同洪水作斗争。但是，由于氏族部落的闭塞性和狭隘性，不仅不能集中力量来治理洪水，而且在矛盾激化时，有些氏族还采取以邻为壑的办法来危害他人（见《淮南子·本经训》）。为了战胜洪水，继尧舜之后，禹采取了一系列措施：政治上，团结各氏族首领作为自己的"股肱心膂"（《国语·周语》），建立治水机构；组织上，"禹卒布土，以定九州"（《山海经·海内经》），按氏族分布的地域来确定版图，调剂劳力；经济上，"夏禹能单平水土，以品处庶类"（《国语·郑语》），按权力高下来分配治水斗争的胜利成果。这样，就把原来维护灌溉的共同利益的机构，演变成我国第一

---

① 参见朱天顺《中国古代宗教初探》，上海人民出版社1982年版，第206～214页。

个国家政权。这就是由于治水斗争而促成我国古代文明"早熟"的客观要求。

由于人工灌溉是我国古代农业发展的基础，因而氏族公社共同体在经济生活中具有重要作用。据《史记·夏本纪》记载，夏禹曾"致费于沟洫"。二里头文化遗址中也发现水井、水渠的痕迹，可能当时已有人工灌溉的沟洫系统。周族的先公古公亶父率众迁到歧下时，"迺疆迺理，迺宣迺亩"（《诗经·大雅·绵》），也是利用公社的组织形式，来划分疆界、分配土地，并动员族人疏导沟洫、组织农耕。正是由于人工灌溉的需要，我国进入文明社会时，公社组织被保留下来，并在公社的外壳下逐步建立了以井田制为经济基础的社会。在这种社会里，"普天之下，莫非王土；率土之滨，莫非王臣"（《诗经·小雅·北山》）。也就是说，土地以及生产者都归国家所有，都是君王的私产。

上述情况表明，我国进入文明社会的途径，具有东方型的比较"早熟"的特点，与欧洲古希腊、罗马的发展途径不同。古希腊、罗马是在有了使用铁器的个人生产力之后，用家庭的个体生产代替原始性的集体协作生产，通过清算氏族制、瓦解原始公社、发展家庭私有制的途径进入文明社会。我国则是在保持和加强公社组织形式的条件下，以血缘关系为纽带，发挥集体力量，通过治水发展农业生产的途径进入文明社会。

正是由于我国进入文明社会时保留了氏族制的"脐带"，因此，统治者得以利用氏族制并将其发展为宗法制。

关于宗法制的起源，史学界有不同看法。有人认为起源于原始氏族时代，有人认为起源于商代末期，有人认为起源于西周。其中，起源于西周的观点是一种传统的观点。我认为，宗法制和氏族制是有区别的。正如史学界有人所指出的："氏族社会里的氏族、胞族是以血缘关系自然形成的社会组织，是以共同生活、利害相关、平等互助的原则为基础的，而宗法制度则是在阶级社会里，贵族阶级为了保护其私有财产而建立起来的制度。"① 从实质上看，宗法制度是中国古代维护贵族统治的一种制度，它是由原始时代的以父系家长制为核心的血缘组织演变而来的。宗法制形成时，氏族制末期的祖先崇拜观念，就物化为具体的宗庙，并形成理论化、组织化的宗庙制度；氏族的族外婚制，就变为同姓不婚制和贵族的等级内

---

① 转引自晁福林《宗法制研究综述》，载《文史知识》1986年第6期。

婚制；氏族的相互继承权，就变为嫡长子继承制；氏族从利害需要出发的彼此帮助、保护和支援的相互义务，就变为宗族内部以及大小宗族之间相互帮助、保护和支援的义务。

中国的宗法制度产生于氏族社会末期，成熟于西周。周代宗法制度的核心是确立按宗族血缘关系来"受民受疆土"的继统法。宗统和君统是有区别的。在宗统范围内，所行使的是族权，它决定于血缘身份；在君统范围内，所行使的是政权，它决定于政治身份。但是，宗统和君统又是密切联系的，血缘身份和政治身份往往连为一体，周代确立的嫡长子继承制就是有力证明。在周代，天子既是全国的最高统治者，又是全族的最大宗族长。他利用宗族血缘纽带，按父权家长制的班辈来分田制禄，设官分职。天子、诸侯、卿大夫、士，既是政治上的君臣隶属关系，又是血缘上大宗和小宗的关系。他们处在不同的阶梯上，扮演不同的角色，享有不同的等级名分，取得不同的政治地位和经济特权。在全国范围内，各有其所占的土地、驱使的部属、管辖的村邑、供奉的社稷、祭祀的先祖与神灵。而被统治的"隶子弟""庶人工商"，也"各有分亲"，"皆有等衰"（《左传·桓公二年》），都紧锁在血缘纽带上。就这样，宗统维护君统，族权强化王权，家规补充国法，利用温情脉脉的血缘纱幕，来调整统治者内部的君臣上下关系，掩盖统治者与被统治者、征服者与被征服者之间的对立与矛盾，从而永保周天子处于天下"共主"和"大宗"的最高统治地位。由此出发，周天子利用公社形式，建立了以井田为基础、以血缘为纽带、以邑里村社为基层组织、以世袭分封为政治结构、以宗庙社稷为权力象征、大宗小宗分别继承的这样一种金字塔式的等级特权制度。这就是周代所完善化了的，并且具有深远历史影响的宗族制。①

第三节　"人惟求旧，器惟求新"

由于中国古代农耕文明的"早熟"，中国社会带着氏族制的"脐带"跨入了文明社会的门槛，因而，社会的进步走的是一条维新路径。而且，

---

① 参见萧萐父、李锦全主编《中国哲学史》上卷，人民出版社1982年版，第24页。

祖先崇拜观念的深厚和以血缘心理为根基的宗法观念的笼罩，使中国古代的思维囿于"以天为宗，以德为本"的伦理框架之中。

一、从家族到国家的维新路径

著名史学家侯外庐先生早在20世纪40年代就提出并一直坚持的一个观点，简明地概括了中国文明发展的特殊道路，揭示了中国古代社会意识、社会心理的普遍根据。他认为，如果用恩格斯的"家族、私产(有)、国家"三项作为人类文明路径的指标，那么，中国氏族公社的解体和进入文明社会的方式与西方国家不同。西方是从家族到私产再到国家，国家代替了家族；中国是由家族到国家，国家混合在家族里面，叫作"社稷"。前者是新陈代谢，新的冲破了旧的，是"人惟求新，器惟求新"的革命路线；后者是新旧纠葛，旧的拖住了新的，是"人惟求旧，器惟求新"的维新路线。[①] 侯外庐这一论断，揭示了氏族血缘关系以宗法家族制的形式在我国古代社会的长期残存，以及对社会历史和思想意识的深刻影响。他自己解释说，"'器惟求新'的器，是指社会阶级分化以来统治者对被统治者的政权形式"；而"人惟求旧"的旧人，"就是被氏族血缘纽带所束缚着的人"，"是指氏族的联盟体"。[②]

正因为中国社会向文明的演进走的是维新道路，所以，宗法制度、原始宗教（诸如祖先崇拜）以及氏族伦理观念等，作为中国文化的因子而积淀下来，对后来的中国社会产生了久远而深刻的影响。因革损益，三统循环，温良谦恭，使一整套"敬天法祖""尊尊亲亲"的伦理纲常，凝聚为"天""礼""仁"等传统观念，从内在的心理机制上束缚着人们的认识和理性精神的提升。因此，中国古代的一切激烈的变革主张，无不遭到失败；一切有激进色彩的言行、风格和人格，无不受到指斥，作为异端而被打击、取消。

---

① 参见侯外庐《中国思想通史》第1卷，人民出版社1957年版，第11页。
② 侯外庐：《中国思想通史》第1卷，人民出版社1957年版，第16页。

二、"以天为宗,以德为本"的伦理框架

由于我国文明社会的形成走的是"人惟求旧,器惟求新"的维新道路,沉重的宗法传统阻碍着经济、科学和文化的发展,并把人们的思想禁锢在"以天为宗,以德为本"(《庄子·天下》)的宗族伦理框架之中,使我们祖先研究认识法则和认识规律的思维受到了限制,思想家们的眼光专注于伦理政治问题,而漠视对大自然的探索。

先秦诸子学说,"皆起于救世之弊"(《淮南要略》),诸子著书立说,只是为了"言治乱之事"(《史记·孟荀列传》),"阴阳、儒、墨、名、法、道德,此务为治者也"(《史记·太史公自序》)。社会政治人事之外的问题,不在其视野之内。至于贯穿整个中国思想史的"究天人之际,通古今之变"(《史记·太史公自序》)的思想主线,也是以社会历史的治乱兴衰为思考中心的。董仲舒创制的宗教化的天人感应目的论体系,一方面是将一个外在的、超人间的力量强加于人们头上和心中,另一方面是用三纲五常的宗法伦理道德来规范人们的思想,可以说是"以天为宗,以德为本"观念的典范。宋明理学家吸取佛教的思辨结构,与传统儒学的"天"相结合,改铸出了"总括天地万物"的"理",实际上仍未超出"以天为宗"的思想框架。而且,由朱熹利用华严宗"月印万川"理论而锻铸出的"理一分殊"学说,说到底,是要人们坚守"饿死事小,失节事大"(《河南程氏遗书》卷二十二)这类存天理、去人欲的道德信条,这是"以德为本"思想的理论化和强制化。

宋明以降,中国社会不仅步履蹒跚,而且在科技方面也"江郎才尽",是与这种"以天为宗,以德为本"的伦理框架的束缚分不开的。

不仅如此,维新道路所造成的社会矛盾的复杂性,使我国历史发展总是处在新旧杂陈、方生未死之中:死的要拖住活的,新的要突破旧的。这成了我国历史以及传统文化的一个重要特点。

第二章

中国封建社会经济结构和政治结构的基本特征

政治源于经济。经济结构决定政治结构，政治结构受制于并影响经济结构，二者统一于一定的生产方式之中，相辅为用。一定的经济结构和政治结构，孕育出一定的思想文化。经济结构和政治结构的类型和特征，往往影响到思想文化的类型和特征。政治、经济和文化，三者之间有着复杂的关系。经济对文化的影响和作用，往往以政治为中介，通过社会政治结构和政治思想而体现出来。同时，思想文化对社会经济结构和政治结构产生着深刻的影响。因此，探究中国封建社会经济结构和政治结构的基本特征,[①] 对于我们准确把握中国文化的特质，有着重要意义。

第一节 中国封建社会经济结构的基本特征

一、封建社会有机体的诸种再生产

人类历史是由三种再生产构成的社会有机体的运动过程。三种再生产分别指物质再生产、人口再生产和精神财富的再生产，它们的统一，就构成社会有机体。从社会有机体的角度考察，不仅有助于我们认识中国古代文化的发展是个自然历史过程，而且有助于我们从宏观的、整体的、动态

---

① 关于中国"封建社会"的问题，学术界近年有很多新的研究成果，特别是关于如何理解"封建""封建社会"的内涵，学者之间仁智互见。考虑到大学教材的规范性、通用性和知识传播的相对稳定性，避免不必要的争论，本书使用的"封建社会"，是唯物史观范畴内的、人类五种生产方式及五种社会形态意义上的"封建社会"。进一步说，是近代以来学界和政界习称的"反帝反封建"意义上的"封建"。

第二章 中国封建社会经济结构和政治结构的基本特征

的角度去分析中国封建社会的经济结构和政治结构的基本特征，剖析其内在机制，揭示其与中国传统文化之间的关系。

中国封建社会的物质再生产，基本上是以一家一户为单位的自发的、以简单劳动工具为依托的简单再生产。在这个再生产过程中，各个家庭以及社会组织彼此之间只有简单的交换关系，没有精细的分工。"上足以事父母，下足以畜妻子"，"幼有所养，老有所终"，便是这种物质生产的目的。

中国封建社会的人口再生产，由于受宗法思想的影响，以及受自然经济模式的制约，使人们以人丁兴旺为乐事。每一宗族都以添丁增口为扩大劳动力的直接源泉，并以此作为壮大家族势力的重要的也是可靠的方式。而占意识形态主导地位的儒学所宣传的"不孝有三，无后为大"，更是从精神上刺激了人口的再生产。同时，作为封建国家机器的重要支柱的军队，需要源源不绝的后备力量，这也迫使每个家庭将此问题纳入自己的生育考虑之中。这样，为着经济的、精神的以及传宗接代的种种利益，使每一家庭都竭力通过人口的增殖来膨胀自己的力量，从而使整个社会的人口再生产呈现出一种无限扩大的趋势。

中国封建社会的精神财富的再生产，受物质再生产和人口再生产的制约，也表现出规模狭小、简单重复的特征。道家思想要引导人们离开"名利场"，"无己""无待"，以作精神上的逍遥之游。秦以后作为"绝学"的墨家，就其思想的视野而言，也绝不出小生产的范围。法家要强化中央集权，钟情于法、术、势的运用，不会鼓励人们开拓思维空间、创新思维方式。本来是舶来品的佛家思想，先是主张"沙门不敬王者"，从逻辑上讲，具有破坏中国固有的尊王观念、启迪思维的作用，但只经几个回合，终于被迫向以儒家思想为核心的中国本土文化靠拢，在高于一切的皇权面前低下了"不敬"的头。世俗化、人情化、伦理化的儒家思想，更是以维护既存秩序为己任。它所主张的一整套政治理想和伦理规范，都是以约束个体思想为着眼点的，从模式上和程序上看，都是一种简单重复。中国封建社会的政治体制、思想体系以至思维模式，自秦汉直至近代，两千年间没有根本变化。"戊戌六君子"之一的谭嗣同就曾指出："二千年来之政，秦政也，皆大盗也；二千年来之学，荀学也，皆乡愿也。"（《仁学》卷上）梁启超说："汉代经师，不问为今文家古文家，皆出荀卿（汪中说），二千年间宗派屡变，壹皆盘旋荀学肘下。"（《清代学术概论》）这些议论，

· 41 ·

从一个侧面揭示了中国封建社会精神财富再生产的狭隘性、重复性和循环性。此外，中国封建社会精神财富的再生产，还具有自发性、实用性和依赖性的特征。自发性是指精神财富再生产不是用理性来指导，而是靠悟性来发挥，并由单个思想家用纯粹的手工劳动进行。实用性是指精神财富再生产以维护地主阶级的统治为目的，用世俗化的形式和语言表达统治阶级的思想，缺少对世俗生活的超越，而局限于对伦理情趣的追求。依赖性是指精神财富再生产受制于物质生活资料再生产的狭小规模和低下水平，受制于人口再生产的需要和特点，受制于封建统治阶级的需要与设限，不能成为独立的社会生产部门。

中国封建社会的三种再生产相互制约，相互影响。物质再生产的组织分散、范围狭小、水平低下，限制了精神财富再生产的扩大，使科学和文教事业发展缓慢。这种状况反过来又妨碍了物质生产的扩大。物质再生产和精神再生产的状况刺激了人口再生产，并影响了人口在精神和体质质量上的提高。而人口再生产的状况又使人们以物质上的低水平和精神上的低要求为满足。这样，从历史的宏观发展来考察，三种再生产的运动陷入了惰性循环之中，导致了中国封建社会的缓慢发展。

当然，三种再生产循环运动的功能，并非在每一历史时期都是相同的。在封建社会前期，它也曾起到稳定社会、恢复生产、增加人口、巩固国防、建构新的意识形态、促进经济发展的历史作用。这不仅在西汉前半期表现得十分突出，而且在以后的新王朝初建、需要恢复经济时，也表现出一定的作用。不过，宋明以后，随着封建专制主义的加强，三种再生产相互循环的惰性因素加强，阻碍了中国社会的进步。

二、地主经济和小农经济的互为盈缩

中国封建社会的基本经济结构，从秦汉以后，就部门划分而言，是个体农业和家庭手工业的结合，家庭是实现社会再生产的基本单位。这种经济结构形式，抵御天灾人祸的能力非常低下，是脆弱的经济形式。然而，因为它是以家族亲属关系为纽带组成的，实行的是男耕女织的自然分工，把社会的两种再生产——物质生活资料再生产和人口再生产——紧密结合在一起，所以，这种结构本身又是十分牢固的，有着顽强的再生能力。而整个封建国家机器就建立在这种以家族为本位的自然经济结构的经济基础之上。因此，每一王朝的兴衰，都和这种以小农为主的经济结构的状况息息相关。当这种以小农为主的经济结构相对稳定时，就出现诸如汉代文景之治、唐代贞观之治的"治世"。反之，则出现"富者田连阡陌，贫者无立锥之地"（《汉书·食货志》）的严重状况，甚至出现"人相食"（任昉：《述异记》卷下）、"白骨露于野，千里无鸡鸣"（曹操：《蒿里行》）的悲惨景象，从而成为"乱世"。而这种治乱循环的出现，主要是由个体农业和手工业结合的自然经济的脆弱本质所决定的。要解决这个问题，就必然要求有一整套与之相应的、能维持这种经济结构的、适应人们心理状态的政治结构和思想体系。

中国封建社会的基本经济结构，从秦汉以后，就所有制而言，是地主经济和小农经济的结合，是土地国有制和私有制的结合。这里讲的地主经济和小农经济两个概念，是相比较而言的。所谓地主经济，是从生产方式的角度来说的。从政治经济学的角度来考察，地主经济是指地主将土地租给农民，对农民榨取主要以实物为形式的地租的剥削制度，它建立在以地主阶级占有土地和不完全占有农民为基础的封建生产关系之上。中国地主经济的主要特征是土地买卖、实物地租和小农经营。土地自由买卖促进了土地兼并，也促进了自耕农民的破产，变为佃农。地主把土地分成小块租给农民，一家一户就是一个生产单位；农民不仅生产自己需要的农产品，而且生产自己需要的大部分手工业品。分散的小农业与家庭手工业结合，特别是男耕女织，构成基本上是自给自足的自然经济。

中国封建社会是中央集权的君主专制国家。在地主经济中，农民被束缚在封建制度之下，没有人身自由。他们被固定户籍，负有徭役、丁赋等义务，不能随便迁徙或改业，也不能自由地选择地主。地主和佃农之间并非单纯的租佃关系，而保持有宗法性的主仆关系或长幼关系，地主对佃农有超经济的强制力量。

这里所说的小农经济，从一般意义上讲，是指农业中的个体经济，即以小块土地个体所有制为基础、从事个体劳动的自耕农。不过，通常所说的小农经济，主要是从其经营规模和个体劳动而言，不限于生产资料的个体所有制。如马克思说"地主从小农身上榨取剩余劳动"[1]，列宁说"小

---

[1] 《马克思恩格斯全集》第25卷，人民出版社1975年版，第891页。

农,他们拥有自己的或租来的小块土地"①,都是这个意思。在这个意义上,地主制下租种小块土地的佃农也都是小农经济。在实行土地国有制的地方,或实行土地村社所有制的地方,那些分种小块耕地的农民,也都是小农经济。自耕农在奴隶社会、封建社会、资本主义社会,特别是在这些社会的初期,都大量地存在。他们受统治者的压迫和高利贷盘剥,往往破产成为农奴或雇佣劳动者。这说明小农经济的不稳定性,它不能成为社会中占统治地位的生产方式。同时,也说明农民的社会理想——小农经济的社会主义,始终是个幻想。这在中国封建社会中的农民起义的口号和政治理想中可以看得很清楚。

就封建土地所有制下佃农这种小农经济来说,它是封建农业生产的基石。在中国,经营性地主极少,富农经济很不发达,地主实行分租制,小农经济是个汪洋大海。随着土地买卖和兼并,地权愈集中,经营愈分散。这种小农经济,无力使用新型工具,不能抵御自然灾害,无法改良和合理使用土地,甚至不能利用分工协作,造成农业生产力长期低下。

其实,地主经济也好,小农经济也罢,就实质而言,都属于封建生产方式的范畴。地主经济以小农经济为基础,小农经济是地主经济的必然结果和本质表现。从生产方式的内在结构和运转机制来看,特别是从生产目的来看,封建生产方式是一种自然经济,亦即自给自足经济。生产的目的,是直接满足生产者个人或经济单位的需要,而不是交换。自然经济是与商品经济相对立的。商品经济以社会分工为基础,它的发展趋势是把每一种产品的生产,甚至把一种产品的每一部分的生产都变成专门的部门。自然经济则与此相反,它排斥社会分工,每一个生产者或经济单位,利用自身的经济条件,几乎生产自己需要的一切产品。在中国延续了两千年的封建制度中,自然经济占了统治地位,农民不仅从事农业,而且从事手工业。"男耕女织"就是这种自然经济的生动写照。毛泽东指出,中国封建经济制度的第一个主要特点就是:"自给自足的自然经济占主要地位。农民不但生产自己需要的农产品,而且生产自己需要的大部分手工业品。地主和贵族对于从农民剥削来的地租,也主要是自己享用,而不是用于交换。那时虽有交换的发展,但是在整个经济中不起决定的作用。"② 中国

---

① 《列宁选集》第4卷,人民出版社1960年版,第297页。
② 《毛泽东选集》第2卷,人民出版社1991年版,第623～624页。

第二章 中国封建社会经济结构和政治结构的基本特征

长达两千多年的封建社会,就是在这种以家族为本位、以小农经济为基础、以地主经济为表现的自然经济模式中互为盈缩、循环往复运转而持续下来的。这给中国封建社会的政治结构和文化形态以深刻的影响。

在中国封建社会中,地主阶级掌握着庞大的国家机器,垄断了生产资料,以政治强制的手段,主要以实物地租的形式榨取农民的剩余劳动以至必要劳动,以满足其奢侈消费的需要。在生产领域,地主阶级不参加生产,而且基本上不关心生产的发展(除非影响了他们的利益,危及了他们的统治);在流通领域,他们利用政治特权进行垄断(比如强制实行盐铁官营),以压缩小农消费来扩大自己的消费;在分配领域,地主阶级更是拼命攫取,以满足自己的贪欲;在交换领域,地主阶级竭力阻止交换的扩大,遏制商品的形成和发展。因此,地主经济的本质特征是消费性经济。

地主经济的消费性质,表现在它有一个庞大的寄生性的消费者群的存在,包括皇帝及其宗室、外戚,一般地主及其家庭成员,皇家常备军,地主的账房、管家,各级政府官吏,等等。这些人不从事物质财富的生产,却在消费上"竞尚侈靡"。历史上有名的"酒池肉林""石崇与王恺争豪"(刘义庆:《世说新语·汰侈》)的故事,便是地主经济消费性的典型反映。由于封建专制主义日益加强、封建国家机器不断扩大、官僚队伍不断膨胀,加上地主阶级生活优裕、多娶妻妾、人口增长率较高等因素,使寄生者群的人数日益增加,造成了生产与消费的矛盾日趋尖锐。统治者一般只会以提高剥削率和加大剥削量的办法来进一步搜刮民脂民膏,而不是用积极发展生产的办法来解决矛盾。当这种扩大消费和加强剥削的恶性循环达到地主制经济结构的极限,以致社会的简单再生产都无法维持,三种再生产平衡协调的关系完全破裂时,社会的大动荡、大破坏就随之来临。在大规模农民起义的燎原烈火中,长期积累的各种社会财富也往往在很大程度上和旧王朝一起"灰飞烟灭"。项羽入咸阳,焚烧阿房宫,"大火三月不熄"之类的例子,在中国历史上并非个别。在经济残破到"自天子不能具钧驷而将相或乘牛车"(《史记·平准书》)的情况下,统治阶级被迫采取安抚流亡、轻徭薄赋、与民休息的政策。经过一段休养生息之后,小农经济得到恢复发展,地主经济也随之重建。此后的发展道路仍然是按照旧模式把历史重演一遍。这样,地主经济和小农经济之间的矛盾运动,就老是陷入"萎缩破坏→恢复发展→萎缩破坏"的互为盈缩的循环往复之中。虽然每一次的循环往复多少会带来一点生产的发展和历史的进步,不是绝

· 45 ·

对意义上的停滞,但是,历史车轮转动的速度却不能不因此而十分缓慢。这便是中国封建社会长期缓慢发展的内在的经济原因。

三、农本商末与资本主义生产关系萌芽

在地主制封建社会里,小农经济始终是整个地主经济的基础。没有这个基础,以国家政权为表现形式的庞大的自然经济体系是建立不起来的。一个个小农的基本倾向是自给自足的,整个封建国家的经济结构的基本倾向也是自给自足的。不仅国家的赋税、徭役的主要承担者是小农,而且一般地主的消费也来自小农。如果小农经济不能保持,整个地主经济乃至整个封建国家机器就无从扎根。所以,历代封建统治者中的"有识之士"都十分重视对小农经济的维护,同时本能地害怕商品经济。因为尽管地主经济不可能完全脱离商品经济,但商品经济的发展却会促使价值规律作用的扩大,这不仅会带来"素封之家睥睨王侯",富商大贾以财势与官家分庭抗礼的后果,而且,尤其可怕的是,随着经济上的交换、交往的增多,"民智日开",商品、货币面前人人平等的观念流行,势必从经济基础到意识形态,都出现全面冲击和否定政治上的等级特权的现象。明代理学家王阳明"破山中贼易,破心中贼难"的"名言",可说是对观念动摇、信仰危机的深刻认识。正因为如此,中国历代封建王朝无不以"重农抑商"(以农为本,以商为末)为基本国策。

"重农抑商",就其对地主经济与小农经济相互依存的矛盾运动的作用而言,绝不是一项简单的经济政策,而是地主阶级依靠国家政权对整个经济结构进行调整控制的杠杆。这条"重农抑商"路线的始终贯彻,对封建社会后期资本主义因素萌芽的扼杀、对社会发展的阻滞,起了关键性的作用。

所谓"重农",不外乎这样几层含义:一是重视维护小农的自然经济性质。在生产和流通领域内,阻断小农与私人手工业、私人商业产生过多的联系。二是重视对小农的控制权。历代封建王朝曾多次进行的"检括户口",实质上都是代表国家的皇权地主和私家地主之间争夺小农控制权的斗争。三是在观念形态上树立农业是"立国之本"的思想,把务农推崇为"民之正途",极力把劳动力固定在土地上。其最终目的,是通过保存和再建小农经济,来保存和再建与之相依存的地主经济。

所谓"抑商",从实质上看,就是利用国家政权,强制干预经济生活,人为抑制商品经济的发展,维持以小农为基础的自然经济的稳定性,防止由于商品经济发展而出现的思想观念方面的变化,以致"人心不古",离经叛道。

从措施上看,封建国家政权的"抑商",主要有这样几点:一是凭借政治特权直接掠夺。比如西汉的"告缗"令,唐代的"借商""税间架"之法,宋代的"经总制钱",元明时代的"和买",等等。二是在商品生产和流通领域内进行垄断,以官营工业和各种禁榷制度对商贾、"末作"进行严密的控制。三是实行严厉的"禁海"措施,限制和禁止海外贸易。四是政治上的歧视、限制和引诱。汉代"法律贱商人"(《汉书·晁错传》),并且规定"贾人不得衣丝乘车……市井之子孙亦不得仕宦为吏"(《史记·平准书》)。这样,商业上的风险重重和地租上的稳如泰山,形成了鲜明对比,迫使大部分商人走"以末致财,用本守之"(《史记·货殖列传》)的道路。这些抑商措施的实行,打乱并阻断了农、工、商之间的正常联系渠道,使商品经济的发展在其起点上受到地主经济的控制,并随着地主制经济的周期性破坏、重建而变化。它既不能在全国范围内有效地瓦解自然经济体系,更无法形成像西欧那样的资本原始积累过程。在官营工商业的控制的夹缝中艰难成长的私人手工业和商业,受到极大的限制。手工业作坊不可能长久地持续地扩大再生产,商业资本也不可能大量地、顺利地转化为产业资本,反而流向地租和高利贷,或者以贵金属的形式窖藏起来。这样,商业和商品经济虽然可以在一定时期一定地区内发展到相当繁荣的程度,但就其性质而言,基本上没有超出地主经济附庸的窠臼。

马克思曾指出:"商业是行会手工业、农村家庭手工业和封建农业转化为资本主义经营的前提。"① 又说:"商人资本的存在和发展到一定水平,本身就是资本主义生产方式发展的历史前提。"② 中国历代封建王朝所贯彻的"重农抑商"路线,刚好抑制了这个"历史前提"。因此,资本的积累和社会财富的集中,市场的扩大和贸易的发展,农民小生产者向雇佣劳动者的转化,科学技术上的发明创造在生产领域的广泛应用,资产阶

---

① 《马克思恩格斯全集》第25卷,人民出版社1975年版,第376页。
② 《马克思恩格斯全集》第25卷,人民出版社1975年版,第365页。

级启蒙思想的发展,都是险阻重重、历经坎坷。资本主义生产萌芽周而复始地被扼杀,中国社会就在地主经济和小农经济的互为盈缩的运动中长期缓慢发展,蹒跚的脚步迟迟没有迈过近代化的门槛。特别是在封建社会晚期,随着地主经济和小农经济此消彼长运动的惯性的加速,随着思想上专制主义的加强、封建社会惰性因素的增长,中国社会结构日益僵化,从而使中国古代思想文化中的消极因素上升,成为阻碍中国社会前进的力量。[①]

第二节 中国封建社会政治结构的基本特征

一、家国同构

中国社会是带着氏族制的"脐带"跨入文明社会的,以及中国封建社会经济结构的内在本质的影响,使中国封建社会的政治结构呈现出与之相应的架构和特征。

家国同构是封建社会政治结构的首要特征。如前所述,中国社会在进入文明社会时,非但没有清算氏族制,反而保留了氏族制的残余。文明的发展是由家族到国家,国家混合在家族里面。统治者利用国家政权的强制力量,利用宗法血缘的生理和心理基础,将氏族制发展成为宗法制,用宗法血缘的纽带将家和国联结起来。而家庭以至家族就成了联系家和国的中介。同时,在结构上,家庭成了国家的缩影,国家则是家庭的扩展。

在中国古代,家庭是以父系家长为核心的。由于皇族的以嫡长子继承制为核心的继统法的存在及其在社会组织中的影响,以及宗法观念的内在要求,对家长的"孝"就成为每一位家庭成员的必然义务,同时也成为衡量家庭成员善恶与否的价值标准。在国家政权结构中,是以君主为核心的,由中央的三公九卿以及地方的州、郡、县长官构成一套严密的社会组织系统。在这个系统中,对君主的"忠",是每个臣民应尽的义务,同时也是从政治上衡量个人品质与价值的准则。

就"孝"和"忠"这两个概念所包括的范围、涉及的对象以及功用

---

① 参见周继旨《中国封建社会经济结构的基本特征》,载《中国社会科学》1983年第5期。

第二章 中国封建社会经济结构和政治结构的基本特征

而言,"孝"属于伦理范畴,涉及的对象是家庭或宗族中的个人,是晚辈对长辈的恭顺态度,起着维系亲族感情、协调以家庭为本位的伦常关系的作用。"忠"则属于政治范畴,涉及统属于君主之下的、处于不同政治经济地位的人,是下属对君上及其所代表的国家政权的政治态度,起着维护统治、协调秩序的作用。

从现象上看,"忠""孝"并不相关,但实际上,二者存在着不可分割的联系。这联系的桥梁便是纲常教义。

封建纲常教义的核心是"三纲",即所谓君为臣纲、父为子纲、夫为妻纲。从表面上来看,只有君臣关系是有关政治的,而父子、夫妇关系则是有关家族的,彼此并无联系。但是,中国纲常教义的神妙功用就在于用伦理修养来沟通政治关系和家族关系。而其内在原因,就在于家国同构。"天下之本在国,国之本在家,家之本在身"的格言,便是家族关系和政治关系间本质联系的集中概括。这种由国到家再到身的训导,其层次是由高到低、由宏观到微观;其设计的主体是君主(又称国家),强调的是治国必先修身,着眼点在于教化百姓,从整体效应来看待个体修养。这种"国—家—身"的训导的负面表现,则是"身修而家齐,家齐而国治,国治而天下平"。这是由身到家再到国,从低层次到高层次,从微观到宏观;其设计的主体是个人,强调的是修身才能治国,着眼点在于加强个体的修养,从个体修养中求得整体效应。家庭和国家的同构,是获得整体效应的通道,由国到家再到身和由身到家再到国,这两种形式的对应和运动可以称作"双向同构运动"。这种双向同构运动,必然获得同构效应。而这种同构效应的获得,在于伦理政治的作用。因为,按照统治者的设计:"君子之事亲孝,故忠可移于君;事兄弟,故顺可移于长;居家理,故治可移于君。"(《孝经·广扬名》)同时,"其为人也孝悌,而好犯上者鲜矣,不好犯上而好作乱者,未之有也"(《论语·学而》)。这就将孝于宗族长辈的家庭宗族伦理情感,转化成了忠于国家朝廷的政治观念,由家而国,完成了情感转移,把各种可能出现的异端思想消弭于无形。伦理政治的作用,就在于利用家国一体的结构,通过家庭(以及家族)这个载体,使个人与国家一致。所以,孔子说:"惟孝友于兄弟,施于有政,是以为政,奚其为政?"(《论语·为政》)这反映出一个问题的两个方面,即一方面是家族政治化,另一方面是国家家族化,伦理政治的作用就在于此。应当指出,这种伦理政治的目的并非像某些人所说的那样,是实行所谓的普遍

· 49 ·

的爱,"视人之家若己之家",而是用伦理亲情来软化矛盾,以加强"君为臣纲"的统治作用。通过家族政治化和国家家族化两个途径,统治者把防止"犯上作乱"的责任,通过家庭以至家族关系,让各个家长、族长、父亲、丈夫去分别承担。这样,政治统治的功用,通过社会上普遍存在的父子、夫妇关系,渗透到社会的每个角落。而且,正如著名学者王亚南所指出的:"家族政治有一种连带责任:在有所劝的场合,就是'一人成佛,鸡犬皆仙','满门有庆';在有所惩的场合,就是一人犯法,九族株连。其结果,父劝其子,妻励其夫,无非是要大家安于现状,在现状中求'长进',求安富尊荣,而天下就因此'太平'了。"① 正因为如此,在中国封建社会里,由父慈、子孝、妇从的伦理观念所建立的家庭关系,正是君惠、臣忠、民顺的国家社会关系的一个缩影。

这种家国同构的政治结构,受封建社会的物质再生产、人口再生产和精神财富再生产的制约,直接影响着家国同构的双向运动。受其狭隘性、实用性的影响,家庭和国家的职能主要表现为对既存秩序的维护以及对伦理情趣的追求。而氏族制"脐带"的存在,使手工业和农业始终紧密结合,把人们束缚在狭小的生产和生活圈子中,使家国同构的政治结构稳定地长期存在。

二、世卿世禄与官僚制度

中国封建社会政治结构的另一个重要特征,是存在着一个延续了两千年的君主专制的官僚政体和与之相应的官僚阶级。早就有人指出,从阶段划分来看,中国封建社会的政治结构大致可分为两段:从西周到春秋,是一种单纯的以宗法制度为基本原则的政治结构,具体表现为世卿世禄制;秦汉以后,则是以建立在宗法制的社会基础之上的官僚制为基本原则的政治结构。战国时代则是从宗法制度的政治结构到官僚制的政治结构的转变时期。

所谓宗法,即宗族之法。它是由氏族社会的父系家长制演变而成,至周代,结合政权的分封制而完备起来,在封建社会,逐步发展为以宗族为范围的族权统治。在周代,宗法制的具体内容是:天子世世相传,每世的

---

① 王亚南:《中国官僚政治研究》,中国社会科学出版社1981年版,第74页。

天子都以嫡长子的身份继承父位为下一代天子，奉祀始祖，叫作"大宗"。嫡长子是土地和权位的法定继承人，其地位最尊，称为"宗子"。嫡长子的同母弟与庶兄弟被封为诸侯，叫作"小宗"。每世的诸侯也由嫡长子继承父位，奉始祖为大宗，其诸弟被封为卿大夫，为小宗。每世的卿大夫也由嫡长子继承父位，奉始祖为大宗，他的诸弟为士，是小宗。士的长子仍为士，其诸弟为平民。诸侯对于天子是小宗，但在本国是大宗。这种由嫡长子世袭的制度，在官职上叫作"世卿世禄"制度。可以看出，在这种世卿世禄的宗法制下，大宗与小宗之间有着君臣隶属关系。

宗法制度起着调节统治者内部矛盾和巩固分封制的作用。宗法制度提倡尊祖敬宗，对祖先的尊敬表现在祭祀上，所谓"国之大事，在祀与戎"（《左传·成公十三年》），便是其具体反映。但是，并非所有子孙都有祭祖资格，只有大宗才有主祭始祖的特权。必须尊祖而自己又无权祭祖，就只好敬那个能祭始祖的大宗。这样，大宗的地位便因有主祭特权而显得十分重要。嫡长子继承父亲的权位，诸庶子分封，按宗法血缘关系亲疏"受民受疆土"，就成为理所当然了。可见，宗法制维系着分封制，使层层分封，宗族有序，族权与政权相结合，实际上是把宗法组织变成了国家组织，形成了一个"王臣公、公臣大夫、大夫臣士"（《左传·昭公七年》）的宝塔式政治等级结构。这反映出家国同构的政治结构的特点，同时说明了由这种同构而导致的效应。

春秋战国之际，社会基本经济结构由宗族本位转变为家庭本位，作为政治结构基本原则的宗法制难以维持下去了。战国以后，就演变为以宗法制为社会基础的官僚制的政治结构。官僚制成为国家政治结构中基本的组织原则。当然，宗法制并没有被取消，而是将其适用界限规定在家族关系的范围内，并作为官僚制的社会基础。

官僚制作为国家政治结构的基本原则，从将相大臣到郡守县令都由皇帝任命，军权、财权都由皇帝掌握，有利于形成中央集权统一的政治局面。宗法制作为国家政治结构的基本原则，则与此相反。由于各级领主都享有全面的自主权，它所造成的政治局面必然是大小诸侯国林立，分散割据纷争。因此，随着统一趋势的加强，在政治结构上，官僚制取代宗法制成了历史的必然。要维护国家的集中统一，就必须实行官僚制的政治结构原则。然而，这种官僚制又必须以宗法制为社会基础，因为任何一个封建王朝都以"家天下"为原则，"国"总是皇帝一"家"的"国"。此外，整个社会的基本经济结构是小农业与家庭手工业相结合的、以家族为本位的自然经济结构,也只有宗法制才能维持它的稳定。如果不以宗法制为社会基础,官僚制的政治结构则无从建立。因而可以说,宗法制和官僚制是相辅为用、互为表里的。

官僚制取代世卿世禄的宗法制,不仅是国家统一的历史要求,而且是新兴地主阶级要求发展私有经济、要求登上政治舞台的必然结果。他们把斗争矛头指向维护领主特权的世卿世禄制度。史载商鞅变法就取消了世卿世禄制度,宗室贵族如无军功,不能列入宗室簿籍,不能享受贵族特权。"国以功授官予爵"(《商君书·靳令》),"缘法而治,论功而赏"(《商君书·君论》)。

经过长期斗争,到战国时期,新兴地主阶级先后利用取得的政权进行变法,摧毁了世卿世禄制度,确立了以君主为首的封建官僚制度。

官僚制取代世卿世禄制,还与"士"阶层的形成和被重用有着密切关系。战国时期,已出现一些具有独立身份、为实现自己政治理想而四处游说之士。统治者为了在谋略上战胜对手,竞相养士,以致养士之风盛行。这些士后来逐渐转化为担负一定行政事务的官僚。士的任用,是打破世卿世禄制度、建立君主集权的重要步骤。

秦汉以后,中国封建社会政治结构的一个基本特征,是有一个庞大的以儒生士大夫为主要成分的官僚后备军。西汉初,刘邦在其求贤诏令中说"贤士大夫有肯从我游者,吾能尊显之",且要"布告天下,使明知朕意"(《汉书·高帝纪》)。这已经与秦国的军功爵制度大异其趣。到了西汉中期,实行察举和征辟的官吏选拔制度,为儒生参政开了方便之门。"自武帝初立,魏其、武安侯为相而隆儒矣。及仲舒对策,推明孔氏,抑黜百家,立学校之官,州群举茂材、孝廉,皆自仲舒发之。"董仲舒的具体主张是:"使诸列侯郡守二千石,各择其吏民之贤者,岁贡各二人,以给宿卫。"(《汉书·董仲舒传》)汉代还设置五经博士,官僚多是儒生士大夫出身,这就使士阶层有了进身之阶,刺激了官僚后备军的壮大。[1] 用陶希圣、沈巨尘于1937年的话来说,汉代已建立了"文官制度"。[2] 这种文官

---

[1] 详见李宗桂《从秦汉社会历史发展看董仲舒思想的积极意义》,载《河北学刊》1986年第5期。

[2] 详见陶希圣、沈巨臣《秦汉政治制度》,商务印书馆1937年版,第五章"文官制度"。

制度的建立，标志着儒生参政已成为一种制度，知识分子作为官僚的后备军已得到统治者许可。之后，由察举、征辟而发展为科举制，更使官僚制得到进一步完善，从而构成了封建社会中官僚政治结构的重要内容。①

三、君权至上

君权至上是中国封建社会政治结构的又一个基本特征，具体表现是中央集权和君主专制。

秦始皇统一全国，在建立统一的地主经济的同时，也建立了自上而下的、由皇帝总揽大权的、统一的政权结构。皇帝是最高统治者，自称"朕"，一切政事都由其独断，"天下之事无大小皆决于上"（《史记·秦始皇本纪》）。皇帝的意志就是法律。遇有重大国事，皇帝虽召集"朝议"，但最后还是皇帝一人说了算。皇帝集权是封建专制主义中央集权制的核心。皇帝之下，在中央是三公九卿，在地方是郡尉县令（长）以及"三老"等官吏，构成了一个严密的统治网。

汉继秦之后，沿袭秦的官制，并通过调整，加强了中央官僚机构。汉代的三公已不干预政事，完全成了皇帝个人的"宫官"，几乎成了闲职（参见《文献通考·三公总序》）。但在西汉初期，丞相权力很大、威望很高，这就产生了皇权与相权的矛盾。其结果，总是以削弱相权、加强皇权而得以解决，从而使专制主义中央集权得以加强。西汉中期以后，丞相的地位发生了明显的变化。

一个变化是，丞相、太尉、御史大夫分别改称大司徒、大司马、大司空，分掌民政、军事、土木营造。原御史大夫主管的文书工作，由在内廷保管文书的尚书令代替，其监察职权专属御史中丞，出现了御史台——我国封建社会第一次建立的专门监察机构。这一变化，显著地加强了皇权，削弱了相权。原来丞相总理政务，单独负责，是最高行政长官，爵为列侯，秩食万石，"奉钱月六万"；御史大夫不过相当于副相，秩中二千石，相差甚远。改为三司即三公以后，三者地位平等，一人负责制变成了三人负责制，三人互不统属而只向皇帝负责。

另一个变化，是"中朝"和"外朝"的出现。汉武帝时期，随着文

---

① 详见李宗桂《论汉代文官制度的形成》，载《思想战线》1989年第2期。

治武功的增强，皇权进一步上升，皇帝开始选用一批地位较低的内廷办事人员参与朝政。其中，为皇帝掌管文书的尚书，更是垄断章奏、操持权柄。有时还给宦官以"中书令"的称号，使之参与国事。这些人逐渐形成了一个宫内决策机构，称为"中朝"，与以丞相为首的行政系统"外朝"相对应，有时简直就分庭抗礼。"中朝"和"外朝"的出现，是封建政权体制的一个重要变化，它反映了皇帝和丞相在权力分配上的矛盾和皇权的加强。综观中国历史上颇具特色的"三省制"由形成到消失的全部过程，可以说，在君主专制下，宰相制度的不断演变，是君权限制相权的必然反映。"三省制"的历程，就是君权与相权互相斗争、消长的历程。而"三省制"被破坏，最终表明了专制政体下，君权至上是一个不可动摇的原则。

汉以后，历代封建王朝基本沿袭"秦汉之制"，无论政权结构还是组织形式，都没有根本变化，这与中国封建社会的经济结构、意识形态，以及封建社会有机体中诸种再生产的状况是分不开的。

君权至上的另一个重要表现，就是君权高于神权。这是中国封建社会区别于西方的一个重要特征。在中国古代，没有也不可能产生贵族分权的"共和制"或"神权"压倒"皇权"的"教皇制"。这和中国封建社会经济结构的诸特征密切相关。同时，也与中国封建社会的意识形态（不仅仅是儒家思想）密不可分。

就社会组织而言，中国封建社会是建立在以宗法血缘为纽带的家族关系之上的，国家关系、君臣（民）关系只是家庭关系、父子关系的延伸。人们习惯于在温情脉脉的伦理纱幕中生活，人与人的关系以及人与自然的关系都完全情感化、伦理化。这种社会心理积淀的结果，是人们陶然于伦理亲情，钟情于对现实人际关系的把握，并从中获得心理上的满足。因而，对于超越现实，企图从彼岸世界去寻觅精神慰藉的神学说教，人们就无从产生热情。另外，以天下之父（君父）自居的君主，直接干预臣民的生活，通过自然经济陶冶出的伦理情趣与臣民相沟通，使自己的权力和威势渗透于社会机体的每一个毛孔，决不容许超然出世的神权横亘其间，更不能容忍神权凌驾于皇权。即使是把皇权神化，将其塑造为教主的做法，在中国也行不通。汉代董仲舒搞神学运动，企图神化汉武帝、神化儒学，但最终没有成功，便是证明。皇帝所需要的，是"普天之下，莫非王土；率土之滨，莫非王臣"（《诗经·小雅·北山》），是"六合之内，皇帝之土……人迹所至，无不臣者"（《史记·秦始皇本纪》）。至于其他神学说教，除非不损害皇帝的专制权力（比如道教的炼丹，求长生不死之药），否则便难以立足。

总的说来，专制主义的加强，是中国封建社会政治结构发展的总趋势，其集中表现是君权的日趋加强。其间虽然存在着部门系统中中央与地方、权力系统中皇权与相权的矛盾，但统治者利用封建社会地主经济与小农经济互为盈缩的独特再生机能，利用封建意识形态，调整关系，解决矛盾，使君权的加强成为不可逆转的趋势。

上述中国封建社会政治结构的基本特征，说明了这种政治结构是一种以宗法制为基础、以宗族伦理为本位、以官僚制为骨架、以君权至上为核心的封建专制主义结构。这种政治结构，在封建社会的前期，曾经起到适应生产力发展状况、促进生产力发展的作用；但到封建社会发展的后期，它逐渐成为社会生产力发展的桎梏，成为新思想、新观念成长的羁绊。

中 篇

通过上篇（绪论、第一章和第二章）的阐述，我们了解了"文化"和"传统文化"概念的内涵、中国文化的流变和分期、中国文明发展的特殊道路、中国封建社会经济结构和政治结构的基本特征，对于中国文化发展的大致线索，特别是中国文化发展的特殊背景，有了总体上的了解。在本篇中，我们将以专题的形式，从动态发展的角度，对中国文化的主体内容进行史的描述和论的解析，以增强我们对中国文化基本知识和基本理论的了解，以便准确把握中国文化的精神风貌。

第三章 弘扬主体精神的儒家

儒家思想是中国文化的重要内容，是中国文化价值系统的主干。认真探讨儒家思想的演变及其内在特质，对于我们认识儒家思想在中国文化史上的地位和作用，对于我们科学地评价中国文化，有着十分重要的意义。

儒家思想由孔子创立，儒家学派自孔子开端。儒家思想在其漫长而曲折的历史发展过程中，经历了四个大的阶段：以孔孟为代表的先秦原始儒学阶段；以董仲舒为代表的汉代新儒学阶段；以"程朱陆王"为代表的宋明理学阶段；以梁漱溟、熊十力、冯友兰、贺麟等人为代表的现代新儒学阶段。

第一节 先秦儒家人情化的伦理亲情

先秦儒学的发展，主要经历了三个阶段：以"泛爱众而亲仁"为特征的孔子阶段，以"以德王天下"为追求的孟子阶段，以"隆礼重法"为旗帜的荀子阶段。

一、泛爱众而亲仁

以孔子为代表的儒家思想，产生于春秋战国之际。其时，"礼乐征伐自诸侯出""陪臣执国命""天下无道"（《论语·季氏》），社会处于基本制度转型和文化转型的剧烈动荡时期。在思想领域，西周以来的天命神权观念已经动摇，反映并维护宗法等级制度的周"礼"也已崩溃。孔子感慨礼崩乐坏，痛心社会无序，希望恢复周代的以礼为准则而构筑起来的社会制度，以及由这种制度而生成的社会秩序，依此安身立命。

为了恢复周礼，实现自己的政治理想，孔子提出了以"仁"为核心的一整套学说。

"仁"最早出现于《尚书·金縢》："予仁若考"，指一种好的品德。清人段玉裁《说文解字注》云："独则无耦，耦则相亲，故字从人二。"孔子讲的仁者"爱人"（《论语·颜渊》），可能是取仁的这种意义。孔子所讲的"礼"，主要是指一种社会政治制度，其次才是伦理规范，而"仁"则纯粹是一种道德观念和品质。它既包含多方面的情感原则，又构成人们复杂的心理要素。孔子在具体运用这一范畴时，往往具有不同的含义。比较有代表性的是他与颜渊的一段对话：

> 颜渊问仁。子曰："克己复礼为仁，一日克己复礼，天下归仁焉。为仁由己，而由人乎哉？"颜渊曰："请问其目？"子曰："非礼勿视，非礼勿听，非礼勿言，非礼勿动。"颜渊曰："回虽不敏，请事斯语矣。"（《论语·颜渊》）

可见，仁是属于道德修养问题的范畴，是一种最高、最美的道德品质。实现仁德的关键，在于自身的努力，即"为仁由己"。

仁是孔子思想体系的核心和总纲。从孔子思想体系的总体来看，仁贯穿其中，成为联结各个范畴的媒介，同时，又是各个范畴和言行的总纲。

从政治作用来看，仁是礼的精神支柱，仁礼一体。孔子曾慨叹："人而不仁，如礼何？人而不仁，如乐何？"（《论语·八佾》）这是说，人如果不具备仁的观念和品质，就不能正确对待礼仪制度和音乐。而且，孔子认为，只有"克己复礼"，才算是仁，才能实现仁。因此，克制自己，使视、听、言、动都合乎礼，就体现了仁，可见仁和礼是融为一体的。在孔子看来，周礼是最完善的政治制度和伦理规范，而仁则是最完美的道德观念和品质。礼是道德的标准，仁是道德的属性，只有具备了仁的品质，才不会做违背礼的事情。孔子所谓"苟志于仁也，无恶也"（《论语·里仁》）的训导，不外是说仁能促进人的道德修养、提高思想境界，更好地执行礼，这样，恶也就无从产生。可见，礼是具有强制性的客观的制度和规范，仁是主观的道德修养，是内心自觉，二者互为因果，内在控制和外在控制相结合，为维护宗法制社会制度服务。

从修养的主体来看，恭、宽、信、敏、惠五种品德，是实现仁的具体要求。当子张请教仁的问题时，孔子指点说，能实行恭、宽、信、敏、惠五种品德，就是实现了仁。他还具体分析了五种品德的功用："恭则不侮，宽则得众，信则人任焉，敏则有功，惠则足以使人。"（《论语·阳货》）这就是说，为人庄重，就不致遭受侮辱；待人宽厚，就会受到大家拥护；做人诚实，就会得到任用；办事敏捷，就会收到良好成效；待人慈惠，给人好处，就能够使唤人。这实际上是用温柔敦厚的君子人格来规范主体的修养，进而调节人际关系，实现个人理想。

从宗法血缘关系来看，孝悌是为仁之本。如前所述，中国社会跨进文明的门槛时，保留了氏族制的"脐带"。周代统治者利用这一文明"早熟"的特点，将氏族制发展为宗法制，用宗统维护君统，用族权巩固政权。家国同构，更使人们在宗法血缘的伦理情感的交融和对流时，有了社会组织的载体。周代的"尊尊"的社会等级制度，就在"亲亲"的宗法情感基础上得以建立和巩固。而在孔子看来，恢复和巩固周礼的统治秩序就是仁，这就必然要从家族内部关系入手，因此，提倡孝悌，注意培养人们具有孝悌的品德，就成为孔子仁学的一个重要内容。

孔子倡导青少年"入则孝，出则悌"（《论语·学而》），即孝顺父母、敬爱兄长，达到这个要求后，再去学习文献。可见，他是把孝、悌的品行看作个人修养和家庭和谐的根本的。他的学生有若在谈到他关于仁的思想的体会时说，一个人如能孝顺父母、敬爱兄长，却喜欢触犯上级，这种情况是很少的；不喜欢触犯上级，却喜欢造反的人，从来没有。君子致力于抓住事物的根本；抓住了事物的根本，其他问题就迎刃而解。而孝顺爹娘、敬爱兄长，就是实现仁的品德的根本。① 这就是说，孝和忠是统一的，族权和政权是统一的。孝悌是宗法社会要求人们必须具备的品德，是衡量人的社会价值的准则，是联结家族内部关系以及家族与国家关系的情感纽结，因而是"为仁之本"。孝悌的原则推广于国家社会，即是忠君爱国。孔子说"孝慈则忠"（《论语·为政》），说明忠是孝的扩张。孝于宗族长辈，就是忠于国家朝廷。这便是传统社会认同的"移孝作忠"。实行了孝，也就是"为政"，实现了仁的基本要求。可见，孔子是抓住了以血缘关系为基础的宗法制的关键，利用中国古代文明"早熟"即在保存氏族制

---

① 《论语·学而》："有子曰：其为人也孝悌，而好犯上者，鲜矣；不好犯上而好作乱者，未之有也。君子务本，本立而道生。孝悌也者，其为仁之本与！"

"脐带"的情况下进入文明社会的特点,利用伦理情感,抓住了宗法社会关系之网中孝悌这个纲,来构筑其仁学体系的。

从人我关系来看,忠恕是为仁之道。要使仁的美德保存于每一个独立的人,同时,又要使个体之间相互贯通,以使仁爱精神充溢于人间,就必须有一座由此达彼的桥梁。在孔子看来,这座桥梁便是忠恕。他指出:"夫仁者,己欲立而立人,己欲达而达人。能近取譬,可谓仁之方也已。"(《论语·雍也》)这是从积极方面讲的,即自己有某种要求需要满足,推想他人也有这种要求需要满足,这就是所谓"忠"。从消极方面讲,"己所不欲,勿施于人"(《论语·颜渊》),即我不愿别人这样对待我,我也就不要这样对待他人,这就是所谓"恕"。忠恕的结合,便是为仁之方,也是仁的本身。所以曾参说:"夫子之道,忠恕而已矣。"(《论语·里仁》)实现了忠恕之道,就是实现了对他人的爱,因而孔子说仁就是"爱人"。

通过上面的叙述和分析,我们可以看到,孔子的仁学思想具有如下特点:

第一,强调突出政治。仁学表面上讲的是个体修养和家族内部关系,孝悌忠恕更只讲家族血缘亲情,似乎与政治无关。实际上,正如我们在分析中国封建社会政治结构的特征时所指出的,这种从宗法血缘关系入手的说教,正好是家国同构的社会结构的必然要求,是同构效应的必然反映。它收到的是国家家族化、家族政治化的效果。"克己复礼为仁"这一命题本身,便突出强调了从政治角度理解仁。在这个前提下,孝悌忠恕都发挥着政治功用,通过一个个家族的谐调,形成并巩固国家的谐调。孔子重视政治、自觉服务政治的思想,反映了中国文化的伦理政治特色;同时,也对后来中国文化特质的形成产生了重要影响。①

第二,植根血缘基础。仁是从人我关系来考虑问题、处理社会关系的。而人我关系的划分,则是以宗法血缘关系为准则的,即所谓"亲亲有术""爱有差等"。正因如此,仁学具有广泛的社会心理基础和生理基础,能够适应封建宗法社会的政治伦理要求。

第三,着眼伦理本位。仁是一种依靠内心自觉去体验、实践的伦理规范,它制约着人们的思维趋向、规范着人们的言行。宗法思想本身就是一

---

① 详见李宗桂《思想家与文化传统》,载《哲学研究》1994年第8期。

种伦理观念，恭、宽、信、敏、惠五种品德自然属于伦理范畴，孝悌忠恕更是完全从伦常关系出发。着眼伦理本位这一特点，反映了中国文化泛道德化的特点，对于唯伦理思维的形成有着深刻的影响。①

第四，发挥主体能力。仁的提出，是建立在对主体修养能力的信任之上的。它强调人的主观精神，强调主体修养的重要性，重视事在人为的思想，相对削弱了天命鬼神对人世的支配作用，是重人轻神思想的表现，是孔子弘道精神的反映。

第五，侧重抑制个体。孔子倡导实践仁学的根本目的是恢复周礼，是以整个社会的和谐稳定为考虑的。它要求维护整体平衡，不能因个体的利益而破坏它。因此，它必然要求个体用反省内求的道德修养来抑制其不合"礼"的邪念恶行，以求得整体的和谐稳定。这种用压抑以至牺牲个体利益的方式维护整体利益的价值准则，固然有助于维护整体利益、张扬集体精神，但却妨碍了个体自由，妨碍了个性发展。②

二、以德王天下

孔子之后，孟子继承了孔子学说，全面发展了儒家思想。

孟子在孔子仁爱说的基础上，提出了中国历史上著名的仁政说。仁政学说的首要之点是"制民之产"。他主张："明君制民之产，必使仰足以事父母，俯足以畜妻子，乐岁终身饱，凶年免于死亡；然后驱而之善，故民之从之也轻。"（《孟子·梁惠王上》）具体说来，要做到"五亩之宅，树之以桑，五十者可以衣帛矣。鸡豚狗彘之畜，无失其时，七十者可以食肉矣。百亩之田，勿夺其时，数口之家可以无饥矣。谨庠序之教，申之以孝悌之义，颁白者不负载于道路矣。七十者衣帛食肉，黎民不饥不寒"（《孟子·梁惠王上》）。如果这样，天下还不归顺，是从来不曾有过的事。这就是孟子仁政说的最基本内容。从中我们可以看到，孟子的主张实质上只有两点，即给每个农户"五亩之宅"和"百亩之田"。在这个物质基础

---

① 参见李宗桂《社会转型期的文化建设》，见氏著《传统文化与人文精神》，广东人民出版社1997年版，第167～168页。

② 关于孔子儒家的仁学思想，近年出版的值得参考的著作有：牟钟鉴《新仁学构想——爱的追寻》，人民出版社2013年版；陈来《仁学本体论》，生活·读书·新知三联书店2014年版。

上，再对人民进行文化教育，培养高尚的道德情操，树立良好的社会风气，以使天下归顺。这种主张是对孔子富民、教民思想的继承和发展，是将其制度化、计量化。不同的是，孔子富民、教民的主张，是在奴隶制下的安民政策，而且只是一个笼统的口号。孟子则是以地主阶级思想家的眼光，从维护地主经济的角度出发，来安抚百姓、稳定小农经济的。很清楚，孟子的主张仅仅是以吃饱穿暖为目的。这是小农经济下人们对物质生活的最高理想，是小农经济在思想观念上的具体反映。

孟子"制民之产"的主张，与其民为邦本的思想有着密切的联系。"民为贵，社稷次之，君为轻"（《孟子·尽心下》），是流传千古的孟子名言。不少人用此来论证中国历史上自古就有民主传统。我认为这不是有意歪曲，就是皮相之见。实际上，这只是一种"民为邦本"思想的反映，其直接目的是把农民束缚在土地上。因为，正如我们在前面分析中国封建社会经济结构的特征时所指出的，在中国封建社会中，小家庭农业是保持劳动力和劳动条件（土地）相结合的主要形式。正是这种小农经济，成为地主经济存在的条件，成为封建统治的广阔基础。如果不给农民一定的土地，就不能将其束缚在土地上，地主也就失去了劳动力，从而地主经济就失去了存在的基础。孟子要求给五口之家的农民以"五亩之宅""百亩之田"等，只不过说明他看到了小农经济是地主经济存在的条件，看到了农民的力量而已。实际上，孟子所说的"诸侯之宝三：土地、人民、政事"（《孟子·尽心下》），以及"保民而王"（《孟子·梁惠王上》），"得乎丘民而为天子"（《孟子·尽心下》），等等，已说明了问题的实质。当然，孟子"制民之产""民贵君轻"的思想，在当时的历史条件下，还是具有积极意义的。

孟子仁政学说的另一重要内容，是"王霸""义利"之辩。孟子是坚决反对战争、反对暴力的。他指责封建兼并战争是"争城以战，杀人盈城；争地以战，杀人盈野"（《孟子·离娄上》），主张以仁义统一天下、治理天下。他明确提出"王""霸"的政治概念，认为"以力服人"是"霸道"，"以德服人"是"王道"；前者是可鄙的，后者是高尚的。孟子这种"尊王贱霸"的政治主张，对后世影响很大。与王霸之辩相联系，义利之辩也是孟子极为关注的。孟子反对功利主义，重义轻利，劝导统治者"何必曰利！亦有仁义而已矣"（《孟子·梁惠王上》）。这与孔子舍生取义的主张是一致的。这种重义轻利的思想，是自然经济的产物。到了汉代，董仲舒将其发展为"正其谊不谋其利,明其道不计其功",成为一种价值取向和思维方式,影响了中国社会两千年。

孟子仁政说的基础是性善论。"孟子道性善,言必称尧舜。"(《孟子·滕文公上》)"称尧舜"是讲王道、讲仁政,是从政治方面讲的。"道性善"则是讲人的本质,是从心理角度讲的。性善论的中心,是所谓"四端"说:

恻隐之心,仁之端也;羞恶之心,义之端也;辞让之心,礼之端也;是非之心,智之端也。人之有四端也,犹其有四体也。(《孟子·公孙丑上》)

孟子认为,人人都有仁义礼智"四端",只要好好体验、扩充,就能成为善人。不具备这"四端"者,就不成其为人。而之所以人人都有"四端",是因为"人皆有不忍人之心"(《孟子·公孙丑上》)。有人看见小孩子要掉到井里去,便会因受惊而产生恻隐之心,立刻奔过去救他。孟子分析说,这时并不是想结交孩子的父母,要别人称誉,或厌恶孩子的哭声,而是本能使人直觉地产生这种反应。因此,他推论说,仁义礼智"四端"不是外力强加于人的,而是"我固有之"(《孟子·告子上》)。正因为人皆有"不忍人之心",所以先王行"不忍人之政"(《孟子·公孙丑上》),即仁政。这样,他的性善论就成为其仁政的政治主张的哲学根据,人性本善的情感伦常主张,便外化为治国平天下的社会实践。

为了发展"善端",增长善性,孟子提出了一整套的修身养性的方法,并成为其伦理哲学的重要组成部分。在他看来,认识的目的是为了把握伦理准则;伦理准则的把握,便是认识的完成。他说:"仁之实,事亲是也;义之实,从兄是也;智之实,知斯二者弗去是也。"(《孟子·离娄上》)意思是说,仁义就是体现于事亲、从兄等伦理关系中的道德准则,而认识这些伦理准则,并将其保持不失,便是智。所以,孟子说:"是非之心,智也。"这个"是非",主要指进行道德判断。

为了促使人们向善,从伦理情感中陶冶自己的情操,孟子又用类比法论证人人都喜欢理义。他说,人的口都喜欢美味的饮食,耳朵喜欢优美的音乐,眼睛喜欢美丽的颜色,这是"心之所同然"(《孟子·告子上》)。所以,人心也有共同喜欢的东西,那就是理和义。这就利用类比法,由生理而心理，由个人而群体，把对道德的自我追求变成了强制性的共同规范。

要追求理义仁智，就必须以义为荣、以利为耻，所以孟子宣称"养心莫善于寡欲"（《孟子·尽心下》）。在他看来，如果追求过多的物质享受，便会失去善性，一切社会弊端都是由人们的"求利"和"多欲"所造成的。因此，必须"反求诸己"，只有"反身而诚"，才能"乐莫大焉"（《孟子·尽心上》）。理和义是理性的主要内容，"思则得之，不思则不得也"（《孟子·告子上》）。从方法上讲，"反身而诚"是一种反省内求的修养方法，与孔子"吾日三省吾身"（《论语·学而》）是一致的。它强调主体的能动作用，是对孔子"我欲仁，斯仁至矣"（《论语·述而》）思想的发挥。这种修养方法，看到了道德修养在于提高人的思想境界，而思想境界的提高，又必须借助于理性进行反省，强调修养主体的自觉性。这有其合理的因素。但是，这种方法离开了人的社会实践，特别是它将对象设定为存在不诚、不仁、不善的伦理实体，总以个体为磨砺轴心，因而容易磨灭人的锐气和蓬勃向上的进取精神。同时，孟子这种反省内求的修养方法，总是以克制个人物欲来解决理和欲的矛盾，这是小农经济的必然要求和反映。在当时社会经济的条件下，它具有一定的积极意义。但从其政治目的来看，则是为维护父子之亲、君臣之义服务的。

孟子对儒家学说的另一重大发展，是建构了一个天人合一的思维模式，以及与之相应的尽心、知性、知天的认识路线。

天人合一思想的提出，是与孟子高扬人在道德修养和理想人格追求上的主体意识相联系的。

孟子主张"善养吾浩然之气"（《孟子·公孙丑上》）。什么是浩然之气呢？他说："难言也。其为气也，至大至刚，以直养而无害，则塞于天地之间。其为气也，配义与道；无是，馁也。是集义所生，非义袭而取之也。"（《孟子·公孙丑上》）孟子所说的"气"，类似我们通常所说的"勇气"或"理直气壮"之"气"，是指表现于肉体活动或实际行动中的精神力量。这种精神力量，一方面是靠义与道（理）的配合而形成的；另一方面，还要靠持久不懈的修养和锻炼，即所谓"以直养而无害"。"直养"指养气不夹杂私心。同时，这气和道义结合在一起，要持续不断地以直道、正义来培养精神，日积月累，不凭侥幸，不掉以轻心，也不能有什么预期的目的；不能置之不理，也不能拔苗助长。只有如此，才能锻炼出坚强的意志，培养出高尚的品格。可见，所谓"浩然之气"，实际上是经过长期道德修养而达到的一种精神境界。孟子认为，有了这种境界，就可以把握人生之道，视名利如粪土，置生死于度外。

孟子的修养论和仁义说，较之孔子是进了一步，这就是有了一个由人而天、由心知性的天人合一的模式。他在《尽心上》中说："尽其心者，知其性也；知其性，则知天矣。存其心，养其性，所以事天也。夭寿不贰，修身以俟之，所以立命也。"在他看来，良心、人性、天命三者是相互联系的。从认识上讲，一个人如能充分发挥自己理性的作用，向内思索，"尽其心"，就能认识固有的本性，也就是认识了天道。从修养上讲，只要能保存本心、涵养善性，也就是事奉天了。由此，天和人在伦理修养的范畴内交流了情感，融通为一。这是带有神秘色彩的、主观主义的天人合一论。这种天人合一思想，将天、人综合起来考察，以天为人的对应物，把天作为主体必须加强修养的外在根据。从形式上看，是有了主客体的对立和联结；但实质上，它是在主体的精神领域内完成二者的合一的，而没有经过实践这一中间环节，是主体单方面的自我完善。天，不是自然的天，而是义理之天、情感之天。所以，从总体上讲，这种天人合一的思维模式，仍然是一种简单的直观外推，具有内向性、封闭性的特征。这种思维模式，经过汉代董仲舒的加工改造，形成了一种思维定式，并成为传统思维方式的一个重要特征，给中国传统文化打上了以自然经济为基础的农业社会文化的烙印。

三、隆礼重法

和孟子"天人合一"的思路不同，荀子主张"天人相分"。

在荀子看来："天行有常，不为尧存，不为桀亡。应之以治则吉，应之以乱则凶。"（《荀子·天论》）这是说，自然界有其运行规律，既不因为尧的贤明而存在，也不因为桀的暴虐而灭亡。如用合理的措施对待它，就吉利；用不合理的措施对待它，就会遭受灾难。从这个理论前提出发，荀子认为世间一切事物不是神灵力量的显示，而是自身矛盾运动的结果："天地合而万物生，阴阳接而变化起。"（《荀子·礼论》）即天地结合而产生万物，阴阳交互作用而引起事物的变化。且这种变化是"不为而成，不求而得"（《荀子·天论》）的，是完全无意识的。因此，天道不能干预人事。自然界和人类社会各有其职分和规律，"治乱非天"、"治乱非时"（《荀子·天论》），社会治乱的根源，只能从社会中去寻找。"强本而节用，则天不能贫；养备而动时，则天不能病；循道而不忒，则天不能祸……本荒而用侈，则天不能使之富；养备而动罕，则天不能使之全；倍道而妄行，则天不能使之吉……受时与治世同，而殃祸与治世异，不可以怨天，其道然也。故明于天人之分，则可谓至人矣。"（《荀子·天论》）这就进一步论证了天人各有其分、天人相分的思想。这种思想把天（自然）与人（社会）相对应，将天看成客观自然界，而不是像孟子那样，将天当作一种意念，一种人必须与之同一的义理。同时，强调天人相分，这不仅是对殷周天命神权观念的否定，也是对孟子天人合一思想的扬弃，使人们有可能通过对自然现象的探研，圆熟地把握天人关系。这不仅是先秦天人关系理论的新飞跃，也对以后中国社会中的天人关系思想产生了重大影响。唐代刘禹锡著名的"天人交相胜"的思想，便是对荀子天人相分思想的继承和发展。

荀子提出"明于天人之分"的论题，既没有走上孔子"死生有命，富贵在天"（《论语·颜渊》）的宿命之路，也没有步孟子在精神领域合天人为一的后尘，相反，他是要发挥人的主观能动作用，"制天命而用之"（《荀子·天论》）。

在荀子看来，与其把天看得很伟大而去思慕它，不如把天当作物来畜养它；与其顺从天而去歌颂它，不如掌握天的变化而利用它；与其盼望天时而等待它的恩赐，不如顺应季节变化而使用它；与其凭空想象事物为自己使用，不如切实治理万物而使万物能得到充分合理的利用……可见，荀子不仅承认事物发展有其客观规律，而且强调主体能动性的积极作用。就前者而言，是对孔子、孟子思想的超越，是给儒家思想增添了积极的内容。就后者而言，是对以孔子"知其不可而为之"命题为特征的儒家对社会历史的责任感的弘扬，是中华民族刚健进取精神的反映。不过，孔子"知其不可而为之"的宣言，在激进的纱幕下，掩藏着无可奈何的心情，与其"道不行，乘桴浮于海"（《论语·公冶长》）的哀叹是互为表里的。不仅如此，与孟子养"浩然之气"，"尽心、知性、知天"的主体精神的扩充相比较，荀子也大为进步。荀子是主张通过社会活动这一实践环节来沟通主客体，凭借物质手段将人的意志贯注于对象，与孟子单纯在主体的精神领域凭意念融通天人的做法迥异其趣。从这个意义上讲，荀子将先秦

第三章 弘扬主体精神的儒家

儒学发展到了一个新的阶段。

与在天道问题上的"天人相分"相一致,在人道问题上,荀子主张化性起伪。和孟子截然相反,荀子认为人性是恶的。《性恶》篇开宗明义即是:"人之性恶,其善者伪也。"这种性伪之分的观点贯穿荀子思想的始终。

荀子认为:"不可学,不可事而在天者,谓之性;可学而能,可事而成之在人者,谓之伪。"这是说,性是先天生就的,伪是后天形成的。这是从本源来讲的。从特质来看,"性"是一种未经加工的质朴的原始材料:"性者,本始材朴也"(《荀子·礼论》),"生之所以然者谓之性"(《荀子·正名》)。从范围和内容来看,"性"包括各种生理器官的自然的生理本能以及对于衣食声色的情欲。总起来看,荀子所讲的人性,主要指目之好色、耳之好声、口之好味、心之欲求等生理和心理本能,是脱离社会关系的个体的抽象的生物性。

在荀子看来,人的这种本性是恶的。如果"从人之性,顺人之情,必出于争夺,合于犯分乱理而归于暴"(《荀子·性恶》),因此,必须"化性起伪"。

"化性起伪"的主张,实际上反映了两个方面的问题。一是道德行为是后天人为的结果,经过学习和教化,人性可以由恶趋善。二是强调圣人的作用。荀子说:"今人之性恶,必将待圣人之治,礼仪之化,然后皆出于治、合于善也。"(《荀子·性恶》)荀子之所以强调人性本恶,须待教化才能为善,主要是为了突出圣人的作用和个人道德修养的重要性。有些论著指出,荀子"化性起伪"的主张,是为了强调圣人教化百姓的作用。这当然是正确的。不过,我们同时还应看到,荀子另一方面的用心,在于强调个人自我修养的必要性。这从他的修养论可以看得很清楚。

荀子认为,君子和小人与生俱有的本性是一样的,而有的成为君子,有的成为小人,原因在于后天习惯。长期种地则为农夫,长期伐木则为工人,长期积累礼义则为君子。本性虽恶,但可以磨炼为圣人,这就叫作"习俗移志,安久移质"。

这种理论,在逻辑上必然推导出人人可以成为圣人的结论。他说:"今使涂之人者,以其可以知之质,可以能之具,本夫仁义法正之可知可能之理,然则可以为禹明矣。今使涂之人伏术为学,专心一志,思索孰察,加日县久,积善而不息,则通于神明,参于天地矣。故圣人者,人之所积而致也。"(《荀子·性恶》)意即专心从事道德修养，努力学习，便人人可以认识仁义之理，洞察天地，成为圣人。这种"涂之人可以为禹"的思想，与孟子"人皆可以为尧舜"(《孟子·告子下》)的思想是一脉相承的。这种理论，对于修养的主体，是一种很好的精神激励。人人可以通过自我修养，完成与圣人一样的功德，达到心理上的满足和平衡。从价值功能来看，它标榜道德面前人人平等，不仅使人们崇尚道德而不竞求才能，而且觉得道德就是能力；只要道德高尚，就可和尧舜之类的圣君媲美。而要达到这种境界，必须"治气、养心"，以道义为上，以物欲为耻。"身劳而心安，为之；利少而义多，为之。"(《荀子·修身》)只要这样坚持不懈，就能"志意修则骄富贵，道义重则轻王公"，达到"内省而外物轻矣"的境界，最后成为"役物"而不"役于物"的"君子"。(见《荀子·修身》)

那么，道德修养以什么为标准呢？荀子认为是"礼"。正如我们前面所谈，礼是西周宗法社会的政治制度，是各种等级、伦理和礼节的仪式规范。荀子从维护新兴地主阶级的利益出发，对礼做了新的解释。他说，"礼者，表也"(《荀子·天论》)，"礼者，节之准也"(《荀子·致士》)，把礼看作人们言行的标准。礼是"法之大分，类之纲纪"(《荀子·劝学》)，是"强国之本"(《荀子·议兵》)。从直接的政治目的来看，荀子是要按礼所确定的等级身份来进行物质分配，调节关系，防止争端，维护统治秩序。所以他说："礼者，贵贱有等，长幼有差，贫富轻重皆有称者也。"(《荀子·富国》)需要指出的是，荀子所讲的礼，虽然也是一种政治制度，但与西周以宗法等级为基础的世卿世禄制不同。他自己就讲过："虽王公士大夫之子孙也，不能属于礼义，则归之庶人。虽庶人之子孙也，积文学，正身行，能属于礼义，则归之卿相士大夫。"(《荀子·王制》)可见这是以礼为标准，划分封建等级。我在前面已讲到，战国时期是社会政治结构中世卿世禄制的宗法制向封建官僚制转变的时期。荀子这些议论，正是宗法制的世卿世禄制崩溃、封建官僚制尚未形成的时期，人们要求"食有劳而禄有功"(《说苑·政理》载李悝言)的具体反映。

荀子还把礼看成治国的根本，认为"隆礼重法则国有常"(《荀子·君道》)，"为政不以礼，政不行矣"(《荀子·大略》)，强调"人无礼则不生，事无礼则不成，国家无礼则不宁"(《荀子·修身》)。可见，荀子十分强调礼在为人、做事、治国方面的作用。他的"隆礼"，实际上是要在废除世卿世禄制的情况下,利用既有的思想资料,构筑理论体系。不过,由于思想资料的积累还不充分,统治阶级的经验还不丰富,历史发展的进程还没有到达应有的地步,因此,荀子的主张并没有被真正采纳。

和孔子、孟子截然不同,荀子在讲礼时,是将其与法并提的,即不仅"隆礼",而且"重法"。他认为礼和法是同时产生、作用相同、密不可分的。他说,"礼义者,治之始也"(《荀子·王制》),"法者,治之端也",把礼和法都看作治理国家的根本。二者的关系则是"礼者,法之大分,类之纲纪也"(《荀子·劝学》),"礼义制而制法度"(《荀子·性恶》)。礼是法的根据、法的总纲,而法则是礼的体现、礼的确认,二者成了一而二、二而一的关系。

荀子生活于战国后期,社会矛盾、阶级斗争和思想斗争的发展,使他看到只讲"礼义",不讲"法度";只重"教化",不重"刑罚",是不足以维护统治的。因此,为了"奸邪不生,盗贼不起",他改造了孔孟儒家重德轻刑的思想,吸取了法家的"刑赏"主张,"礼义""法度"并举,"教化""刑罚"兼施,为地主阶级提供了一套维护其专制主义统治的理论,成为封建地主阶级"德刑并举"统治方法的思想先驱。

综上所述,可以看出,先秦儒家都主张仁义礼智,以仁爱为维系人际关系、巩固社会制度的黏合剂,着重从情感、心理上去打动人、控制人,温柔敦厚的人情化的伦理亲情弥漫于整个社会。随着社会历史的演进,礼的内涵有了变化,但以礼作为社会等级制度的准则和人们行为规范的思维框架却一仍其旧。在天人关系问题上,从孔子罕言天道到孟子天人合一再到荀子天人相分,人们对人与自然关系的认识,由朦胧而清晰,由愚昧而明智。人的主观能动性,由情绪化的"知其不可而为之",演变到"尽心则知天"的内在精神的自我扩充,最后终于凝聚为"制天命而用之"的理性决断。这些,始终没有超越天人合一的框架,没有脱离人情化的伦理亲情,没有脱离对道德的自我追求和完善,从而奠定了中国传统文化的雏形。

第二节　汉代儒家神学化的天人观念

先秦儒学,由于其"迂远而阔于事情",始终没有成为占统治地位的思想。秦始皇焚书坑儒,更给了它致命的打击。秦亡汉兴,统治者鉴于前朝灭亡的教训,省刑薄赋,与民休息,并积极营构新的上层建筑。几经反复,选择了儒家思想为统治思想。其标志,便是汉武帝采纳董仲舒的建议,"罢黜百家,独尊儒术"。从此,儒家在封建社会意识形态领域独领"风骚"两千年。

儒学由先秦时期百家争鸣中的一家变为"独尊"之学,由民间学说上升为官方意识形态,经过了董仲舒的改造。如果说,先秦孔孟儒学是以人情化的伦理亲情为其主要特色,那么,汉代以董仲舒为代表的儒家思想,则是以神学化的天人观念为显著标志。

一、天人感应与王权神授

汉代儒学与先秦儒学的根本区别,是有了一整套以天人感应为核心、以阴阳五行为骨架的神学化的天人观念,其代表人物是董仲舒。

首先,董仲舒建立了一套天人感应的理论。在他看来,天人可以互相感应,而感应的根据,是天人皆有阴阳。他先制定"天道之常,一阴一阳"(《春秋繁露·阴阳义》)的前提,然后推断"天有阴阳,人亦有阴阳"(《春秋繁露·同类相动》)。因此,男女机体可比作阴阳:"天地之阴阳当男女,人之男女当阴阳。阴阳可以谓男女,男女亦可以谓阴阳。"(《春秋繁露·循天之道》)不仅如此,人"身之有性情也,若天之有阴阳也","仁贪之气,两在于身。身之名,取诸天。天两有阴阳之施,身亦两有贪仁之性。天有阴阳禁,人有情欲栣,与天道一也"(《春秋繁露·深察名号》)。他还说:"阴阳之气,在上天亦在人。在人者,为好恶喜怒;在天者,为暖清寒暑。"(《春秋繁露·如天之为》)这就通过阴阳的流布,将人的情感心理与自然现象联系起来。不仅如此,董仲舒进一步规定道"恶之属,尽为阴;善之属,尽为阳"(《春秋繁露·王道通三》),把伦理

第三章　弘扬主体精神的儒家

观念系于阴阳纽结之上，并且不可移易。在此基础上，他把阴阳推广于家国关系，宣布"君臣父子夫妇之义，皆取诸阴阳之道。君为阳，臣为阴；父为阳，子为阴；夫为阳，妻为阴"（《春秋繁露·基义》），而阴阳有主次之分，阳主阴次，这就把家国间的人际关系固定下来，模式化了。

由于天、人、社会都分具阴阳，从而彼此在内在构成上具有逻辑地联系起来，成为"物以类动"（《春秋繁露·同类相动》）相互感应的基础。

为了说明阴阳消长的动力以及事物发展的次序，董仲舒将五行与阴阳相配。他认为，阴阳消长的原因，在于五行的"相生"和"相胜"。由于五行生胜，才使自然界四时（春夏秋冬）代谢，社会上王者四政（庆赏刑罚）迭用，个人四气（喜怒哀乐）转换。而这些变化和发展又是按五行的次序进行的。木是五行之始，水是五行之终，土居五行之中，"此其天次之序也"。在《五行相胜》篇中，他详细论述了五行相胜的次序、内容和必然性。在他看来，通过五行"相生""相胜"的依次循环，自然特别是社会得到净化和完善。五行"比相生"的结果，是人们崇尚仁、义、礼、智、信，防灭邪恶，以忠信事君，伐有罪，讨不义，尊卑有等，长幼有序。五行"间相胜"的结果，是反对奢侈和朋比为奸，实行等级制，反对谄媚于主上，反对赋敛无度。这实际上是通过五行运转和阴阳消长来解释政治观点，整顿吏治，使上下同心、社会谐调。

在把阴阳与五行扭结为一体的同时，为了增强宇宙系统的秩序性和稳定性，董仲舒又把四时四方（东西南北）与阴阳五行相结合。他把木、火、土、金、水五行分别与春、夏、季夏、秋、冬相配置，与东、南、中、西、北相对应。同时，他还认为春夏秋冬分别代表爱乐严哀"四志"，有生养收藏的功用，符合"四时之则"。而"圣人副天之所行以为政"，故以庆赏刑罚四政来对应春夏秋冬四时的暖暑凉寒，这是"以类相应也，如合符"（《春秋繁露·四时之副》）。由此，他下结论说："天有四时，王有四政。四政若四时，通类也，天人所同有也。"（《春秋繁露·四时之副》）

由上可以看出，阴阳、五行、四时、四方在董仲舒那里已结为一个整体，构成一个动态的平衡系统。由于这个系统中的各个子系统（天、人、社会）分别具有阴阳五行，故可以类相感，"同类相动"，天人在阴阳五行的框架内得以"合一"。董仲舒这种以天人感应为核心的天人合一思想，是通过阴阳、五行、四时的扭合而构成体系的，是以事物类的相似和数的

· 73 ·

相同为感应基础的。阴阳五行学说是其建构体系的理论框架，是其类分事物并通过联想和推测进行类比推理的根据，是其天人感应理论借以建立的工具。由于天人感应论的确立，使天人彼此相通，相互影响、相互作用、相互转换，从而使社会的运动离不开天的运行和意志的约束。由此，董仲舒的大一统主张、德主刑辅的王道政治以及与此相应的一系列社会制度和伦理规范，不仅有了社会内部的需要和根据，而且有了借助传统和历史力量以及自然科学材料而建立起来的自然界（天）的需要，人们的愿望和精神有了新的寄托处，天人合一哲学的功能因此而得以实现。①

董仲舒构造这样一个天人感应的体系，是为了神化汉武帝的统治，神化封建秩序，为地上的王权提供神学根据。它与先秦孟子以养"浩然之气"为帜志，以"尽心、知性、知天"为认识方法，在主体精神领域内完成人与天的合一，求得心理平衡的路径和结构相比较，已截然不同。从总体上看，前者具有浓重的神秘色彩，后者带有鲜明的人伦精神。

二、三纲五常与正谊明道

虽然董仲舒建构了一个神学化的天人合一思想体系，但是，先秦儒家所推重的人情化的伦理亲情并未完全消退，只是在神学化的天人合一框架下，有所淡化而已，其明显的事实是三纲五常的提出。

"三纲"二字最早出现于《韩诗外传》卷三，言"应当世之变若数三纲"。但是，道德意义上的"三纲"一词是由董仲舒最先提出，他既提出"三纲五纪"（《春秋繁露·深察名号》）之说，又主张"王道之三纲可求于天"（《春秋繁露·基义》）。而最早发明"三纲"的是韩非，他提出"臣事君，子事父，妻事夫，三者顺则天下治，三者逆则天下乱，此天下之常道也"（《韩非子·忠孝》）。而"三纲五常"连用，则是在董仲舒之后的东汉《白虎通义》中。不过，真正对三纲五常做了全面、系统论述的，还是董仲舒。因此，学术界一般将他看作三纲五常的始作俑者。

在《春秋繁露·基义》篇中，董仲舒说："凡物必有合……阴者阳之合，妻者夫之合，子者父之合，臣者君之合。物莫无合，而合各有阴阳……君臣父子夫妇之义，皆取诸阴阳之道。君为阳，臣为阴；父为阳，

---

① 参见李宗桂等《秦汉医学与董仲舒的天人感应论》，载《哲学研究》1987年第9期。

子为阴；夫为阳，妻为阴。阴道无所独行……是故臣兼功于君，子兼功于父，妻兼功于夫，阴兼功于阳，地兼功于天。"又说："丈夫虽贱皆为阳，妇人虽贵皆为阴。"（《春秋繁露·阳尊阴卑》）"天子受命于天，诸侯受命于天子，子受命于父，臣妾受命于君，妻受命于夫。"（《春秋繁露·顺命》）这种君、父、夫为阳，臣、子、妻为阴，阳尊阴卑，定位不易的理论，便是所谓"三纲"之说。而"循三纲之纪，通八端之理，乃可谓善"（《春秋繁露·深察名号》）。"三纲"之说，意在为封建宗法家族制基础上的专制主义统治提供理论根据。它以父子夫妇这种家庭关系为依据，以封建宗法制下的家庭制度为基础，以君亲、忠孝的联结为纽带，以移孝作忠为目的。通过移孝作忠的情感转移，实现家族政治化和国家家族化。家庭制度与国家制度很自然地融贯为一，发挥着共同的功能：对臣民来说，"三纲"既是一种外在的强制性的社会规范，又是一种必须认真体验并付诸实践的道德修养；对君主来说，它既是要求臣民尽忠的权力，又是以此实行教化的义务。君主与臣民、规范与修养、权利与义务，就这样神奇地结为一体，内在控制与外在控制珠联璧合，社会的稳定性便大大加强了。这反映了封建专制主义加强的内在要求。这种家庭制度与政治制度的交融，是中国思想文化的一大特点。

作为内在控制的重要内容和手段，除了"三纲"之说，还有"五常之道"。它是由董仲舒在对汉武帝的第一次策问中提出来的："夫仁、义、礼、智、信，五常之道，王者所当修饰也。五者修饰，故受天之祐，而享鬼神之灵，德施于方外，延及群生也。"（《汉书·董仲舒传》）毫无疑问，董仲舒强调"五常之道"，是要为维护大一统政治局面服务。但值得注意的是，与"三纲"之说主要用于要求、约束臣民不同，"五常之道"所浸润、延及的范围，包括君主在内。除了"礼"是区分尊卑等级的文教制度和做人标准外，仁、义、礼、智、信都主要是一种以伦理为本位的价值观念和行为模式。其中，君主的表率作用是主要的。这除了从上引董仲舒的对策中可以看出来外，从《五行五事》中也可看出。董仲舒认为，王者所应修的"貌、言、视、听、思"五事，分别具有恭（敬）、从（可以）、明（知贤不肖，分黑白）、聪（闻事审意）、容（言无不容）的机能，有肃、义、哲、谋、圣的性状，以及与此相应的社会功能。"五常之道"劝导君主注意自己的言行，行政及时、恰当，强调的是君主的自我修养。这就用内在控制的办法，将君主亦置于社会控制的范围之内。当然，"五常

· 75 ·

之道"更是针对一般民众而发的。通过"五常之道"，董仲舒把君主与臣民都纳入共同的社会规范之中。"五常"面前，人格平等，使人们反躬自省，调节自己的情感和欲望，通过对"五常"追求的自我完善，实现自己的"价值"，趋向一个共同的目标，从而使社会处于和谐之中。这体现了董仲舒思想着重整体利益、强调整体观念的特征。

由"五常之道"的倡导所决定，以重道义、轻功利为特征的董仲舒义利观应运而生。

最能表明董仲舒义利观内容和特征的，莫过于《汉书·董仲舒传》里的两句话："夫仁人者，正其谊不谋其利，明其道不计其功。"此外，还有一系列论述："天之为人性命，使行仁义而羞可耻。非若鸟兽然，苟为生苟为利而已……今被大辱而弗能死，是无耻也……故君子生以辱不如死以荣。"（《春秋繁露·竹林》）"利者，盗之本也。"（《春秋繁露·天道施》）"凡人之性，莫不善义，然而不能义者，利败之也。"（《春秋繁露·玉英》）"夫皇皇求财利常恐乏匮者，庶人之意也；皇皇求仁义常恐不能化民者，大夫之意也。"（《汉书·董仲舒传》）

这显然是主张道义高于功利，是董仲舒用以规范人心的工具，也是以伦理为本位的价值判断标准。他说："义之法，在正我，不在正人。我不自正，虽能正人，弗与为义。"（《春秋繁露·仁义法》）这表明"义"是促使人们自我控制其欲望的调节器。这种以重义轻利为特征的"正谊明道"的义利观，所要求的主体，是臣民而不是君主和整个地主阶级。正谊明道而不谋利计功，对臣属而言，就会以杀身成仁的精神，为君主和整个地主阶级的利益效力；对百姓而言，则会安贫乐道，逆来顺受。而"劝人安贫乐道，是古今治国平天下的大经络"①。正谊明道，作为一种伦理规范，它所要求的主体只是臣民；谋利计功，作为一种价值标准，它所实行的对象只是君主和整个地主阶级。这就是董仲舒义利观的实质。这种正谊明道的义利观，把孔子"杀身成仁"和安贫乐道的思想统一了起来，使其抽象化、理论化，成为后来的儒士们修行的一条准则。同时，它又是士大夫们在失意之时的精神支柱。董仲舒在垂暮之年写的《士不遇赋》中宣布"屈意从人，非吾徒矣……心之忧欤，不期禄矣"，劝导人们：与其不辨清浊，违背道义而发迹，"莫若返身于素业兮，莫随世而轮转。虽矫情而获

---

① 鲁迅：《安贫乐道法》，见《鲁迅全集》第5卷，人民文学出版社1958年版，第596页。

百利兮，复不如正心而归一"(《董胶西集》)，便是具体表现。这种道义高于一切的正谊明道的义利观，是个体小农自然经济的思维方式的必然结果。

三、阳德阴刑与独尊儒术

董仲舒建立天人感应的神学目的论思想体系，以及鼓吹三纲五常的伦理道德规范，反映了他维护大一统局面，巩固封建专制主义中央集权国家的政治理想的一个侧面。而他以教化为主、以刑罚为辅的阳德阴刑的理论，则反映了他政治思想的另一个侧面。

董仲舒曾借歌颂五帝三王之政而描述过他的理想社会：

> 五帝三王之治天下，不敢有君民之心。什一而税，教以爱，使以忠，敬长老，亲亲而尊尊。不夺民时，使民不过岁三日，民家给人足，无怨望忿怒之患，强弱之难，无谗贼妒嫉之人。民修德而美好，被发衔哺而游。不慕富贵，耻恶不犯。父不哭子，兄不哭弟……囹圄空虚，画衣裳而民不犯，四夷传译而朝，民情至朴而不文。郊天祀地，秩山川以时至，封于泰山，禅于梁父。立明堂，宗祀先帝，以祖配天。天下诸侯，各以其职来祭，贡土地，所有先以入宗庙，端冕盛服而后见，先德恩之报，奉元之应也。(《春秋繁露·王道》)

这是董仲舒政治思想的蓝图，是理解他政治思想以至哲学思想的关键。从这段论述中可以看到，他继孟子、荀子和《吕氏春秋》等对王道政治之后，力图从制度上落实王道政治的憧憬。"什一而税""不夺民时"等主张，反映了他要求省徭薄赋、稳定社会、安定人心，以使汉王朝"传之无极"的远大眼光。"囹圄空虚""郊天祀地"，显露了重德轻刑、天人合一哲学的端倪。"立明堂"，教民礼义，表达了他对建立新的政治、文化制度的向往。

在《春秋繁露》等著作中，他反复强调仁政、德治，有一系列详细的论述。他说："以德为国者，甘于饴蜜，固于胶漆。"(《立元神》)"文德为贵而威武为下，此天下之所以永全也。"(《服制像》)"推恩者远之而大，为仁者自然而美。"(《竹林》)"霸王之道，皆本于仁。"(《俞序》)

这说明他看到了文德的濡染作用和德治的巨大威力。因此，他主张德主刑辅。他论述道：

> 王者欲有所为，宜求其端于天，天道之大者在阴阳。阳为德，阴为刑，刑主杀而德主生……以此见天之任德而不任刑也。(《汉书·董仲舒传》)
>
> 阳之出也，悬于前而任事；阴之出也，常悬于后而守空处，以此见天之亲阳而疏阴，任德而不任刑也。德教其与刑罚，犹此也。故圣人多其爱而少其严，厚其德而简其刑，以此配天。(《基义》)
>
> 天之道，任阳不任阴。王者之道，任德不任刑，顺天也。(《执贽》)

此外，在《天道无二》《阳尊阴卑》《阴阳位》《阴阳义》《竹林》等篇中，他多次阐发了这些论点，十分明确地表述了他提倡德治、反对专任暴力的政治主张。

为了给自己的德主刑辅理论寻找历史和理论根据，他求助于《春秋》。在《竹林》篇中，他说：

> 考意而观指，则《春秋》之所恶者，不任德而任力，驱民而残贼之，其所好者设而勿用仁义以服之也。《诗》云："矢其文德，恰此四国。"此《春秋》之所善也。夫德不足以亲近，而文不足以来远，而断断以战伐为之者，此故《春秋》之所甚疾已，皆非义也。

董仲舒主张德主刑辅的一个重要理论根据，是阴阳观念。他认为，自然界、人类社会都由阴阳构成。在政治生活中，阳表现为德，阴表现为刑。德主生，刑主杀，而"天"是欲生不欲杀的，天道是重阳轻阴、尚德不尚刑的，故在统治中应以德为主、以刑辅之。而在他看来，儒家的仁德政治主张是教化百姓、感染百姓的基本内容和方式，法家的权势刑罚可以起威慑作用，但不能公开宣传，更不能与儒家的仁德政治相提并论。因此，只能是德主刑辅、阳德阴刑。可以说，这是对秦亡以后的历史经验总结的结果。这样做，实际上是从理论高度为统治策略规定了模式。汉宣帝讲"汉家自有制度，本以霸王道杂之"(《汉书·元帝纪》)，便是证明。

第三章 弘扬主体精神的儒家

此后的封建王朝，基本上沿用了"汉家制度"。

从本质上讲，阳德阴刑仍然是一种专制主义的理论，它是为汉王朝的封建专制统治服务的。顺此，在思想文化领域，董仲舒提出了"罢黜百家，独尊儒术"的主张。

"罢黜百家，独尊儒术"的建议，是董仲舒顺应秦汉之际要求思想统一的社会思潮而提出的。①

史载，董仲舒在第三次对武帝的策问中，慷慨陈词：

> 《春秋》大一统者，天地之常经，古今之通谊也。今师异道，人异论，百家殊方，指意不同，是以上无以持一统。法制数变，下不知所守。臣愚以为诸不在六艺之科、孔子之术者，皆绝其道，勿使并进。邪辟之说灭息，然后统纪可一而法度可明，民知所从矣。（《汉书·董仲舒传》）

"罢黜百家，独尊儒术"的建议，为汉武帝所采纳。它的实行，是中国思想文化史上的一个大事件，不仅在当时，而且对汉以后的封建社会，都有十分重大的影响。从当时的情况来看，汉武帝是因"条贯靡竟，统纪未终"而策问于董仲舒，董仲舒是为了使武帝（统治阶级）能"持一统"而提出这一建议的。因此，它的着眼点是统一思想，而非消灭百家争鸣。实际上，如前所述，先秦百家争鸣中的各家，都具有强烈的排他性，都想独尊，汉武帝时实行儒家独尊，不是百家争鸣的反动，而是百家争鸣的必然结果。正是在对前人思想资料加以充分利用的基础上，在对政治、文化等制度进行创造性的建设之后，董仲舒提出了"罢黜百家，独尊儒术"的建议，完成了他统一秦汉思想的最后一道工序。"罢黜百家，独尊儒术"，既是统一思想的方式和途径，也是思想统一完成的标志。它是中国社会从战国到汉初的历史转折的完成，是秦汉之际社会思潮发展的结果和集中体现，是地主经济发展的历史要求，是封建专制主义进一步加强的逻辑

---

① 详见李宗桂《董仲舒：秦汉思想的统一者》，见《中国人文社会科学博士硕士文库·哲学卷下》，浙江教育出版社1998年版，第1469～1514页。

归宿。①

不过,从历史发展的角度考察,"罢黜百家,独尊儒术"诱使大批知识分子耽于官名利禄,穷年注经,"说五字之文,至于二三万言,后进弥以驰逐,故幼童而守一艺,白首而后能言,安其所习,毁所不见,终以自蔽"(《汉书·楚六王传》)。学术走入烦琐僵化的死胡同,尊儒的消极作用是严重的。②尤其恶劣的是,独尊儒术造成了舆论一律,导致了经学思维方式的产生和唯上唯书心理的蔓延。

上述董仲舒思想的主要内容和特点,表明董仲舒对先秦儒家思想进行了扬弃。就天人观念而言,他建立了一个外在的、与自然界相联系的构架。其阴阳五行的骨架、天人感应的论说,使天人合一的思想罩上了神学色彩,从而区别于先秦儒学。而在求得天人相通,以获得心理平衡方面,则与先秦儒学是一致的。三纲五常的伦理规范,一方面,是对先秦儒家崇尚仁义、注重个体修养思想的继承;另一方面,则是从社会制度的高度,以明显的自觉意识,从社会控制的角度,对先秦儒家修养论的理论性发展。阳德阴刑、独尊儒术的主张,则反映了儒家学说与封建专制王权相结合、为专制王权服务的自觉性;它同时表明,儒家思想发展到了一个新的历史阶段。

第三节　宋代儒家哲理化的理欲之论

儒家经过董仲舒改造之后,增添了新的内容,具备了新的构架。但是,由于其"天人感应"思想是具有神秘主义色彩的神学目的论,因此很快与荒诞的谶纬迷信相结合,成为一股反理性的思想逆流。魏晋隋唐,玄学流行,佛教昌盛,儒学受到冲击。几经颉颃,"越名教而任自然"(嵇康:《释私论》)、"非汤武而薄周孔"(嵇康:《与山巨源绝交书》)的玄学家们,最后还是以"名教即自然"作标榜,调和"自然"与"名教"

---

① 详见李宗桂《从秦汉社会历史的发展看董仲舒思想的积极意义》,载《河北学刊》1986年第5期。

② 详见金春峰《汉代思想史》,中国社会科学出版社1987年版,第206～207页。

的关系，援道、释入儒而已。宣扬出世理想的佛教，先是坚持"沙门不敬王者"的高论，后来看到无法撼动儒学忠孝节义的根基，也只得表示拥护儒家"五常"之论，声称"孝道"是"儒释皆宗之"（宗密：《盂兰盆经疏序》），终于向中国本土文化靠拢，低下了"不敬"的头。儒、佛、道三教，既相互排斥，又相互吸收、相互融合，最后在宋代凝聚为新的思想结晶——理学。理学作为宋代占统治地位的思想，作为儒家思想的新形态，具有和先秦以及汉代不同的特征，这就是有一个上升到本体论高度的哲理化的理欲之论。

一、"天地之性"与"气质之性"

宋代儒家理欲之论的基础是"天地之性"与"气质之性"的划分，而这种两重人性的划分，则是北宋思想家张载第一次提出来的，是一个创造。

在张载之前的中国古代思想家，往往从人性中寻找道德起源，论证善恶问题。孔子讲"性相近，习相远"，只是兴之所至的一种泛论，并未涉及实质问题。孟子倡性善，荀子主性恶，董仲舒讲"性三品"，以及汉代扬雄讲性善恶混，唐代李翱讲性善情恶，等等，都只是从一般的修养论着眼，停留于道德论的范畴，而没有从世界观的角度去探讨，没有上升到本体论的高度。

张载则从世界观的高度，对人性起源、善恶归属做了严密论证。他把人性区分为"天地之性"和"气质之性"。天地之性是善的，气质之性有善有恶。天地之性就是仁义礼智，是人的形体未完成之前就已存在的。气质之性是人的形体形成之后而有的，"形而后有气质之性，善反之则天地之性存焉"（张载：《正蒙·诚明》）。

理学家程颐、程颢（二程）赞成张载关于天地之性和气质之性的划分，并对其加以充实和发挥。朱熹更是欣赏天地之性与气质之性的区别。他认为，孟子讲性善，说人性中天生具有仁义礼智"四端"，只是讲了天命之性，但对于恶从何来，却语焉未详，"不曾说得气质之性，所以亦费分疏"（《朱子语类》卷四）；而荀子倡性恶，"只见得不好底性"（《朱子语类》卷五十九）即气质之性，而不知天命之性，未能正确回答善从何来。而张载、程颐、程颢讲天地之性和气质之性，既弥补了孟子性善论的不足，又纠正了荀子性恶论的偏颇，使人性来源和善恶归属以及由此生发出来的天理人欲之论得到了圆满解决。因此，朱熹称赞张载两重人性论的提出是"极有功于圣门，有补于后学"；"故张、程之说立，则诸子之说泯矣"（《朱子语类》卷四）。

二、"存天理，去人欲"

"天理"一词，在中国古代有不同理解。《庄子·天运》要人们"顺之以天理"，《韩非子·大体》要人们"不逆天理"，这里的天理，都是指的自然法则。西汉戴圣编纂的《礼记》讲："好恶无节于内，知诱于外，不能反躬，天理灭矣。"经学家郑玄将这个"理"注释为"性"。宋代理学家把天理引申为义理之性（天地之性），与"人欲"相对。

张载说，"万事只一天理"（《经学礼窟·诗书》），"循天下之理之谓道，得天下之理之谓德"（《正蒙·至当》）。所谓"天下之理"，主要指仁义。二程进一步把封建伦理纲常说成天理。他们说："忠者，天理。"（《遗书》卷十一）"礼即是理也。"（《遗书》卷十五）"父子君臣，天下之定理，无所逃于天地间。"（《遗书》卷五）世界上万事万物，社会上的所有关系，在二程看来，"皆只是一个天理"（《遗书》卷二上）。这样，二程就把封建伦理纲常变成了人人不可违犯的天理，封建道德原则被夸大成了宇宙的最高原则。于是，"上下之分，尊卑之义"成了"理之当也，理之本也"，"下顺乎上，阴承乎阳"成了"天下之正理"（《周易程氏传》卷一），封建纲常名教通过由道德论到本体论的升华，成为封建专制主义新的理论根据。

朱熹直接继承二程的"天理"范畴，并使其更加严密、精致。他把理作为其学说的最高范畴，认为理是存在于自然和社会之先的精神本体，万事万物由其派生出来。他说："未有天地之先，毕竟也只是理。有此理，便有此天地。若无此理，便亦无天地，无人无物，都无该载了。"（《朱子语类》卷一）可见，天地万物都由理产生。同样，社会中的等级名分，也是先于构成等级名分的事物而存在的，是理的体现。他强调："'未有这事，先有这理。'如未有君臣，已先有君臣之理；未有父子，已先有父子之理。不成元无此理，直待有君臣父子，却旋将道理入在里面？"（《朱子语类》卷九十五）在朱熹看来，天理中至为重要的是三纲，即君为臣纲、

第三章 弘扬主体精神的儒家

父为子纲、夫为妻纲。其中，君臣、父子关系又是关键，须用仁义来调整。用他的话说是："仁莫大于父子，义莫大于君臣，是谓三纲之要，五常之本，人伦天理之至，无所逃于天地间。"（《文集·癸未垂拱奏札二》）可见，三纲五常等封建名教，在朱熹那里，已成了先验的、属于本体论的、人人必须遵循的世界原则和伦理规范。

既然三纲五常是天理，是至善的天地之性，须得人人发扬光大，那么，与此相对应的，是什么呢？理学家们的回答是：人欲。

儒家经典《礼记·乐记》已把天理与人欲对举："夫物之感人无穷，而人之好恶无节，则是物至而人化物也。人化物者，灭天理而穷人欲者也。"宋代理学家们据此将天理和人欲对立起来，把封建伦理纲常说成"天理"，把人们的物质生活欲望说成"人欲"。他们强调"不出于理则出于欲，不出于欲则出于理"，要人们放弃对物质生活的追求，专心体验、实践封建的纲常名教。

二程认为："形既生矣，外物触其形而动于中矣。其中动而七情出焉，曰：'喜、怒、哀、惧、爱、恶、欲'。"（《河南程氏遗书》卷八）七情之中，"欲"是最蒙蔽天理、扼杀善性的东西。所以程颐说："欲之害人也。人之为不善，欲诱之也。诱之而弗知，则至于天理灭而不知反。故目则欲色，耳则欲声，以至鼻则欲香，口则欲味，体则欲安，此则有以使之也。"（《遗书》卷二十五）又说："后世自庶士至于公卿，日志乎尊荣，农工商贾日志乎富侈，亿兆之心交骛于利，而天下纷然，欲其不乱，难矣。"（《粹言》卷一）这即是说，人追求耳目声色和功名利禄都是"欲"引起的，其结果是丧失善性、违背天理，导致天下大乱。可见，天理与人欲是水火不相容的。

朱熹认为，仁义理智的"天命之理"，是"天理"，"性即天理，未有不善者也"（《孟子集注》卷十一）。"饮食男女"的"气质之性"，是"人欲"。人欲是伤害天理的。"然人有是身，则耳目口体之间，不能无私欲之累，以违于礼而害夫仁。"（《朱子四书或问》卷十二）"目之欲色，耳之欲声，口之欲味，鼻之欲臭，四肢之欲安佚，所以害乎其德者又岂可胜言也哉。"（《经筵讲义》）显然，朱熹认为，天理与人欲是截然对立的。

由上可见，宋代理学家们都是从天地之性与气质之性的划分着手，区别善恶，进而把封建伦理纲常说成是天理，是善；把人们的物质欲望说成是人欲，是恶。而人人要趋善去恶，这就具有逻辑地得出了"存天理，灭人欲"的结论。

从先秦到宋代，儒家政治、伦理、哲学思想的核心，是倡导对仁的追求和实践。对仁的把握，就是道德修养的最高境界，就能与天地万物为一体。程颢说："若夫至仁，则天地为一身。而天地之间，品物万形为四肢百体。夫人岂有四肢百体而不爱者哉？圣人，仁之至也，独能体是心而已，曷尝支离多端而求之自外乎？"（《遗书》卷四）这就是说，仁的品德存在于每个人的内心，只要认真体验，就可得到，不必向身体之外寻求。换句话说，天地之性的仁的善性，人生而有之，只是被气质之性中的恶所遮蔽了，因此，只有去除气质之性中的恶，才能恢复并保持天命之性的善。在二程看来，仁即天理，而天理与人欲是绝对对立的，"不是天理，便是人欲"，"人欲肆而天理灭矣"（《河南程氏粹言》卷二），而"灭私欲，则天理自明矣"（《遗书》卷二十四）。据此，他们主张"去私欲，存天理"，并将此作为实现仁的根本途径。

那么，如何才能"去私欲，存天理"，实现仁呢？二程认为，办法只有一个，即用提高修养来"窒欲"。具体方法有三：

一是主敬和集义。"主敬"即集中注意力，以虔敬的心情来对待封建伦理纲常。不仅外貌要端庄，行为要规矩，而且内心要专一，念念不忘天理。在主敬的同时，必须"集义"，即明辨是非，"顺理而行，是为义也"（《遗书》卷十八）。如果说，对封建纲常名教的虔敬、专一是主敬，是"知其然"的话，那么，进一步辨析义理，"知其所以然"，便是集义。

二是格物致知。二程把"明天理"当作认识的根本目的，把道德修养问题等同于认识问题，以修养取代人们对外部世界的认识，把对"善"的追求看作人生理想，而"明善在乎格物穷理"（《遗书》卷十五）。可见，格物致知不是通过社会实践来获得对事物的道理、规律的认识，而是通过内心修养，把握天理，恢复善性。二程讲："致知，但知止于至善，为人子止于孝，为人父止于慈之类，不须外面，只务观物理，泛然正如游骑无所归也。"（《遗书》卷七）这正反映了格物致知的实质，在于不受外物诱惑，约束本心，"穷理尽性以至于命"，实现道德的自我提升和完善。

三是克己。主敬与集义、格物致知都侧重于保存天命之性，克己则偏重于对外在物欲的抵制，用"防闻见之非，节嗜欲之过"（《河南程氏粹言》卷二）的心态和方式，来"存天理，灭人欲"。只要"克己"就能去除"私心"，就"自然能复礼"（《遗书》卷二）。而所谓"私心"，主要指不符合纲常名教的物质欲望和对生命的追求。当有人问程颐，生活无着的孤苦寡妇，为了生存，能否再嫁人时，他回答："只是后世怕寒饿死，故有是说。然饿死事极小，失节事极大。"（《遗书》卷二十二）这是要求妇女牺牲生存的"人欲"，以保全封建道德的"天理"。这种为封建专制主义服务的蒙昧主义说教，被清代进步思想家戴震指为"以理杀人"，确是很深刻尖锐的。

继二程之后，朱熹从观念上将人性设定为善恶二重，天理和人欲彼此不可共存，进而演绎出"明理灭欲"的论点。

朱熹认为："性者，心之理；情者，性之动；心者，性情之主。"（《朱子语类》卷五）"心"具有能动性，可以控制人的情感欲望。而这"心"又区分为两种："知觉从耳目之欲上去，便是人心；知觉从义理上去，便是道心。"（《朱子语类》卷七十八）"道心"是天理的表现，"人心"是人欲的表现。天理和人欲水火不相容："人之一心，天理存则人欲亡，人欲胜则天理灭"，"此胜则彼退，彼胜则此退，无中立不进退之理"（《朱子语类》卷十三）。因此，朱熹继承二程"灭私欲，明天理"的思想，把"明天理，灭人欲"作为根本的道德修养和人生追求目标，认为"学者须是革尽人欲，复尽天理，方始是学"（《朱子语类》卷十三）。而要做到这一点，就须像曾参"吾日三省吾身"一样，"专用心于内"（《论语集注》卷一），"紧紧闭门，自就身上细体认，觉得方有私意便克去"（《朱子语类》卷四十一）。只有这样，才能"遏人欲于将萌，而不使其潜滋暗长于隐微之中，以至离道之远也"（《中庸章句》第一章）。

朱熹这种"明理灭欲"的主张，从思想渊源上看，是对孔子"君子喻于义，小人喻于利"（《论语·里仁》）、"君子谋道不谋食"（《论语·卫灵公》），孟子"养心莫善于寡欲"，董仲舒"正其谊不谋其利，明其道不计其功"思想的继承和发展。值得注意的是，在孔孟和董仲舒那里，"不谋食"也好，"寡欲"也好，"正谊明道"也好，都只是一种道德要求而已。而在朱熹这里，理欲之辩已上升到本体论的高度，与富于思辨色彩的"理一分殊"的本体论紧紧扭为一体。

三、理一分殊

"理一分殊"是宋代理学家用语。张载写了篇《西铭》，提出"民吾同胞，物吾与也"的命题，要求人们爱人如己，"视天下无一物非我"。这本是宣扬一种所谓普遍的人类之爱的伦理思想，不属于本体论的范畴。但是，由于程颐在《答杨时论〈西铭〉书》中说过"《西铭》明理一而分殊"，朱熹即借题发挥说"《西铭》通体是一个理一分殊，一句是一个理一分殊"，"逐句浑沦看，便见理一；当中横截看，便见分殊"，从而将"民胞物与"的道德论提到本体论的高度，纳入其理一分殊的规范之中。①

那么，何谓"理一分殊"呢？理，是封建伦理纲常，是"生物之本"（《晦庵先生朱文公文集·癸未垂拱奏札二》）。理的整体和最高境界称为"太极"，而"太极"是宇宙的根本，这就是所谓"理一"。就其化成各种事物来说，每个事物又有不同的理，所以叫"分殊"。万物既产生、统一于"太极"，又是"太极"的具体表现，体现着"太极"的整体，这就叫"理一分殊"。朱熹在对《西铭》的解释中说过：世界万物都是天地的子女，天地则是由"理"派生出来的，这就叫"理一"；万物产生之后，就有了"大小"和"亲疏"之分，"亲疏异情，贵贱异等"，人们"各亲其亲，各子其子"，这就叫"分殊"。（见《张横渠集》卷一）

朱熹还用佛教"月印万川"的比喻来论证"理一分殊"。他说："本只是一太极（理），而万物各有禀受，又自各全具一太极尔。如月在天，只一而已，及散在江湖，则随处可见，不可谓月已分也。"（《朱子语类》卷九四）这是对佛教华严宗"一多相摄"思想的袭用。华严宗通过对"一即是多，多即是一"的论证，抹煞事物的差别和矛盾，从而说明"理事无碍"。朱熹吸取佛教的思辨形式，通过"理一分殊"来论证"理只是这一个，道理则同，其分不同。君臣有君臣之理，父子有父子之理"（《朱子语类》卷六），从而把三纲五常、忠孝节义等封建政治伦理道德，说成是像皓月普照大地似的、至高无上的天理，迫使人们依从天理行事。"宋代以前，儒家传统的天命思想是比较流行的，加上佛教宣扬因果报应的一套，把一个人的穷通贵贱，说成是'命'该如此。宋代理学家高明的地方就在于，他们虽然也讲命，但更强调的是'理'该如此，或是'分'该如此。他们并不过多宣扬宗教迷信，但只要人们接受'理一分殊'的理论说教，就会自觉自愿地去遵守封建纲常，否则就会被社会舆论骂为'伤

---

① 详见李宗桂《朱熹对张载"民胞物与"思想的利用和改造》，见氏著《传统文化与人文精神》，广东人民出版社1997年版，第322～331页。

天害理'、不守本分，就会变成名教罪人，永世不得翻身。"①

综上可见，儒学发展到宋代，理学家们在继承先辈思想的同时，加以发展，建构了一个颇富思辨色彩的、哲理化的理论体系。其人性善恶，理欲之辩，都被纳入了理一分殊的思辨规范，由道德论上升到本体论的高度，从而把儒学发展到了一个新的阶段。从思想发展的角度看，这是儒、佛、道合流的必然结果和具体表现。从社会发展来看，是宋代积贫积弱的现实状况在观念形态领域的反映。从政治结构的进一步稳定来看，是封建专制主义进一步加强的必然要求。宋代儒家建构的这个哲理化的理欲模式，是理学统治中国后期封建社会思想界七八百年的一个重要原因。

第四节 返本开新的现代新儒学

现代新儒学是相对于先秦原始儒学、汉代新儒学和宋明新儒学而言的。一般认为，先秦以孔子、孟子为代表的儒学，是儒学发展的第一阶段，称为原始儒学。汉代以董仲舒为代表的儒家学者，以孔孟儒学为主干，援引阴阳学说入儒学之中，吸收法家、墨家思想，以及名家、道家思想等，构造了一个以天人感应为核心的新型儒学体系。这个新型儒学体系，被称为汉代新儒学。这是儒学发展史上的第一次大改造，是儒学发展的第二阶段。宋明时期，儒家援佛入儒，吸纳道家、道教思想理论，对儒学进行改造，使儒学哲理化，是儒学发展的第三阶段。这一时期的儒学被称为宋明新儒学，其哲学家被称为新儒家。海外学者已习惯用这种指称，内地和港台地区也有不少学者使用这个概念。这是儒学发展史上的第二次大的改造。"五四"前后，一批知识分子面对中国传统伦理和价值系统的崩溃、帝国主义文化的入侵和马克思主义在中国的传播，欲图恢复传统文化的地位和价值系统，弘扬儒学，主张会通中西，吸纳西方文化中科学、民主之类的优秀成分，以适应时代潮流，更新民族文化，这是儒学发展的第四阶段，即时人所称的现代新儒学。代表这一社会文化思潮的、有独立

---

① 李锦全：《是吸取宗教的哲理，还是儒学的宗教化？》，载《中国社会科学》1983年第3期。

思想体系的学者，被人们称为现代新儒家。现代新儒学的思想纲领是"返本开新"，即返回传统儒家心性之学的根本，开出现代科学民主的新局面。这是儒学发展史上的第三次大的改造，是儒学发展的第四阶段。①

19世纪下半叶以来，中国政治、经济、军事和社会状况日益恶化。西方列强将种种屈辱强加于中华民族，中国反抗列强侵略的斗争屡遭挫折；在思想文化方面，西风东渐，传统伦理观念和价值系统分崩离析，中国在从传统走向现代的进程中，步履维艰。如何认识中国传统文化的价值和未来的命运，迎接西方文化的挑战，找到一条从传统走向现代的正确道路，成为一代知识分子苦苦思虑的重大现实问题。这时期，各种思想学术流派应运而生：国粹主义派、中体西用派、全盘西化派，不一而足。其中，以梁漱溟、张君劢、冯友兰、贺麟、熊十力等为代表的知识分子，推崇中国传统文化的基本精神和价值系统，自20世纪20年代起，力图在中西文化冲突和传统与现代的冲突中，保持中国传统文化的本体和主导地位，并以此为基础来会通西学，融合中西，以回应西方文化的挑战。

梁漱溟是现代新儒家的先驱。早在1922年，他就出版了《东西文化及其哲学》一书。他认为，东西文化差异在于"人生路向"上的根本不同。他以"意欲"向前、向后、持中为标准，将西方、印度、中国三大文化系统归结为三条不同的路向，认为只有以儒家思想为基本价值取向的生活，才能使人尝到"人生的真味"。因此，儒家才是人类文化的理想归宿，"世界未来文化就是中国文化的复兴"。在"五四"时期反儒学、反传统的高潮时期，他就公开高举儒家旗帜，提倡孔学，主张"走孔家的路"，除了"替孔子去发挥外，更不作旁的事"②。

熊十力早年参加辛亥革命，中年崇信佛学，推崇法相唯识之学，后由佛归儒，以《易传》为宗，独创"新唯识论"的哲学体系。他认为，"五四"以后，人们对西方科学技术的追求，实际只是情绪化地执着于西方思想的皮毛，是盲目崇拜西方的心态作祟。他要求对西方的认识必须与中国价值系统的重建相辅而行，即须先建立中国文化之"体"，而他的哲学就是从本体论上为此而做的努力。

---

① 参见李宗桂《"现代新儒家"辨义》，见氏著《传统文化与人文精神》，广东人民出版社1997年版，第347～355页。

② 梁漱溟：《东西文化及其哲学》，商务印书馆1926年版，第15页。

第三章　弘扬主体精神的儒家

贺麟倡导的是"新心学"。"新心学"是西方新黑格尔主义与中国陆王（陆九渊、王阳明）心学相结合的产物。贺麟对国粹主义和全盘西化的观点都持否定态度。他于1941年8月在《思想与时代》杂志上发表了《儒家思想的新开展》一文，第一次提出了现在所说的"现代新儒学"意义上的"新儒学"概念，并对新儒学的思想观点作了详细系统的阐述。这篇文章被看作现代新儒学的宣言书和代表作。在文中，他明确提出了"以儒家思想为本体，以西洋文化为用具"的主张。他认为，数千年来，儒家思想在其发展过程中，不断得到改造，总是能够适应新的时代精神。根据对中国现代文化动向和思想趋向的考察，他断言，新儒学是中国现代思潮的主流，现实社会正在"蔚成一个新儒学运动"。他坚持认为："民族复兴，从本质上说，应该是民族文化的复兴，儒家文化的复兴。"他主张输入与把握西方文化，以充实儒家思想。中华民族精神和文化的生死存亡，取决于能否把西方文化儒化、华化、中国化。"中国文化能否复兴的问题，亦即华化、中国化西洋文化能否可能，以民族精神为体，以西洋文化为用是否可能的问题。"

冯友兰构建的是"新理学"。他在抗战时期写了被称为"贞元六书"的《新理学》《新事论》《新世训》《新原人》《新原道》《新知言》，集中宣传了他的"接近于程朱道学的那套思想"。他在《新理学》开头就说，此书是"'接着'宋明以来底理学讲底，而不是'照着'宋明以来底理学讲底"①。他的所谓"新"，在于他以程朱道学为正宗，吸收西方哲学，主要是用新实在论的逻辑分析方法，研究中国传统哲学，改铸宋明理学，把新实在论与程朱道学融合起来，形成一个新的形而上学思想体系。

一般说来，以上梁、熊、贺、冯四位现代新儒家所代表的社会和学术文化思潮，是现代新儒学发展的前期阶段。中华人民共和国成立以后到20世纪80年代中期，现代新儒学思潮在中国内地基本上处于销声匿迹的状态。它主要转移到了港台地区，并得到了新的发展。

20世纪50年代，以唐君毅、牟宗三、徐复观、钱穆等人为代表的港台现代新儒家，著书立说，发表演讲，奔波于欧亚美三大洲，宣扬以儒学为核心的中国传统文化的价值系统，弘扬传统儒学，用西方哲学的方法对中国文化进行解析，用现代西方社会的弊端比照中国文化的长处，同时也

---

① 冯友兰：《中国现代哲学史》，生活·读书·新知三联书店2009年版，第185页。

主张采纳西方文化中的某些积极因素,以重新建构中国本位文化。其中,最有代表性的是由唐君毅执笔,唐君毅、牟宗三、徐复观、张君劢共同署名,轰动一时的文化宣言:《中国文化与世界》①。"宣言"系统阐述了他们对中国文化的过去、现在和未来,以及中西文化关系等问题的基本立场和观点,提出了现代新儒家"返本开新"的思想纲领。②

他们认为,现时东西文化应以平等眼光看待对方。他们站在民族本位的文化立场上,依据传统儒学(主要是陆王心学)竭力阐扬中国文化的价值。他们认为,中国文化以心性为一切价值的根源。传统的心性之学以性善论为主流。心性之学是人的道德实践的基础,它"依觉悟而生实践,依实践而增觉悟,知行相须而进"。"心性之学乃中国文化之神髓所在,不了解心性之学,即不了解中国文化。"中国伦理道德有人的内心精神生活的依据,及其所包含的宗教性的超越感情。其人生道德实践主张天人合德、天人合一,能使天人交贯,天内在于人,人上通于天。中国的义理之学,目标在于人的道德人格的完成。中国精神文明高于西方,西方人应向东方文化学习,其主要内容是:"当下即是"的精神与"一切放下"的襟怀;"圆而神"的智慧;温润而恻怛或悲悯之情;天下一家之情怀;等等。同时,他们剖析了中西文化各自的优缺点,探讨了中西文化的结合问题,并对世界未来文化作了展望。他们承认,中国文化必须接受西方或世界之文化,肯定了西方的科学和民主精神。他们还对五四运动对传统文化的批判作了否定性的评价。

20世纪六七十年代,由于西方资本主义高度发达而带来了精神上的失落感、空虚感,亚洲"四小龙"的成功,以及中国内地"文化大革命"而造成的精神价值的解体,现代新儒家们更坚信其思想方向之正确,因而更加活跃,掀起了"儒学复兴"的波澜。③

20世纪80年代中期以后,随着人们对新中国成立以来的社会发展屡遭挫折、经济建设落于人后的诘难,以及人们对"文化大革命"文化专制

---

① 发表于1958年元旦,副题是:《我们对中国学术研究及中国文化与世界文化前途之共同认识》。
② 详见李宗桂《评现代新儒家的"返本开新"说》,见氏著《传统文化与人文精神》,广东人民出版社1997年版,第364~375页。
③ 详见李宗桂《现代新儒学思潮:由来、发展及思想特征》,载《人民日报》1989年3月6日。

的反思，特别是随着人们对改革深化过程中出现的种种艰难、开放过程中西方思潮的涌入的思考，人们对传统文化的价值、命运，尤其是和现代化关系开展了进一步的探讨。在这股潮流中，现代新儒学思潮也播散到了内地。思想史界、哲学史界以及历史学界，都有对传统文化特别是儒家思想评价越来越高的倾向。"半部《论语》治天下"，甚至"一句就可以了"的声浪，一度在学术讲台上喧嚣。文学界的寻根热潮，特别是否定五四运动、否定鲁迅，诋毁五四运动造成了"文化断层"的观点，也大行其道。

总的说来，现代新儒家代不乏人，现代新儒学思潮无论是在海外还是在内地，都有着不可忽视的影响。①

大致说来，现代新儒学思潮具有如下特征：

（1）有着坚定的民族文化本位立场。强调中国文化的"一本性"和优越性，肯定中国文化有活的内在生命力，主张以中国文化的价值为基本取向，塑造人格，建设社会，融合西方文化。

（2）有强烈的民族文化"花果飘零"的心态，希望全民能对传统文化的价值"认同"，取得"共识"，以光大中国文化。

（3）认为中国文化具有很强的适用性和同化力，与现代化并不矛盾，中国文化本身蕴含着发展科技的思想，包含着民主政治的根源。

（4）中道高于西器。认为西方科技固然好，但也带来了思想文化上的一系列弊端；而没有思想根基和道德自我调适机制的科技、民主，是无本之末。只有中国文化才能解决现代社会以及后工业文明的问题，西方应向中国文化学习。

（5）中西文化可以融合。中国文化应吸纳西方文化中的科学、民主等思想，使人自己不仅成为道德实践的主体，而且成为"政治的主体"。主张要在中国文化的土壤中，吸收西方文化的养料，培养出现代意义上的中国文化。

（6）具有开阔的文化视野。他们立足传统，面对现实，放眼世界，欲图把中国文化纳入世界文化体系之中，而又保持中国文化的价值和特色。

（7）具有鲜明的自信自强的主体意识和自尊自守的独立人格，有深沉的历史责任感和时代使命感，以弘扬中国文化为己任，在欧风美雨的冲击

---

① 参见李宗桂《中国文化的发展路向和民族精神的自我挺立——从三个"文化宣言"看中国现代化的文化努力》，载《社会科学战线》2008年第10期。

下，挺立不倒。

（8）有着保守的政治立场。他们当中有的人反对马列主义，虽然欣赏马列主义对资本主义的某些批判，但仅仅是从二者都是西方的产物，是作为"以毒攻毒"的现象而冷眼旁观的。他们否定五四运动的思想方向，认为它对中国文化的破坏多于建设，破坏了中国学术文化"道统"的传承，造成了民族文化的断层。

这些特点，反映了现代新儒家们的价值体系和基本政治立场。

现代新儒家们的思想中不乏给人以启迪的东西。对于如何使传统的中国走向现代化，中国文化怎样和西方文化相结合，这两个我们至今仍然苦苦思索的基本问题，现代新儒家们的思想给了不少有益的启示。特别是在既不因袭传统，又不全盘否定传统，保持民族文化积极精神的前提下，在发展社会经济和文化事业、建设有中国特色的现代化国家方面，以及在如实地分析中西文化的长短处，使之互补，熔铸新的文化体系方面，现代新儒家们的辛勤探讨，也有值得我们借鉴的地方。而他们自尊自守的独立人格、自信自强的主体意识，则是我们在发展商品经济和对外交往中所应当学习的。①

总之，现代新儒学思潮的出现，有其历史的必然性。现代新儒家们的思想，值得我们认真研究、借鉴扬弃，而不应简单否定，或者盲目唱和。

第五节　儒家人生哲学模式

如上所述，儒家学说在从先秦到宋明再到现代的发展历程中，历经改造。通过与其他学说的相斥相吸，丰富了自己的内容；经过社会的选择，完善了自己的形象。最后，终于成为传统文化的主要成分，对我们民族的理想人格、思维方式、价值取向以及社会心理等，产生了极为深远的影响。

---

① 参见李宗桂《评唐君毅的文化精神价值论和文化重构观》，载《哲学研究》1989年第3期。

一、儒家的理想人格

关于人格的定义，中外古今聚讼纷纭，迄今无一为大家所能共同接受的观点。

有的心理学家认为，最简明的说法是，人格是人的特点的一种组织。人格也是一种心理现象。各种稳定的、区别于他人的特质模式，给人行为以一定的倾向性并能表现真实个人的特点，即是人格。[1] 研究人格的心理学家认为，人格的意义主要有二：一指人的特性，是人的一种心理现象；二指心理学的一个分支。综合分析各种各样的人格定义，可以将其归为三种类型：①把人格假定为一种内在的结构与组织；②人格就是人的特色；③人格是环境、遗传影响的结果。

台湾地区学者杨国枢认为：人格是个体在与其环境交互作用的过程中所形成的一种独特的身心组织，而此一变动缓慢的组织使个体在适应环境时，在需要、动机、兴趣、态度、价值观念、气质、性向、外形及生理等诸方面，各有其不同于其他个体之处。[2]

北京大学教授陈仲庚等认为：人格是个体内在的在行为上的倾向性，它表现一个人在不断变化中的全体和综合，是具有动力一致性和连续性的持久的自我，是人在社会化过程中形成的给予人特色的身心组织。这个定义强调了人格的四个方面：全面整体的人、持久统一的自我、有特色的个人、社会化的客体。我大致赞成这个关于人格的定义。

台湾地区学者韦政通对理想人格做了探讨。在他看来，理想人格的含义与人类学家和社会学家所探究的"代表人格"（representative personality）相似。他引用了布罗姆（L. Broom）对各种代表人格的归类：

（1）"代表"可能指统计上的次数。行为中任何一个项目，出现于社会内大多数人民，即是该社会"代表人格"的一部分。

（2）"代表"所指者，也许是人格中的某些共同特质，不因外显行为（overt behavior）之差异而丧失其存在。因此，其注意重点不在可观察的行为和反应的小节细目之上，而在于基本取向（orientation）以及人生观

---

[1] 参见陈仲庚等《人格心理学》，辽宁人民出版社1986年版，第25页。
[2] 转引自陈仲庚等《人格心理学》，辽宁人民出版社1986年版，第48页。

(outlook)。

(3)"代表人格"有时候是指能表现文化精神或菁华的人格。如此说来,代表人格仅能为少数人所共有。此种人格最容易与主要社会制度相整合。

韦政通认为,上列第三种解释,即是他在分析传统中国理想人格时,所谓"理想人格"的含义。我在这里所讲的理想人格,也取韦政通所赞同的这种含义。不过,他将理想人格归结为上古帝王形象(尧、舜、禹、汤、文、武、周公),把圣王看成理想人格的最高典范①,这是我所不能苟同的。

我认为,所谓理想人格,是指能表现一定学说、团体以至社会系统的社会政治伦理观念的理想的、具有一致性和连续性的、典范的行为倾向和模式。从理论上讲,它可以为每个社会成员所共有。

我即依据上述理解,来分析儒家以及道、墨、法、佛诸家的理想人格。

从先秦到宋明,儒家思想有一个渐进的、复杂的演变,但仁义礼智、修身养性始终是其学说的基调。与此相联系,儒家有一个始终不渝,愈到后来内容愈充实、体系愈严整的理想人格。

概而言之,儒家的理想人格是圣贤。从结构上看,圣与贤是合一的,能圣就必然贤,贤则可以通圣。从层次上看,二者又有实践主体的区别。对统治者而言,是以圣王为追求目标和行为典范,其楷模便是尧、舜、禹、汤、文、武、周公。他们有崇高的德行,能克己复礼、博施济众、安邦兴国,实现大一统的政治局面。对一般士大夫和庶民百姓来说,则以贤为追求目标和行为规范。

从本质和终极目的看,儒家追求的圣贤理想人格,重点在贤而不在圣。因为,在力主君君、臣臣、父父、子子的儒家心目中,只有圣人才能实现天下一统的大任,拯万民于水火,而君子是"不在其位,不谋其政"的。而且,圣人的标准是如此之高,不仅孔子自认为办不到,就连尧舜实行起来也有一定困难。子贡说:一个人如能广泛地给人民以好处,又能帮助大家生活得很好,可以说是仁道了吧。孔子说:"何事于仁!必也圣乎!

---

① 参见韦政通《传统中国理想人格的分析》,见李亦园、杨国枢编《中国人的性格》,桂冠图书股份有限公司1988年版,第17页。

尧舜其犹病诸！"(《论语·雍也》)孟子认为圣人是"人伦之至"(《孟子·离娄上》),"百世之师"(《孟子·尽心下》),高不可攀。董仲舒要"屈民而伸君,屈君而伸天"(《春秋繁露·玉杯》)。二程强调"父子君臣,天下之定理,无所逃于天地之间"(《河南程氏遗书》卷五),庶民百姓根本就别做非分之想！士君子们的责任和理想,只是精研六艺、修养品行,以其才德辅佐圣人成其大业。这样,既无僭越之嫌,又能承担历史责任,以积极进取的精神,为自己的理想而奋斗。同时,儒家把贤人的作风和功绩与圣人的伟业联系起来,使自己的追求有所依托,对民众有相当的吸引力和感染力,从而使自己的人格追求更具道义性和现实感。而无论圣还是贤,都是以主体的道德修养为重心,以修齐治平为修行方法的。① 实际上,所谓贤人作风,在儒家经典中,是用"君子"一词来表述的。君子是有德之人,根据儒家"人皆可以为尧舜"的理论推导,君子人格是人人可以具备的。

二、三纲八目与大同世界

儒家的理想是丰富的。就社会理想而言,儒家追求的是"天下为公"的"大同世界"。

"大同"这一概念源出《礼记·礼运篇》。郭沫若认为:"《礼运篇》毫无疑问,是子游氏之儒的主要经典。那不必一定是子游所记录,就在传授中著诸竹帛也一定是经过了润色附益的。但要说孔子不能有那样的思想,子游也不能有那样的思想,那是把它的内容太看深远了。"② 现在学术界一般认为,《礼运篇》"大约是战国末年或秦汉之际儒家学者托名孔子答问的著作"③。我赞成后一种说法。

《礼运篇》对大同社会的设想是:

> 大道之行也,天下为公,选贤与能,讲信修睦。故人不独亲其

---

① 参见李宗桂《从理想人格和价值取向看中国传统心理》,载《社会科学研究》1986年第3期。
② 郭沫若:《十批判书·儒家八派的批判》,科学出版社1956年版,第123～151页。
③ 《辞海》(缩印本),上海辞书出版社1990年版,第1779页。

亲，不独子其子。使老有所终，壮有所用，幼有所长，矜寡孤独废疾者皆有所养。男有分，女有归。货恶其弃于地也，不必藏于己；力恶乎不出于身也，不必为己。是故谋闭而不兴，盗窃乱贼而不作，故外户不闭。是谓大同。

而与"大同"相对的"小康"现实是：

今大道既隐，天下为家。各亲其亲，各子其子，货力为己。大人世及以为礼，城郭沟池以为固，礼义以为纪，以正君臣，以笃父子，以睦兄弟，以和夫妇，以设制度，以立田里，以贤勇智，以功为己。故谋用是作，而兵由此起；禹、汤、文、武、成王、周公由此其选也。此六君子者，未有不谨于礼者也。以著其义，以考其信，著有过，刑仁讲让，示民有常；如有不由此者，在势者去，众以为殃。是为小康。

"小康"是既成事实，人人必须以礼义为纪、以亲属为依靠，和睦相处。"大同"是追求的理想，必须努力实现。这种"大同"世界，是儒家社会政治理想的模式化。它具有小生产基础上的质朴特点，希望通过自己的辛勤劳作，诚实无欺，换取他人同样的回报；人人相爱，各有所安。在当时的社会条件下，这虽然是幻想，但毕竟表达了人们的善良愿望，具有一定的积极意义。有人把"天下为公"说成是生产资料公有制，把"选贤与能"说成是"实行社会民主"，把"不独亲其亲，独子其子"说成是"真正的博爱"，这是用现代社会的民主法制观念去附会古人的原始理想，是不符合实际的，因而也是不能赞成的。

不过，大同理想的提出，毕竟表达了古代人民追求理想社会的美好愿望，它是对黑暗的社会现实的否定。因此，在后来近两千年的历史中，它成为鼓舞人们反对黑暗现实、争取社会进步的光辉旗帜。

要实现大同理想，要讲信修睦、力出于身，每个人就必须从自己做起。在儒家看来，就是从修养自己做起，其具体要求，便是三纲八目的实行。

三纲八目，是儒家为了实现"内圣外王"的境界而倡导的修养论。所谓"三纲"，即被列为"四书"之首的儒家经典《大学》一开头就提出的

"明明德、亲民、止于至善"。按照朱熹的注释，大学即"大人之学"。明，是指明白、把握之意。明德，实质上是指天理，即封建伦理纲常。明明德，即领会、把握仁义礼智等封建伦理之类的天理。亲民，程朱将"亲"解为新，"新者，革其旧之谓也。言既自明其明德，又当推以及人，使之亦有以去其旧染之污也"。止于至善的"至善"，朱熹说是"事理当然之极"。根据我在前面对宋代理学家"天理人欲"学说的辨析，可知"事理当然之极"的"至善"，是指"天理"，因为朱熹自己就讲过，天地之性的仁义礼智"至善至纯"。所以，"止于至善"，也就是要修身养性，达到把握仁义礼智等纲常名教的境界，执着不放，"至于是而不迁"。总起来看，明明德、新民、止于至善，归结点都是为了"尽夫天理之极，而无一毫人欲之私也"。明德是根本，新民是手段，知止是界限。朱熹讲："此三者，大学之纲领也。"

由三纲所导向，决定了人们必须而且应该趋善求"理"。明德与新民之间，实际上存在着儒家"己欲立而立人，己欲达而达人"的推己及人、成己成物的关系。而要达到这一目标，就必须从自己做起。即先正己，后正人；先治身，后治国。于是，自然引导出了"八目"。

"八目"是：格物、致知、正心、诚意、修身、齐家、治国、平天下。《大学》说：

> 古之欲明明德于天下者，先治其国；欲治其国者，先齐其家；欲齐其家者，先修其身；欲修其身者，先正其心；欲正其心者，先诚其意；欲诚其意者，先致其知。致知在格物。格物而后知至，知至而后意诚，意诚而后心正，心正而后身修，身修而后家齐，家齐而后国治，国治而后天下平。

格物致知，即接触事物，获得知识。通过格物致知，来使自己心正意诚，进而沿着修齐治平的路径来实现个人的价值。这是一种由近及远、由己及人、由小到大、由个体到群体的修养方法，它构成了一套完整的封建伦理政治哲学的体系。

三纲八目中，明明德是讲认识问题，可见传统中国的认识重心是道德而非自然。明明德才能亲民，才能止于至善，而"至善"既是道德修养的最高境界，也是政治上的最终理想。"诚意、正心、修身"是道德修养，

"齐家、治国、平天下"是政治实践。通过道德修养来实现政治抱负，道德与政治水乳交融，正是儒家思想以至传统文化的一个重要特征。而"自天子以至于庶人，一是皆以修身为本"（《大学》），正反映了儒家思想以及中国传统文化的伦理本位特征。

三、内圣与外王

早就有人指出："中国哲学之重心问题为内圣外王，其特点在为人生文化提供种种价值理想，和实现此等价值理想的修行与方法。"[①] 这种概括，是一种传统的、为多数人所接受的观点。不过，严格说来，内圣外王之学，主要是儒家的主张，而与道、法、佛诸家无关。

"内圣外王"的概念最早见于《庄子·天下》："内圣外王之道，暗而不明，郁而不发。"内圣，指主体的内在修养、对善的领悟、对仁义道德的把握。用孟子的话说，是养至大至刚的"浩然之气"；用理学家的话说，是对天地之性的保持，对气质之性的扬弃，质言之，是存天理，灭人欲。外王，指把主体内在的修养所得，推广于社会，使天下道一风同。用儒家自己的话来说，就是通过修身来齐家，进而治国平天下。可以说，三纲八目的内涵及其相互关系，正是内圣外王的具体化。

值得注意的是，儒家虽以伦理为本位，陶醉于道德的自我完善，但这种伦理情趣并不只停留于主体本身，内圣之后，还要外王，使整个社会都置于封建道德控制之下。这反映了儒家具有社会责任感，注意发挥能动作用的主体意识。

内圣外王之学的倡导和实践，一方面，熏陶出了一大批以天下为己任的仁人志士，充实了儒家人生哲学的内容；另一方面，它又把人们紧紧束缚于儒家所设下的伦理之网中，用个体的修养和对社会的改造取代了对自然的探索和改造。

四、正己正人与成己成物

正己正人，成己成物，是儒家的思想传统。

---

① 唐端正：《先秦诸子论丛》，东大图书股份有限公司1981年版，第1页（序页）。

第三章 弘扬主体精神的儒家

所谓正己正人，是指端正自己的思想品德，才能端正别人的思想品德。所谓成己成物，是指自己获得成功，也使他人获得成功；成就自己，也成就万物。这种"正己正人，成己成物"的思想，是从主体与外界关系着眼考虑问题的，注重主体的能动性，以身作则，带动他人以推及整个社会。"这是儒家政治伦理哲学所能达到的高层境界。"①

孔子"为仁由己"（《论语·颜渊》）、"我欲仁，斯仁至矣"（《论语·述而》）的观点，表明他对修身行事的主动性有高度的认识。我在前面讲孔子仁学时已指出，"己欲立而立人，己欲达而达人"（《论语·雍也》）、"己所不欲，勿施于人"（《论语·颜渊》）的忠恕之道，是为仁之方。这种忠恕之道的心理趋向，是"推己及人"。因此，在人际关系问题上，要"躬自厚而薄责于人"（《论语·卫灵公》），即要严于律己，宽以待人。只有正己，才能正人。"其身正，不令而行；其身不正，虽令不从。"（《论语·子路》）只要"修己"，就能"安人""安百姓"，就可收到良好的社会效果。

孟子更是深得"正己正人，成己成物"思想之精髓，主张"行有不得者反求诸己"，这样才能使"其身正而天下归之"（《孟子·离娄上》）。"其身正"的外在表现，就是"亲亲而仁民，仁民而爱物"（《孟子·尽心上》），"老吾老以及人之老，幼吾幼以及人之幼"，以收到"天下可运于掌"（《孟子·梁惠王上》）的效果。

理学家朱熹进一步发展了"正己正人，成己成物"的思想。他说："治道必本于正心修身。"（《朱子语类》卷一○八）又说"孔子所以有克己复礼之云，皆所以正吾此心而为天下万事之本也"（《戊申封事》，见《朱文公文集》卷十一），把正心看成治天下之本。朱熹还把正己正人、成己成物与三纲八目联系起来，作为培养人才的重要方法。他说："须是格物、致知、诚意、正心、修身而推之以齐家、治国，可以平治天下，方是正当学问。"可见，三纲八目的修养论与"正己正人，成己成物"是同一思维模式和价值取向的产物。

"正己正人，成己成物"的思想，就其内容和方法而言，是把人锁在道德修养领域之内，用经验直观地简单外推，来实现匡时济世的大志，有其偏颇之处。不过，如抛开其封建内容，单就其先端正自己再端正别人、

---

① 详见李锦全《中国儒学与退溪学论人际关系的思想特点》，载《哲学研究》1987年第9期。

以身作则、推己及人的思维形式和方法而言，也有可取之处。

五、穷独与达兼

孟子认为，士君子对个人进退的态度应是："得志，泽加于民；不得志，修身见于世。穷则独善其身，达则兼善天下。"（《孟子·尽心上》）这是儒家关于个人与社会、出仕与隐居态度的经典概括，反映了儒家"从容进退"的文化心态。

孔子的学生曾参曾讲过："士不可以不弘毅，任重而道远，仁以为己任，不亦重乎？死而后已，不亦远乎？"（《论语·泰伯》）主张士君子要刚强有力，以实现仁德于天下为己任，反映了以孔子为代表的儒生们的历史责任感。怀着这种历史责任感，孔子以及后来的儒生们，都积极从事政治活动，甚至"知其不可而为之"，以图将自己的政治理想普被天下。在孔子那里，具体表现为"敬事而行，节用而爱人，使民以时"（《论语·学而》）。为了实现自己的仁德理想，则"志士仁人，无求生以害仁，有杀身以成仁"（《论语·卫灵公》）。如果世道黑暗，个人命运不顺，其"道"不行，则"乘桴浮于海"（《论语·公冶长》）。孔子自己讲过"天下有道则现，无道则隐"（《论语·泰伯》），便是典型的"穷则独善其身，达则兼善天下"的思想。实际上，孔子所倡扬的一整套仁、礼、德的政治主张，既是他理想社会的蓝图，也是他一旦得志，用以匡时济世的施政纲领。而他称赞颜渊"一箪食，一瓢饮，在陋巷，人不堪其忧，回也不改其乐"（《论语·雍也》），便是"穷则独善其身"的心态反映。

宋儒张载在《西铭》中对富贵贫贱遭遇的自我表白是："富贵福泽，将厚吾之生也；贫贱忧戚，庸玉汝于成也。存，吾顺事；没，吾宁也。"这也是儒家"穷独达兼"的处世态度在宋儒身上的投影。

儒家人生哲学要素之一的穷独达兼，在唐宋以后的知识分子中已经模式化，成为一种普遍的人格心理和文化心态。宋代范仲淹在其《岳阳楼记》中将这种"古仁人之心"描绘为："不以物喜，不以己悲。居庙堂之高，则忧其民；处江湖之远，则忧其君。是进亦忧，退亦忧。然则何时而乐耶？其必曰先天下之忧而忧，后天下之乐而乐。"做官于朝廷，就想着百姓；贬官于江湖，则感念君王。既不因宠幸加身而忘乎所以，只顾自己；也不因失意潦倒而心怀不满，有负君恩。进退皆忧，宠辱不计，始终

第三章 弘扬主体精神的儒家

以天下国家为重,满怀忧患心理,这实际上是古代知识分子在社会政治生活中的强烈参与意识的反映。到后来,它便演绎为"风声雨声读书声,声声入耳;家事国事天下事,事事关心"的普遍社会心理。

　　穷独达兼的人生哲学,深刻影响了封建社会中一代又一代的知识分子,逐渐转化为知识分子的普遍人格。这种人格的形成,是与儒家既要积极进取、有所作为,又要洁身自好,保持人格独立和心理平衡的价值观紧密联系的。如果剔除其封建内容,仅从情操陶冶和人生境界的独立来看,自有其积极意义。

第四章

心不逐于物的道家

道家思想是中国传统文化的重要构成之一，它对中国社会和中华民族发展的影响，并不亚于儒家思想。自它在先秦时期形成后，历两千多年而不衰，深刻地影响了我们民族的价值取向、思维方式、伦理观念、审美情趣和精神风貌。

道家思想及其学派，由老子创立，而被庄子发扬光大。道家思想的发展，大致经历了三个大的发展阶段：以老子、庄子为代表的先秦道家阶段，以秦汉新道家、魏晋玄学、隋唐道家为代表的前期封建社会阶段，以宋元时期的道家为代表的后期封建社会阶段。

第一节 先秦道家从无为到逍遥的演变

如同儒家思想一样，道家思想创立于先秦时期。在这个时期，道家思想的代表人物是老子和庄子，他们的思想特色或者说思维旨趣，分别是"无为而无不为"和逍遥于"无何有之乡"。

一、无为而无不为的老子

老子是和孔子同时代的人，《老子》一书约成于战国中期，基本上反映了老子的思想。老子思想是对当时动乱的社会现实的抗议，是对原始、质朴的古典社会的召唤。

由于老子以及后来的庄子，都以对"道"的体认为根本目的，"道"成了他们思想体系的核心，是最高范畴，所以他们被称为道家。

（一）道法自然

老子认为，世界的生成模式是："道生一，一生二，二生三，三生万物。"（《老子》四十二章）这里的"一"，指阴阳未分前，宇宙混沌一体；"二"，指宇宙剖分为阴、阳；"三"，即阴、阳、和。所谓"三生万物"，即通过阴阳的对立生成新的统一体。值得注意的是，老子认为，阴阳未分的"一"，并不是事物的本源，它是由"道"产生的，"道"比"一"更为根本。

老子说："道可道，非常道。"（《老子》一章）即，能用语言表述的道，不是永恒的道。而他自认其"道"是永恒的，故是不可用语言表述的。它无形、无声，"视之不见""听之不闻""搏之不得"（《老子》十四章）。一句话，是虚、无。所以，道生万物，又表述为"天下万物生于有，有生于无"（《老子》四十章）。

老子认为，具体事物都是有与无的统一体。"有"指器物实体部分，"无"指事物的空虚部分。他比喻说，车轮之所以转动，车子之所以有用，是因为车轮辐条所集中的车轴圆木中心是空虚的，可以穿过车轴；陶器、房屋之所以有用，也都是由于其中存有虚空。虚空比实体更根本，所以，道就是无。

在老子那里，道不仅是世界的本源，也是普遍法则。他说的"道常无为而无不为"（《老子》三十七章），"莫之命而常自然"（《老子》五十一章），"独立而不改，周行而不殆"（《老子》二十五章），以及"善利万物而不争"（《老子》八章），等等，就是对道作为普遍法则的揭示，也是对道的特征的揭示。在他看来，"道"的作用是自然而然的，然而没有一件事物不是它的所为。对万物的成长，它不强制、不干预，顺其自然。它经常向事物的相反状态运动，以静制动，以柔弱胜刚强。它产生万物却又不据为己有，有利万物而不认为是自己的功劳，不以万物主宰自居。这就叫"玄德"，是自然和社会的最高法则。因此，他要求统治者以"道"为法则，像"道"那样"虚其心"，"不欲盈"，要"知足"、不争、无为、自然。他的理论根据是："道大，天大，地大，人亦大。域中有四大，而人居其一焉。人法地，地法天，天法道，道法自然。"（《老子》二十五章）自然，指自然而然。道法自然，即道以自然而然为法则。

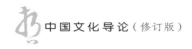

(二) 无为而治与小国寡民

老子"道法自然"的哲学命题是与其"无为而治"和"小国寡民"的政治主张相联系并为其作论证的。

既然作为万事万物根据的"道"都以自然为法则，那么，统治者治理国家也应顺其自然，不将其主观意志强加于社会政治生活，而是实行"无为而治"的方针。他说："道常无为，而无不为。侯王若能守之，万物将自化。"(《老子》三十七章) 又说："我无为而民自化；我好静而民自正；我无事而民自富；我无欲而民自朴。"(《老子》五十七章) 在他看来，统治者对老百姓越宽厚，民风就越淳朴；越是严刑峻法、繁文缛节，民心就越是"不古"。"其政闷闷，其民淳淳；其政察察，其民缺缺。"(《老子》五十八章) 政治昏乱，人民穷困，都是因为统治者干涉过多："天下多忌讳，而民弥贫；民多利器，国家滋昏；人多伎巧，奇物滋起；法令滋章，盗贼多有。"(《老子》五十七章) 因此，他劝导统治者要"处无为之事，行不言之教"(《老子》二章)。具体说来，是"不尚贤，使民不争；不贵难得之货，使民不为盗；不见可欲，使民心不乱"(《老子》三章)。

清静无为的政治主张，和对原始、质朴状态的向往，自然引导出"小国寡民"的思想。老子厌恶人世间的钩心斗角和尔虞我诈，鄙视仁义礼智等纲常名教，幻想回到"小国寡民"的社会里去。在这个社会里，国家小，人民少，人与人之间没有争执，没有战争，虽然有兵器和其他器具，但却没有用处。虽然有车船之类的交通工具，却没有人乘坐。人们结绳记事。大家看重生命，不向远方迁移。人际关系简单，不发生什么联系，"邻国相望，鸡犬之声相闻，民至老死，不相往来"(《老子》八十章)。

老子希望在这种"小国寡民"的社会中享受关系单纯、情感质朴、生活自足的恬淡乐趣，表现了他对现实的不满和消极抗议，反映出他是用否定的方式思考问题，从否定中表达肯定。同时，也表明老子是用向回看的办法来解决现实矛盾，通过向回看而解决向前走的问题。

(三) 绝仁弃义与虚心实腹

老子既然痛恨社会动乱，追求原始质朴的生活，也就顺理成章地反对仁义。

老子认为，任何物质文明和精神文明，都是腐蚀人心、败坏风气的。

他抨击道:"大道废,有仁义;智慧出,有大伪;六亲不和,有孝慈;国家昏乱,有忠臣。"(《老子》十八章)"故失道而后德,失德而后仁,失仁而后义,失义而后礼。夫礼者,忠信之薄而乱之首。"(《老子》三十八章)可见,他是把仁义、智慧、孝慈等伦理纲常和人的才智看作"道"的对立物,看作理想社会的绊脚石。从这种思想认识出发,他主张"绝仁弃义""绝圣弃智""绝巧弃义",认为只有这样,才能使"民利百倍""民复孝慈""盗贼无有"(《老子》十九章)。

如果说,"绝仁弃义""绝圣弃智"是老子使人们由文明社会向蒙昧社会倒退的理论前提的话,那么,"知足""寡欲"就是它的进一步展开,是在心理和生理方面的具体化。

老子说:"五色令人目盲,五音令人耳聋,五味令人口爽,驰骋田猎令人心发狂,难得之货令人行妨。"(《老子》十二章)这是把人们基本的物欲和娱乐看作对人的本性的违背。他进而提出"罪莫大于多欲,祸莫大于不知足"的论断,要求人们"见素抱朴,少私寡欲"(《老子》十九章)。这就把对社会现实的批判,转变成对人的欲望的笼统谴责;把对人性异化的抨击,转变为对人性的另一种禁锢。

与此相联系,老子主张愚民政策。他认为:"民之难治,以其智多。故以智治国,国之贼;不以智治国,国之福。"从这种认识出发,他宣称:"古之善为道者,非以明民,将以愚之。"(《老子》六十五章)圣人治理天下,应该使老百姓"虚其心,实其腹;弱其志,强其骨。常使民无知无欲,使夫智者不敢为也"(《老子》三章)。老子主张的这种愚民政策,往往被统治者利用来为自己服务。这种政策和孔子的治国权谋一样,都是为统治者所设计的。历来的封建统治者,从老子这里吸取了不少帝王南面之术。这种愚民政策实施的结果,大大阻碍了社会进步,压抑了民智的开发,遏阻了民族精神的蓬勃向上。

(四)不为天下先

围绕"无为而无不为"这一核心思想,老子除了大力倡扬上述主张外,还提出了一个影响深远的处世原则:"不敢为天下先。"(《老子》六十七章)

老子那个无所不包,以虚、无为本质特征的"道",运用在政治场合和立身处世方面,便具体表现为"三宝":第一是"慈",即宽容;第二是"俭",即退缩、保守;第三是"不敢为天下先"。在他看来,宽容则能勇敢,退缩则能宽广,不敢走在天下人的前面,则能做事物的首长。这是老子以静制动、以柔克刚战术的运用,是其无为而无不为战略思想的具体化。老子之所以主张"不为天下先",一方面,是因为他坚信柔弱胜刚强的原则是克敌制胜的法宝;另一方面,是与他"圣人之道为而不争"的信念分不开的。

老子认为,天下一切祸乱都起于争,而争则起于人的贪欲,故他既强调寡欲,又力主不争。他要人们"见素抱朴,少私寡欲"(《老子》十九章),鄙弃名利,淡泊其志,知足知止。他认为只有如此,才能按照人的自然本性正常地生活,人际关系才能协调,社会才能正常运转。而能少私寡欲,就自然不与人争;不与人争,则一切祸乱自然消除。因此,他要求统治者不要"尚贤",以"使民不争"(《老子》三章)。他宣称"圣人之道为而不争"(《老子》八十一章),"是谓不争之德,是谓用人之力,是谓配天,古之极"(《老子》六十八章)。天之道是不争的,而又善于取胜。不争,并非牺牲自己的利益,而是为了收到"以其不争故天下莫能与之争"(《老子》六十六章)的效果。

不争,自然不会走在他人前面;不走在他人前面,自然要不为天下先。所以,结果是"外其身而身存,后其身而身先",刚好与无为而无不为的原则相契合。这种"不敢为天下先"的思想,销蚀人的锐气,阻碍人的进取精神,造成了民族心理中畏葸、退守、不敢出人头地的消极方面。

二、逍遥于"无何有之乡"的庄子

庄子生活于战国中期,其思想是对老子思想的继承和发扬光大。和老子一样,"道"是庄子思想体系的最高范畴和核心。较之老子,庄子对现实的不满更为强烈、批判更为深刻;对人生理想和社会理想的构思,更加消极倒退。

(一)"窃国者为诸侯"

庄子认为自己处在"昏乱"之世,仁义之类的名教,是统治者蒙骗人民、将国家攫为己有的工具。圣人与大盗并生,仁义与窃国相通。他抨击说:"跖不得圣人之道不行。""圣人生而大盗起。掊击圣人,纵舍盗贼,

而天下始治矣。""圣人不死,大盗不止;虽重圣人而治天下,则是重利盗跖也。"(《庄子·胠箧》)

可见,他把儒家高唱的仁义看作万恶之源。他认为,仁、义、礼、智违背"民之常性"即人的自然本性,应当全部抛弃,让人们按本性生活。他具体分析了仁义礼智给人类带来的祸害。

首先,仁义礼智违背人的本性。人的性情是多样的、自然的,圣人却偏要用仁义礼智把它纳入一个固定僵死的规范里,这就好比把多余的手指砍掉,把连着的脚趾割开,把野鸭子的短脚增长,把白鹤的长腿截短,是违反人的本性的。

其次,仁义礼智造成虚伪和争夺。他说:"爱利出于仁义。捐仁义者寡,行仁义者众。夫仁义之行,唯且无诚,且假夫禽贪者器。"(《庄子·徐无鬼》)行仁义便能得到爱、利,这就会出现假仁假义的伪善现象,给贪婪者提供达到目的的工具。庄子还认为,仁义礼智是统治者制造出来的一种畸形病态现象,贫富贵贱、欺诈争夺等罪恶现象都是推行仁义礼智的结果。

最后,仁义礼智是窃国大盗统治国家的工具。他举例说:"昔者齐国,……阖四境之内,所以立宗庙社稷,治邑屋州闾乡曲者,曷尝不法圣人哉!然而田成子一旦杀齐君而盗其国,所盗者岂独其国邪?并与其圣智之法而盗之。故田成子有乎盗贼之名,而身处尧舜之安;小国不敢非,大国不敢诛,十二世而有齐国。"(《庄子·胠箧》)仁义礼智既然成了窃国大盗的护身符,窃国大盗也就成了仁义礼智的体现者:"彼窃钩者诛,窃国者为诸侯,诸侯之门而仁义存焉。"(《庄子·胠箧》)

庄子的这些论述,是对社会丑恶现象的深刻揭露,他撕下了统治者高贵、尊严的面具,还其强盗的本来面目。

(二)"心如死灰"

在庄子看来,"民之常性"和仁义礼智是不可调和地对立着的,前者是至善的,后者是伪善的。因此,他要用"民之常性"彻底否定仁义礼智。

他认为,只有打倒圣人,抛弃圣智之法、仁义之规,大盗才会消除,民欲才会素朴,天下才会由大乱转为大治。从这些观点出发,他主张无为而治:"故君子不得已而临莅天下,莫若无为。无为也,而后安其性命之情。"(《庄子·在宥》)无为而治是最好的治理,它能使人安其性命之情,天下永远太平。

就个人人生哲学而言,庄子主张按人的自然本性生活,消除名利欲望,废弃儒家道德仁义。他指出:"夫孝悌仁义,忠信贞廉,此皆自勉以役其德者也,不足多也。"(《庄子·天运》)"屈折礼乐,呴俞仁义,以慰天下之心,此失其常然也。"(《庄子·骈拇》)只有"削迹捐势,不为功名",才能平安无事。

要按人的自然本性生活,不仅必须摆脱孝悌仁义等名誉观念,而且必须鄙弃物欲。庄子认为,如果为了生存和温饱而伤害身体,是"以所用养害所养"(《庄子·让王》),本末倒置。他还以为,人富则产生乱、苦、疾、辱、忧、畏等害处,只会招惹强盗,到那时,要想抛弃全部财产,换取一天平安日子,也不可能了。而人处于尊贵地位,则日夜盘算怎样保住高位,劳形伤神,毫无好处。总之,追求仁义也好,追求物欲也罢,都违背了人的自然本性,是"以物累形"。

要按人的自然本性生活,除了不为名誉所诱、不为物欲所困外,更重要的是保持心灵的恬淡虚静,而这又是不为名利所惑的关键。庄子的主张是"养神",具体要求是"纯粹而不杂,静一而不变,淡而无为,动而以天行,此养神之道也"(《庄子·刻意》)。养神的结果是"唯神是守,守而无失,与神为一,一之精通,合于天伦"(《庄子·刻意》)。具体条件是,去掉贵、富、显、名等欲望,泯除容、动、气、意、恶、欲、喜、怒、哀、乐等情绪,达到"形若槁木,心如死灰",对尘世的一切毫不动心,这就达到了与天合而为一,与道同为一体。所以他说:"夫至德之世,同与禽兽居,族与万物并,恶乎知君子小人哉?同乎无知,其德不离;同乎无欲,是谓素朴。素朴而民性得矣。"(《庄子·马蹄》)

(三)"知其不可奈何而安之若命"

庄子既然看破红尘,想遁于世外,以求得自然之性的满足,顺理成章,对于人与外界的关系,他也是反对用人力去改变的。在他看来,"死生、存亡、穷达、贫富、贤与不肖、毁誉、饥渴、寒暑,是事之变,命之行也"(《庄子·德充符》),这一切都非人力所能改变。在《庄子·应帝王》中,他用儵忽二帝为了让"混沌"有智慧,给"混沌"凿开七窍,反而把"混沌"凿死的寓言,说明要治理天下,如果用聪明智慧,结果必将使世界毁灭。而如果一切听从命运安排,就不会有哀乐的干扰,就叫作解脱。他说:"得者,时也;失者,顺也。安时而处顺,哀乐不能入也。此古之所谓悬解也。"(《庄子·大宗师》)基于这种认识,他宣称:"知其不可奈何而安之若命,德之至也。"(《庄子·人间世》)把听天由命褒奖为最好的道德,主张"无以人灭天,无以故灭命"(《庄子·秋水》),反映了他消极的人生观。

(四)"无己""无待"与逍遥游

庄子希望按人的自然本性生活,从仁义礼智的桎梏下解放出来,以求得精神上的自由,而现实生活却与他的理想大相径庭。于是,生活于苦闷现实中的他,只好从思想上寻求解脱的办法,在自己构筑的理想的精神王国去作"逍遥游"。

在庄子看来,人之所以有痛苦、不自由,是因为受到现实世界的是非之辨、贵贱升降、贫富变迁、生死祸福等的困扰,受到各种物质条件的限制,也是因为人们有所依赖、有所期待、有所追求。这叫作"有待"。大船在江中航行,须依赖水;大鹏奋飞,直冲云天九万里,但离不开风。这都是"有待",都不是真正的自由。同样,如果"有己",即有自我意识,也是不自由的,因为"有己"会使人去分善恶、辨是非、别祸福,从而引起种种苦闷。要达到没有痛苦,实现真正的自由,就必须无己、无待。无己,即从精神上超脱一切自然和社会的限制,泯灭物、我的对立,忘记社会和自我。无待,即不依赖任何条件。在他看来,不是客观必然束缚了人的自由,而是人们的思想束缚了自己,所以,无己就会无待。其具体途径是"齐物我""齐是非""齐万物",从而修养成"至人""神人""圣人",分别达到"无己""无功""无名"的境界,这就可以从"有待"的现实世界进到"无待"的"无何有之乡",获得精神上的绝对自由,即逍遥游了。

庄子的上述思想,产生于强权肆虐的战国中期。它对强权政治、对统治者的虚伪贪婪、对各种各样的违反人性自然的思想和制度束缚,表现了极大的蔑视和愤慨,对其进行了深刻的批判。在当时的条件下,具有一定的积极意义。而且,正如前人所指出的,庄子思想,如果从美学角度去考察,便会发现它的重大价值。甚至,若从精神自由和思想独立的角度看,庄子思想是"苦闷的象征"。不过,如果把中国社会看成一个自然历史的发展过程，看成主客体相互作用的过程；如果把民族精神看成刚健有为、积极进取的过程，那么，就应该承认，就其社会价值和人生意义而言，庄子思想是消极的。模糊是非，知足安命，反对一切制度规范……反映了庄子反对文明进步、非文化的历史观。这些思想，在历史上，曾经成为民族文化中的糟粕；在当今，它也可能成为妨碍我们民族蓬勃向上、奋发进取的包袱。当然，在一定条件下，庄子不执着于名利，超然物外、超然世外的人生态度，对于安顿那些过分功利的躁动之心，具有积极的意义。

第二节 道家思想在前期封建社会的演变及其作用

秦汉统一以后，道家思想的发展经历了比较特殊的发展道路：先是被作为挽救时弊而用之的秦汉新道家的兴起及其衰落；继而是逆经学潮流而动的玄学的勃兴及其论争；最后是在统治当局三教并用形势下，与道教纠结不清的隋唐道家思想的演化。

一、秦汉新道家的形成和衰落

老子之后，庄子和齐国稷下道家分别将老子思想往不同方向做了发展，后者即是人们通常所说的黄老学派。

道家黄老之学形成于战国后期。他们的思想倾向，是以老、庄虚静恬淡思想为基调，以"道"为核心，吸收法家思想，包容儒、墨、名、阴阳诸家。司马谈曾概括说："道家使人精神专一，动合无形，赡足万物。其为术也，因阴阳之大顺，采儒墨之善，撮名法之要。与时迁移，应物变化，立俗施事，无所不宜，指约而易操，事少而功多。"（《史记·太史公自序》）有的学者认为，这是对黄老道家思想特点的揭示，并认为黄老道家思想"带有调和综合各家之长的意味，显然与老子抨击儒、墨、法各家的思想有别"①。有学者指出，黄老学有两个基本特征：一是依托黄帝立

---

① 李锦全：《老子政治哲学的矛盾两重性与道家思想的历史作用》，载《学术月刊》1986年第11期。

言；二是道法结合、以道论法、兼采百家。① "黄老之学在理论结构上具有超越于百家学说之上的优势，这一优势来自对百家之学特别是道、法、儒这三个最主要学派的基本理念的成功整合。"② 我觉得此说是颇有道理的。

一般认为，1973 年在长沙马王堆出土的《黄老帛书》是战国末年黄老之学的代表作。③ 在这部书中，具体反映出了上述黄老之学的思想特点。

《经法·道法》说："道生法。法者，引得失以绳，而明曲直者也。故执道者，生法而不敢犯也，法立而不敢废也。"《经法·君正》说："法度者，正之至也，而以法度治者，不可乱也。"《十六经·称》则说："案法而治则不乱。"这都表明黄老道家吸收了法家思想，将道法两家熔铸为一。同时，《黄老帛书》大量吸收了儒家的仁义思想。《经法·六分》说："主惠臣忠者，其国安。"《十六经·观》说："先德后刑以养生"，"先德后刑，顺于天"。君惠臣忠、先德后刑是儒家的政治主张，与先秦老庄道家思想是格格不入的，而在这里却成了黄老道家思想的重要组成部分，可见黄老道家确是顺应战国末期国家统一、思想统一的历史潮流，"与时迁移，应物变化"的。至于"刑阴而德阳"（《十六经·姓争》），"天下有事，必审其名"（《经法·名理》），"刑名已立，声号已建，则无所逃迹匿正矣"（《经法·道法》）等议论，则反映了黄老道家对阴阳、刑名之学的采纳。可见，司马谈说黄老道家"采儒墨之善，撮名法之要"，确非虚言。也正因为它能博采众家之长，而又不强行干预社会生活，所以能收到"指约而易操，事少而功多"的效用。但是，由于它拘守于"知雄守雌""柔弱胜刚强"（《十六经·雌雄节》）的立场，不符合新兴地主阶级以强力取天下的战略和策略需要，故在先秦未能成为统治思想。

秦亡汉兴，社会经济一片凋零，统治者面临如何恢复经济、休养民生，以维护统治的重大问题。前朝灭亡的惨痛教训，社会经济发展的客观趋势，要求统治者放松钳制，与民休息。那么，选择什么思想作为施政的指导呢？秦王朝片面实行法家的严刑峻法，导致二世而亡，法家思想声名

---

① 参见陈鼓应、白奚《老子评传》，南京大学出版社 2001 年版，第 284～285 页。
② 白奚：《学术发展史视野下的先秦黄老之学》，载《人文杂志》2005 年第 1 期。
③ 参见李锦全《老子政治哲学的矛盾两重性与道家思想的历史作用》，载《学术月刊》1986 年第 11 期；任继愈主编：《中国哲学发展史》（秦汉卷），人民出版社 1985 年版，第 105 页。

狼藉，不得人心。儒家虽号称显学，但"儒者以六艺为法，六艺经传以千万数，累世不能通其学，当年不能究其礼"，是一种"博而寡要，劳而少功""其事难尽从"（《史记·太史公自序》）的学说，由布衣而起、急功近利的刘氏政权，一时自难从其说。只有道家，在经过战国时期与诸家的辩驳争鸣和秦的专制残暴统治的风雨之后，以其能顺应时势、容纳诸家、简便易行、事少功多的特点和作用，得到统治者的采用，成为占统治地位的思想。这时的道家思想，已不是先秦纯粹消极的老庄思想，而是形成于战国末期、昌盛于汉初的黄老之学。

汉初，曹参为齐相，"贵清静而民自定"，用黄老之术治理齐国。相齐九年，"清静极言合道。然百姓离秦之酷，后参与休息无为，故天下俱称美焉"（《史记·曹相国世家》）。西汉前期的文帝、景帝和窦太后都尊崇黄老。《风俗通义·正失》记载："文帝本修黄老之言，不甚好儒术，其治尚清静无为。"《史记·外戚世家》说，窦太后"好黄帝老子言，帝及太子、诸窦，不得不读黄帝老子，尊其术"。《史记·吕后本纪》载："孝惠皇帝、高后之时，黎民得离战国之苦，君臣俱欲休息乎无为。故惠帝垂拱，高后女主称制，政不出房门。天下晏然，刑罚罕用，罪人是希。民务稼穑，衣食滋殖。"这与汉初"凡米石五千，人相食，死者过半。高祖乃令民得卖子，就食蜀汉。天下既定，民无盖藏，自天子不能具醇驷，而将相或乘牛车"（《汉书·食货志》）的凄惨景象已截然不同。可见，黄老之学在汉初实行，确实收到了良好的社会效果。

较之先秦老庄道家思想，汉初黄老道家思想有其不同特点。这首先表现为前面所讲的由辟儒墨、斥仁义转化为"兼儒墨，合名法"，包容诸家，博采众长。其次是由愤世、避世转为入世。《淮南子·要略训》说："夫作为书论者，所以纪纲道德，经纬人事，上考之天，下揆之地，中通诸理……又恐人之离本就末也，故言道而不言事，则无以与世浮沉；言世而不言道，则无以与化游息。"这种给道德立纲纪、"道""事"并举的思想，是一种积极的入世态度，与老庄逃世态度已不可同日而语。可以说，这便是秦汉新道家区别于先秦老庄道家之"新"所在。

汉初经过近70年的休养生息，社会经济得以恢复，但同时也出现了严重的社会矛盾。地方势力拥兵割据，地主豪强兼并土地，官僚贵族贪得无厌。他们"身宠而载高位，家温而食厚禄，因乘富贵之资力以与民争利于天下……是故众其奴婢，多其牛羊，广其田宅，博其产业，畜其委积"

(《汉书·董仲舒传》)。这反映出黄老之学所主张的无为政治中蕴含的放任政策而带来的弊端。因此，以仁义为根基、积极有为的儒家学说便重新活跃起来。公元前135年（建元六年），窦太后去世，田蚡再次出任丞相，"绌黄老刑名百家言，延文学儒者数百人"（《史记·儒林传》）。公元前134年（元光元年），董仲舒建议"诸不在六艺之科，孔子之术者，皆绝其道，勿使并进"（《汉书·董仲舒传》）。汉武帝采纳了这一建议，儒学上升为统治思想，道家在政治上衰败了。

二、玄学的兴起和演变

自汉武帝"罢黜百家，独尊儒术"后，道家思想便由盛而衰。但是，由于董仲舒天人感应神学目的论的荒诞不经，很快便与谶纬神学同流，使重新崛起的儒学走上穷途。

汉魏之际，社会剧烈动荡，儒学已无法维持"独尊"的地位，各家思想重趋活跃，带有"自然""无为"特征、达生顺民的老庄思想开始抬头。《文心雕龙·论说》记载："迄至正始，务欲守文。何晏之徒，始盛玄论；于是聃周当路，与尼父争涂矣。"可见，道家思想的重新活跃并与儒学争雄的原因，在于适应统治者"守文"的需要。而所谓"守文"实际上是维护纲常名教，并给予理论上的论证。在这种历史条件下，道家思想成了维护门阀专政、论证纲常名教的最合适的工具。因此，道家思想以新的形式弥漫于思想文化领域，成了势所必然。

魏晋时期，道家思想主要表现为玄学。玄学的主要经典是《老子》《庄子》《周易》，合称"三玄"。玄学家们对纲常名教合理性的论证，集中表现为名教与自然之辩。

汉代以察举、征辟为主要方式的仕进制度，是以维护名教为宗旨的。其中的举孝廉、茂才两科，是以乡里舆论为依据的。这种以舆论为依据选拔人才的方法，就其实质而言，是一种不重实际能力的道德判断方式。其流弊所及，造成了东汉后期"窃名伪服""纯盗虚声"的严重后果。《抱朴子·审举》载当时人评察举制的话"举秀才，不知书；察孝廉，父别居；寒素清白浊如泥，高第良将怯如鸡"，便是对察举之弊的深刻揭露和有力针砭。此外，"葬亲而不闭埏隧，因居其中行服二十余年，乡邑称孝，州郡数礼请之"（《后汉书·陈蕃传》），名盛一时，结果却被人发现在墓道中生了五个儿子的名士赵宣的行为，更是对名教的绝妙讽刺，也是名教走入末路的生动证明。

物极必反。名教既已中衰，与之相对的自然观念必然勃兴。可是，勃兴的自然观念却被玄学家接了过去，塞进名教的内容，可悲地成为名教借尸还魂的工具。不过，也正因如此，名教与自然、儒家与道家，相互濡染，相互融合，而道家思想正是在这个过程中显示出其独特的作用和特点，为陶铸我们的民族性格、塑造民族文化做出了独到的贡献。

时事纷纭，现实生活中种种矛盾的困扰，使玄学家们从道家立场出发，以无为本，力图从理论上论证现实的矛盾都是虚无，提倡要不为身外之物所累，放达任情，作精神上的逍遥之游。这种精神状态的理论表现，便是何晏、王弼等人的名教本于自然之论。

《晋书·王衍传》说"魏正始中，何晏、王弼等祖述老庄"，二人崇尚道家是毫无疑问的。值得注意的是，何晏撰《论语集解》，王弼注《周易》，又撰《论语释疑》，这个事实本身就表明他们并不是要用自然去破坏名教，相反，是要用自然去补充名教、维护名教。从这几本书的内容看，何、王都是用改造了的老子思想来解释儒家经典，折中儒道，调和名教与自然。从何劭写的《王弼传》可以看出，王弼认为老子不如孔子，反映了他既崇尚自然又推重名教的思想状况。何晏在《无名论》中，既推重无名，又不废有名，主张道合自然，名教本于自然。可见，从根本上讲，何晏、王弼认为儒道本是一家，名教与自然可以统一起来。

何、王之后，由于曹魏集团与司马集团争夺权力的斗争激化，彼此都用名教作为理论武器砍向对方，名教的声誉再次发生了危机。嵇康、阮籍从对司马集团不笃信名教而只是利用名教为自己服务的憎恨中觉悟过来，提出了"越名教而任自然"的口号。嵇康攻击名教说："仁义务于理伪，非养真之要术；廉让生于争夺，非自然之所出也。"（《难自然好学论》）但是，与此同时，他又大谈"圣人明乎天人之理"，以"建天地之位，守尊卑之制"，并要求圣人"崇简易之教，御无为之治，君静于上，臣顺于下"，以使"群生安逸，自求多福。默然从道，怀忠抱义，而不觉其所以然"（《声无哀乐论》），于是，名教就和自然一致了。由此可见，嵇、阮一方面提倡"越名教而任自然""非汤武而薄周孔"，说"老子、庄周是吾师"（嵇康：《与山巨源绝交书》）；另一方面仍不放弃名教，要"怀忠抱义"，只不过要求达到"不觉其所以然"的"自然"状态罢了。从表面看来，嵇、阮是把名教与自然对立起来的，比如攻击"六经未必如太阳也"（《难自然好学论》），但从本质上看，仍不过是王弼调和名教与自然、折中儒道的思想的继承和发展。在嵇、阮这里，"自然"成了"名教"的外壳，成了反对假名教的工具。鲁迅先生指出"魏晋的破坏礼教者，实在是相信礼教到固执之极的"①，确是十分深刻的。

但是，嵇、阮对名教的抨击，毕竟在客观上对名教有所破坏。而且，一些贵族子弟借自然之名，纵情声色，放浪形骸，对社会风气起着毒化的作用。因此，乐广劝导那些人说："名教中自有乐地，何为乃尔也！"（《晋书·乐广传》）实则要求把名教与自然重新统一起来。完成这个历史任务的是向秀和郭象。

向秀在针对嵇康的《养生论》而作的《难养生论》中说："且生之为乐，以恩爱相接。天理人伦，燕宛娱志，荣华悦志。服飨滋味，以宣五情；纳御声色，以达性气。此天理自然，人之所宜，三王所不易也。"这显然是把人们的生理、心理欲望看作是合理的。同时，他又强调对于"感而思室，饥而求食"的"自然之理"要"节之以礼"。这种做法，实是要调和"名教"与"自然"，用儒家的礼义去节制因道家的"自然"而可能导致的放纵。谢灵运在《辨宗论》中说向秀"以儒道为一"，确是中的之语。

如果说向秀只是从人的自然本能与伦理规范的角度来调和自然与名教，使儒道为一的话，那么，郭象则是从政治上使这一目的落在了实处，把名教与自然由过去互不关联的两张皮，变成了一个问题的两个方面，互为表里。在《大宗师注》中，他说："夫理有至极，外内相冥。未有极游外之致，而不冥于内者也，未有能冥于内而不游于外者也。故圣人常游外以弘内，无心以顺有，故虽终日挥形而神气无变，俯仰万机而淡然自若。"按照这个思想的逻辑去办，当时的世家大族就既可有清高之名，又不废享乐之实；既标榜了名教，又合乎自然。正如有的论者所指出的："如果说，向秀调和'名教'和'自然'，还只是把两者看成不是对立的，'名教'可以补充'自然之礼'，可以调节'自然之性'，不必'越名教而任自然'，但在他那里，'自然'仍是'自然'，'名教'仍是'名教'，儒道还是两行；那么，郭象则认为'名教'即'自然'，'山林之中'就在

---

① 《鲁迅全集》第3卷，人民文学出版社1958年版，第504页。

'庙堂之上'，真正的'外王'必然是'内圣'，儒家和道家从根本上说是'一而二''二而一'了。"①而王弼"以'因循'事物的'自然'本性为基本原则和指导思想，以本末体用的本体论思维方式全面融合儒道两派，在'无与有''无为与有为''自然与名教''性与情'等等一系列重要哲学课题上的差异，做出'儒道为一'的玄学新解答"②。名教与自然的矛盾终于得以调和并重新统一了起来，儒道两种学说终于在历经磨难的纷争之后，言归于好，融为一体了。

　　从上述名教与自然之辩的概况可以看出，以玄风形式出现的道家思想，对东汉因经学的烦琐和天人感应谶纬迷信的神学流弊而走向穷途末路的汉代正宗儒学思想，既是一种理论上的匡正，又是一种政治上的补救，也是风俗上的一种变易。和先秦单纯追求内心自由、清静无为的老庄道家思想不同，也和汉初因循自然、与民休息、从无为中寻求有为的黄老道家学说不同，魏晋以玄风形式出现的道学，以积极的态度、消极的形式（清淡）为封建礼教服务。一方面，它弥补了儒家以名教压抑人的本性、使人拘谨自守的缺陷；另一方面，它以恬淡自然的态度取代了儒家崇尚侈靡和繁文缛节的情趣。不仅如此，道家思想经过魏晋时期的政治风波的考验，表现出它作为一种思想意识，作为一种文化，不仅给统治阶级、士大夫们，而且给一般民众以精神力量。无论遇到什么动乱和风险，都能从容对待、安之若素。这固然有消极的一面，但又岂止消极的一面！特别要指出的是，作为一种理论，作为过去与儒家相对立的一种学说，道家在这一时期迫使儒家改变自己的形态、调整自己的学说，以挽救"洙泗之风，缅焉将堕……儒雅蒙尘，礼坏乐崩"（《晋书·范宁传》）的局面。特别是当时"学者以庄、老为宗而绌六经，谈者以虚薄为辨而贱名检，行者以放浊为通而斥节信"（干宝：《晋经·总论》）的状况，更刺激儒家学者发愤自强，以图久远。同时，又得吸取道家思想的长处，以完善自身。尤为重要的是，政治风云的变幻，名教与自然之辩的曲折，使儒道两家各施所长，发现了维护既存秩序的共同功用，并由此而开始了理论意义上的相互结合。应该说，儒道结合是从魏晋开始的，这种结合为以后宋明理学融儒佛

---

① 汤一介：《郭象与魏晋玄学》，湖北人民出版社1983年版，第75页。
② 王晓毅：《儒释道与魏晋玄学形成》，中华书局2003年版，第94页。

道于一炉创造了思想前提，提供了思想资料。① 有学者考察了魏晋南北朝时期的儒佛道三者的关系，提出既相融相摄又相拒相斥是这个时期三教关系的基本形式。内容的广泛性、主体的模糊性、义理的互补性是三者关系的基本特征，这些特征不仅为儒佛道的进一步融合创造了条件，而且预制了儒佛道三教融合的模式。②我认为，这种看法是客观平实的，符合传统思想文化发展的实际。③

三、隋唐道家思想的流播

作为政治理论形态的道家思想，从西汉中期开始，由于统治者推重儒学而渐趋式微，道家思想开始了新的分化组合。"大体到东汉时，黄老道家一方面朝着神仙方术和宗教迷信的方向发展，后来就成为与佛教相抗衡的中国本土宗教——道教；另一方面则是将道家老庄的本源论着重从本体上加以理论深化，形成为风行一时的魏晋玄学。"④ 严格地说，道家与道教有着本质区别。前者是政治哲学、人生哲学，后者是宗教。但是，道教又脱胎于道家，反映了道家思想的一个侧面。因而，本书将道教纳入道家学说来论说。

从西汉中期直到魏晋南北朝，道教思想有了较大的发展。金丹道教和符水道教分别对上层社会和下层人民产生了相当影响。⑤ 不过，我认为，从理论思维的角度考察，从对中国文化的形成与影响来看，这段时期的道教没有多大贡献，远远不及玄学。因此，我在前面着重谈了玄学的影响和作用，而对道教略而不提。

随着历史的演进，道教在隋唐开始兴盛，唐代是它发展的高潮。

---

① 参见李宗桂《简论道家思想在前期封建社会的作用》，见氏著《传统文化与人文精神》，广东人民出版社1997年版，第178～191页。

② 李承贵：《儒佛道三教关系探微——以两晋南北朝为例》，载《南昌大学学报》（人文社会科学版）2001年第4期。

③ 关于儒佛道三教关系的著作，主要有牟钟鉴：《儒佛道三教关系简明通史》，人民出版社2018年版；洪修平：《中国儒佛道三教关系研究》，中国社会科学出版社2011年版。

④ 李锦全：《老子政治哲学的矛盾两重性与道家思想的历史作用》，载《学术月刊》1986年第11期。

⑤ 李锦全：《老子政治哲学的矛盾两重性与道家思想的历史作用》，载《学术月刊》1986年第11期。

道教以老子为教祖。北朝以来，皇帝素信道教，"每帝即位，必受符箓，以为故事"（《隋书》卷三五《经籍志》四）。虽然北周武帝禁绝佛、道二教，但隋文帝执政，又重倡二教，并下令禁止毁坏佛像和天尊像。到炀帝时，很多方士以道术而得到宠幸。

到了唐代，道教更加鼎盛。为了标榜自己的门第高贵，历史悠久，更为了借神权以巩固皇权，唐代皇帝借与老子（李耳）同姓，依托附会，于高宗乾封元年追尊老子为"太上玄元皇帝"。唐玄宗时代，道教更加显赫。他托言梦见老子，叫人画老子像，颁布天下，并亲注《道德经》，以推广道教思想。开元二十五年（公元737年）正式诏令"道士女冠隶宗正寺"。唐代，宗正寺是负责管理宗庙陵寝和宗姓亲族的机构，这意味着唐代皇帝把道士和女冠当作了自己的本家。开元二十九年（公元741年）又在全国各地建立了玄元皇帝庙，并普遍成立了崇玄学，"置生徒，令习《老子》《庄子》《列子》《文子》，每年准明经例考试"（《旧唐书·玄宗本纪》）。天宝年间置崇玄馆，改崇玄学为通道学，博士为道德博士，以宰相为大学士，总领天下道院，形成了崇奉道教的风气。

从总体上的统治策略来看，唐代皇帝实行的仍是儒、释、道三教并用的政策。而从内在特质来看，儒学更能在宗法封建社会里发生作用，因而它是统治思想的主导内容，释、道只是起一种辅佐作用而已。亦正因如此，释、道二教必然也必须向儒学靠拢。

由于道教是中国本土宗教，故它的教条从一开始即有着鲜明的维护尊长的特色，如要道士"不得叛逆君王，谋害家国"，"不得违戾父母师长，反逆不孝"（《云笈七签·说十戒》）。唐代道士对先秦道家老庄攻击仁义礼智的言论，也做了新的解释。唐末道士林光庭说，老君"道德二篇……非谓绝仁义圣智，在乎抑浇诈聪明。将使君君臣臣父父子子，见素抱朴，泯合于太和；体道复元，自臻于忠孝"（《道德真经玄德纂疏·序》）。五代道士谭峭则把道德与仁义礼智信联系起来。他说："旷然无为之谓道，道能自守之谓德，德生万物之谓仁，仁救安危之谓义，义有去就之谓礼，礼有变通之谓智，智有诚实之谓信，通而用之之谓圣。"（《化书》卷四）

可见，隋唐以来，儒道之间虽然互争高下，但实际上已开始相互调和、相互融合。

第三节　道家思想在后期封建社会的流变

唐以后，中国封建社会步入后期。道家思想在宋代一度兴盛，并逐渐与儒家思想融合。宋明理学的出现，既是三教整合的结果，更是在本体论和价值观方面高扬儒学旗帜的表现。在一定意义上讲，宋明理学的成型，导致道家思想在元代及明清时期的逐渐式微。

一、道家思想在宋代的兴盛与儒道融合

赵宋王朝极力提倡道教，尤以太宗、真宗、徽宗三朝为盛。

宋太宗曾召见华山道士陈抟，赐号"希夷先生"；又在开封、苏州等地建立道观，并多方收集在五代兵火中散失的道教经典。宋真宗为了给封建专制主义统治制造神学根据，曾利用道教，伪造天书，以证明自己的王权神授，是"奉天承运"的。宋徽宗更加尊崇道教，自称为"教主道君皇帝"；政和四年（公元1114年），设立教级制度；宣和元年（公元1119年），曾下令改佛号为"大觉金仙"，其余为仙人、大夫，并改寺为宫。宋徽宗又将佛教的"沙门"改为道教的"德士"，把《汉书·古今人表》上原来列在第四等的老子，提升到第一等。

这个时期，一方面道教被统治者推尊，另一方面道教思想也较为深刻地影响到儒学，儒道两家相互吸收、彼此融合的趋势增强。

张伯端是宋代著名的道士。在他的著作里，已明显反映出三教合一的趋势。他在《悟真篇·序》中说："老释以性命学开方便门，教人修积以逃生死。释氏以空寂为宗，若顿悟圆通，则直超彼岸；如有习漏未尽，则尚徇于有生。老氏以炼养为真，若得其枢要，则立跻圣位；如其未明本性，则犹滞于幻形。其次，《周易》有穷理尽性至命之解，《鲁语》有毋意、必、固、我之说，此又仲尼极臻乎性命之奥也。"又说："教虽分三，道乃归一，奈何后世黄缁之流各自专门，互相非是，致使三家宗要迷设邪歧，不能混一而同归矣。"这显然是三教合一的思想。而他的性命说，更与名儒张载的理论相通。他把"性"分为"气禀之性"（也叫"气质之

性")和"先天之性"(也叫"天地之性"或"本元之性")。而张载则把"性"分为"气质之性"与"天地之性"。可见,二人时代相近、思想相契,甚至用语也相同,反映出儒道合流的时代趋势。至于宋明理学创始人周敦颐的《太极图说》,是受道家思想影响而致,则是公认的事实,不须赘述。①

值得提出的是,周敦颐将道家的"无极"和儒家《易传》中的"太极"两个范畴统一起来,对宇宙本原进行新的概括,表明了他"合老庄于儒"(《宋元学案·濂溪学案下》)的思想特色。

朱熹为了坚持儒家的道统理论和出于门户之见,不承认《太极图说》与道家思想有联系。他把周敦颐"自无极而太极"的提法改为"无极而太极",以说明"太极"之上并无"无极","太极"与"无极"是一致的。这种理论认为,宇宙本源是实有的,但又不同于具体事物;是本于无的,但却不是纯粹的虚无。这就既吸取了道家思想的特长,又克服了玄学和佛教空无本体的理论局限。同时,朱熹又把"极"解释为"是道理之极至。总天地万物之理,便是太极。太极只是一个实理"。这样一来,"理"便成为宇宙万物的本源,是自然界和人类社会必须遵循的最高原则。而封建社会的纲常名教,也就成为绝对不能违背的"天理"。由此,儒家伦理道德被概括为哲学最高范畴,从而将理学的本体论提高到一个新阶段。可见,在封建社会后期,道儒两家思想相互交融,道家思想为宋代新儒家理论体系的建立做出了积极的贡献。②

二、道家思想在元代的兴衰

宋室南迁后,在北方活动的道教,主要是太一、全真等新创立的教派,以及浑元教等。金末元初,全真道投靠、效力于蒙古统治集团,取得了比道教的其他教派以及佛教和儒学等远为优越的地位,以至一度在北方出现了"设教者独全真家"(王恽:《真常观记》,见《秋涧集》卷四○)

---

① 参见李锦全《老子政治哲学的矛盾两重性与道家思想的历史作用》,载《学术月刊》1986年第11期。

② 参见李锦全《老子政治哲学的矛盾两重性与道家思想的历史作用》,载《学术月刊》1986年第11期。

的局面。但是，蒙哥在位时期的两次佛道辩论，都以全真道士的失败而告终。结果，道家地位降到了佛家之下，并动摇了全真道在北方诸教派中一门独尊的地位。全国统一后，活动于南宋故土的旧道教符箓各派继续在江南流行，而全真、真大等教派则仍在北方传播，其中，以全真道的势力为最大。

元世祖至元年间，道家势力遭受了一次严重打击。至元十七年（公元1280年），佛家控告全真教徒殴打僧徒，自焚房屋却反诬僧徒纵火。结果这场官司以道家失败而告终。全真道人被诛杀、流放者达十余人。佛家乘势要求朝廷查证道家伪经。元朝廷于第二年命佛家僧徒、翰林院文臣和全真、大道两派的掌教等人，考证道藏诸经真伪。佛道辩论了数十日，结果，除《道德经》外，其余道家经典全被判为伪经，被忽必烈下令焚毁。不过，除《道德经》外"其余文字及板本化图一切焚毁"的诏令，由于有人求情而未完全执行。元成宗即位后，又将道家经典重新颁行天下，但这时道教已大伤元气。

值得一提的是，当时任道教玄教大宗师的吴全节，深通儒术，并与朝中许多有地位的儒臣保持着融洽的友好关系。同时，他还参与议政。"国家政令之得失，人才之当否，生民之利害，吉凶之先征，苟有可言者，未尝敢以外臣自诡而不尽心焉。"（虞集：《河图仙坛之碑》，见《道园学古录》卷二五）可见，儒道相容，共存共荣，以及道教徒自觉为政治服务，是这一时代的思想特征。

第四节　道家人生哲学模式

道家有自己独具特色的人生哲学模式。它的理想人格是隐士，以回归自然、超然物外为追求，以无为、不争自我标榜。

一、道家的理想人格

道家的理想人格是隐士。从对原始质朴的人性的崇尚和追求出发，道家憎恶随着社会发展和文明进步而出现的争夺、奸诈等品行，拔高原始人性的完美性。主张无为不争、少私寡欲、绝学弃智，以恢复人性和社会的原始、质朴的状态。因而，他们愤世嫉俗，不为外物（名利）所累，以"全生葆真"。

有人认为，老子所追求的理想人格是和儒家一样的圣人，区别只是"两家对圣人的阐释却相去甚远"。儒家的圣人"是人类伦理道德的最高体现者"，而"老子追求的圣人品格是'尊天道'、'法自然'、清静无为"。并认为"柔"是老子理想人格的"意志力"，"愚"是老子理想人格的"理智力"，"啬"是老子理想人格的"道德力"。①

有人认为，庄子的理想人格是"至人无己，神人无功，圣人无名"（《逍遥游》）。而要实现这种人格，就要从生死之态、世俗之礼、哀乐之情这三种情态的束缚中超脱出来。②

我认为，上述第一种观点，即把道家的理想人格概括为"圣人"，是不妥的。因为，把道儒两家的理想人格都概括为"圣人"，容易造成概念上的混淆和价值观方面界限的模糊。儒道两家，无论在思维方式、政治理想，还是道德观念和价值取向方面，都截然不同，二者不可同日而语。同时，道家对"圣人"是持鄙视态度的。"圣人不死，大盗不止"（《庄子·胠箧》），"绝圣弃智"（《老子》十九章），已非常情绪化地表明了道家对"圣人"的价值评判。不言而喻，道家（又岂止道家）是不会把自己所攻击、所憎恶的作为自己所热爱、所追求的。

上述第二种观点，即把庄子的理想人格概括为"无己""无功""无名"，是有道理的。但问题在于，"无己""无功""无名"，只是庄子人生哲学的具体内容，或者说是庄子理想人格的外在表现，而不是一种从个别中抽绎出一般、从外在形式中概括出本质的规定。实际上，"无己""无功""无名"的具体表现，用作者的正确概括来说，就是：从死亡的精神压力中解脱出来；从种种世俗观念，诸如仁义礼乐的道德原则，以及功名富贵的人世追求中解脱出来，最后达到"乘物以游心"（《庄子·人世间》）、"游乎尘埃之外"（《庄子·齐物论》）的境界。显而易见，这种思想是一种隐士思想。

第一种观点所讲的老子追求的"尊天道""法自然""清静无为"的

---

① 曹晨辉：《老子的理想人格说》，载《学术月刊》1987年第3期。
② 崔大华：《庄子的人生哲学及其在中国文化中的作用》，载《哲学研究》1986年第1期。

圣人品格，实际上是一种不与世俗同流、不为外界所动的心态。这也只有看破红尘、"心远地自偏"（陶渊明：《饮酒》第五首）的隐士才能办到。

可见，综合老、庄的人生哲学态度，将道家理想人格概括为隐士，是比较合适的。这从我以下要讲的道家人生哲学模式的四个要素也可以看出来。

二、不以物累形与返璞归真

在道家看来，人类社会的一切罪恶，都是人们的欲望过多所致。对个人来说，缤纷的色彩，使人目盲；动听的音乐，使人耳聋；丰美的食物，使人口伤；驰马打猎，使人心发狂；稀有的商品，使人偷和抢。对统治者来说，人民之所以陷于饥荒，是由于统治者吞食的租税太多；人民之所以难以统治，是由于统治者喜欢有为；人民之所以用生命去冒险，是由于统治者拼命地保养他们自己的生命。由此，道家进而认为："罪莫大于多欲，祸莫大于不知足，咎莫大于欲得。"（《老子》四十六章）

人要使自己不犯罪、不遭祸、不出错，总的原则是"少私寡欲""无为不争"。在老子看来，人自身的存在、本性的保存，比身外之物的名誉和财产重要。他说："名与身孰亲？身与货孰多？得与亡孰病？甚爱必大费，多藏必厚亡。"（《老子》四十四章）因此，必须"去甚、去奢、去泰"，无私无欲，不与人争，精神不为外物所累，以保持内心的宁静和人性的纯洁。

庄子认为，仁义礼智等外在的制度和规范，以及人内心的物欲，都是与人的自然本性根本对立的。他认为，仁义之说、是非之辩，都是桎梏人心的精神枷锁。提倡仁义道德会诱发人们"爱利"贪欲，破坏无知无欲的"素朴"天性，致使人们为了求得一个好名声而"残生伤性"。贪利者甚至利用它们作为窃取名位的工具，造成"窃钩者诛，窃国者为诸侯，诸侯之门而仁义存焉"（《庄子·胠箧》）的状况。而是非之辩则使人们劳心费神，身心日衰。他进而认为，"贪生失理""亡国之事""不善之行""冻馁之患"，以及贵贱升降、死生之变等，"皆生人之累也"（《庄子·至乐》）。总之，在庄子看来，现实的人生处处为物所役，时时为物所累。因而，他主张摆脱生死、祸福、名利、是非的牵制，从种种束缚中解脱出来。其基本态度是"安时而处顺"（《庄子·养生主》），把"死生、存亡、穷达、贫富、贤与不肖、毁誉、饥渴、寒暑"看作"是事之变,命之行也"(《庄子·德充符》),用"不动心"的态度来对待人生际遇,以保证人的自然本性不致扭曲。

总的看来,道家看重的是人的朴素本性的保持,以"全生葆真"为人生旨趣,以超然物外的态度与世俗相处;鄙弃的是扭曲自己灵魂,去满足物欲的人生态度。道家这种人生态度在当时的社会条件下是消极的,但是,它对于贪欲对人们思想的侵蚀的批判和鄙弃,则有一定的价值。

三、无为无不为与不为人先

道家在人生际遇方面的基本态度是"无为而无不为"。老子认为:"天之道,不争而善胜,不言而善应,不召而自来。"(《老子》七十三章)而天、地、人的有序状态是"人法地,地法天,天法道,道法自然"(《老子》二十五章),人们的道德原则应"唯道是从"。自然即自然而然,不用人为。因此,人们应"以无事取天下"(《老子》五十七章)。"圣人"如果无为,人民自然顺化;好静,人民自然行为端正;无事,人民自然富足;无欲,人民自然纯朴。百姓如果无为,就不会有种种烦恼。无为,反而能成其所为,能无不为;不争,反而"天下莫能与之争"(《老子》二十二章)。圣人行事,把自己放在后面,却反而能够占先;把生死置之度外,生命反得保全;由于不自私,反而达到了自私的目的。这显然是一种以退为进的思想方法和策略。

庄子主张安时顺命,"知其不可奈何而安之若命"(《庄子·德充符》),要"乘云气,御飞龙,而游乎四海之外"(《庄子·逍遥游》)。这种安命与逍遥的统一,实质上是无为思想的表现。他在《庄子·逍遥游》里说"彷徨乎无为其侧,逍遥乎寝卧其下",在《庄子·大宗师》里说"茫然彷徨乎尘垢之外,逍遥乎无为之业",便是证明。

根据"无为无不为"的原则,道家在处理人际关系和进退毁誉之事时,具有逻辑地得出了"不为天下先"的结论。

老子认为人生的理想境界是"见素抱朴",淡泊其志。他自称:"我有三宝,持而保之:一曰慈,二曰俭,三曰不敢为天下先。"(《老子》六十七章)他认为,因为不敢为天下先,所以能统驭天下事物。实际上,老子的柔弱、主静、守雌、处下、绝学、绝巧等,都是"不敢为天下先"的心理状态的体现。而庄子安时顺命，追求"同与禽兽居，族与万物并，恶乎知君子小人"的"至德之世"（《庄子·马蹄》），说到底，也是"不敢为天下先"的另一种表现形式。

道家这种"无为无不为"和"不为天下先"的思想，作为一种人生哲学，在当时社会制度急剧变革的时代，反映的是一种人生途程中失败者的没落情绪。在当今市场经济时代，竞争成为推动社会进步的重要方式和途径的时候，它代表的是放弃、反对竞争的自然经济的思维方式和心理状态，因而是不可取的。

四、与时迁移和功成身退

司马谈在《论六家要旨》中，对道家的评论是："道家使人精神专一，动合无形，赡足万物。其为术也，因阴阳之大顺，采儒墨之善，撮名法之要，**与时迁移，应物变化**，立俗施事，无所不宜。指约而易操，事少而功多。"（着重号为引者所加）我认为，这段话的核心是"与时迁移，应物变化"。司马迁对道家高度赞扬，其主要原因也在于此。满足万物的需求，吸取儒墨的长处，吸收名法的精要，正是"与时迁移，应物变化"的必然结果。而要博采诸家之长，则必须"与时迁移，应物变化"。实际上，道家思想由老而庄而黄老而道教的演进历程，也反映了道家思想作为一种理论学说的因应能力和自我调节机能。

不过，我们应该看到的是，作为道家人生哲学的要素之一的"与时迁移"的思想，特别是体现在先秦老庄身上，是一种消极的人生观。老子一切效法天道、顺应自然的思想，确是一种"与时迁移"的思维结果，但这种顺应、这种"迁移"，是完全排拒人的主观能动性的、退守而非进取的人生态度。庄子"安时而处顺"（《庄子·养生主》），"彼且为婴儿，亦与之为婴儿；彼且为无町畦，亦与之为无町畦；彼且为无崖，亦与之为无崖"（《庄子·人世间》），这是无原则地苟同他人。他所推崇的"真人"，是既不违逆多数人也不违逆个别人，对一切人都随其意、任其为的人。他主张"与时俱化"（《庄子·山木》），是为了"游世"，可以"一以己为马，一以己为牛"（《庄子·应帝王》），随便把自己看作任何事物都可以。这显然是一种对社会不负责任的混世主义人生哲学。

和"与时迁移""不为天下先"的思想相联系，道家人生哲学的另一主张，是在事业成功时见好就收、功成身退。这种所谓"急流勇退"的思想，是老庄"保身""全生""尽年"（《庄子·养生主》）的护符。它曾经为封建统治阶级利用为相互倾轧、排斥异己的工具，也曾成为某些狡诈的封建官僚保全自身的策略思想和心理慰藉。而更主要的，作为一种在中国思想文化史上影响久远的人生哲学，它成了遏阻人们不断进取的销蚀剂，造成了民族心理的缺陷，是不健康的人格心理的一个重要原因。

当然，道家人生哲学模式有其特定的价值。比如，它在伦理哲学的理想境界和人生态度方面，填补了儒家思想留下的精神空间；它提供了一种抗拒逆境的精神力量和消融精神苦闷的途径，从而抑制了宗教因素在中国固有文化中的滋长；它使中国文化具有很强的涵容、理解和消化外来文化的能力。[①] 不过，要科学地评判道家人生哲学对中国文化的影响，必须联系中国社会历史的发展、民族精神的演进，才能给出令人信服的评说。这将在以下各章渐次展开。

第五节 儒道互补的内在原因

儒道两家，有着不同的思维方式、心理框架和价值系统，相互颉颃、相互刺激、相互吸收，推动着民族精神的演进，从而共同构成中国传统文化的主流。海内外从事中国思想文化研究的人，基本都承认这一事实，只是价值评判不同而已。特别是儒道互补这一事实，学者多有言及，且为青年学子所乐道，但儒道何以会"互补"，则仍是须深入探讨的问题。

根据我的初步探研，认为儒道互补的内在原因及其特色，主要表现为：阳刚与阴柔的相反相成，进取与退守的互为补充，庙堂与山林的各得其所和互为补益，群体与个体的相别与相济，恒常与变动的背离和结合，肯定与否定的悖反及其互为表里。

---

① 参见崔大华《庄子的人生哲学及其在中国文化中的作用》，载《哲学研究》1986 年第 1 期。

第四章 心不逐于物的道家

一、阳刚与阴柔

儒道两家的外在特征，可用中国传统哲学的固有范畴"阴阳"来加以概括。儒家学说具有阳刚的特征，道家学说具有阴柔的特征。

儒家代表作《周易大传》中说："天行健，君子以自强不息。"可以说，这是儒家所主张的人生态度，也是其学说的一个根本特征。孔子赞扬"刚毅"，他的学生曾参提倡"弘毅"，都是一种襟怀坦荡、刚强有为的思想表现。儒家经典之一的《中庸》主张"博学之，审问之，慎思之，明辨之，笃行之……人一能之己百之，人十能之己千之"，确是自强不息精神的体现。

实际上，儒家的大同理想，内圣外王之学，正己正人、成己成物的主张，以及"穷则独善其身，达则兼善天下"的心态，无不反映出刚健有为、奋进不止的精神。这种阳刚进取的思想，深刻地影响了一代又一代的知识分子和下层群众。宋儒欧阳修做学问，抓紧时间，枕上、厕上、马上皆充分利用，代表的是士大夫心理。明儒文嘉写了著名的《明日歌》：

明日复明日，明日何其多！日日待明日，万事成蹉跎。世人皆被明日累，明日无穷老将至。晨昏滚滚水东流，今古悠悠日西坠。百年明日能几何？请君听我《明日歌》。

这不仅反映了士大夫阶层的心理，更体现了下层民众的生活态度。可以说，这是儒家人生哲学的世俗化或大众化。

道家则是另一番景象。它要清心寡欲，见素抱朴，回到小国寡民的社会，欣赏的是"同与禽兽居，族与万物并"的"至德之世"。它主张无知、无为、无欲、不争，它贵柔、守雌、主静，不像儒家心中充满"至大""至刚"的"浩然之气"，为人生理想的实现而奋斗不息，而是纯任自然，泯灭主体能力，用"以柔克刚"的办法制胜。

道家思想反映在封建社会的失意知识分子身上，便是陶渊明式的"吾生梦幻间，何世绁尘羁"(《饮酒》)，"人生似幻化，终当归空无"(《归园田居》)。他们把社会政治生活看作"樊笼"，念念不忘复归"自然"，追求的生活环境是："方宅十余亩，草屋八九间。榆柳荫后檐，桃李罗堂前。暖暖远人村，依依墟里烟。狗吠深巷中，鸡鸣桑树颠。"(《归园田居》)这是封建社会中相当典型的失意文人的心态，通过对恬淡生活的追求来自娱、来保持品节，这与儒家"穷则独善其身"的思想相通。

二、进取与退守

从根本上讲，以上所谈儒家"阳刚"、道家"阴柔"的外在特征，实际上是以其人生态度的进退为据的。只是因为立论的关系，我将其相对区别开来。

儒家的人生态度是积极进取的、入世的。孔子念念不忘的是"克己复礼"，是"博施于民而能济众"(《论语·雍也》)。为了实现人生理想，成为志士仁人，就须"无求生以害仁，有杀身以成仁"(《论语·卫灵公》)。儒家生活的准则是"非礼勿视，非礼勿听，非礼勿言，非礼勿动"(《论语·颜渊》)，即时时、事事、处处以实践伦理道德为指归。孟子坚信人能培养自己的浩然正气，能尽心、知性、知天，用自己的学说积极影响君主，使其仁政学说泽被天下。董仲舒殚精竭思，构造了一个以天人感应为核心的神学目的论体系，是为了替汉武帝"持一统"服务，为地主阶级的"天不变，道亦不变"的政治理想效力。唐代"文起八代之衰"的韩愈，力主"文以载道"，孜孜于儒家道统的捍卫，反映了他的政治参与意识。"天才少年"王勃在《滕王阁序》中说"老当益壮，宁知白首之心；穷且益坚，不坠青云之志"，可说是儒家积极进取精神的普遍心态的反映。宋代理学家更是以"为天地立心，为生民立命，为往圣继绝学，为万事开太平"为标榜，将强烈的主体意识渗透于社会生活之中。民族英雄文天祥"人生自古谁无死，留取丹心照汗青"，以及范仲淹"先天下之忧而忧，后天下之乐而乐"的千古名言，更是儒家积极进取精神的结晶。

道家人生态度与儒家迥然相异。他们睥睨万物，"以死生为一条，以可不可为一贯者，解其桎梏"(《庄子·德充符》)。他们齐是非、齐万物，"游乎尘垢之外"(《庄子·齐物论》)，要做超脱人世的圣人、神人、真人。他们感受到了现实生活对人的种种压抑，但又不敢也无力去改变其消极退守的人生态度。在人生失意之后，最合适的居处便是"不知有汉，无论魏晋"(陶渊明：《桃花源记》)的世外桃源。

显而易见，道家人生哲学与儒家人生哲学之间，形成了既相互对立又相互补充的关系，使得中国文化很早就有了一个范围周延、层次完整、性质属于现世的人生哲学体系。在这个执着于现世的人生哲学体系中，包孕着不同的人生态度：既有积极入世，先天下之忧而忧、后天下之乐而乐的仁人，也有超然尘外、情欲沉寂、自甘落寞的隐士。正因如此，儒道可以互为补充，成为进退取守皆可从容对待、保持心理平衡的调节剂。而由于二者都把人生价值追求的实现，按照自己的方式，放在今生今世，而不是来世或天国，因此生长在中国文化土壤上的人，皆以"穷则独善其身，达则兼善天下"为心理框架。明清之际的大思想家王夫之说"得志于时而谋天下，则好管、商；失志于时而谋其身，则好庄、列"①，正是"穷独达兼"的心理框架的显现。有人指出："如果说，一种文化的活力和发达，是以它定型时期的理论思想的多样性和适应性为前提的，那么，先秦时期庄子道家思想和儒家思想所构成的既是相互对立又是相互补充的关系的意义，也就在于它为以后中国文化的丰富多彩的发展和自我调节能力的发挥，奠定了最早的精神基础。"② "道家重自然特色和儒家重现实特色互相补充、互相配合，共同奠定了中华文化的基础，共同培育了中华民族精神。"③ 应该说，这些见解是深刻的。

三、庙堂与山林

儒道两家，由各自的理想人格和人生态度所决定，在政治取向上，前者倾心于庙堂，后者钟情于山林。

庙堂，根据古文献的解释，是指太庙的明堂，古代帝王祭祀、议事的地方。《楚辞·九叹·逢纷》："始结言于庙堂兮，信中涂（途）而叛之。"王逸注曰："言人君为政举事，必告于宗庙，议之于明堂也。"后来多用于指代朝廷。

儒家阳刚进取、积极入世的人生态度的集中表现，是心在庙堂之上，即一心想参政。孔子一生凄凄遑遑，游说诸侯，是为了参政。"子

---

① 王夫之：《诗广传》，中华书局1981年版，第135页。
② 崔大华：《庄子的人生哲学及其在中国文化中的作用》，载《哲学研究》1986年第1期。
③ 宋志明：《儒道互补与中华民族精神的培育》，载《河北学刊》2006年第4期。

见南子",充分反映了孔子参政的热切心情。孟子自称"如欲平治天下,当今之世,舍我其谁也?"(《孟子·公孙丑下》),也是参政意识的公开流露。即使是素为人们称道的以"疾虚妄"为旗帜的汉代思想家王充,也是将实现人生理想的希望寄托于朝廷。他专门写了《须颂》篇,为统治者歌功颂德,要"彰汉德于百代,使帝名如日月"。他仕途不遇,非常羡慕董仲舒等人有与皇帝对策的机会,"能建美善于圣王之庭"(《论衡·别通》),在朝廷提出自己的政治主张。宋代范仲淹"居庙堂之高,则忧其民"(《岳阳楼记》),虽然有点群众观念,但仍是以在朝廷做官为依托的。总之,终封建社会之世,儒者们无不以天子垂询、身居高位为荣、为乐。

与儒家相反,道家倒是"淡化当官心理"的。他们以蟒袍加身为自然本性的丧失。他们"非汤武而薄周孔"(嵇康:《与山巨源绝交书》),"越名教而任自然"(嵇康:《释私论》),不与朝廷合作,甚至认为:"君立而虐兴,臣设而贼生。坐制礼法,束缚下民。"(阮籍:《大人先生传》)庄子认为,从政当官之事,类似于"络马首,穿牛鼻",败坏人心,违背天性。正因如此,道家欲图"游无何有之乡,以处圹壤之野"(《庄子·应帝王》)。于是,山林便成了以隐士为理想人格追求的道家所神往的地方。《晋书·嵇康传》载:"故有处朝廷而不出,入山林而不反(返)之论。"《汉书·王吉传赞》曰:"山林之士,往而不能返,朝廷之士,入而不能出,二者各有所短。"可见,山林与朝廷(庙堂)相对,山林之士便是隐士。

严格地说,山林与庙堂在封建社会并无不可逾越的界限。真要当隐士的,毕竟是极少数。多数知识分子,只是在失意时借道家学说发泄对现实的不满,作为对心灵创伤的慰藉而已。可以说,他们在台上(庙堂、朝廷)时,是儒家;在台下(山林、江湖)时,是道家。这也就是儒道何以会"互补"、两种不同人生哲学何以会长期共存并繁荣发展的原因。

四、群体与个体

近年来,学术界不少人谈到儒家思想时,多用"人学""人性的觉醒"等来概括其理论特质和价值。实际上,早在1944年,郭沫若便在其《孔墨的批判》中,对孔子思想核心的"仁道"的特质作了揭示,认为是

第四章 心不逐于物的道家

"人的发现"①。问题在于,儒家心目中的"人",是什么样的人?这就见仁见智、难以统一了。

儒家心目中的人,是以体认、实践"仁"德为人生旨趣的。仁的实现,在于主体修养的升华,然后推己及人。《论语》中讲"夫仁者,己欲立而立人,己欲达而达人"(《雍也》),"己所不欲,勿施于人"(《卫灵公》),这是从一般意义的人我关系的协调来实现仁;而"君使臣以礼""臣事君以忠"(《八佾》),则是从君臣关系的协调来落实仁。因此,有学者指出,孔子的仁,是用以协调人与人之间相互关系的,"从这个角度来看,也可以说是一种人际关系学"②。这个论断是精辟的、深刻的。

孔子以后的儒者,无论是孟子、荀子、董仲舒,还是程颐、程颢、朱熹,无不以人际关系为重。

儒家这种重人际关系的思想,是以群体和个体的关系为思考背景的。之所以要协调人际关系,就是要使个体融进群体,以保持群体的和谐统一,维护群体的利益。所谓"无求生以害仁,有杀身以成仁"(《论语·卫灵公》),所谓"匹夫不可夺志"(《论语·子罕》),所谓"理一分殊",说到底,都是为了维护整体利益而不惜抑制个人欲望,乃至牺牲个人生命的不同表述而已。

道家与之相反。道家看重的是个人生命的存在和对人性自然的维护。他们抨击君主、鄙弃物欲、诋毁文明,为的是个体价值的实现、独立人格的保持。他们不仅没有国家观念,也没有宗法家族观念,反而以国家、家族为累,要摆脱其对人性自然的束缚。

老子以仁义礼智为社会祸首,以物欲为可耻。在"名与身""身与货"的抉择上,老子"重"身而弃"名"和"货"(见《老子》四十四章)。他说:"吾所以有大患者,为吾有身;及吾无身,吾有何患?故贵以身为天下,若可托天下;爱以身为天下,若可寄天下。"(《老子》十三章)这是说,以身为身,就会丧身;执着己身,而有所欲求,就会大祸降身;不执着己身而无欲无求,便可保全己身;只有把自身看得比天下还重的人,才可以把天下托付给他;只有珍爱自身超过珍爱天下的人,才可以

---

① 郭沫若:《十批判书》,科学出版社1956年版,第88页。
② 李锦全:《儒家论人际关系的矛盾两重性思想》,载《中州学刊》1987年第5期。

把天下寄托给他。① 可见，老子是以个体的精神自由为追求，而不以天下国家（群体）为重的。

庄子人生哲学的根本目的，是要在"仅免刑焉"（《庄子·人间世》）的"当今之世"中求得身心两全。他主张，为了保存自身，要"处于材与不材之间"（《庄子·山木》）。他要"逍遥乎无为之业"（《庄子·大宗师》），亦即"外天下"、"外物"、不"以天下为事"（《庄子·齐物论》）。这显然是不以群体为怀的。《庄子·养生主》中说"为善无近名，为恶无近刑……可以保身，可以全生"，表现了庄子"保身全生"即保全生命的根本主张。这种主张，当然是消极的。不过，"从理论说，意识到人作为个体血肉之躯的存在与作为某一群体（家、国……）的社会存在以及作为某种目的（名、利……）的手段存在之间的矛盾与冲突，都是古代思想史上一个重要的发现"②。严格说来，庄子对精神自由和人格独立的追求，比老子更执着、更强烈。

要而言之，儒道两家在人际关系的思维框架中，前者看重整体，后者钟情个体，旨趣迥异，却又互为补充。

五、恒常与变动

在社会历史和人生历程的发展方面，儒道两家的眼光也大不相同。

儒家看到的是稳态的东西，是"经"，是"常"。他们对现实人生的意义持充分肯定的态度。在社会历史的发展方面，他们看到的是"百王之无变，足以为道贯"（《荀子·天论》），是"三统""三正"的循环往复，是"天不变，道亦不变"（《汉书·董仲舒传》）。即使有变动，也只是属于不可动摇的"常"的补充而已。"变"也可称作"权"，与"经"相对。而他们是"以经统权"，坚持"权必返于经"（董仲舒语）的。孔子因革损益的思想，就是这种思维的结果。在人生意义和价值方面，儒家看到并希望的，是通过主体努力，使个人的价值在整体利益的实现中得以体现，并由此将自己的功业融入历史文化的积累中，从而求得精神上的永恒。他们以仁的实现为己任，"正其谊而不谋其利，明其

---

① 参见卢育三《老子释义》，天津古籍出版社1987年版，第79～81页。
② 李泽厚：《中国古代思想史论》，人民出版社1986年版，第182页。

第四章 心不逐于物的道家

道而不计其功"(《汉书·董仲舒传》),"居敬穷理",抑制"人心",弘扬"道心",最终目的是"为万世开太平"。这主要是因为他们坚信人生有其恒定的内在价值,而且这种价值不会因社会变迁、人生际遇的不同而变化或消失。

道家看到的是另一面。他们眼中的事物,都是变动不居的,没有质的稳定性。他们感叹人生的短暂和变化不已,说:"人生天地之间,若白驹之过隙,忽然而已……已而化生,又化而死。"(《庄子·知北游》)这是把人世看作变化无恒,无不从变而生、顺化而死,已经变化而生,又变化而死。他们还说:"物之生也,若骤若驰,无动而不变,无时而不移。"(《庄子·秋水》)可见,道家为人世的变化而悲哀,以其为不常。当然,他们也认为有恒定的东西,这恒定的东西便是"无始终"的"道"。它"自本自根,未有天地,自古以固存;神鬼神帝,生天生地;在太极之先而不为高,在六极之下而不为深,先天地生而不为久,长于上古而不为老"(《庄子·大宗师》)。可悲的是,道家愈是标榜"道"的永恒性和绝对性,便愈觉人世之短暂性和相对性,从而愈是抱一种"游世"的态度。这刚好与儒家人生哲学的思维趋向相映成趣。

六、肯定与否定

儒道两家在以上几方面的迥异其趣,究其实,是与各自的思维方式分不开的。儒家是用肯定的方法,确认现实社会和人生的价值,追求自己的理想。道家则是用否定的方法,通过对现实社会的种种罪恶的揭露,和对人生诸多烦恼的排遣,来保守自身,抒发对理想境界的向往。

儒家肯定人类社会是向前发展的,肯定立德、立功、立言是"三不朽"的事业。通过对仁义道德的正面倡导,来表达自己对消极颓废的人生态度的否定和贬斥。修齐治平,由家到国,是对积极进取精神的提倡和肯定。"富贵不能淫,威武不能屈,贫贱不能移"(《孟子·滕文公》),是对"大丈夫"气概的肯定。

道家是从与儒家对应的另一极来寻求安身立命之道的。他们的思维方式可以概括为"以反求正"。他们知雄守雌,主静贵柔,要求预先处于对应的一极以自保。老子所谓"圣人后其身而身先,外其身而身存",是通过对"占先"和"有身"思想的否定,表达对"后身""外身"思想的肯定，它反映了老子以退为进的思想特点。对于传统，对于现实社会，对于儒家思想，老子也是用否定的方法来伸张自己的观点。如说，"大道废，有仁义"（《老子》十八章）；"绝圣弃智，民利百倍；绝仁弃义，民复孝慈"（《老子》十九章）；"失道而后德，失德而后仁，失仁而后义，失义而后礼。夫礼者，忠信之薄而乱之首"（《老子》三十八章）。这些都是通过对仁、义、礼的否定，来肯定自己所向往的得"道"的社会和人生境界。"道"的作用是柔弱（"弱者道之用"），它不肯定什么，只是否定一切要肯定的，并由此使一切存在的事物，有其自身的肯定方面的作用。"道"因其功用的柔弱，它不求克服什么、战胜什么，故才能真正主宰一切、支配一切。

老子说："正言若反。"有学者揭示道："这是老子对他自己思维模式和建立哲学体系的方法的总结式语言。他的思维模式就是从相反的方面、否定的方面、负的方面来表达他所要肯定的和建立的。"① 这无疑是深刻的、科学的见解。

和老子思维方式相同，庄子也是用否定式的方法和语言来表达自己的世界观和人生观。他将事物的变异性、存在的相对性夸大为必然性，用相对主义的眼光看待问题，否认任何事物的任何差别，认为是"道通为一"（《庄子·齐物论》），最终论证了他的混世主义的人生哲学。

综合上述几个方面，可以看出，作为中国文化两大主要构成的儒道两家思想，无论在人生哲学、心理状态还是思维方式方面，都有着明显的不同。正因如此，儒道两家思想可以而且必然会互为补充。

需要指出的是，儒道之所以会互补，不仅在于两家的不同之处，而且在某种意义上来说，联结两家，使其能相互贯通的，恰好是它们的一致之处。比如，两家都不以物欲为齿。儒家信仰谋道不谋食、重义轻利、安贫乐道，道家则提倡见素抱朴、清心寡欲。又如，两家都重视道德修养。儒家要克己复礼，正心诚意修齐治平；道家则主张"修道""积德"②，不以物累形，以保全人的本性。再如，两家都采取简单类推的思维方式。儒家的人生哲学和政治理想，将家国利益设定为一致，修身方能齐家、治国、

---

① 汤一介：《论〈道德经〉建立哲学体系的方法》，载《哲学研究》1986年第1期。
② "修之身，其德乃真；修之家，其德有余；修之乡，其德乃长；修之国，其德乃丰；修之天下，其德乃普。"——《老子》五十四章

平天下，由小到大，由内向外推导。道家考察问题的方式是"以身观身，以家观家，以乡观乡，以国观国，以天下观天下"(《老子》五十四章)，其"修德"的序列是身、家、国、天下，这与儒家并无二致。

第五章

墨家思想的兴衰

由墨子（墨翟）创立的墨家，是先秦时期与儒家双峰并峙的学派，同被称为"显学"。两家的思想观点不同，相互辩驳，揭开了先秦百家争鸣的序幕。墨家代表小生产者的利益，具有较强的功利主义色彩。作为民间学说，它的"显学"地位纵贯整个战国时期；秦统一后，墨家思想由盛而衰；到西汉中期，汉武帝采纳董仲舒的建议，独尊儒术，墨学逐渐湮没，成为"绝学"。虽然清代曾有墨学复兴的努力，但终究不能挽救其衰退的命运。

第一节 民之"三患"与"兼以易别"

一、忧民之"三患"的同情心

从春秋战国之际到秦统一前，墨家兴盛一时。其主要原因，不仅是统一的专制集权国家还未建立，思想统制还不严密，而且与墨者大都出身于士阶层、善写巧辩有关，特别是与墨家带有人民性的社会政治主张和功利性的伦理道德观念有密切关系。

墨家厌弃当时的社会动乱，同情人民的遭遇，认为民有"三患"："饥者不得食，寒者不得衣，劳者不得息"（《墨子·非乐上》）。墨子认为造成这种状况的根本原因是统治阶级的横征暴敛。他揭露"当今之主"的搜刮无度：向百姓征收重税，用来建造宫室台榭，并使其结构曲折多姿、蔚为壮观。左右的人都起而仿效，以致财政匮乏，不能抵御灾荒、救济孤寡，国家贫困而百姓难以治理（参见《墨子·节用下》）。"当今之主"为了建造宫室台榭尚且如此，他们对于百姓的舟车、妻妾，也无不巧取豪夺，以满足他们的贪欲。这样下去，势必造成"富贵者奢侈，孤寡者冻馁"，老百姓"饥寒并至"的严重后果。因此，墨家倡导统治者"节用""非乐"，减少一切不必要的开支。只有节省财政开支，减轻百姓负担，使人民得到休息，国家才能富强。墨子说："凡足以奉给民用则止，诸加费不加于民利者，圣王弗为。"（《墨子·节用中》）

不仅如此，墨子还特别反对战争，主张"非攻"。他从维护小生产者利益的立场出发，反对那些攻伐兼并的战争。他指责"王公大人天下之诸侯"，为了一己之私利，"攻伐无罪之国"，侵入别人国境，割掉其庄稼，毁坏其城池，杀害其牲口，焚毁其祖庙，屠杀其人民，搬走其国家的宝器，给人民造成了深重的灾难："春则废民耕稼树艺，秋则废民获敛，今唯毋唯一时，则百姓饥寒冻馁而死者，不可胜数。"（《墨子·非攻中》）因此，墨子坚决反对攻伐他人之国的战争，以消除"民之三患"，给人民以起码的生存条件，使"饥者得食，寒者得衣，劳者得息"，这反映了他对人民的深切同情心。

二、"兼以易别"的仁爱精神

墨子认为，人民之所以有"三患"，社会上之所以争斗不止，主要在于人与人之间缺乏仁爱之心。

墨子认为，"国之与国之相攻，家之与家之相篡，人之与人之相贼，君臣不惠忠，父子不慈孝，兄弟不和调"，是"天下之害"（《墨子·兼爱中》），必须去除。在墨家看来，老百姓之所以有食、衣、息不能满足的"三患"，有国相攻、家相篡、人相贼的祸害，在于人们"不相爱"，"交相亏贼"（《墨子·兼爱中》），只顾自己，自私自利。他们把这叫作"别"，认为是一种不良现象。只顾自己不顾他人的人叫"别士"，只顾自己不顾全国的君主叫"别君"。

"别"是天下之大害，应予消除，办法是"兼以易别"："以兼相爱、交相利之法易之"。所谓"兼"，是互相、彼此的意思，即不分人我，"视人之国，若视其国；视人之家，若视其家；视人之身，若视其身"（《墨子·兼爱中》）。墨家认为，"兼"是"圣王之道"，是使王公大人的统治得以安稳、万民衣食得以丰足的根本办法，所以，必须以兼易别。

以兼易别的根本内容是兼爱。兼爱是墨家学说的核心。兼爱的基本要求和特征是爱无差等。墨子认为：

> 若使天下兼相爱，爱人若爱其身，犹有不孝者乎？视父兄与君若其身，恶施不孝？犹有不慈者乎？视弟子与臣若其身，恶施不慈？故不孝不慈亡有。犹有盗贼乎？故视人之室若其室，谁窃？视人身若其身，谁贼？盗贼亡有，犹有大夫之相乱家，诸侯之相攻国者乎？视人家若其家，谁乱？视人国若其国，谁攻？故大夫之相乱家，诸侯之相攻国者亡有。若使天下兼相爱，国与国不相攻，家与家不相乱，盗贼无有，君臣父子皆能孝慈，若此则天下治。（《墨子·兼爱上》）

墨子的这种观点，要求不分等级、无差别地爱一切人，实质上具有打破宗法等级观念的作用。

墨子还以孝为例，论述了爱无差等的思想。他认为，必须先爱别人的父母，别人才会爱自己的父母。爱别人的父母是使自己的父母得到爱护的前提："必吾先从事乎爱利人之亲，然后人报我以爱利吾亲也。"（《墨子·兼爱下》）所以，作为一个孝子，爱别人的父母应像爱自己的父母一样，不应有所分别。

就其立论的基点而言，墨家和儒家在处理人与人之间、团体与团体之间的关系问题上，都主张对人以爱，亦即从情感心理上打动人，使人我一体。不过，墨家和儒家在"爱人"问题上，仍有着根本的区别。

首先，墨家讲"兼爱"，是"爱无差等"（《墨子·滕文公上》），对宗法道德和等级制度是一种否定、一种突破。儒家讲"泛爱"，讲"仁者爱人"，是爱有差等，是"亲亲有术，尊贤有等"（《墨子·非儒下》）。

其次，墨家讲相爱，强调相互间的义务。"夫爱人者，人必从而爱之；利人者，人必从而利之；恶人者，人必从而恶之；害人者，人必从而害之。"（《墨子·兼爱中》）儒家讲相爱，虽强调推己及人，但主要是从主体修养的角度要求人们尽义务，并借以完善自己的人格，是不需要对方回应的一种道德境界的自我升华。这方面的区别，也反映出儒家重义轻利，墨家义利并举、义即是利的区别。

最后，墨家讲的兼爱是与物质利益相联系的。墨子说："仁之事者，必务求兴天下之利，除天下之害，将以为法乎天下。利人乎即为，不利人乎即止。"（《墨子·非乐上》）兼爱的目标，是"万民和，国家富，财用足,百姓皆得暖衣饱食,便宁无忧"(《墨子·天志中》)。儒家讲泛爱,是以"君君、臣臣、父父、子子"为政治前提,以对仁的追求和体认为目的,以"谋道不谋食"相标榜,与物质利益无关,并往往以牺牲物质利益来成全其"爱"。

第二节 利即是义与忠孝惠慈

一、利即是义的实惠取向

和孔子"罕言利"(《论语·子罕》),宣扬"君子喻于义,小人喻于利"(《论语·里仁》)的态度截然不同,墨子大谈"利"。如果说,孔子是以伦理规范去制约利,那么,墨子则是用利去充实伦理规范。

在墨子眼中,"义,利也"(《墨子·经上》)。其一切言论行动,都以是否有利为标准:"凡言凡动,利于天鬼百姓者为之",否则就"舍之"(《墨子·贵义》)。义之所以得到提倡、受到拥护,是由于"义可以利人"(《墨子·耕柱》),给人实惠。

墨子政治思想的核心——兼爱学说,也是以利为根本原则的。墨子说:"凡入国,必择务而从事焉。国家昏乱,则语之尚贤尚同;国家贫,则语之节用节葬;国家憙音湛湎,则语之非乐非命;国家淫僻无礼,则语之尊天事鬼;国家务夺侵凌,则语之兼爱非攻。"(《墨子·鲁问》)这尚贤、尚同、节用、节葬、非乐、非命、尊天、事鬼、兼爱、非攻十项主张,是墨子思想的基本内容。这些主张,都以"利"为出发点。例如:"故古者圣王,唯能审以尚贤使能为政……天下皆得其利。"(《墨子·尚贤中》)又如:"古者上帝鬼神之建设国都,立政长也……将以为万民兴利除害。"(《墨子·尚同中》)再如,兼爱是"圣王之道,而万民之大利也"(《墨子·兼爱下》)。

墨子把兼相爱、交相利相提并论,兼相爱是为了交相利,交相利即是兼相爱。他认为,统治者讲爱民,不能停留于口头,而应"示之以利"(《墨子·节用中》),给人民实际利益。因此,墨子讲兼爱,往往"爱人"与"利人"并提。

墨子这种利即是义的观点，是一种重视实惠的价值观，是一种群体本位的思想反映，它排斥个人利己主义，是我国古文化中的一个优良传统。但是，应该指出，墨子的兼爱互利思想，固然具有反对儒家"亲亲有术"的宗法道德观念的倾向，但是，他并不反对等级制度，这集中体现在他主张家庭和社会关系的忠孝惠慈上。

二、忠孝惠慈的伦理规范

墨子兼相爱、交相利的主张，是其平等互助思想的反映，它体现了墨家学说代表下层劳动人民的立场。但是，他并不反对等级制度，等级观念与平等互助观念在他头脑中是并存的。

墨子力主兼相爱、交相利，是为了消除"国之与国之相攻，家之与家之相篡，人之与人之相贼，君臣不惠忠，父子不慈孝，兄弟不和调"（《墨子·兼爱中》）的乱象。说到底，他是为了使国与国、家与家、人与人之间友好相处，恢复君惠臣忠、父慈子孝、兄友弟悌的社会秩序。因此，与儒家一样，他也大力提倡忠孝惠慈的伦理规范。

墨子希望："为人君必惠，为人臣必忠，为人父必慈，为人子必孝，为人兄必友，为人弟必悌。故君子莫若欲为惠君、忠臣、慈父、孝子、友兄、悌弟。"（《墨子·兼爱下》）如果君不惠、臣不忠、父不慈、子不肖、弟不悌，则是"天下之害也"（《墨子·兼爱下》）。这种忠孝惠慈的思想，从本质上讲，与儒家主张的道德规范和角色意识并没有两样。墨子在人际关系方面主张的以互利为归宿的兼爱思想，和他在社会角色方面强调的忠孝惠慈意识，存在着矛盾，成为墨学以后蜕变为"绝学"的原因之一。

不过，应该指出，墨子的忠孝惠慈的伦理规范，虽然是以等级制度的照旧存在为前提，并以为其服务为宗旨的，但它毕竟与儒家的仁义礼智孝悌忠恕等道德教条不同。这不仅表现为墨子将利的观念贯注于君臣、父子、兄弟关系之中，反对抽象的道德，而且他是蔑视宗法制、批判宗法制的。他公开说，天下之为君者、为父母者、为学者众，而仁者寡，因而，父母、学、君三者不可以为天下的榜样。（见《墨子·法仪》）这是对儒家尊崇君、亲、师的虔诚态度的鄙视和批判。

第三节 尚贤与尚同

一、人格平等的尚贤心理

墨子兼爱学说的一个重要内容是尚贤。墨子抨击宗法制的世卿世禄制度。他揭露说："今王公大人，其所富，其所贵，皆王公大人骨肉之亲，无故富贵，面目美好者也。"（《墨子·尚贤下》）只要是骨肉之亲，那么，即使是"不能治百人者"，却"使处乎千人之官"（《墨子·尚贤中》），这属于"赏不当贤"。"赏不当贤"，就必然会"罚不当暴"。由此进而会使做好事的贤人得不到勉励，做坏事的恶人得不到制止；回家不孝敬父母，出门不敬重邻里。发展下去，将会"失措其国家，倾覆其社稷"（《墨子·尚贤中》）。因此，从忧国忧民之心出发，他要求"尚贤"，实行贤人政治。

墨子说："尚贤者，天鬼百姓之利，而政事之本也。"（《墨子·尚贤下》）又说："古者圣王之为政，列德而尚贤，虽在农与工肆之人，有能则举之，高予之爵，重予之禄，任之以事，断之以令。"总之，举贤是不分门第出身，"不党父兄，不偏富贵，不嬖颜色"（《墨子·尚贤中》），做到"官无常贵，民无终贱，有能则举之，无能则下之"（《墨子·尚贤上》）。

根据这种尚贤使能的原则，墨子主张，即使是"骨肉之亲"，如果知其无能，就坚决不用。而如有经世治国之才，符合兼相爱、交相利的要求，即使不是亲属，而是一般的穷人、贱人，也要委以重任。他还以历史上尧推举舜、汤推举伊尹、武丁推举付说的传说故事为例，说明举贤的意义。舜是山野中捕鱼种田的人，伊尹是厨子，付说是筑城的劳工，但因他们爱人利人，是天下最贤的人，结果被尧、汤、武丁推举为天子、宰相，使其治理天下。这一切，并非"骨肉之亲"或"面目美好"在起作用。由此，他得出结论："上欲祖述尧舜禹汤之道，将不可以不尚贤。夫尚贤者，政之本也。"（《墨子·尚贤上》）

墨子这种不分亲疏贵贱，以贤能为用人标准的思想，是对传统的"亲亲有术"的宗法制度的否定，是小生产者希望参与政权、改变自身政治经济地位要求的反映。这种能力面前人人平等的思想，是对儒家以"人皆可以为尧舜"为标榜的、道德面前人人平等的说教的一种否定，是一种思想上的进步。

二、天下一家的尚同精神

墨子兼爱学说蕴含着出以公心、不取私利的思想。因此，尚贤是它的逻辑表现。而兼爱要求人我一体，"尚同一义"，才能使不分差别的仁爱之心充溢天下，所以，尚贤只是通向尚同的方式之一，尚同是尚贤也是兼爱的根本目的。

墨子认为，"天下之所以乱者，生于无政长"（《墨子·尚同上》），即动乱的原因是没有行政长官来管理。因此，人们选择天下的贤良而可以当政的人，"立以为天子"；天子又依照尚贤原则，选择天下的贤良而可以当政的人，"置立之以为三公"。如此类推，设立里长、乡长、家君等各级行政组织的官员。这样，就可以消除天下之乱。

但是，仅有行政上的保障还不够，墨子认为，要从根本上消除社会动乱，还得从思想上加强统制。不同的人、不同的家庭以至不同的诸侯国，都以统一的思想为行为准则，用墨子的话说，就是"尚同"，"一同天下之义"，"一同其国之义"（《墨子·尚同下》）。老百姓应做到"闻善与不善，皆以告其上。上之所是，必皆是之；上之所非，必皆非之"（《墨子·尚同上》）。尚同的根本标准，在人世间，是天子；在人世以外，是天。墨子自己说，"天下之百姓，皆上同于天子"（《墨子·尚同上》），而"天子又总天下之义，以尚同于天"（《墨子·尚同下》）。这显然是一种层层隶属、唯上是从的心理状态，是以上级之是非为是非的价值标准。这种价值标准，在墨子看来，是"治民一众之道"，是为政之本。

墨子的尚同思想，是以兼爱为基础的。在小生产者心目中，既然兼爱，就应人人患难相助、以心比心。看待别人的家，如同看待自己的家；看待别人的身体，如同看待自己的身体；看待别人的国家，如同看待自己的国家。这是一种推己及人、天下一家的精神。它反映了小生产者希望统一、希望过安定生活的心理，反映了视天下为一家、四海之内皆兄弟的情怀，具有一定的积极意义。然而，它同时又反映了小生产者对自己命运的无能为力、对统治者的依赖心理,在客观上会成为集权主义、专制主义的思想基础。在这一点上,墨家与儒家特别是法家关于专制主义、中央集权的思想是相通的。正因如此,尚同思想是对兼爱学说的内在否定(详见本章第五节),兼爱学说只能是一种善良的愿望而已,无法落到实处。

第四节 墨家人生哲学模式

墨家人生哲学模式由其义侠理想人格、功利主义价值取向、爱心充溢的群体意识、平均平等的文化心态整合而成。

一、墨家的理想人格

墨家的理想人格是义侠。与儒家将义利对立、舍利取义的价值取向不同,墨家义利并重,认为义即是利,无利则不义。人们需要互助互利,平均平等,反对国与国之间相攻、家与家之间相篡、人与人之间相贼。墨家希望消除君臣不惠忠、父子不慈孝、兄弟不和调的现象;要求尊重和保护个人的利益,义气相连,互助实惠。

实际上,墨子思想体系的功利主义原则和以利为仁、为义的价值观念,都带有明显的利他主义色彩。兼相爱,是要"利人"。爱人、利人,首先应从自己做起:"必吾先从事乎爱利人之亲,然后人报我以爱利吾亲也。"(《墨子·兼爱下》)墨子特别强调视人为同怀,相互帮助,主张"有力者疾以助人,有财者勉以分人,有道者劝以教人"(《墨子·尚贤下》),"余力以相劳,余财以相分,良道以相教"。在实际生活中,墨子及其门徒也是按照其"利人"原则办事的。他们"摩顶放踵,利天下,为之"(《孟子·尽心上》)。他们生活清苦而不怨,"量腹而食,度身而衣"(《墨子·鲁问》)。门徒们都"以裘褐为衣,以其跂蹻为服,日夜不休,以自苦为极"(《庄子·天下篇》)。他们穿粗布,着草鞋,奔走呼号,扶弱抗强。这些行为都表现了他们视人如己、一心为他人的古道热肠,体现了侠义精神。

不过,墨家的侠义,与一般意义的侠,特别是与后世小说中描写的侠客，有着本质的不同。前者有一整套理论，有明确的政治主张，有强烈的团体意识；后者却主要是因个人遭遇的不顺，或对现实的不满，而杀富济贫、扶危济困，带有强烈的个人情绪，缺乏理性意识。冯友兰先生曾指出，墨家虽出于侠，但与普通侠士有不同之处：侠士为帮人打仗专家，而墨家者流为主义的帮人打仗专家；墨子不仅为有主义的打仗专家，且亦进而讲治国之道；侠士之团体中自有其道德，墨子不但实行其道德，且将此道德系统化、理论化，并欲使之普遍化，以为一般社会之公共的道德。①这是有道理的。也有学者指出，"侠"不出于或归属于墨家，但墨家的思想深深影响了中国古代的"侠义"精神。②

二、讲求实惠的功利原则

墨家是中国思想文化史上第一个用理论形式系统地提出功利原则的学派。

墨子虽然曾经"学儒者之业，受孔子之术"（《淮南子·要略训》），但他反对儒家的繁文缛节以及空谈仁义的作风，而与之分道扬镳，自立门户。他的学说的根本特征是讲求实惠。

与儒家一样，墨子也贵义，但对义的理解，二者却大相径庭。儒家的义，同礼相联系，以礼为原则。墨子的义，以利为内涵，义利相通。在墨子看来，不侵犯别人的利益，不侵占别人的劳动果实，就是义。进入别人的果园，不偷窃桃李；对别人的国家，不去攻打杀伐，便是义。人有危难，从物质和精神上进行帮助，就是义。他说，有余力不用以助人，有余财不用以分人，有好文化不用以教人，则"若禽兽然"（《墨子·尚同上》）。总之，墨子讲的义，包含着实际好处。

在儒家孔孟眼中，仁义与利是对立的。孔子说："君子喻于义，小人喻于利。"（《论语·里仁》）孟子说："何必曰利？亦有仁义而已矣"，"上下交征利而国危矣"（《孟子·梁惠王上》）。他们认为，追求利，就会败坏人心，造成动乱。与此相反，墨子认为讲仁义必须与人们的实际利益

---

① 参见冯友兰《原儒墨》，见《三松堂学术文集》，北京大学出版社1981年版，第325页。
② 参见薛柏成《墨家思想对中国"侠义"精神的影响》，载《东北师大学报》（哲学社会科学版）2005年第5期。

相结合。他认为,给人以实惠,就是义,义与利是一致的。讲义而不给人以实际利益,便是空谈。他所提倡的兼爱,说到底,仍是为了给人以实际利益。他说,古代的明主、圣人之所以能够统治天下,就因为其爱民利民,忠信相连,"又示之以利"(《墨子·节用中》),即给人民以实际利益。《墨子》一书中,往往是"爱人"和"利人"并提,"兼相爱"以"交相利"为原则。总之,墨子的价值观是讲求实惠的功利主义价值观。这种功利主义,如前所述,不是为个人,而是利他主义的。它与后来法家韩非的功利主义大异其趣,有其合理的价值。

三、爱心充溢的群体意识

墨家讲兼爱,是爱无差等。其具体办法和态度是"视人之国,若视其国;视人之家,若视其家;视人之身,若视其身"(《墨子·兼爱中》),即把别人的国、家、身当作自己的国、家、身,同等爱护。对于别人的父母,也作如是观。对于强者欺压弱者、多数欺侮少数、奸诈欺骗忠厚、高贵傲视卑贱,墨子持反对态度,并力主用"兼爱"去消除这些不合理现象。

值得注意的是,墨子要将以利为原则的仁爱精神普被天下,是以人与人、家与家、国与国之间的关系为考虑基点的,并且最终是以共享实惠、整个天下安宁无事为目的的。无论是他的尚贤、尚同、兼爱、非攻,还是节用、节葬、天志、名鬼,都以整个族类人人相亲相爱,相互给予实际利益,以求得社会和谐为宗旨。毫无疑问,这是一种强烈的群体意识。事实上,墨家有严密的组织纪律,为了实现自己的理想,即使"赴火蹈刃",也"死不旋踵"(《淮南子·泰族训》),这也反映了墨家的群体意识。

严格说来,墨家这种爱心充溢的群体意识,与儒家舍生取义以维护整体利益的仁爱精神有一致之处,即都不是以一己之私利为人生追求,而以同一族类的共同利益为重。只不过两家思想所蕴含的具体内容和价值准则不同罢了。儒墨两家的群体意识或者说整体观念,对后来的中国文化产生了深刻的影响。

四、平均平等的文化心态

墨家思想的一个显著特征,是主张平均平等。

兼爱学说本身,便是一种原始的平等观念。它对儒家"亲亲有术,尊贤有等"的思想,是一种理论上的针砭和行动上的匡正。它对以血缘亲疏关系为基础建立起来的宗法等级制度,是一个有力的挑战和冲击。"不党父兄,不偏富贵"(《墨子·尚贤中》)的用人原则、兼以易别的博爱精神、相爱互利的伦理原则,都包含着明确的平等思想。

此外,在基本生活方面,墨子要"使饥者得食,寒者得衣,劳者得息"(《墨子·非命下》)。在消费方面,墨子主张"有财者勉以分人",不多占取。他还主张节用、崇俭,要求人人都以满足生活之需为目标。饮食能"充虚继气,强股肱,耳聪目明,则止",即有足够营养即可。衣着能冬暖夏凉,穿着轻便即可。居住条件能避风霜雨露,环境清洁,可供祭祀,足以分别男女即可。总之,墨子反对骄奢,认为"节俭则昌,淫佚则亡"(《墨子·辞过》)。这反映了墨家要求生活上人人节俭、生活平均的思想。

墨子平均平等的思想,代表了小生产者的生活要求,具有一定的进步意义。不过,在要求平均平等的同时,墨子并不反对等级制度的存在。在他的理想国中,王公大人、富者贵者仍然存在。他的兼相爱,并非要求人人社会地位平等,只是在同一等级之内以及不同等级之间相爱而已。他幻想在等级国家里,实现"刑政治,万民和,国家富,财用足,百姓皆得暖衣饱食,便宁无忧"(《墨子·天志中》)的理想社会秩序。这种观念,典型地反映了小生产者的意识,以及渐进发展的社会变迁思想。他们反对暴君、奸相、贪官,渴望有明君、贤相、清官出来治理天下。只要能安宁无事、暖衣饱食,小生产者就心满意足,不会也不可能起来变革社会,这也正是小生产者的思想局限。

第五章 墨家思想的兴衰

第五节 墨家的悲剧：由显学而绝学

在先秦，墨家曾与儒家分庭抗礼。战国中期的孟子曾说："杨朱墨翟之言盈天下。天下之言，不归杨则归墨。"（《孟子·滕文公下》）战国末期的大法家韩非把墨学与儒学相提并论，同称为"显学"。《吕氏春秋·当染》篇说：孔墨之"从属弥众，弟子弥丰，充满天下"。可见，墨家思想在先秦确曾盛极一时。然而，秦汉以后，它却成了"绝学"。这中间的原因，千百年来人们各主一说。司马谈认为是墨学"俭而难遵"（《论六家要旨》）。现代学者认为墨学衰败的原因不外是：统治者的反对（墨学代表人民利益）；儒家的攻击；太过节俭，一般人难以接受。其实，姑且不论外在原因，单就墨家学说本身来看，它就具有不可克服的内在矛盾，这种内在矛盾决定了它必然湮没。

一、天下尚同于天子：对平等思想的内在否定

墨子兼爱学说，本是一种原始的大同平等观念。所谓"交相利"，也只不过是从物质利益的落实上来充实爱的内容，归根到底，还是要人人都能享受到饥则得食、寒则得衣、劳则得息的均等机会。墨子所谓"尚贤"，只是"尚同"的手段。而所谓"尚同"，却又是达到"兼爱"的途径。墨家的悲剧正由此产生。

小生产者的力量是薄弱的，然而他们兼相爱的社会理想又很崇高。现实和理想之间有着很大距离，靠墨家自身力量不可能化乱为治、易别为兼。因而，他们只得寄希望于上面。他们尚同，要"一同天下之义"，"一同其国之义"（《墨子·尚同下》），使全社会服从最高统治者的思想和意志，以上面的意见为意见，"上之所是，必皆是之；上之所非，必皆非之"（《墨子·尚同上》），最后做到"天下之百姓，皆上同于天子"（《墨子·尚同上》）。只有如此，天下才能大治。这样，墨家虽然用"尚贤"否定了世卿世禄的贵族制，但却又用一个富于理想色彩的"兼君"来拯救万民。这反映了经济根基极为脆弱的小生产者阶级对贫富悬殊、战祸灾乱

的本能恐惧，而甘愿将命运交给幻想中的明君圣主。

从表面来看，尚同是实现兼爱的途径。天下尚同，就可使天子"治天下之国，若治一家；使天下之民，若使一夫"（《墨子·尚同上》）。但实际上，尚同的实现刚好是对兼爱本身的否定。让天子统一天下思想，治国如治一家，使民如使一人，众人以天子之是非为是非，哪里还有兼爱可言？可以说，战国中后期代表新兴地主阶级的法家所创立的集权主义理论，其思想来源之一，便是墨家的尚同思想。从政治统治的角度看，集权主义、专制主义是根本不可能实行兼爱的。从思想学术的角度考察，墨家的尚同理论，远不及法家绝对尊君的集权主义理论严密、实用。因此，墨学的衰败成了历史的必然。而它本身以"天下尚同于天子"为归结的尚同思想，却成了对其以平等为特征的兼爱思想的内在否定。小生产者盼救星、靠长官的思想，往往成为专制主义存在的重要社会条件。

二、"和"胜于"同"：墨衰儒盛的内在原因

儒家在思维方式、人际关系、文化观念等方面，都主张"和"，反对"同"。孔子讲"君子和而不同，小人同而不和"（《论语·子路》），便是重"和"思想的典型表现。

儒家从宗法血缘关系的角度看待人际关系。他们看重的是整个家族利益，推广到社会，便是看重国家利益。个人价值，是在维护整体利益中实现的。因此，儒家强调"和"。仁爱学说，推己及人的忠恕之道，杀身成仁、舍生取义的思想，都是提倡为了整体利益而牺牲个体利益，以维持和谐。从思维方式看，儒家注重个别、特殊与一般之间的"和"。孟子"尽心、知性、知天"的天人合一论，是由个体的人的修养，推导到把握同一族类的善性，进而领会涵盖万物的天意，到达物我一体、心性统一的境界。荀子"人与天地参"的主张，也是这种重整体和谐的思想的反映。在文化观方面，儒家重"和"的思想也特别突出。荀子出于儒家，推尊儒学，但又援法入儒，以法释礼，丰富和发展了儒家思想，反映出儒家吸纳别家学说又不苟同的思想原则。董仲舒以儒学为宗，兼采墨、法、阴阳诸家学说，构筑了一个庞大的思想体系，也是儒学重"和"思想的表现。

儒家的重"和"思想，强调的是矛盾对立中的统一，以承认事物的多样性和要求保持世界的和谐性为前提。这种思想，反映出儒家思想是一个

具有自我调节机能和适应性较强的文化系统。因而，在社会变革的激烈阶段，它可以提出某些改良主张；而在社会处于稳定阶段时，它又可以奉献出"守成"政策。在秦汉以后，中国社会进入封建社会的常轨，儒家"守成"的功能得以全面发挥，重"和"思想体系大畅其用，儒学变成为占主导地位的思想。

与儒家一样，墨家也注重维护整体利益。但二者具有明显的区别，这就在于：儒家以整体利益的实现为个人价值的实现，墨家则以个体价值的实现为整体利益的完成。然而，墨家又把个体价值的实现最终归结为天下"尚同"，靠明君圣主来引导自己奔向理想境界。而且，墨家的尚同思想，有强调简单同一的色彩，它不能兼宗各家，理论缺乏应有的弹性和宽容。一方面，它用自己的学说力排其他学说，用个性拒斥共性；另一方面，它又用尚同为武器，在自己学说所延及的范围内，用共性去制约、规范、消融个性。这样，它就自我堵塞了进一步发展的道路，限制了自己的视野。特别是它简单求同的思想，缺乏自我调节、因时制宜的机能。因此，秦汉以后，儒盛墨衰成了不可逆转的历史趋势。

顺便指出，秦汉以后，墨学衰落，成为绝学，是指作为学派的墨家而言的。墨学作为代表小生产者的思想学说，在以小农经济为基础的封建社会里，没有也不可能绝迹。所以，有研究者指出："秦汉以后，墨学不再是显学，但墨学的影响一直流传着，并未消失，它成为一种在野的、流行于社会下层的思潮。"① 事实上，正如有的研究者所指出的：历次爆发的、在无路可走的境况下、以平均平等为旗帜的农民起义，由于农民阶级的经济力量的脆弱，即使靠平均、平等思想打下了天下，还须将命运寄托于圣明天子，依靠王权的庇护求得平安的生活。这种以"同"为特征的思想，无墨学之名而有墨学之实。它使我们看到了墨学可悲的"二律背反"的重演——农民阶级以"大同"作为最高理想，然而到达"大同"的途径本身就是对"大同"的无情否定。只要农民阶级不能创造出实现"大同"的社会条件，则农民起义所要实现的"大同"理想，就永远只能在失败或蜕变这两条路上化为泡影。②

---

① 任继愈：《墨子与墨家》，商务印书馆1998年版，第117页。
② 参见周勤《从儒墨兴衰看中国社会结构的特性》，载《社会科学战线》1983年第3期。

第六章

法家思想的浮沉

法家思想产生并成熟于先秦时期。就其思想实质而言，它主要是一种专制主义政治理论，是中国传统政治文化的重要构成。在社会转型和文化转型急剧发展的春秋战国时期，法家思想对于当时中国的统一曾经起了积极的作用。秦朝的统一，是法家思想的胜利。秦朝灭亡以后，法家思想声名狼藉，统治者再也不敢公开倡扬法家思想，而是公开宣扬儒家思想，暗中运用法家思想，即实行阳儒阴法（或儒表法里）的治国方略为其统治服务，儒法合用成为自秦以后历代统治者实施的政治哲学模式。

第一节　法、术、势的产生与合一

一、法、术、势的旨趣

法、术、势是法家思想的基本内容和理论内核。它们具有不同的内容和功能，在维护君主权力和统治秩序方面，起着相互补充的作用。

战国前、中期，一批站在新兴地主阶级立场上的政治改革家，顺应历史潮流，辅助一些国君进行了自上而下的政治、经济改革。他们提出了一系列的理论和方法，以实现改革并巩固改革的成果。他们彼此之间的主张不尽相同，但仍具有一些共同的特征：主张变法革新，加强君权，用"一断于法"的法治原则治国和处理人际关系，反对贵族的世卿世禄制和血缘宗法制；主张发展封建经济，提倡耕战政策，富国强兵。这类改革家和思想家，被称为前期法家，代表人物是李悝、吴起、商鞅、慎到、申不害等。

一般认为，前期法家分为三派：以商鞅为代表的重法派；以申不害为代表的重术派；以慎到为代表的重势派。

商鞅重"法"。他协助秦孝公在秦国进行了彻底的变法运动，使秦国富强起来，奠定了以后秦始皇统一中国的基础。商鞅认为，法令是人民的生命、治国的根本："法也者，民之命也，为治之本也。"（《商君书·定分》）他还认为，"仁义不足以治天下"，因而圣明的君王"不贵义而贵法，法必明，令必行"（《商君书·画策》）。他公开宣称要明法严刑，以强化地主阶级专政。在他看来，只有法令昭彰、刑罚严格，才能稳定社会秩序，贯彻其政策，达到"民安""国治"。他主张"以刑去刑"，即用严刑"禁奸止过"、消除祸乱，借助刑罚消除刑罚。因此，他主张治理国家要"刑多而少赏"，"刑九而赏一"，"以杀刑之返于德"。（《商君书·开塞》）

商鞅的法治思想，除了严刑峻法外，还包含"赏行罚必"和"刑无等级"的主张。他认为，治国除靠刑的一手，还应用赏的一手。"刑者所以禁邪也，而赏者所以助禁也。"（《商君书·算地》）无论刑赏，都应说到做到："赏厚而信，刑重而必。"（《商君书·修权》）不仅如此，刑赏都要"不失疏远，不违亲近"（《商君书·修权》）。他说："刑无等级。自卿相将军以至于大夫庶人……有功于前，有败于后，不为损刑。有善于前，有过于后，不为亏法。"（《商君书·赏刑》）不管地位多高、功劳多大，犯了罪，一律同样惩处。无论是谁，"有不从王令乱国禁，乱上制者，罪死不赦"（《商君书·赏刑》）。

可见，商鞅的重法思想，强调法律面前人人平等，打破了儒家主张的"刑不上大夫，礼不下庶人"的"尊尊"的等级原则。它虽然是一种残酷镇压的专制主义理论，但在当时却是一种进步的政治主张。

申不害重"术"。"术"即权术。他在韩国辅佐昭侯，"内修政教，外应诸侯"，使韩国"国治兵强，无侵韩者"（《史记·老庄申韩列传》）。他讲"术"的目的是加强君主的权力。韩非曾分析说："术者，因任而授官，循名而责实，操生杀之柄，课群臣之能者也。此人主所执也。"（《韩非子·定法》）

申不害认为，君主必须执掌大权，以驾驭群臣。君臣关系是："君如身，臣如手；君若号，臣如响；君设其本，臣操其末；君治其要，臣行其详；君操其柄，臣事其常。"（《申子·大体》）亦即臣只能是君主意志的执行者。在他看来，"能独占者可以为天下王"（《韩非子·外诸说右上》)。而要独断,就要善于用"术";要将自己的意志情感和心理深藏在内心,不可窥测,才能洞见大臣的思想,加以控制。他说:"善为主者……藏于无事,窜端匿迹,示天下无为。"(《申子·大体》)这便是"君人南面之术"。总的说来,术的主要作用,在于辨别群臣的忠奸,考核其能力,衡量其功过,以加强法制和君主专制。

慎到重"势"。"势"即权势。他曾讲学齐国,颇负盛名。他认为:"贤不足以服不肖,而势位足以屈贤。"(《慎子·威德篇》)据此,他认为,贤人之所以屈服于不肖者,是因为"权轻";不肖者之所以服于贤者,是因为贤者"位尊"。正因为如此,君主只有拥有绝对的权势,"抱法处势",才能治理好天下。

由上可见,前期法家关于法、术、势的思想,在当时,是为了促进新兴地主阶级夺取政权和巩固政权,它顺应了历史潮流,具有积极意义。然而,法、术、势的思想,说到底是为君主专制服务的,它以崇尚权力和刑罚为特征,具有明显的暴力色彩,以力服天下,是中国传统"霸道"政治的集中体现。

二、韩非对法、术、势的综合

韩非生当战国末期。他集前期法家思想之大成,将法、术、势有机结合,建立了一个以维护中央集权国家为目的、以加强君主专制为核心的思想体系。

韩非比较了前期"法""术""势"三派的得失,认为必须综合采用三派的长处,才能完成一匡天下的帝王之业。他认为,秦用商鞅之"法",国富兵强,但因"无术以知奸",国家富强的成果都被大臣篡夺为扩张私门势力的资本;申不害的"术",因为法令不统一,前后矛盾,使奸臣有机可乘,以致申不害执政17年而"不至于霸王"(《韩非子·定法》);慎到的"势",国君实行起来有治有乱,原因在于缺乏必要的"术"。因此,韩非主张取长补短,法、术、势结合使用,以便"致帝王之功"。

韩非继承和发展了商鞅的法治理论。他说:"法者,宪令著于官府,刑罚必于民心。赏存乎慎法,而罚加乎奸令者也。"(《韩非子·定法》)法是国家制定、颁布并由官吏执行的成文法。法的主要内容是"赏"和"罚",韩非子称之为"二柄",即君主实行统治的两个权柄。他说:"二柄者，刑德是也……杀戮之谓刑，庆赏之谓德。"（《韩非子·二柄》）对于臣民，要"勉之以庆赏，惩之以刑罚"。这和商鞅以赏为"文"、以刑为"武"、以"文武"为法之纲要（见《商君书·修权》）的思想是一致的。此外，韩非还极力主张"明主之国，无书简之文，以法为教；无先王之语，以吏为师"（《韩非子·五蠹》），把法治强调到了绝对化的程度。他还力主"法不阿贵"，"刑过不避大臣，赏善不遗匹夫"（《韩非子·有度》），这是对商鞅"刑无等级"思想的继承，是对宗法等级制的否定。韩非关于法的思想，具有君主至上的特征。

对于申不害的"术"，韩非也加以继承和发展。他说："术者，藏之于胸中，以偶众端而潜御群臣者也。故法莫如显，而术不欲见。"（《韩非子·难三》）在韩非看来，"术"就是权术，是君主驾驭、使用、考察群臣的一种手段，是君主藏于心中、最亲近者也无法知道的内容。根据用"术"的原则，君主"其用人也鬼"（《韩非子·八经》），"若天若地，孰疏孰亲"，使人不知道自己的底细；要做到"明主观人，不使人观已"（《韩非子·观行》）。如果君主无"术"，就会受蒙蔽，不能知奸。

韩非还继承和发展了慎到的"势"。在他的心目中，势是实行法和术的基础。"势者，胜众之资也。"（《韩非子·八经》）没有掌握臣民生杀予夺的势，君主就无法号令天下，也就形同虚设。他指出，如果有才而无势，则贤者不能制服不肖者。桀虽昏暴，但贵为天子，能控制天下，并非其贤，而是"势众"。因此，他要君主务必牢牢控制权势。君主的权势好比深渊，臣民好比鱼。君主有了深渊，方能圈臣民于渊中，为己所用。否则，就不能驾驭臣民，导致亡国灭身（见《韩非子·内储说下》）。因此，他主张君主要"不养恩爱之心，而增威严之势"（《韩非子·六反》）。

韩非综合了前期法家的法、术、势的思想，建立了一套完整的君主专制的政治理论学说，是为其"尊主安国"的政治理想服务的。他讲过："臣事君，子事父，妻事夫。三者顺则天下治，三者逆则天下乱。"（《韩非子·忠孝》）这是封建"三纲"的萌芽。他公开宣称，法、术、势三者"不可一无，皆帝王之具也"（《韩非子·难势》）。

作为帝王统治工具的法、术、势相结合的专制主义政治理论，是历史的产物，是封建政治、农业经济的产物。在当时，它适应了新兴地主阶级夺取政权、巩固政权，实现全国统一，建立中央集权封建帝国的需要，对中国社会的发展起了促进作用。但是，这种以尊主卑臣为特征的专制理

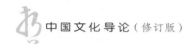

论,随着历史条件的改变,在秦汉以后日益成为封建帝王统治人民的工具。封建专制主义成为人民思想的枷锁、社会进步的桎梏,这是必须加以清算的。

第二节 "争于气力"与"计算之心"

一、由道德而"气力"的三世演化说

韩非认为,历史是进化的、发展的。因而,治理天下的措施也应顺从时势。他提出一个论断:"圣人不期循古,不法常可,论世之事,因为之备。"(《韩非子·五蠹》)意即圣人不因循古已有之的东西,不墨守成规,而是根据当时的社会实际情况采取相应的措施。比如,"当大争之世",不能"循揖让之轨"(《韩非子·八说》);"治急世之民",不能用"宽缓之政";"治当世之民",不能用"先王之政"(《韩非子·五蠹》)。如果用先王之政来治理"当世之民",无异于"守株待兔"。这些观点,反映了韩非从实际出发、因时而变的思想灵活性。

韩非力图从物质方面寻找社会发展和人们彼此斗争的原因。他把物质利害关系看作一切社会关系的基础,认为财富和人口的多少,是社会制度和道德面貌不同的根据。他认为社会历史的发展,是一个从不争到争的过程。在古代,"人民少而有财有余,故民不争";在今天,"人民众而财货寡,事力劳而供养薄,故民争"(《韩非子·五蠹》)。因此,不是古人比今人的道德高尚,不争财物,而是因为财物丰裕的关系。君主治国,要以财富多少、供养厚薄为制定政策的依据。这就从理论上为地主阶级争财富、争天下的合理性做了论证。

据此,韩非把人类社会历史的发展概括为"上古""中世""当今"三个阶段。三个阶段之间,是一个由不争到争、由推重道德到崇尚"气力"的过程,并且具有内在的必然性。韩非认为,"上古竞于道德,中古逐于智谋,当今争于气力"(《韩非子·五蠹》)。因此,必须实行法、术、势相结合的理论,富国强兵,靠"气力"统一天下。

这种由道德而智谋而"气力"的三世演化说,是一种承认发展的历史

观,是韩非专制主义法制理论的必然结论。它反映了地主阶级对自己力量和前途高度的自信,同时也反映了法家强权统治的一个侧面。

二、"用计算之心以相待"的人际关系论

韩非法、术、势相结合的理论,由道德而"气力"的三世演化说,都与其人皆"用计算之心以相待"(《韩非子·六反》)的人性论密不可分。他看待君臣关系、人我关系都是以此为出发点的。

韩非认为,人性是"自为"的(《韩非子·外储说左上》),是"好利恶害"的(《韩非子·难二》)。人人都怀着"自为心","用计算之心以相待"。因此,人与人之间的关系完全是利害关系。君臣之间,"主卖官爵,臣卖智力"(《韩非子·外储说右下》)。父母与子女之间,"产男则相贺,产女则杀之……虑其后便,计之长利也。故父母之于子女也,犹用计算之心以相待,而况无父母之泽乎!"(《韩非子·六反》)既然如此,造车子的希望人富裕,造棺材的巴望人早死,并非造车子的人心肠好、造棺材的人昧良心,而是因为利之所在。后妃、太子等希望君主早死,也是如此。"安利者就之,危害者去之,此人之情也。"(《韩非子·奸劫弑臣》)这表明,韩非把就利去害看作人之本性,把利看作人们行为的真正动力。韩非的这种观点,从实际利益出发考察人性和人际关系,是对儒家空谈仁义爱惠的批判,也是为他的刑德二柄、尊主安国的理论张目的。它带有明显的功利主义色彩,在当时的条件下,具有解放思想的作用。当然,韩非的这种观点,把道德水准的高低,机械地等同于物质利益的多少,把人际关系看作纯粹的利害关系,反映了统治阶级的自私和贪婪。从长远看来,这种含有阴暗心理的人际关系论,只会起到加剧争斗、奸诈并生的作用,只会把人际关系庸俗化、紧张化。

第三节 "圣人执要"与君主专制

一、帝王之具:"圣人执要"

韩非思想的终极目的是尊主卑臣,绝对尊君,赋专制君主以无限的权力。

在法、术、势相结合的一整套理论中,韩非有一个著名的论断:"圣人执要。"在他看来,"事在四方,要在中央。圣人执要,四方来效"(《韩非子·扬权》)。要,指枢纽、关键,即国家的最高权力。只要实行法制的君主(圣人)执掌了国家最高权力,天下人自然会来效劳。这即是前面所讲到的以威势服人、"抱法处势"而治。

韩非认为:"禁奸之法,太上禁其心,其次禁其言,其次禁其事。"(《韩非子·说疑》)要禁"奸"之心、言、事,必须大权在握;否则,便是空话。所以,他概括说:"先王之所守要,故法省而不侵,独制四海之内。"(《韩非子·有度》)他还说:"谨修所事,待命于天。毋失其要,乃为圣人。"(《韩非子·扬权》)说到底,君主要保住自己的地位,制服天下,就必须牢牢抓住最高权力。抓住了最高权力,那么,"人主虽不肖,臣不敢侵也"(《韩非子·忠孝》)。

对于君主如何保住最高权力,韩非作了一系列的论述。他指出,君主应像防盗贼一样防止大臣、近臣对王位的篡窃。这是因为,人性自为,君臣利益是不一致的,为人臣者无时无刻不在梦想取而代之。不仅如此,君主就连自己的"贵夫人"和"爱孺子"也不要相信。君主不能给予大臣、近臣过多的权力和信任,因为"爱臣太亲,必危其身;人臣太贵,必易主位"(《韩非子·爱臣》),"万乘之患,大臣太重;千乘之患,左右太信。此人主之所公患也"(《韩非子·孤愤》)。

以上这一切表明,韩非是把君主利益设定为与臣民相对立的地位,然后用尊君和加强君主权势的办法来解决矛盾。"圣人执要"成为维护王权主义、巩固专制主义的重要途径和工具。

二、法家思想与专制集权

法家思想与儒家思想一样，同是中国封建社会专制主义政治思想的基础。从外在形式看，如果说，儒家思想在专制主义政治中扮演牧师职能的话，那么，法家思想则扮演了刽子手的角色。

先秦法家，从前期的商鞅、慎到、申不害，到集法、术、势大成的韩非，尽管各自理论的侧重点有所不同，但都主张以力服人，鼓吹强权政治，推行专制主义。

法家所讲的法治，不是近代意义上的民主政治，恰恰相反，它是为君主独揽大权服务的，是专制主义的政治学说。

在法家的心目中，"生法者，君也；守法者，臣也；法于法者，民也"（《管子·论法》）。即立法权属于国君，臣民只有执法、尽法的义务。由于"君臣上下贵贱皆从法"（《管子·论法》），法成了"一民之轨"（《韩非子·有度》），全国上下只能以国君所"生"之法为言行准则，这就把君主的意志强制灌输到社会的各个层面，从而强化了国君的权力。韩非自己讲"法审则上尊而不侵，上尊而不侵则主强"（《韩非子·有度》），便是证明。这样，君主便可利用法"独制四海之内"（《韩非子·有度》），法便成了国君"以一人之力禁一国"的工具。

正如前文所说，法是以"势"为基础的。无势，则法不可行；有势，法可大畅其行。"势者，胜众之资也。"（《韩非子·八经》）人主之所以地位最尊，完全因其有权："主之所以尊者，权也。"所以，"明君操权而上重"（《韩非子·心度》）。君主只要有势，就可号令天下；反之，"人君失势，则臣制之矣"（《管子·法法》）。这些思想，都是为了尊君卑臣，使权力集于君主一人之手。

为了巩固君主的地位，法家主张国君起用法术之士，利用法术，在众臣中纵横捭阖，以强干弱枝，"毋使木枝扶疏""毋使枝大本小"（《韩非子·扬权》）。这是典型的尊君集权思想。

秦朝统一天下后，利用法家思想进行统治，在实践中把法家专制集权的思想推到极端，形成了君主一人独尊的局面。"六合之内，皇帝之土"，"人迹所至，无不臣者"（《史记·秦始皇本纪》）。秦朝从政治制度方面的三公九卿，到思想意识形态方面的焚书坑儒，以及统一文字、修驰道等巩固统一的措施，无一不以加强君权、巩固封建统治为目的。

汉及其以后的整个封建社会，历代统治者为了独掌大权，实行皇帝个人专制，无不向法家学说寻求妙方。而法家学说中尊君卑臣、强干弱枝、使臣下互相牵制，以及君主意志"不可以示人"等权术，确也为其立下了汗马功劳。这种以镇压为主要手段的法家思想，与温柔敦厚、以教化为主要特色的儒家思想，互为表里，交互为用，形成了"王霸并用"的态势，对封建统治的发展和完善起了重要作用。

第四节　法家人生哲学模式

法家人生哲学模式由英雄的理想人格为主导，以"法不阿贵"的平等观、依靠自身力量屹立于世的独立精神为支持。

一、法家的理想人格

法家的理想人格是英雄。法家的处世态度是：遵守法令和纪律；不靠他人庇护而生活，以自己的力量争得人生地位，实现个体价值；积极入世，奋勇进取，以统一天下为己任。他们从人皆"用计算之心以相待"的人性论出发，以功利主义为原则，以刑法和庆赏来刺激人的生存欲望。杀敌报国、立功受奖的勇武之士是他们所欣赏的形象。因此，英雄成为法家理想人格的自然追求。

法家的这种理想人格，建立在对己、对力的信心基础上。它对血缘宗法制度是一种否定，是一种力量面前人人平等的思想。这种理想人格不是靠反求诸己的道德自我提升来实现，也不是仰仗他人的怜悯或侠义心肠的援助来完成，更不是凭借整齐是非、泯灭物我来体验。它是一种向外追求、注重实际的人生理想。可以说，至少在先秦时期，法家的理想人格作为一种群体意识，表现了一种地主阶级上升时期的勃勃生气，反映了地主阶级对自己力量和前途的高度信心。作为一种个人追求，代表着健康的人格和心理。当然，法家的理想人格也包孕着地主阶级的自私、贪欲的一面，这是无可讳言的。然而，"主要人物是一定的阶级和倾向的代表，因而也是他们时代的一定思想的代表,他们的动机不是从琐碎的个人欲望中,而正是从他们所处的历史潮流中得来的"①。应该说,以韩非为代表的法家理想人格,正是由天下大乱走向天下大治历史潮流中得出的新兴地主阶级的愿望,而非某个人的私欲。历史事实证明,新兴地主阶级这种"恶劣的情欲——贪欲和权势欲成了历史发展的杠杆"②。

二、"法不阿贵"的平等观

与儒家在道德修养面前人人平等、"人皆可以为尧舜"(《孟子·告子下》)、"涂之人可以为禹"(《荀子·性恶》)的标准不同,法家在把平等理想的实现寄托于自己力量的同时,还执着于法律面前人人平等。

在法家看来,"臣主之间非兄弟之亲也"(《韩非子·难四》),君臣上下都应以法为准绳。"法不阿贵,绳不挠曲。法之所加,智者弗能辞,勇者弗敢争。刑过不避大臣,赏善不遗匹夫。"(《韩非子·有度》)意即无论才智、地位的高下,在法令面前,人人平等。法家代表人物对于自家所倡扬的这种理论,是身体力行的。商鞅抓住太子犯法的事件,"刑其傅公子虔,黥其师公孙贾"(《史记·商君列传》)。史称:"商君治秦,法令至行,公平无私。罚不讳强大,赏不私亲近。法及太子,黥劓师傅。期年之后,道不拾遗,民不妄取,兵革大强。"(《战国策·秦策》)法家另一代表人物慎到认为,如果君主舍弃法令而凭个人情感办事,就会出差错。正确的做法是:"法之所加,各以其分,蒙其赏罚,而无望于君也。"(《慎子·君人》)意即君主在法面前也应按制度办事,不能出以私意,主观断事,所谓"为人君者……据法倚教(即制度)……无劳之亲,不任于官。官不私亲,法不遗爱,上下无事,唯法所在"(《慎子·君臣》)。韩非虽然主张严刑,但他强调必须依法而不能凭国君的好恶滥加诛戮。如果"释法制而妄怒,虽杀戮而奸人不恐","释法而心治,尧不能治一国"(《韩非子·用人》)。这些理论都反映了法家关于法制面前人人平等的思想。

汉代司马谈评论先秦六家时指出:"法家不别亲疏,不殊贵贱,一断于法,则亲亲尊尊之恩绝矣。"(《论六家要旨》)这确是中的之语。在后

---

① 《马克思恩格斯全集》第29卷,人民出版社1974年版,第583页。
② 《马克思恩格斯选集》第4卷,人民出版社1972年版,第233页。

来的封建社会中，有些为群众所赞扬的清官，如包拯等人，执法公平，不怕权贵，甚至宣称"王子犯法，与民同罪"，虽不可能真正做到，但他们多少有这方面的精神，这是与法家"法不阿贵"的思想传统分不开的。①

当然，我们应该看到，秦汉以后的封建统治者所采纳的法家思想，主要是法、术、势相结合的权谋，而抛弃了法不阿贵的平等观念。然而，在封建宗法的文化土壤上，有占主导地位的"亲亲尊尊"的儒家法权思想，便有与之相应的"刑无等级""法不阿贵"的法家法权观念。不过，后者倒戏剧性地转化为平民百姓反抗宗法政治的思想武器和求得心理平衡的调节剂，并往往成为农民小生产者盼"青天"、找救星的思想基础。

三、靠"气力"立于世的独立精神

法家力主法不阿贵、积极革新、勇于进取，其根本原因，在于他们对相互荫庇、彼此提携的"亲亲尊尊"的血缘宗法制度以及与这种制度相伴生的庸俗人际关系的痛恨，对自己力量的坚信。在他们看来，人人应该在法制范围内凭着自己的"气力"公平竞争，自立于世。

法家认为，人生在世，应"食有劳而禄有功"（《说苑·政理》），依靠自己的劳动谋取衣食，凭借军功领取俸禄。他们坚决反对并积极废除世卿世禄制。商鞅变法的政治措施之一，便是实行按照军功赏赐的二十等爵制度，以在前线斩敌首级的多少来计算军功。斩得敌人甲士首级一颗，赏爵一级。同时规定，如果国君的亲族没有军功，就不能列入公族簿籍，不能享受宗族特权。"有功者显荣，无功者虽富无所芬华。"（《史记·商君列传》）商鞅把那些依靠世袭特权"不作而食，不战而荣，无爵而尊，无禄而富，无官而长"的旧贵族，视为"奸民"（《商君书·画策》），认为他们是富国强兵的主要障碍。韩非要求使"侈而惰者贫""力而俭者富"（《韩非子·显学》）。治理国家，他主张"不期修古，不法常可"，研究当代形势，采取相应措施；根据人多财寡、争斗纷起的现实，用"法"划一思想，整齐行动。他认为，民众本来就屈于权势，很少被仁义所感召。因此，君主应运用自己的"气力"——权势来治国，"抱法处势则治"（《韩非子·难势》）。"赏莫如厚而信，使民利之；罚莫如重而必，使民畏之；

---

① 参见李锦全《实事求是评价先秦儒法两家的思想》，载《四川大学学报》1982年第1期。

法莫如一而固，使民知之。"（《韩非子·五蠹》）在韩非看来，要称王于天下，就必须具备力量："夫王者，能攻人者也……强，则能攻人者也。"（《韩非子·五蠹》）能进攻别的国家，方能称王于天下；而力量强大，就能进攻别国。因而，国家的治理和强大，不能求助于与别国搞关系，应从搞好本国内政中取得。他的结论是："力多则人朝，力寡则朝于人，故明君务力。"（《韩非子·显学》，着重号为引者所加）

不仅个人与国家只有靠"气力"才能立于世，而且，治理家庭也是如此。韩非认为，在管教严厉的家庭中，没有凶悍的奴仆；而在慈母的溺爱下，却有不成才的儿子。一个不肖之子，父母生他的气，他不悔改；同乡邻舍责骂他，他毫不动心；老师教育他，他也不改变。用父母的钟爱、邻舍的善意、老师的训导三方面的好意同时并行，却到底也不能动他腿上的一根毛，丝毫没有悔改。而一旦地方上的官吏带着兵丁，依法搜捕奸犯，他才畏惧起来，改变了不好的习俗和行为。可见，光靠嘴皮子，没有"气力"，就无法治理好家庭。

韩非的这些观点，归根结底，是为他"当今争于气力"的思想张目的。这种靠自身"气力"立于世的思想，是独立精神的体现，是一种积极进取的人生观。它对宗法血缘关系、世卿世禄制度等是有力的批判，代表了当时的理性精神。当然，韩非这种依仗"气力"立于世的思想，有强权政治之色彩，但它毕竟把人的价值的实现建立于自我努力之上，而不是寄托于冥冥之中的天神保佑之上或祖辈功德的荫庇之下，这是一种历史的进步。

第五节　秦的统一和法家思想的由显转隐

一、法家思想和秦朝兴亡

秦王朝的兴亡与法家思想有着密切的联系。

秦国从公元前356年孝公任用商鞅实行变法，到公元前221年秦始皇统一中国，一直以法家思想立国，推行耕战政策，富国强兵。秦的由贫转富、由弱变强，最后统一天下，得力于法家思想。秦始皇读了韩非的《孤愤》《五蠹》等文章，极为赞赏，说："寡人得见此人与之游，死不恨矣。"(《史记·老庄申韩列传》)可见秦王朝与法家思想的关系。

然而，秦的速亡也与法家思想有着一定的关系。关于这点，学术界有不同的看法。多数人认为，秦始皇的独裁专制，以至秦二世、赵高的倒行逆施，终于导致了秦的速亡，是推尊法家，特别是韩非法治理论的结果。另外一些学者认为，上述观点是片面的。他们认为，秦始皇虽敬佩韩非的法治理论，但在实际行事中并非不折不扣地照办。而且，毋宁说，有些行事是与韩非的法治精神是相违背的。从慎到到韩非所提倡的法治，都反对君主只凭个人意志主观独断，而要求君臣上下都按法度办事。韩非主君主集权，只是要善于驾驭群臣，以免大权旁落，并非要君主事必躬亲。而秦始皇却使"天下事无大小皆决于上"(《史记·秦始皇本纪》)，变成孤家寡人，这不能归罪于韩非的法治理论。秦王朝实行"繁刑严诛"，"赏罚不当，赋敛无度"，以致"奸伪并起，而上下相遁，蒙罪者众，刑戮相望于道，而天下苦之"(《史记·秦始皇本纪》)。这与韩非主张"法省而不侵"、以功过行赏罚的思想也大相径庭。① 韩非法治思想，至少有三点为秦代君臣所忽视的内容：一是反对"刑过"；二是以赏作为刑的补充；三是君主不能"释法而任智"或"释法任私"。法家"以法为本"的思想，除强调严刑外，还有其他丰富的内容。秦代君主所理解遵循的，只是其中的一个方面。"因此，很难说，秦代之法就是法家之法"，秦王朝是"一个没有理论的时代"。② 有学者指出："秦二世、李斯对韩非子思想的理解，多为偏颇与片面的理解，甚至是完全错误的理解。秦朝政治实践背离了韩非子的基本政治理论。"③ 关于秦朝的速亡，"从历史的维度看，秦亡与法家并没有直接必然的联系"④。这些见解，是法家学说研究专家的深思，值得参考。

在我看来，后一种观点，即秦的速亡不能完全归罪于法家，不是推行法家思想的必然结果，是正确的。

依我看来，秦的速亡除了它滥用暴力、恣意妄为外，另一个重要的原

---

① 参见李锦全《实事求是评价先秦儒法两家的思想》，载《四川大学学报》1982年第1期。
② 邵勤：《秦王朝：一个没有理论的时代》，载《华东师范大学学报》1985年第6期。
③ 宋洪兵：《韩学极盛与秦二世而亡》，载《求是学刊》2017年第4期。
④ 参见姜登峰《秦亡——法家思想不可承受之责的探析》，载《中国政法大学学报》2019年第4期。

因是秦王朝思想认识上的局限。它只看到法家思想中重刑的一面，而舍弃了它奖功赏能的一面。它把法家"刑罚"与"庆赏"并行的软硬兼施的"二柄"思想片面化，用单一的刑罚来治国。从思想认识的根源上看，是去"和"而取"同"，使政策缺少应有的张力和弹性。最终，必然是人际关系紧张，天怒人怨，不亡何待！因此，我认为，秦的速亡与法家思想有一定的关系，但不能完全归咎于法家思想。

二、德主刑辅：儒法地位的模式化

法家思想是产生于先秦、贯穿于整个中国古代社会的思想政治理论学说，是中国文化的重要构成。如果说，从进退出处的人生哲学和社会心理来考察，儒道互补是中国伦理文化固有的特征的话，那么，从统治思想和国家职能的角度来看，儒法互补则是与中国政治文化共始终的特色。

秦亡汉兴，统治阶级鉴于前朝倾覆的惨痛教训，为了长治久安，积极寻求并建构新的统治思想。经过从高祖刘邦到文、景时期共约70年的惨淡经营，到汉武帝时，思想领域儒法相绌、互争高下的斗争暂时消歇。"为儒者宗"的董仲舒，建议汉武帝"罢黜百家，独尊儒术"，使儒学借助政治的力量而成为思想领域占统治地位的官方思想。然而，儒学独尊，并不是也不可能使别的思想销声匿迹。就统治策略而言，董仲舒主张"阳德阴刑"、德主刑辅，把天道和人道扭在一起，认为任阳不任阴是天之道、任德不任刑是王者之道。君主必须顺从天意，故只能是任德不任刑。① 这实际上是承认法家思想的地位和作用，只不过将其置于重德教、倡仁政的儒家思想的从属地位而已。所谓阳德阴刑，阳为主阴为次，不过是将儒法地位模式化、程序化罢了。

当然，儒家思想本身，也包含着"刑"的一面。不过，从董仲舒的思想体系来看，他所讲"阳德阴刑"的"刑"，仍是法家思想。他说："阳为德，阴为刑，刑主杀而德主生。"（《汉书·董仲舒传》）又说："天之亲阳而疏阴，任德而不任刑也……德教其与刑罚，犹如此也。故圣人多其爱而少其严，厚其德而简其刑，以次配天。"（《春秋繁露·基义》）他抨击

---

① 详见李宗桂《从秦汉社会历史发展看董仲舒思想的积极意义》，载《河北学刊》1986年第5期。

秦的暴政是"以贪狼为俗,非用文德以教训于(天)下也……是以刑者甚众,死者相望"(《汉书·董仲舒传》)。可见,董仲舒并非不要法家思想,只是不公开宣扬,而使其作为一种德教的补充而已。可以说,董仲舒是明尊儒术,暗窃法家。实际上,汉代的基本国策也是儒法并用,王霸共举。董仲舒之后的汉宣帝自供"汉家自有制度,本以霸王道杂之"(《汉书·元帝纪》),便是德主刑辅、儒法地位固定化的明证。

汉以后,历代封建统治者无不采取王霸并用、阳儒阴法的统治策略。不同王朝之间或许有所区别,但那只是根据政治形势的需要,对儒法两家思想的地位和作用的强调不同而已,其基本格局则始终未有改变。

第七章

佛教的流传及其对中国文化的影响

佛教是一种外来文化。它于汉代传入我国，经过与本土文化的排拒、吸纳、依附，最终融汇为一，成为中国文化的一个重要成分，推动了中国文化的发展。

第一节 佛教的基本思想

一、佛教基本教义的核心

佛教是世界三大宗教（佛教、基督教、伊斯兰教）之一。它产生于公元前6世纪的印度，后来传播到亚洲各地。

公元前6世纪，在今印度、尼泊尔境内建立了许多由奴隶主统治的小国。在这些小国中，居民被分为四个等级。第一等级是婆罗门（僧侣）。他们地位最高，专司祭祀，垄断知识，受人供养，享有精神特权。第二等级是刹帝利（军事贵族）。他们有军事、行政权力，但受僧侣监视，缴获的战利品应分给僧侣一半。第三等级是吠舍（农民、手工业者、商人）。他们是身份自由的人，但僧侣可以任意夺占他们的财产。第四等级是首陀罗（奴隶、雇佣劳动者和某些被雅利安人征服的土著居民）。他们地位最低下，受剥削、受压迫。在当时，普遍存在着反对僧侣特权和专横的情绪。在军事贵族和商人中，这种情绪尤其强烈，佛教就是在这种社会气氛中创立起来的。

佛教创始人名悉达多，族姓乔达摩（公元前565年—公元前480年，约早于孔子），属于第二等级即军事贵族。他不满僧侣的神权统治，在29

岁时放弃王族生活，离家修道；经过6年的苦修，在35岁时创立佛教。此后，他一直在恒河流域一带传教。他被信徒们尊称为佛陀，意即"觉悟者"，还被称为释迦牟尼，意即释迦族的"圣人"。

佛教基本理论的内容，包括四谛说、十二因缘说、业力说、无常说与无我说等，① 其中众生平等、戒恶行善、自度度人、因果报应等思想，至今仍在深刻地影响着现代人的生活，具有多方面的内在价值和外在价值②。

佛教基本教义的核心，是宣扬人生充满痛苦，只有信仰佛教，视世界万有和自我为"空"，才能摆脱痛苦的道路。要解脱痛苦，必须熄灭一切欲望，到达"涅槃"的境界。要达到这样的境界，就须长期修道，办法是：约束身心，即所谓"戒"；要磨炼受苦的耐力，即所谓"定"；要通达事理，不自作聪明，即所谓"慧"。它还主张，不论哪一个等级，都可以修道，而且能修成"正果"。在当时的印度社会中，佛教的这些说教，适应了人们特别是军事贵族和商人等级反对僧侣特权和专横的要求。它所宣扬的悲观主义论调，也很容易引起下层贫苦人民的共鸣，得到他们的拥护。

二、四谛说

既然佛教认为现实世界是一个痛苦的过程，即所谓"苦海无边"，那么，怎样具体说明痛苦的原因和结果，找出解脱痛苦的方法呢？佛教提出了"四谛说"。

谛，即真理。四谛是指苦谛、集谛、灭谛、道谛。苦谛是现实存在的种种痛苦现象。它不是专指感情上的痛苦，而是泛指精神的逼迫性，即逼迫烦扰的意识。佛教认为，一切都是变化无常的。大千世界，只不过是痛苦的汇集。由于众生不能自我主宰，为无常患累所扰，所以没有安乐性，只有痛苦性。在佛教看来，人的出生是痛苦（生苦），年老是痛苦（老苦），死亡是痛苦（死苦），和不相爱的人聚合是痛苦（怨恨会苦），和相爱的人分离是痛苦（爱别离苦），欲望不能得到满足是痛苦（求不得苦）。总之，一切身心皆苦，人生在世，处处皆苦。

---

① 详见方立天《佛教哲学》，中国人民大学出版社1986年版。
② 详见李宗桂等《中国优秀文化的现代价值研究》，人民出版社2019年版。

集谛，讲造成痛苦的原因和根据。集，是集合、集聚的意思。佛教认为，产生痛苦的原因在于"无明"，即心智迷惑。人由于知见方面产生的业因（见惑）和因为思想方面所生起的业因（思惑），种种烦恼和业是造成世间人生极其痛苦的原因。

灭谛，讲佛教最高理想的无痛苦状态。灭，指人生苦难的灭寂、解脱。灭谛就是讲灭尽贪欲，灭除痛苦，不再生起的道理。要脱离人生的苦海，就必须从根本上摆脱生死轮回，进入涅槃境界。"涅者不生，槃者不灭"，寂灭一切烦恼，圆满（具备）一切清静功德，就实现了人生的最高境界。

道谛，讲实现佛教理想境界应遵循的手段和方法。道，指道路、途径、方法。道谛就是引向灭除痛苦、证得涅槃的正道。从方法的角度看，道谛强调培养信徒坚定的信仰和精勤的态度，对信徒的思想、言论和行为，既有消极的防范，又作积极的引导；并采用神秘的直观，以对治一切不符合佛教的认识和思想；同时，还十分重视调练心意，以形成一种特异的心理状态。这些方法，对于树立和坚定教徒的信仰发挥了巨大的作用。从内容的角度看，道谛的要义在于道德变革，要求道德自我完善；在于心灵宁静，追求安息的境界。它强调通过个人的努力来实现人生的理想境界。①

苦、集、灭、道四谛中，苦谛是关键，它是佛教人生观的理论基石。正因为佛教把人生设定为一个苦难重重的历程，从而奠定了超脱世俗的立场。佛教倡扬的道德责任和奉献精神、去恶从善、约束自我等，都是由此生发开去的。

三、缘起和轮回

释迦牟尼认为，一切事物都由因缘和合而成，都生于因果关系。人的痛苦、生命和命运，都是自己造因、自己受果。在佛教看来，缘起的意义是指事物的因果关系。"缘"指条件、起因，"起"表示"缘"的一种功用。一切事物都由缘而起，都是在一定条件下存在的。"若见缘起便见法，若见法便见缘起。"（《中阿含经》卷三〇）"法"指世界上一切事物，包

---

① 参见朱贻庭主编《伦理学大辞典》，上海辞书出版社2002年版，第389页。

括物质的和精神的。"此有则彼有，此生则彼生；此无则彼无，此灭则彼灭。"（《中阿含经》卷三〇）这是缘起思想最概括的表述。

佛教的缘起说，主要以人生为中心问题展开。它认为人生由十二个环节（十二因缘）构成。十二因缘是：无明、行、识、名色、六处（六入）、触、受、爱、取、有、生、老死。其中，前两个是指前生的（过去的）；中间八个是指今生的（现在的），而其中前五个指现在的果，后三个指现在的因；最后两个是指来生的（将来的）。在人生流转轮回的过程中，十二因缘涉及过去、现在、将来三世。其中，现在的果必有过去的因，现在的因必将发生未来的果。因而，十二因缘中，涉及两种因果，总括为三世两重因果。可图示为：

十二因缘

1	2	3	4	5	6	7	8	9	10	11	12
无明	行	识	名色	六处	触	受	爱	取	有	生	老死
过去二因		现在五果					现在三因			未来二果	

三世二重因果

三世二重因果的次序，可从顺逆两方面加以考察。如果由因推果，则愚昧无知（无明）是根本原因；由无明引起各种善与不善的行为（行）；由行为引起个人精神统一体（识）；由识引起构成身体的精神（名）和肉体（色）；有了名色，就有了眼、耳、鼻、舌、身、意六种感官（六处）；从而有了与外界事物的接触（触）；由触而引起苦和乐的感受（受）；由受而引起渴爱、贪爱、欲爱（爱）等；有了爱，就有了对外界事物的追求索取（取）；由取引起生存和生存的环境（有）；由有而有生；有了生，就有了死（老死）。整个人生就是这十二因缘的流转过程。如果由结果往原因逆推，即由老死推至无明，也可以归结为无明是造成生死的根本原因。这实际上是对苦、集二谛的进一步阐明。而要清除无明，并按十二因缘的次序逐渐消除老死的现象，则又和灭、道二谛结合起来了。说到底，佛教是要求众生把世俗认识的转变和愚昧无知的克服，当作首要的、根本的任务。这正是佛教一整套宗教说教的出发点和根据。

十二因缘中的三世两重因果理论，逻辑地包含着轮回思想。由无明、行两个环节作为"过去因",识、名色、六处、触、受五个环节则成为"现在果";由爱、取、有三个环节作为"现在因",生、老死则成为"未来果"。而在佛教看来,任何一个有生命的个体,在未获得解脱前,都必然因此因果律而生死轮回,永无终期。

释迦牟尼声称业力是众生所受果报的前因,是众生生死流转的动力。众生的行为和支配行为的意志,从本质上说就是业力。"业"是行动或作为的意思。做一件事,先有心理活动,是意业;后发之于口,为口业;表现于行动,为身业。释迦牟尼认为,众生的身、口、意之业往往是由无明即无知决定的。人生就是无我的、无常的、没有自体、终归要消灭的。众生却要求它有我,要求恒常不变。众生这种行为即是无知的表现。由这种无知而发生的行为,就是苦的总根源。众生所做的恶业和善业,都会引起相应的果报。由于业的性质不同,来世就会在不同的境遇中轮回。

佛教这种轮回说,强调了个人言行的自我责任,强调一切都是自作自受,客观上对人们的行为有一定的劝戒和约束作用。它主张人们的活动与其后果有一定的关系,会得到报应,所谓善有善报、恶有恶报,这在一定意义上有其合理的一面。但如果把它的这种理论强调到无条件的地步,则又流于荒谬。特别是它的本质是一种神学虚构,这是我们应特别注意的。

严格说来,佛教在中国一般人的心目中,业报轮回说成了佛教的基本思想。在中国佛学界看来,因果报应是佛教的实理和根本,否定了因果报应就等于摒弃了佛教。① 实际上,从世俗的观点来看,佛教给中国人心理以深刻影响的,主要是因果报应、三世轮回思想,无论在朝在野,无论官方民间,都是如此。

四、无常、无我和涅槃

佛教认为,无明即无知,是人生痛苦的总根源。而所谓无明,就是不懂得人生"无常""无我"的道理。为了论证人生无常、无我,使人们皈依佛教理论,修成正果,佛教提出了"三法印"说。

"三法印"即"诸行无常""诸法无我""涅槃寂静"。"印",意指"印玺"。国王的印玺是证明文件真实的一种标记。"法印"即印证、标

---

① 详见方立天《佛教哲学》第四章,中国人民大学出版社1986年版。

记。三法印即判断佛教学说的三个标准。

诸行无常，指世界万有是变化无常的。行，本是流转变化的意思。如前所述，佛教认为，世间一切事物都是因缘和合而生，都是变动不居的，故称"行"；世界有万物万象，故称为"诸行"。"常"指恒常。诸行无常，即谓世间一切事物现象都是变化不已的，没有常住不变的。人生无常，因此，一切皆苦。前文所讲十二因缘理论，即是对人生变化无常、生死轮回的系统说明。根据这一理论，人生没有任何固定不变的事，也没有任何令人愉快的事，因而人生是一个充满痛苦的过程。可见，诸行无常的理论，说到底是佛教为了宣扬苦海无边、培养人们出世思想用来做论证的。

诸法无我，指一切现象皆由因缘和合而成，没有独立的实体或主宰者。诸法是包括现象与本质、此岸世界和彼岸世界的总称。"我"是既无集合离散又无变化生灭的实体，是独立自生、永恒不变的主宰者。所谓"诸法无我"，是说一切存在都没有独立不变的实体或主宰者，一切事物都没有起主宰作用的"我"或灵魂。换句话说，就是世界上没有单一独立的自我存在、自我决定的永恒事物，一切事物都只是因缘凑合而成的、相对的和暂时的。

从佛教人生观来看，诸法无我的核心，是为了破除"我执"。执着于自我，叫"我执"。"我执"分为"人我执（人执）"与"法我执（法执）"，这是佛教所要破除的最主要观念。与人我、法我和人执、法执相对应，有人无我、法无我。人生无常，必然无我。"无常故苦"，人生既有苦恼，就不自在，不能自我主宰，也就是无我，即人无我。不仅如此，其他一切事物也时刻在变化，没有自体，称为法无我。这种人、法二无我的理论，是佛教的基本学说。因为要破除人执和法执，所以必须把诸法无我的道理推广于一切方面，从而成为万法皆空的同义语，圆滑地为佛教出世理论做了论证。

涅槃寂静，指超脱生死轮回，进入熄灭一切烦恼、内心寂然不动的境界。涅槃是佛教追求的最高境界。佛教宣扬诸行无常、诸法无我的最终目的，就是要引导人们修心，进入涅槃境界。涅槃寂静的境界，不是语言和思维所能把握的，只能凭借神秘的、内省式的直觉才能证悟。从实质上看，涅槃寂静说是通过否定现实而肯定幻想，通过否定世间的"常"与"我"，而肯定出世间的"常"与"我"，这正是佛教理论的现实目的。

第二节 佛教在中国的流传和发展

一、佛学发展三阶段及其与本土文化的关系

佛教自汉代传入我国,至今已 2000 年。这期间,佛教在中国的发展,大致可分为三阶段。

(一)汉至南北朝:传入与扩展

第一阶段,自汉历三国两晋到南北朝,是佛教传入与扩展的时期。这个时期,以佛经翻译、解说、介绍为主,译的主要是禅经和《般若经》。

从汉至三国,佛教发展缓慢,不大为人注意。教派主要有两个:一是由安世高为代表的小乘禅学;一是以支谶、支谦为代表的大乘般若学,即空宗学说。前者偏重于宗教修持,默坐专念;后者偏重于教义的研究和宣传,以论证现实世界的虚幻不实。

东汉时期,人们往往把佛教看成黄老之学的同类,禅学被看作学道成仙的方术之一。东汉时期的佛教是在与道术方士思想结合的过程中发展起来的。

东晋十六国时期,社会动乱,佛教得到了长足发展。这时,佛经被大量翻译,中国僧侣佛学论著纷纷问世,般若学出现不同学派,民间信仰日益广泛和深入。著名大师有道安、慧远、鸠摩罗什和僧肇。此时的重要佛学思潮,一是般若学的"空"论,二是因果报应论和神不灭论。般若空宗的理论代表是僧肇。他认为,"世界是非有非真有,非无非真无"的,是"不真空"的,即万物没有真实性,但不是不存在,而是不真实的存在。宣扬因果报应和神不灭论的典型代表人物是慧远。他根据佛教的业报轮回学说,吸取我国原有的迷信观念,直接从人体自身的主体活动中建立因果报应说。在《三报论》和《明报应论》中,他宣称,人们遭受的一切不幸,都是由于无明和贪爱等感情所引起的果。这是说,人生遭遇,没有一个外来的主宰者,完全是由自身的作用造成的,是自作自受。他把这种自作自受的因果报应,分成现报(现世受报)、生报(来生受报)和后报

（二生、三生后所受的报）。一世为一轮回，所以又称三世轮回。要摆脱三世轮回，就必须信仰佛教，努力修持，去掉无明、贪爱等世俗感情，才能自我解脱，死后进入无苦极乐的涅槃境界。

关于形体和精神的关系，慧远主张"神不灭"。他认为，神能感应万物，使其变化；万物可以消灭，但精神不会消灭。原因在于，神能从这一形体传入另一形体，好像火从这一木柴传入另一木柴。

南北朝时，社会仍然动荡不安，佛教得到进一步发展。此时各种佛典纷出，经师们专攻一经、一论，各立门户，相互争鸣。涅槃学是这一时期重要的佛学理论。它主要是阐发佛性学说。"涅槃佛性"的问题是南北朝时期佛教理论的中心问题。

宣扬佛性说的著名代表人物是道生。道生学说主要是涅槃佛性说和顿悟成佛说。佛性是指成佛的原因、根据和可能，是成佛的根本前提。道生认为，众生都有佛性，众生都能成佛。"佛性即我"，"本有佛性，即是慈念众生也"（《大般涅槃经集解》）。"一切众生，皆当作佛。"（《妙法莲华经疏》）这是把进入天国的门票廉价开给大众。

在涅槃佛性说的基础上，道生又提出了顿悟成佛说。顿悟是关于成佛的步骤、方法，与渐悟相对，指无须长期修习，一旦把握"真理"，即可突然觉悟。慧达在《肇论疏》中引道生的话，简明地论述了顿悟之理："夫称顿者，明理不可分，悟语极照。以不二之悟，符不分之理。"意即佛理是不可分之整体，故对它的觉悟，亦不能分阶段实现。用无差别的智慧与佛理相结合，就是顿悟。这种顿悟成佛说，是一种神秘主义的直觉理论，是直觉思维，对于以后的佛教思想和宋明理学思想都有深刻影响。

（二）隋唐：宗派林立的全盛期

佛教在中国发展的第二阶段，是隋唐时期。这一时期是佛教的全盛期，也是它中国化的时期。这时期翻译过来的佛教典籍已极为丰富。随着政治的统一、经济的发展、文化交流融合趋势的加强，佛教得到了空前发展，创立了不少新宗派，如天台宗、法相宗、华严宗、禅宗、三论宗、净土宗、律宗、密宗等。每一宗都有自己的理论和修持体系，师道相传，谨守不变。

唐统治者实行儒、佛、道三教并行的政策。唐代二十一个皇帝，除唐武宗外，个个信佛。这种情况，使佛教得以昌盛，同时促进了儒、佛、道的融合。封建统治者充分利用儒学治世、佛学治心、道教养身的不同功能，使其在维护统治方面，实现互相助补。由于封建统治者的提倡，到了唐宋之际，三教之间的影响进一步加深，三教合一的思潮进一步形成，佛教终于与中国本土文化融为一体，成为中国文化的一部分，与中国人的精神生活休戚与共，形成了宋明理学的雏形。

佛教与中国传统文化的融合，从其本身的发展来看，是通过摄取儒、道思想，形成了中国化的佛教宗派：天台宗、华严宗和禅宗等。从其思想理论观点来看，是提出了一系列不同于印度佛教而吸纳了儒、道思想的理论。具体表现为：

（1）以心性为宗派学说的重心。心性问题是中国传统思想特别是儒家思想的一个重要内容。它是有关个人道德修养以至影响国家安定的重大问题，也是佛学所谓成佛的根本问题。自晋宋以来，佛教学者如道生之类，受玄学家探讨宇宙本体思潮的影响，着重探讨人格本体即心性，把本体论和心性论的研究统一起来，大讲佛性，即成佛的根据。唐代天台宗、华严宗、禅宗，都着重阐发心性问题。

（2）宣扬儒家伦理道德。中国封建社会实行中央集权的君主专制制度，以及与农业经济基础相适应的宗法制度，因此，忠君孝亲成为伦理道德的基本规范。尤其是孝，更被视为伦理道德的根本。而僧人出家，心目中无君、无父，不拜皇帝，不孝于父母，被视为悖逆人伦的行为。唐高宗曾命令沙门向君者和双亲礼拜，后因道宣等人反对，改为只拜父母。但到了中唐，随着儒、佛、道三教之间斗争的加剧，佛教为了战胜儒、道两家，加之统治者奉行三教并举的政策，佛徒不得不向唐统治者低头。因此，沙门上疏的自称就由"贫道""沙门"改为"臣"了。佛教还大力宣扬孝道，佛教学者编造了讲孝的佛经，如《父母恩重经》，宣扬应报父母孕育之恩。

（3）提倡"方便""圆融"和"自悟"。天台宗以《法华经·方便品》为根据，宣扬为度脱众生，可以采取各种灵活的方法，倡导方便法门，从而为调和中国传统思想开了方便之门。天台宗人把道教的丹田、炼气等说法也纳入自己的学说，倡导修习止观坐禅除病法。这是与道教信仰的融合。华严宗人宗密不仅把儒、道纳入佛教思想体系之中，而且以《周易》的元、亨、利、贞"四德"配佛教的常、乐、我、净"四德"；以儒家的仁、义、礼、智、信"五常"配佛家不杀、不偷盗、不邪淫、不饮酒、不妄语。这就把佛教的理想境界、道德规范与儒家的德性、德行等同起来。禅宗更进一步，不仅不提倡念经、拜佛、坐禅，甚至呵佛骂祖，主张性净自悟，"凡夫即佛"，在日常生活中即可实现成佛理想。这种对抗印度佛教的思想，实际上是深受道家的自然主义、玄学家的得意忘言理论以及旷达放荡、自我逍遥的影响的表现。

（三）宋至清：由盛而衰的停滞期

佛教在中国发展的第三阶段是宋、元、明、清时期。这一时期的佛教已由盛转衰，进入停滞期。佛教与中土固有文化和民俗进一步融合，在民间信仰上树立了广泛而牢固的基础，但并无新的宗派产生，理论方面也无创新。其间，主要是禅宗还在流传，其次是净土宗。

佛教传入中国以后，大体上一直处于中国传统思想文化的附庸地位，只是儒家思想的一种补充。随着历史的发展，到宋、元、明、清这一时期，佛教宗派内部融通趋势增强，对心性问题的认识愈见一致，心性问题成为此时佛教哲学理论的核心；同时，佛教调和儒、道思想的倾向日益明显。北宋天台宗学者智圆自号"中庸子"，宣称晚年所作是"以宗儒为本"，认为"非仲尼之教，则国无以治，家无以宁，身无以安"，而"国不治，家不宁，身不安，释氏之道何由而行哉？"（《中庸子传上》）这里含有置儒于释之上、假儒以行释之意。契嵩作《辅教篇》，宣扬"古之有圣人焉，曰佛、曰儒、曰百家。心则一，其迹则异。夫一焉者，其皆欲人为善者也；异焉者，分家而各为其教者也"。他作《孝论》十二章，系统地论述了儒家和佛教的孝道关系，说佛教最重孝，"孝为戒先"。他还认为世间的许多道理"皆造端于儒，而广推效于佛"（《上仁宗皇帝万言书》），实际上是把佛家理论归结为儒家学说。明代佛教四大师（莲池袾宏、紫柏真可、憨山德清、藕益智旭）认为，佛教可以"阴助王化之所不及"，儒教可以"显助佛法之所不及"，儒佛二者可以互相为用。德清说："为学有三要：所谓不知《春秋》，不能涉世；不精《老》《庄》，不能忘世；不参禅，不能出世。"（《憨山大师梦游全集·说·学要》）他宣扬"孔、老即佛之化身"，实是视儒、佛、道为一。

佛教在这一时期注重心性问题、调和儒道的思想，还可以从理学得到印证。理学家的人生哲学和道德学说，依据的是前文已讲过的格物、致知、诚意、正心、修身、齐家、治国、平天下（见本书第三章第二节），同时吸取了禅宗"直指本心"的理论,以人格的自我完善为齐家、治国的根本;又以封建政治秩序伦理规范的体现者——天理——作为自身人格完善的唯一标准。这就把儒家伦理由外在规范转化为内心自觉。人欲由人身的自然需要变成了外在的罪恶渊薮。受佛教关于人心的本性与万物本体相统一思想的影响,理学家将身性论与本体论统一起来,把封建伦理观念上升为宇宙的规律、本体。此外,理学家还吸收了佛教禅定的修炼模式,提倡主静、主敬,以此去私欲、合天理。这一切表明,佛教注重心性、调和儒道的思想,确是十分突出,且与理学相为贯通。①

二、中国佛教——禅宗

(一) 禅宗的由来

禅宗是中国佛教中流传时间最长、影响最大的宗派,是不同于世界上任何宗派的、典型的中国佛教。

"禅"是梵语"禅那"的简称,意译为"静虑""禅定",以思悟佛教"真理"、静息一切欲念为修养方法。禅宗强调"直指人心""见性成佛",故又称佛心宗。

南北朝以降,寺院经济日益发展,佛教成为影响社会生活的重要力量。隋唐统治者奉行儒佛道三教并举的方针,对佛教势力采取依靠、联合、利用的政策。佛教徒的上层人士,往往参加统治集团的政治斗争,被皇帝封官赐爵,使其成为身披袈裟的官僚显贵。他们追逐名利、奢侈腐化,在社会上逐渐失去了欺骗作用。而寺院经济的发展,一度使僧侣地主阶层和世俗地主阶层在土地、劳力、国赋、兵役等方面产生了严重的利害冲突,危及地主阶级的国家利益,从而使得地主阶级不得不利用国家政权的力量对其进行打击,以缓和社会矛盾。历史上著名的"三武之难"(北魏太武帝、北周武帝、唐武宗毁灭佛法事件),便是这种矛盾斗争的集中反映。其中,唐武宗会昌灭佛就致使 26 万僧尼还俗,15 万寺院奴婢获得自由,没收良田几十万顷,废毁寺院成千上万,给了佛教惨重打击。从佛教自身来看,由于各个宗派的理论日趋烦琐,经卷浩繁(武则天时代,已

---

① 参见方立天《佛教和中国传统文化的冲突与融合》,载《哲学研究》1987 年第 7 期。

刊定众经目录3616部、4841卷），使广大群众日益厌烦，兴趣锐减。佛教发展面临危机。

为了挽救佛教发展危机，唐代中期，禅宗以革新派的面目应运而生。禅宗得到了寒门庶族的中小地主阶层的支持。禅宗破除了以前佛教各派的烦琐教条，宣扬"即心即佛""见性成佛""言下顿悟"，投合了庶族地主的口味。禅宗主张不读经、不礼佛、不坐禅，采用"直指人心"的通俗说教来宣扬佛教的基本精神，得到了广大群众的支持，为中国化的佛教开拓了新的领域。

从理论渊源来看，禅宗是对南朝道生的"涅槃佛性"学说的进一步发挥。禅宗思想推原于唐初的弘忍（公元601—674年）。弘忍的弟子神秀和惠能，前者称为"北宗"，主张"渐悟"；后者称为"南宗"，主张"顿悟"。后来惠能的南宗取代了北宗，成为中国禅宗的主流。

禅宗对佛教理论的革新，实质上是把中国传统哲学中诸如孟轲、庄周等思想融入佛教，把宗教进一步精炼化、哲学化、世俗化；摆脱烦琐的修炼过程和经论词句的解释，由思辨推理转入神秘直觉，用"顿悟成佛"的天国廉价门票，来增强佛教法力，吸引广大群众。

（二）见性成佛与凡夫即佛

禅宗宣扬，现实世界的一切，都依存于心。慧能宣称："心生，种种法生；心灭，种种法灭。""心量广大，犹如虚空……能含万物色象，日月星宿，山河大地……自性能含万法是大，万法在诸人性中。""诸法在自性中……于自性中万法皆现。"（《坛经》）这是把人心看作万物产生的根源。禅宗的这种规定，是为了强调佛性在人性中，只要认识了自我意识这个本体，就是认识了佛性，也就是完成了成佛的功夫。所以，慧能说："万法尽在自心，何不从心中顿见真如。""汝今当信佛知见者，只汝自心，更无别佛。"（《坛经》）他特别强调向内心追求的成佛道路，说："菩提只向心觅，何劳向外求玄？听说依此修行，西方只在眼前。""一切般若知，皆从自性而生，不从外入。"（《坛经》）这是说，"心"就是"佛"，只要认识本心，即可成佛。他所谓"自性迷，佛即众生；自性悟，众生即佛"（《坛经》），便是这种理论的简明概括。心、佛、众生，相通相融，了无差别。

禅宗这种见性成佛的理论，不仅强调了成佛与否在于自我心性的认识，在于主体意识的发挥，而且论证了现实生活与成佛境界的一致，客观上设定了人人皆可成佛的现实的可能性。因此，与见性成佛相辅为用，禅宗提出了"凡夫即佛"的命题。

禅宗以前的各佛教宗派，为了抬高佛性的尊严，往往把佛说成是在遥远的"西方极乐世界"，在彼岸；把修行成佛的道路和方法弄得十分烦琐，使人们对天国门票的兑现缺乏现实感。禅宗把佛性由遥远的彼岸移到现实的、此岸的"凡夫"心中，打破了天国与人世的界限。只要你能认识自我本性，就可以成佛。成佛以后，一切照旧，"人境俱不夺"，但你已从"凡夫"变成"解脱"了的"自由人"。惠能宣称："凡夫即佛，烦恼即菩提。前念迷，即凡夫；后念悟，即佛。前念著境，即烦恼；后念离境，即菩提。"（《坛经》）这是说，凡夫与佛，区别只在"一念之差"。只要能自我转变认识、自我超脱，现实的苦难人间即是彼岸的安乐世界。用禅宗佛徒的比喻说法，就是你虽终日吃饭，但却没有咬着一粒米的感觉；成天走路，却没有踏着一片土的体会。总之，不"著境"，不为现实生活所迷惑，就是"自在人"，就叫作"解脱"。这样，对于压迫者来说，不但可以"放下屠刀，立地成佛"，甚至手执屠刀，也可成佛；对于被压迫者来说，不必要求改变现状，只消一转念，烦恼就成了"菩提"，苦难世界就变成了"清静佛土"，身披枷锁，却已成了"自由人"。禅宗在政治上的欺骗作用是显而易见的。

（三）**顿悟与直觉**

禅宗夸大"心"的作用，宣扬自性是佛，见性成佛，其目的就是为"顿悟成佛"说奠定理论基础，以缩短天国和人世的距离，用简捷的成佛方法吸引更多的人信仰佛教，以弘大禅宗。

以慧能为代表的禅宗，反对坐禅念佛，不要累世修行，不搞布施财物，而是"直指本心"，主张"顿悟成佛"。所谓顿悟，指无须长期修行，而凭自己的智慧，一旦把握佛教"真理"，即可突然觉悟。照惠能的说法，便是："一闻言下便悟，顿见真如本性。"（《坛经》）这是说，只要靠自己的灵知，一刹那间有所领悟，便达到了成佛的境地。他在与神秀争夺禅宗继承权时，写的偈是："菩提本无树，明镜亦非台，本来无一物，何处惹尘埃。"（《坛经》）这不仅反映了他彻底的空观，更反映了他反对"时时勤拂拭"式的渐悟方式，主张顿悟的思想立场。在惠能派禅宗看来："一念相应，便成正觉。""若识自信，一悟即至佛也。""唯直下顿了自心本来是佛，无一法可得，无行可修，此是无上道，此是真佛。""人性自有利钝，迷人渐修，悟人顿修。"(《坛经》)

禅宗这种顿悟的修行方法，是一种简便快捷的方法，也是无须破费即可成佛的"经济"方法，因而受到下层群众的欢迎。

从思维方式的角度考察，禅宗的顿悟成佛方法，是有神秘色彩的直觉认识方法。它不须用概念、判断、推理的逻辑思维，不用对外界事物进行解析，也不用经验的长期积累，而是凭着感性直观，凭着"见性成佛"观念的引导，靠瞬间的意念来把握认识对象，实现意境的升华。这种方法的缺点是不能条分缕析地界定对象，从而用理性去把握。但是，对于从整体上意会事物，对于领略某种特定的精神境界，这种顿悟式的直觉认识方法，还是有一定意义的。

(四)"无念为宗"

既然人人都具有佛性，只要一转念即可成佛，那么，为何人人不能随时成佛呢？惠能解释说："世人性本自净，万法在自性……如是一切法，尽在自性。自性常清净。日月常明，只为云雾覆盖，上明下暗，不能了见日月星辰。勿遇惠风吹散，卷尽云雾，万象参罗，一时皆现。世人性净，犹如清天。慧如日，智如月。智慧常明。于外著境，妄念浮云盖覆，自性不能明。"(敦煌本《坛经》)这就是说，人的本性是清净的，万法都在自己心中。自性是经常清净的，如同日月常明。但由于有妄念浮云遮盖，使清净的佛性不能显示出来，好像清澈的天空中，光辉皎洁的日月被浮云遮盖住了。因此，禅宗强调，人人皆有佛性仅仅是具备了成佛的可能性。要想这种可能性变为现实，还要下一番功夫，把妄念浮云吹散。

那么，怎样把妄念浮云吹散，使清净的佛性显现出来呢？惠能认为这并不难，只要"无念"就可以了。他把"无念"说成禅宗的最高宗旨："我此法门，从上以来，先立无念为宗，无相为体，无住为本。"(《坛经》)所谓"无念"，即"无念法者，见一切法，不著一切法"，"于诸境上心不染"。就是说，在与外界的接触中，不受外界影响，尝到美味，不觉得爽口；看到美色，不感觉悦目。到达这种境界，就是"无念"。所谓"无相"，即"外离一切相"。这并不是说不要与外界接触，而是要"于相而离相"，即在与外界接触中，不产生任何表象，以保持本心的虚空寂静。

所谓"无住",就是要心不执着于外物,不思念任何事物,"无染无杂,来去自由,通用无滞"(《坛经》)。在这"三无"之中,"无念"是最主要的,"无相""无住"归根就是"无念"。如上所述,惠能认为,凡夫与佛、此岸与彼岸的区别,只在一念之间,"前念迷即凡夫,后念悟即是佛;前念著境,即烦恼,后念离境即菩提"(《坛经》)。也就是说,"无念"则身处尘世之中,而心在尘世之外,精神得到了解脱,就是进入了极乐世界,即天堂。相反,如果接受了外界事物的影响,执着于外物,就必然产生妄念,烦恼丛生,陷入地狱。据《坛经》记载,惠能为其弟子神会讲"无念为宗"的教义时,曾用拄杖打神会三下,问他痛不痛。神会回答:"亦痛亦不痛。"这种既痛又不痛的境界,就叫作"无住",即不执着外境。如果说痛,就着了痛的相,即受痛的假象迷惑;一说不痛,就着了不痛的相,这都不是"自性真空"。可见,所谓"无住"说到底是以"无念"为宗旨的。

禅宗鼓吹"无念为宗"说,反对人们认识外界,要人们放弃改造外界活动,尤其反对人们在认识外界的活动中改造自己的认识,使主客观统一起来。从社会作用来看,它要求人们安于现状、去除物欲,这是为当时已趋于腐朽的唐王朝的统治服务的。

马克思在《〈黑格尔法哲学批判〉导言》中评论德国的马丁·路德的宗教改革时说:"他破除了对权威的信仰,却恢复了信仰的权威。他把僧侣变成了俗人,但又把俗人变成了僧侣。他把人从外在宗教解放出来,但又把宗教变成了人的内在世界。他把肉体从锁链中解放出来,但又给人的心灵套上了锁链。"① 马克思这个精彩分析,虽然是就不同国度不同时代而言的,但就其精神实质而言,对于我们把握禅宗思想的特质和作用,是有启迪意义的。

第三节　佛家人生哲学模式

佛家人生哲学模式由其超人人格引导,主张心如古井、随缘而安、与

---

① 《马克思恩格斯选集》第1卷,人民出版社1972年版,第9页。

世无争。

一、佛家的理想人格

佛教作为一种宗教，就其理论实质而言，是神学唯心主义。由此决定，可以说，它所追求的理想人格是"神格"。不过，佛家鼓吹苦海无边、万法皆空也好，宣扬明心净性、涅槃寂静也好，说到底，都是以人为理论思考中心，以治人为目的的。因而，佛家自有其理想人格的追求。

佛家的理论极为烦琐，但说一千道一万，归根结底，其理想人格是超尘绝俗、泯灭七情六欲的"超人"。

从佛教在中国的流传和发展来看，无论哪宗哪派，都竭力宣扬一个"空"字。大千世界、万物纷纭、峨冠蟒袍、美味佳肴、金钱美女……在佛徒们看来，只是一场虚幻，根本不存在。好比幻觉中的人，它虽然是人，但毕竟是幻觉中的，是假的。客观事物和现象，是"虽有而无，所谓非有；虽无而有，所谓非无。如此，则非无物也，物非真物。物非真物，故于何而可物？故经云：'色之性空，非色败空'"（僧肇：《不真空论》）。这是把事物的现象与本质割裂开来，将其说成假象。既然是假象，当然就应该抛弃，而不受其迷惑。这样，就可认识"自性真空"的道理，到达涅槃寂静的境界。

按照禅宗的理解，自性是佛，外界的一切都是虚假不实的，是干扰人们"直指本心"、圆满清净功德的。如能去掉妄想邪念，则"性自清净"。因此，当事业受挫、理想幻灭时，应自我反省，认识内心被"妄念浮云"遮蔽，应加以扫除。当功成名就、宠幸加身时，应想到这是过眼云烟、身外之物……总之，执着于荣辱、毁誉、进退，都是对佛性的亵渎。只有身处尘世之中，而又心超尘世之外，宠辱不惊，进退从容，才是把握了佛家真谛。"无我无欲心则休息，自然清净而得解脱，是名曰空。"（《佛说圣法印经》，见《大正藏》二卷阿含部下）应该说，能够做到这一步的，绝不会是凡夫俗子，而只能是"人境俱不夺"（《古尊俗语录》），把"语默动静，一切声色"都看作"尽是佛事"（黄蘗）的超人！

二、心如古井

佛教把世界上一切都看作是"空"的,即所谓"万法皆空"。在中国佛教各宗派中,仍然如此。

东晋高僧道安宣传般若空宗,以"玄"解"佛",即用魏晋玄学家王弼的"贵无说"解释、宣扬般若学的"空"的理论。他说:"无在元化之先,空为众形之始,故谓本无。"(《名僧传·昙济传》引《七宗论》)即色宗的支道林,主张"色不自色,虽色而空",主要从物质现象(色)都由缘起、没有自性(不自色)来说明"虽色而空"。南北朝的僧肇强调"即万物之自虚"(《不真空论》),认为事物并非真实存在的,而只是一种"假号"。唐代华严宗认为,世界上万物都是因缘和合而成的,"心"与"尘"互为缘起:"尘是心缘,心为尘因。因缘和合,幻相方生。"(《华严义海百门》)。至于禅宗,如前所述,更是认为"万法尽在自心","心生,种种法生;心灭,种种法灭"(《坛经》)。这些都反映了佛教对待客观世界和现实社会的基本观点。

正是由于佛教把世界看成空的、虚假不实的,所以,佛徒才能到达并要求别人也到达这种境界:吹倒山岳的狂风是静止的,一泻千里的江河是不流的,迅速飘荡的游气是不动的,周旋经天的日月是不行的。进而,在人生态度上,佛徒们主张"反本求宗者,不以生累其神;超落尘封者,不以情累其生。不以情累其生,则生可灭;不以生累其神,则神可冥。冥神绝境,故谓泥洹(涅槃)"(慧远:《沙门不敬王者论》)。这是要求把追求真如佛性作为最后归宿,因而不以生死牵累其精神,不以爱憎之情牵累其生命,以超脱尘世。只要精神能解脱,生命可以抛弃。顺此,就可以做到:"见美女时作虎狼看,见黄金时作粪土看。"([明]郑瑄:《昨非庵日纂》卷十三)"一切不憎不爱","对境心常不起"([明]瞿汝稷:《水月斋指月录》卷十三),一切欲念都消融于对佛性追求的精神努力之中了。世上一切荣辱沉浮、喜怒哀乐,都不能在古井似的心中激起些微涟漪。

三、随缘而安

由于佛教视万物为空无,认为人生无常,一切只是因缘的凑合,人不能把握其现实的命运,更无从向未来进取,所以,人们只能皈依佛门,随遇而安。

宋代著名的大慧禅师总结了三条生活经验:第一,"事无逆顺,随缘即应,不留心中"。即对任何事物都抱旷达、放任、自然的态度,自我排遣心中的郁闷或欣喜。第二,"宿习浓厚,不加排遣,自尔轻微"。即对由本心而生的积习,不用着意改变,而顺其自然,它终会复归于本心的清净淡泊。第三,以清净恬淡的心情,因应外界事物(参见[清]彭际清《居士传》卷三十)。可见,大慧禅师的这种生活经验就是要求人们随遇而安,顺其自然,不去改变现状。只要保持内心宁静,以恬淡自然为人生情趣,忘却尘世,对悲欢离合、荣辱沉浮都漠然处之,便会认识佛性,求得解脱。

佛家这种随缘而安的思想,对下层人民具有相当的麻醉力。因为,当生活无着、冤屈无处告时,人们往往将希望寄托于冥冥之中的力量,以求得精神上的慰藉,保持心理平衡。不仅如此,随缘而安的思想对封建士大夫也产生了深刻影响。明代郑瑄写的《昨非庵日纂》中说:"佛语'随缘'最有意味,有多少自在安舒,世人欲享和平之福,终身受用此二字不尽。"(卷六)可以说,封建社会的士大夫们,往往是用"随缘"的思想作为失意时的精神调节剂,以保持心理的平衡。宋代苏东坡"胜故欣然,败亦可喜"(《观棋》)的思想,范仲淹"处江湖之远则忧其君"的思想,乃至张载在其名著《西铭》中说的"存,吾顺事;没,吾宁也",又何尝不是"随缘"的心理反映!至于为后世士大夫所称道的儒家"穷则独善其身"的人生哲学,则更是一种"随缘"的心态。

四、与世无争

既然万法皆空,既然要随缘而安,也就必然与世无争。

《涅槃经》说:"须菩提住虚空地,若有众生嫌我立者,我当终日端坐不起。嫌我坐者,我当终日立不移处。"这就是说,人家嫌我站着讨厌,那我就成天坐着不起来;人家嫌我坐着讨厌,那我就成天站着一动也不动。这是以顺应他人、不遭是非,而保持心理清净。唐代名僧寒山与拾得的对话,更是这种人生态度的典型反映。寒山问:要是有人打骂我,欺侮、讹骗我,用不堪忍受的态度对待我,我该怎么办?拾得回答:应该躲避他、忍耐他、尊敬他、害怕他、让他、任他的便，看他怎么办。(《寒拾问答》，见《坚瓠二集》卷一）这是以彻底的"不争"态度与世俗相处。

在佛家经卷中，这类记载不胜枚举。《大珠禅师语录》卷上说："忍辱第一道，先须除我人。事来无所受，即真菩提身。"实际上，佛教"三法印"中的"诸行无常""诸法无我""涅槃寂静"，说到底，就是要人们彻底认识到：世间一切事物的生灭变化是无常的，我执、法执都是违背佛性的，涅槃寂静是最终的归宿。因而，人不应处处计较，"于外著境"，而要听其自然、不与人争。

佛教这种与世无争的人生哲学，对中国社会心理产生了深远的影响。宋代黄庭坚曾写道："百战百胜，不如一忍；万言万当，不如一默；无可简择眼界平，不藏秋毫心地直。"（《赠张叔和》）这显然是鼓吹不思进取的人生旨趣。明代郑瑄讲："人大言我小语，人多烦我少记，人悖怖我不怒。淡然无为，神气自满，此长生之药。"（《昨非庵日纂》卷七）又说："让他说话我只闭口，让他指责我只袖手，这个中省了多少闲气。"（《昨非庵日纂》卷十三）。这种顺世以至几乎玩世的思想，对于民族精神和文化的发展来说是一种阻碍。

显而易见，佛家随缘而安、与世无争的思想既与儒家乐天知命、安贫乐道、顺应时势的思想相联系，又与道家无为不争、安时处顺的态度相沟通，特别与庄子避世、游世思想相一致。这也是儒、佛、道相容相摄，最后可以熔铸为一的一个重要原因。

下 篇

以上各章，我们从历史与逻辑相统一的角度，从中国文化动态发展的视角，分门别类地考察了中国文化的主体内容和特质。在本篇中，我们将转换视角，从中国文化发展的历时性和共时性相统一的层面，对中国传统文化的结构和核心，中国传统理想人格、价值取向和社会心理，中国传统思维方式，中国文化的类型和特点，中国文化的基本精神，中国传统人文思想等基本问题进行探讨。

第八章

中国传统文化的结构和核心

中国传统文化有自己的结构,这个结构蕴含着独特的内容,并表现出特定的功能。解析这个结构,并由此抽绎出中国传统文化的核心,进而深究其特点,有助于我们把握中国文化的内在特质和基本精神。

第一节　中国传统文化的结构

一、文化结构论

文化结构是文化学的术语之一。根据文化学家的研究,所谓文化结构,是指文化的架构。文化架构包含两个方面的意义:一是不同的文化元素或文化丛之间具有一定秩序的关系[①],二是文化结构由文化特质、文化丛、文化区、文化模式等概念构成[②]。

著名的文化人类学家马林诺夫斯基将文化结构分解为三个部分,提出了著名的"文化三因子"说。该学说将文化划分为物质、社会组织、精神生活三个层次,物质因子与社会和精神因子一样重要,在任何文化体系中都占有绝对平等的地位,不因为其是物质的而居于低等的地位;"社会因子介于物质和精神因子之间,向为一社会的文化骨干,也可以说是了解文化的全盘关系的总关键";"精神因子针对物质和社会因子而言,乃是二者

[①] 文化丛是文化学的一个术语,亦称为"文化特质丛",指一组功能上整合的文化特质,它在时空中成为一个单位而持续存在。在文化交互错杂的情况下,它是可以传播的,但仅局限于整个文化的某一特点。参见覃光广等主编《文化学辞典》,中央民族学院出版社1988年版,第116页。

[②] 参见覃光广等主编《文化学辞典》,中央民族学院出版社1988年版,第138~139页。

的上层结构，所以也是文化的核心"。①

著名历史学家钱穆认为，文化即是"人生"，即是"生活"，因此，文化结构可以从人生的角度分为三个"阶层"：第一是"物质的"，第二是"社会的"，第三是"精神的"。"物质的"亦可说是"自然的"或"经济的"；"社会的"亦可说是"政治的""集团的"；"精神的"亦可说是"心灵的"。第一阶层里的人生面对的是"物世界"，第二阶层里的人生面对的是"人世界"，第三阶层里的人生面对的是"心世界"。因此，这三个阶层分别面对的是"物质人生""社会人生""精神人生"。②

有人认为，文化结构可以分为三个层面：物质的—制度的—心理的。其中，"文化的物质层面，是最表层的；而审美趣味、价值观念、道德规范、宗教信念、思维方式等，属于最深层；介乎两者之间的是种种制度和理论体系"③。

有学者从"文化即人化"的观点出发，依据人的社会活动的三个要素，即活动的主体、活动、活动的结果，提出文化可以分成三个大类，即人本身的文化（包括物质性的身体修养和精神性的思想道德等）、社会行为的文化（包括人认识和改造客观世界的物质生产和精神生产）以及社会活动结果的文化（包括各种物质产品和以语言文字等符号记录下来的人的精神产品），并提出了以物质文化和精神文化为主线的文化的双螺旋结构的观点。④

有的文化学研究者从文化系统的角度分析文化结构，认为整个大文化系统涵括物质文化、社会关系体系、精神文化、艺术文化等子系统，以及语言符号系统和风俗习惯系统。系统的有序性越高，其结构越严密。"文化系统是一种动态平衡的系统，文化结构是一种非平衡结构。"文化结构具有开放性、变异性、多维性，以及文化的时代性与民族性、世界性与地域性、积累性与变异性、统整性与选择性等。文化结构由外层到内核是由"器"（物质体系）而"象"（符号体系，如语言、风俗、艺术体系等），由"象"而"道"（制度结构和价值体系）的过程；也可以说是由"物"

---

① 〔英〕马林诺夫斯基：《文化论》，费孝通等译，商务印书馆1946年版，第82~83页。
② 钱穆：《文化学大义》，兰台出版社、素书楼基金会2001年版，第8~11页。
③ 庞朴：《要研究"文化"的三个层次》，载《光明日报》1986年1月17日，第2版。
④ 余国瑞：《中国文化历程》（第2版），东南大学出版社2019年版，第2~4页。

（物质人生）而"人"（社会人生），由"人"而"心"（精神人生）的过程。①

从文化研究和文化建设的实践来看，文化结构问题是一个极为复杂的问题，如同文化概念的界定一样，见仁见智，至今也没有取得共识。上述介绍，可做读者的参考。

二、中国传统文化结构诸说

关于中国传统文化的结构，学术界有一定的探讨。

有人认为，中国古代的文化结构由如下部分构成：①自给自足的农业经济；②由前项所决定的以家族为本位、以血缘关系为纽带的宗法等级关系；③在小生产自然经济和以家族为本位的宗法等级关系的基础上形成的宗法等级制度；④稳定的上下尊卑等级秩序的文化心理结构；⑤中国古代的思想体系，即古代政治思想、法律思想、伦理道德、科学理论、文学、艺术、哲学、宗教等社会意识形式。②

有人认为，中国传统文化以"儒道互补"为主体结构。③

有人认为，中国传统文化的构成，不仅是以儒学为主，道家和佛教思想作为补充，而且也有儒法互补的问题。④

也有人基于东西方文化比较的视野，提出中国传统文化是以儒家和道家思想为核心和主体的、经验主义和自然主义的文化。⑤

有人认为，物质层面属于文化的表层结构，精神层面属于文化的深层结构。从整体思维的视野来看，中国传统文化的发展包括三个层次结构：

---

① 郭齐勇：《文化学概论》，湖北人民出版社1990年版，第221、230~231页。
② 参见杨宪邦《对中国传统文化的再评价》，见张立文等主编《传统文化与现代化》，中国人民大学出版社1987年版。
③ 参见赵吉惠《论儒道互补的中国文化主体结构与格局》，载《陕西师范大学学报》1994年第4期。
④ 参见李锦全《论我国传统思想文化中的儒法互补问题》，见《李锦全文集》，中山大学出版社2018年版，第507~516页。
⑤ 参见衣俊卿《文化哲学——理论理性和实践理性交汇处的文化批判》，云南人民出版社2005年版，第246页。

汉文化、宋文化、近代文化。①

有人认为，主体论、方法论和价值观是构成文化结构的三大要素。中国古代文化结构依此三要素而构成一个整体。②

有人认为，在任何一个文化体系中，经济体制和政治制度是其表层结构，文化价值观和哲学思维方式是其深层结构，中国传统文化亦然。③

有人结合文化结构的三层次说，提出"礼"涵摄了中国传统文化的器物文化、制度文化和精神文化，将整个民族的生活方式、制度规范和精神心态融为一体，奠定了中国文化的基本结构。④

有人认为，中国传统思想文化结构，由世界模式、习惯心理、思维方式、价值尺度、情感方式五个部分构成。其中，世界模式和习惯心理通过思维方式、价值尺度和情感方式表现出来，并同社会政治经济结构相互联系。后三者同社会政治经济结构直接相关。⑤

以上诸种观点，见仁见智，各有千秋。

三、中国传统文化的表层结构和深层结构

中国传统文化是一个独立于世界文明之林的整体。这个整体，有其自身的内在结构。从系统的角度考察，根据文化结构三层次（因素）说，中国传统文化由物质—制度—精神（思想）的三个层面构成。具体说来，物质的层面包括小农业和小手工业相结合的自然经济，由此决定的生产方式、劳动对象、生产工具，以及各种物化的财富；制度的层面包括社会经济、政治、法律、教育制度等；精神（思想）的层面包括文化心理状态，主要是价值观念、思维方式、社会心理等。三个层面中，如果用中国传统文化固有的"道器"范畴来概括，则物质的层面可称为"器"，制度和精神的层面可称为"道"。前者是"形而下"的，后者是"形而上"的。三个层面之间，相互联系，相互融贯。比如，物质层面中的生产方式，与制

---

① 参见张立文《中国传统文化及其形成和演变》，见张立文等主编《传统文化与现代化》，中国人民大学出版社1987年版。
② 参见曹锡仁《中国古代文化结构及其特征》，载《贵州社会科学》1986年第2期。
③ 参见封祖盛、林英男《开放与封闭》，河北人民出版社1987年版，第10～11页。
④ 参见惠吉兴《宋代礼学研究》，河北大学出版社2011年版，第179～183页。
⑤ 参见王建武《改变观念与思想文化结构》，载《晋阳学刊》1986年第2期。

第八章　中国传统文化的结构和核心

度层面的经济制度相叠合；精神（思想）层面中的价值观念、思维方式、社会心理，与制度层面的政治制度（如官吏选拔制度）、教育制度（如科举制度）相融通。总之，三个层面之间，相互区别、各具特色，又相互联结、相即相入，构成中国传统文化的整体结构。

从剖面或者说从现象与本质的关系来考察，中国传统文化的整体结构可分解为表层结构和深层结构。

关于表层结构和深层结构，论者有不同划分。现代西方哲学的结构主义流派认为，表层结构是现象的外部关系，人们的感觉可以认识它。深层结构是现象的内部关系，人们的感觉无法认识它，只能通过理智模式才能认识。结构具有整体性、转换性和自律性三个特征。整体性，即结构是按一定组合规则构成的整体。转换性又称同构性，即结构中的各个成分可按一定规则相互替换，而并不改变结构本身。自律性，即组成结构的各个成分互相制约、互为条件而不受任何外部因素的影响。所以，结构具有自足的性质，是个封闭的系统。我认为，结构主义哲学家对表层结构和深层结构的理解和划分是有一定道理的。

参照上述划分，我认为，中国传统文化的表层结构，即为前面所讲的物质层面。中国传统文化的深层结构，即为前面所讲的精神（思想）层面。制度层面则具有相当的弹性。从其作为整个生产方式的构成来说，从其是外在于人的客观控制手段，以及总体上可以形诸文字、为人所直接感知等角度来说，可以将其看作中国传统文化的表层结构。而从其蕴含着整个社会的普遍思维方式、价值取向、社会心理等方面来看，则其又可被看作中国传统文化的深层结构。比如，有的海外学者就把中国古代的政与教、礼乐与行政、大一统的政治等，视作"中国文化的深层结构"[①]。正因为制度层面具有相当弹性，所以，有的学者将其划为"中层结构"，也有一定道理。

---

① 孙隆基：《中国文化的深层结构》，广西师范大学出版社 2011 年版，第 23～25 页。

第二节　中国传统文化的核心及其特点

一、中国传统文化的核心

任何文化都有其核心。中国传统文化的核心，诚如有的论者所说是中国哲学。这是正确的。问题在于没有详加论证，因而有的论者对此予以否认。在我看来，中国传统文化的核心是中国古代哲学。这是因为：

第一，从哲学的价值和功能来看。众所周知，"哲学是时代精神的精华"①。任何时代、任何民族的哲学，都是该时代、该民族的思想家对自然现象、社会现象和思维现象进行概括和总结而形成的特定的概念、范畴和思想的体系。"人民最精致、最珍贵的和看不见的精髓都集中在哲学思想里。"② 每一时代、每一民族的一定的哲学发展阶段，都是该民族认识发展史上不可或缺的一环，是其理论思维水平的标志。作为世界观的理论体系的哲学，是世界观和方法论的统一。它从最普遍、最本质的意义上，表达了人们对世界的理论说明。同时，它又对人们的认识活动起着指导作用。正如马克思所说："哲学不仅从内部就其内容来说，而且从外部就其表现来说，都要和自己时代的现实世界接触并相互作用。"③ 人们的文学艺术观点、国家观念、法的观念以至宗教观念，都受哲学思想的影响。从这个意义上说来，在人们通常所说的"文化"——无论是广义的还是狭义的——范畴中，哲学是居于核心地位的。同理可证，在中国传统文化中，中国古代哲学居于核心地位。

第二，从中国古代哲学的特点和功能来看。对于中国古代哲学的特点，学术界见仁见智，众说纷纭。究其实，从整体上看，中国古代哲学的特点主要有：着眼伦理本位；关心现实政治；发扬主体意识；富于辩证思维；强调整体观念；偏重直觉思维；流于经学态度；重视人际关系（下文

---

① 《马克思恩格斯全集》第 1 卷，人民出版社 1974 年版，第 121 页。
② 《马克思恩格斯全集》第 1 卷，人民出版社 1974 年版，第 120 页。
③ 《马克思恩格斯全集》第 1 卷，人民出版社 1974 年版，第 120 页。

将对此详加论述)。这些特点对中国传统文化产生了深刻的影响。例如,在伦理价值观念方面,传统的"君子喻于义,小人喻于利"(《论语·里仁》),"正其谊不谋其利,明其道不计其功"(《汉书·董仲舒传》),"饿死事小,失节事大"(《河南程氏遗书》卷二十二)之类的社会心理,是占主导地位的价值观念。这种价值观念,使人们把道德情操的培养看得比任何事情都重要,宁可"舍生",也要"取义"。在思维方式方面,人们在评判一个人的言行时,不是看其言行的实际情况和作用,而是看其是否符合早已设定的价值系统。即不是进行客观的事实判断,而是用价值判断来包容、替代事实判断。并且,价值判断的依据是道德,用道德评判等同、取代对客观事实的认识。① 在人与社会的关系方面,人们热衷于现实政治。以中国古典文学来说,经世致用是传统的文学观。先秦诸子都反对"人怀其文而忘其用",强调为现实服务。孔子"兴观群怨"的理论、"温柔敦厚"的诗教,既强调了文学的社会功用,又规定了文学必须遵循的道德规范。在汉代,儒生们主张文学要能够"经夫妇,成孝敬,厚人伦,美教化,移风俗",要求文学发挥劝善惩恶的作用,为现实服务。唐宋时期,所谓文以载道、文以明道说,都是崇尚现实功用,要求文学服务于政治的典型语言。王安石说:"且所谓文者,务为有补于世而已矣。"(《临川先生文集·上人书》)白居易讲:"文章合为时而著,歌诗合为事而作。"(《与元九书》)诸如此类,都是和中国古代哲学的思维方式、价值系统密不可分的,都是自觉不自觉地受其指导的。

第三,从文化概念和结构来看。关于文化概念的界定,国内外至今无统一标准和结论。主张文化是精神成果者,对文化结构作两种划分。一是将其划分为知识系统和社会心理、民族精神系统。知识系统包含各门实证社会科学和自然科学、哲学和宗教、蕴藏于一切科学中的具有普遍意义的治学方法和思维方法。社会心理、民族精神系统,则包含风俗习惯、社会心理、民族精神。这两个系统所包含的序列,都呈现出由浅入深的态势。不难看出,在前一系统中,哲学、思维方法处于系统的深层;在后一系统中,社会心理和民族精神处于系统的深层。一般意义的哲学自不必说,思维方法、社会心理、民族精神也理所当然地属于哲学的范畴。从这个意义

---

① 详见李宗桂《从理想人格和价值取向看中国传统心理》,载《社会科学研究》1986年第3期。

上看，哲学居于文化的核心地位。二是将文化外延划分为三个层次。最高层次是哲学和宗教，它们是社会生活的最高指导思想；第二层次是文学艺术、自然科学和科学技术，以及政治、法权、道德等观点；第三层次是社会心理结构。三者互相影响，互相作用。社会心理结构是联结社会存在与社会意识的桥梁，也是传统观念的主要载体。显而易见，在这种层次划分法中，哲学仍然居于文化的核心地位。

主张文化是人所创造的物质成果和精神成果的总和者，认为文化有三个层次：①表面的物质层次，或称物的文化，它是经过人的主观意志加工改造过的物，也就是马克思所说的"第二自然"；②最里面的是心理层次，或称观念文化，它包括人们的价值观念、思维方式、审美情趣、道德情操、宗教感情和民族心理等；③两层之间有一个中间层次，它是心物结合、亦心亦物、非心非物的一层，主要包括政治经济制度、法律、文艺、人际关系和习惯行为等。根据这种划分，不言而喻，思维方式、民族心理之类属于哲学范畴的观念文化，仍然居于文化的核心地位。

此外的其他划分法，不论其语言风格和表述方式如何不同，但都认为思维方式、民族心理是"文化中的最深层结构"，亦即认为哲学是文化的核心部分。

中国传统文化，作为特定的民族群体文化，是一个复杂的大系统。我们姑且借用现时的某种划分法，将其分为信仰、人格、习惯三个分系统。信仰系统是从主体和客体的相对关系中演变出来的，实际上是宗教、哲学和科学综合的知识。人格系统是社会人格的自我完善，往往表现为对一种理念的追求，形成理想系统，它包括道德秩序观念、价值观念、对群体行为的价值判断，以及社会心理层面上的审美意识。习惯系统是一种相对稳定的文化结构，可分为语言文字、风俗、民族心理三个子系统。语言文字是习惯性文化的标志，表明一个群体属于哪种文化类型；风俗处于文化结构的较低层面，但最难触动；民族心理"是文化中的最深层结构，是民族传统文化的遗传心理基因"。根据这种划分，中国古代哲学思想仍然居于传统文化的核心地位。

第四，从文化讨论的实际情况来看。在从20世纪80年代到21世纪的文化讨论中，一个明显的特点是，参加讨论的人，相当部分是研究中国哲学而且是研究中国古代哲学的；所讨论的问题，大都是思想史、哲学史方面的问题。即使那些不搞中国哲学的论者，所谈问题也主要是中国哲学

第八章　中国传统文化的结构和核心

而且是中国古代哲学方面的问题。在文化讨论中，人们关注的主要是价值观念、思维方式和心理结构等问题。张岱年先生认为："中国传统哲学的核心部分是价值观。"① 汤一介先生认为，"哲学"不等于"文化"，但哲学是文化的核心。② 有人认为，中国人"在思维方式上长期停留在主客体不分的集体表象阶段"③。又有人认为，中国古代文化的思维机制是"粗糙、模糊、直观的"，中国古代文化使中国养成了"封闭、保守、狭隘"的心理。④ 有人专门针对那些否定传统文化的观点，提出了截然相反的看法，指出中国传统哲学至少有四个特点：第一，具有强烈的社会现实性；第二，具有博大的系统观；第三，具有鲜明的主体性意识；第四，具有高度的辩证思维性。⑤ 有人认为，传统文化这种 19 世纪以前的文化现象，其直观性、笼统性、神秘主义等特质扼杀了理论自然科学的生成和发展，君权至上、义务至上、名分观念、圣人崇拜等观念则抑制了民主观念的抬头。但相对应的，绵延发展了两千多年的传统文化在如此广袤的土地上和众多的人群中，一直是最高规范和行动准则，这一事实也表明传统文化自有其穿之久远的内在依据，如乐观进取的人生态度、朴素辩证的思维方式、实用理性精神、仁学系统等。⑥

此外，已经出版的文化研究成果，无论是从历史角度进行的研究，还是从实践角度进行的研究，都有显著的哲学特色。

凡此等等，不论人们怎样评价，但这些观点属于文化讨论的范畴，存在于诸多关于文化讨论的报刊专栏和综述文章中，是不可否认的事实。而上列文化讨论中的种种观点，实际上是中国古代哲学的基本问题。因此，我们不仅可以从哲学和文化关系的理论论证，从中国古代哲学的历史事实，而且可以从文化讨论的现实状况及其成果特征，说明中国古代哲学是中国传统文化的核心。

当然，在文化讨论中，确有概念不清、对象不明的现象。有的人把中国古代哲学等同于中国传统文化，或把中国传统文化泛化为一般的历史。

---

① 张岱年：《中国传统哲学的批判继承》，载《理论月刊》1987 年第 1 期。
② 参见汤一介《中国传统文化的特质》，上海教育出版社 2019 年版，第 147 页。
③ 商戈令：《文化与传统》，载《复旦学报》1986 年第 3 期。
④ 参见潘知常《中国文化发展的必经之路》，载《光明日报》1986 年 5 月 12 日。
⑤ 参见牟钟鉴《中国传统哲学的评价及其历史命运》，载《哲学研究》1986 年第 9 期。
⑥ 参见商聚德《商聚德文集》，河北大学出版社 2017 年版，第 3~5 页。

但是，个别芜杂粗糙的现象，并不能抹煞人们关注传统文化中思维方式、价值观念和民族心理的承传和发展这样一个事实。质言之，人们关心的是传统文化与现代化的关系，而不是发思古之幽情，或为学术而学术。即使是对文化研究大发诘问的人，仍然同意："文化，介于哲学与一般意识形态之间，是从后者中提炼出来但尚未上升到哲学高度的民族的心理结构、思维方式和价值体系"①，并认为"这种看问题的思路是有价值的"。而且，这位反复强调"文化并不是哲学，哲学研究不能等同于文化研究"的先生，仍然同意"文化研究的核心是哲学"。② 可见，我们说中国古代哲学居于中国传统文化的核心地位，是有根据、有道理的。

二、中国古代哲学的特点

弄清楚中国文化的核心是中国古代哲学，对我们把握中国文化的特质有着重要的意义。同样，明辨中国古代哲学的特点，可以深化我们对中国传统文化的认识，启迪我们对其与现代化关系的思考。

关于中国古代哲学的特点，学术界大致有如下观点：①与政治伦理紧密联系，重视现实的人生，着眼人际关系的处理；②以人为思考中心，现实生活与道德理想相统一，具有鲜明的主体性意识；③有悠久的朴素唯物主义和朴素辩证法传统，强调对立统一，阴阳五行和宇宙生成论是古代辩证思维理论的骨架；④哲学与自然科学相结合，有以气一元论为基础的辩证自然观，宇宙生成论与宇宙本体论相统一；⑤具有博大的系统观，把世界既看作整体又看作过程，有求统一的思维方式；⑥儒家思想长期占统治地位，哲学成为儒学的奴婢，经学态度，述而不作；⑦天人合一思想是发展的主线；⑧具有悠久的无神论传统；⑨哲学与宗教浑然同体；⑩形式逻辑和认识论不发达，思维以直觉为主；⑪轻视生产和自然科学；⑫重和合，主张向内凝聚，强调对立面的同一性，忽视斗争性；⑬具有强烈的排他性、保守性和封闭性；⑭有始终如一的先王观念。

以上概括，是论者们经过认真思考而得出的，各有其合理性。不过，由于论者各自的素养、经历、视角不同，所以结论也不大一致，有的甚至

---

① 降大任：《文化研究十五问》，载《晋阳学刊》1987年第1期。
② 降大任：《文化研究十五问》，载《晋阳学刊》1987年第1期。

第八章　中国传统文化的结构和核心

截然相反。其中，有的人从中国古代哲学的整体着眼，抓住了它的总体特征；有的人则从中国古代哲学的某个方面，如本体论、认识论、范畴、逻辑结构等入手，条分缕析，得出有一定根据的论断。但是，某一方面或某一阶段的特征，不足以代表整个中国古代哲学的特征。

我认为，中国古代哲学的总体特征，应该是能代表中华民族精神生活的、贯穿中国古代社会始终、反映基本哲学思潮及其精神、区别于别的族类的哲学特质。其中，价值观念和思维方式是最重要的。基于这种认识，我认为，中国古代哲学有如下特点：

第一，着眼伦理本位。与西方社会不同，中国社会跨入文明的门槛时，保留了氏族制的残余。统治者利用氏族血缘观念和亲情关系，发展了宗法制。宗法制在西周已经完备，成为社会结构的稳定因素之一，影响了此后整个中国古代社会。生长于宗法氛围中的中国哲学，必然以孝悌的伦理关系为依据，并着眼于解决宗法伦理问题。历代哲学家谈天说地论人，始终带有浓厚的伦理色彩。无论是汉代董仲舒讲天有善善恶恶之心，"天生五谷以养人"，还是宋代程朱讲"天命之性""气质之性"的天理人欲之辩，都是将自然和社会伦理化。孔子"仁者爱人"的说教，北宋张载"民胞物与"的思想，更是浸透了伦理精神。以"三纲"（明明德、亲民、止于至善）"八目"（格物、致知、诚意、正心、修身、齐家、治国、平天下）为人生哲学的儒家修养论和认识论，完全是以对道德的自我追求和完善为宗旨。道家希望不为境累、不为物役、绝圣弃智、洁身自好，实际上是以对自由人格的追求，表达对实现个体价值的向往。佛家宣扬万法皆空、了无自性、慈悲为本、普度众生，以劝善惩恶为旗帜，仍不脱尘世间伦理的框架。法家高唱人皆"用计算之心以相待"（《韩非子·六反》），被人评为"非道德主义"，而实际上，"醇儒"董仲舒宣扬的"君为臣纲，父为子纲，夫为妻纲"的"三纲"说，却源于大法家韩非。"三纲"与"五常"（仁、义、礼、智、信）相配，成为封建社会伦理精神的核心。可见，法家思想也颇具伦理色彩，且与儒家伦理是相补相融的。上述诸种思想在历史进程中，相互影响、渗透、交融，最终凝聚为中国哲学鲜明的伦理特色。

第二，关心现实政治。中国哲学家热衷于"究天人之际，通古今之变"，各家各派都"务为治"（《史记·太史公自序》）。儒家对"克己复礼"的提倡和实践，便是以政治理想制约个人的欲念。孔子的学生讲：

"士不可以不弘毅，任重而道远，仁以为己任，不亦重乎？死而后已，不亦远乎？"（《论语·泰伯》）孔子推崇"无求生以害仁，有杀身以成仁"（《论语·卫灵公》）的境界，表现了深沉的历史责任感。汉代董仲舒"正其谊不谋其利，明其道不计其功"，鼓吹天人感应，是为了使封建统治"传之罔极"（《汉书·董仲舒传》）。宋代理学家大讲"理一分殊"，存天理、灭人欲，目的是"为天地立心，为生民立命，为往圣继绝学，为万世开太平"（《宋元学案·横渠学案》）。墨家学派忧世风日下，患民生多艰，要遵道利民，最终尚同于天子。这些都反映了哲学家们热心政治，其学说具有强烈的社会现实性。道家的老聃和庄周，向往小国寡民，绝圣弃智，视功名为粪土，希望逍遥于"无何有之乡"，是以消极的形式，从反面表达了对社会现状的不满和关注，为自己的政治理想张目。法家主张用强力统一天下，为"圣人执要"出谋划策，更是表现了高度的政治热情。佛教传入中国后，几经较量，最终被迫向本土文化靠拢，宣扬诸如"孝子报恩"之类的思想，为现实政治效力。经过历史的淘洗，处于民族文化深层的哲学思想，转化为"先天下之忧而忧，后天下之乐而乐"的民族精神，以及"家事国事天下事，事事关心""天下兴亡，匹夫有责"的社会心理和责任感。古代哲学家倾心于现实政治，反映出中国哲学学用一致、理论联系实际的优良作风。但是，对现实政治的过分依恋，削弱并影响了中国哲学的思辨色彩，而且，往往造成哲学被政治利用，成为政治的婢女。

第三，高扬主体意识。中国哲学有追求"天人合一"的传统，把发挥主体能力，以便与"天"一致，看作精神境界的升华和完善。以人为核心，天地人相参是哲学家一贯的主张和理想。儒家"三纲八目"的修养论，"正己"就能"正人"、"成己"就能"成物"的言行，都是"事在人为"的一种哲学表现。孔子讲"为仁由己""人能弘道"，相信通过主观努力，可以成就"仁"的品格。宋儒说，天理人欲此进彼退，革得一分人欲，便复得一分天理。如果用哲学眼光，从主客体关系考察这一思想，便可见到，对主体意识的弘扬是其理论的立足点。法家沉醉于杀敌报国、立功受奖，靠个人的努力，争得人生地位，实现自身价值，体现出对主体能力的确认。墨家认为，人人发扬兼爱之心，实行互利之法，就可走向天下尚同的正途，充分表现了对人的能动性的信赖。道家执着于对道的追求、精神的解脱，是以对主体意识的承认为根基的。佛教教人六根清净，以无念为宗，一心向佛，如果没有对主体能力的信任，是不可能进入"涅槃"之境的。

第四，富于辩证思维。中国哲学讲求对立前提下的和合统一。儒家讲"生生之谓易""天行健，君子以自强不息"，强调事物发展变化的连续性和合理性。而变化发展的根源，在于阴阳的此消彼长、刚柔的相互激荡。"一阴一阳之谓道"，便是最好的理论概括。《老子》描述了动静、高下、强弱、先后的相联相对，相反相成。"道生一，一生二，二生三，三生万物"的发展序列中，道运行不已，"周而不殆"。韩非道理相应的规律论，把事物的辩证发展看作内在规律。他既承认"法术之士与当途之人，不相容也"（《韩非子·人主》），"冰炭不同器而久"，"杂反之学，不两立而治"（《韩非子·显学》），又认为矛盾对立的双方可以"形名参同，上下和调"（《韩非子·扬权》），可见是既讲对立又讲统一。佛教"一多相摄，四谛圆融，一即是多，多即是一"的命题，无不深蕴对立统一的精义。

第五，强调整体观念。中国哲学孜孜追求人与人的和谐、人与自然的和谐，把天、地、人看作统一的整体，以"人与天地万物为一体""天人合一"为最高境界。哲学家处理问题，总是"上考之天，下揆之地，中通诸理"（《淮南子·要略训》），以便"上因天时，下尽地财，中用人力"（《淮南子·主术训》），使万事万物各得其所。君主执政施教，也是"仰取象于天，俯取度于地，中取法于人"（《淮南子·泰族训》），使天地人"贯而参通之"，从整体考虑问题，而不执着于一偏。整体观念在政治领域，表现为"春秋大一统"的观念；在社会领域，表现为个人、家庭、国家不可分割的情感；在文化领域，表现为兼收并蓄、和而不同的宽容精神；在军事领域，表现为"全军为上、破军次之"的战略思想；在伦理领域，表现为顾全大局，必要时不惜牺牲个人或局部利益，以维护整体利益的价值取向。诸如此类，构成了我们民族集体至上的思维趋向和共同心理，对维护国家统一和民族团结起了重大促进作用。不过，在一定条件下，在客观上也压抑了个人的发展。政治领域国家至上的意识，曾被封建统治者利用，作为要求劳动人民做出无谓牺牲的口实。整体观念表现于思维方式，导致认识上的模糊性。

第六，偏重直觉思维。中国古代哲学家在认识事物、分析现象、建构体系时，往往从日常生活的经验出发，凭直觉办事。传统的"尽心、知性、知天"的认识途径，是通过对内心世界的自我反省、道德境界的自我提升，去证悟人之善性，在主体的精神领域内完成天人合一的任务。宋儒对"一旦豁然贯通"的追求和体认，就是一种典型的直觉思维。从思维类型及方法来看，古代哲学家认识事物、建立体系，是在经验基础之上的类比和类推。这些，都不是运用严密的逻辑推理和系统的认识论范畴推演来实现的。直觉思维的长处，是以经验为参照，从总体上把握对象，有时能体验、证悟出逻辑思维所不能揭示的意境；缺点是不够严密，对对象的认识模糊而不明晰，其结论具有很大的或然性。

第七，流于经学态度。古代哲学家往往以"代圣贤立言"为标榜，以圣人之是非为是非，因循守旧，缺少创新。孔子"述而不作"的实践，就是经学态度的表现。汉代儒学独尊以后，经学昌盛，儒生们案牍劳形、皓首穷经，并非为了新思想、新体系的创立，而是为了注解前人思想。及至宋明，多数哲学家都认为："伏羲以至孔孟，言道已尽，后学宜世世守之。"（《恕谷文集·论宋人分体用之讹》）朱熹讲"曾经圣人手，议论安敢到？"更是典型地表现出拘执于旧义、不思创新的思想倾向。经学态度的形成，与中国社会特有的崇拜先王的崇古价值取向密切相关。当然，在客观上，经学态度使古代文化得以较为完整地保存下来。但不能不看到的是，它形成了一种因循守旧、不思创新、依傍前人的思想作风，阻碍了创造性思维的发展。

第八，重视人际关系。古代哲学家轻视对自然的探求，而重视人际关系的协调。儒家主张的"己欲立而立人，己欲达而达人""己所不欲，勿施于人"的推己及人之道，以及"正己正人，成己成物"的思想，说到底，是为了调节人际关系，在自我克制中求得整体平衡统一的效应。作为儒家对立面的道家，也十分重视人际关系的和谐。道家要求人们清心寡欲，不为天下先，是用消极退守的方法来协调人际关系。法家虽然认为君臣利害不同，但仍可以"以计合"（《韩非子·饰邪》），可以做到"君操其名，臣效其形，形名参同，上下和调"（《韩非子·扬权》）。只有人们"莫争""莫讼""莫得相伤"，才是理想的治世。至于法、术、势的交互使用，在政治生活中的纵横捭阖，则也有调整上下左右关系的意味。总之，古代哲学重视人际关系的调节，对于造成安定的局面、心情怡然地从事工作具有积极作用；但是，与此同时，也容易导致庸俗化，使讲关系、搞关系的不良风气浸透于社会生活之中，造成了民族精神惰性的一面，这是值得警惕的。

上述中国古代哲学的特点，是紧密联系、不可分割的。由于中国古代哲学博大精深，意蕴极其丰富，所以，上述特点远非它的全部，而只是其主要方面。

三、中国古代哲学对中国传统文化的影响

既然中国古代哲学在中国传统文化中居于核心地位，而且具有上述特点，那么，它必然产生重大而深刻的影响。大致说来，有如下几方面：

首先，它深刻影响并建构了中华民族特定的思维方式。哲学功能的实现，哲学对认识和实践的指导作用，并不是直接发生的，而是通过思维方式这种中介实现的。中国古代哲学对中国传统文化的深刻影响，主要是通过思维方式而起作用的。所谓思维方式，是指人们思维活动中的经验、知识、观念等要素的综合模式，是认知结构、价值结构、心理结构等方面的统一体，是人们的思维路径及其导向的理论概括。中国古代哲学在思维方式上，重证悟和直觉，讲求天人合一。其具体的认识路径总是从总体的直观到经验到直觉，离不开直观的具体的事物，离不开切身经验。当把价值系统纳入认识结构时，便出现我们前面所讲到的：用价值判断来包容、替代事实判断，而价值判断的依据是道德，用道德评判等同、取代对客观事实的认识。于是，在中国传统文化中，便出现了重经验、尚功用、以大为美、不重分析的认识倾向。反映在政治上，是中国古代历久不衰、深固于人心的大一统主张；反映在医学上，是用阴阳五行学说作为理论体系，从整体上考察病情，辨证施治；反映在文学上，是重意境的理论追求和心理满足；反映在人与自然的关系上，是主张"赞天地之化育""天地人贯而参通之"的理想追求……这些，对中国古代政治上的统一、社会心理的趋同、文化的一体化等，起了不可忽视的积极作用。但是，与此同时，它也带来了笼统思维、轻视分析的缺点，特别是当这种认识方式与传统伦理价值观相结合时，便出现了以道德评价取代事实认识的泛道德倾向，从而给我们的传统文化带来了消极的因素。

其次，中国古代哲学对传统文化价值系统产生了深刻影响。中国古代哲学特别重视心性的修养，以伦理政治为本位。无论是儒家的尽心、知性、知天、养浩然之气，重义轻利的义利之辩，还是道家的法天、法地、法自然，与道同体，作"无己""无待"的逍遥之游，都是不以物欲为齿，而以高尚其志为乐。这种心态，在传统文化中有相当典型的表现。在

中国古代文学理论中，明道、征圣、宗经是普遍的指导思想和审美标准。其中，明道是其核心。这个道，从根本上讲，是封建政治伦理之道。文学家们为了弘扬自己所崇奉的道，"九死不悔"。史学家们以"究天人之际，通古今之变"为己任，要做"直史"、写信史，才、学、识、德中，以德为主。至于为全社会所认同的"杀身成仁""先天下之忧而忧，后天下之乐而乐""天下兴亡，匹夫有责"，早已成为一种社会心理，凝聚为一种社会人格和个人深沉的历史责任感。这些，对于传统文化中积极因素的积累起了重大作用。当然，毋庸讳言，中国古代哲学的价值取向，对于中国传统文化中重义轻利、不讲实效的倾向，从长远效果来看，起了不良的影响。在商品经济勃兴的今天，我们应进行冷静分析，科学抉择。

最后，中国古代哲学对中国传统文化中积极有为、自尊自立的民族心理的形成起了积极作用。中国古代哲学特别强调发挥主体的能动性。儒家相信人能弘道，主张自强不息，"为万世开太平"。法家坚信凭借自己的"气力"，可以杀敌报国，实现自身的价值，改变其地位。道家虽高唱"无为"，要"绝圣弃智"，表面上消极退守，实际上，他们对自己学说的不倦阐发和对儒家学说的不懈攻击，刚好表明他们是用"以反求正"的方法来实现自己的理想。"无为而无不为"的口号，才是他们的真实心态。这种哲学氛围，孕育并壮大了传统文化中重视人为的思想。在整个中国古代，之所以人们不依天命过活，之所以没有出现西方社会所经历的神权统治时期，是与传统文化中人定胜天、刚直不阿、自尊自立的基调分不开的。一直坚信自己可以自立于世界民族之林，早已成为中华民族的共同心理，应该说，这是与中国古代哲学弘扬主体能力的基本精神分不开的。

中国古代哲学在传统文化的形成以及在中华民族的形成、发展中起了十分重大的作用，这是不言而喻的。

第九章

中国传统理想人格、价值取向和社会心理

由于中国文明的"早熟",以及中国社会经济结构和政治结构的制约,作为中国传统文化主体的儒、道、墨、法、佛诸家的人生哲学、思维方式和价值取向,构成了传统中国社会普遍的理想人格、价值取向和社会心理。认真研讨中国传统的理想人格、价值取向和社会心理,不仅有助于我们把握传统文化的类型和特质,而且对于建构具有现代意识的思想文化体系,也有着重要的现实意义。

第一节 传统理想人格和价值取向

一、传统理想人格

传统理想人格是个复杂的问题,论者有较大分歧。有人认为,智慧力量、道德力量和意志力量是达到和保持健康人格必须具备的三种人格力量。根据这种"人格三因素论"来考察,"中国人的普遍人格长期是'自我萎缩型人格'"。这种"自我萎缩型人格",停留在较低的层次,即归属需要、安全需要,甚至最低层次的生理需要上。中国传统文化中饮食文化特别发达的情况,就是中国人普遍人格的一种反映,表现了"自我萎缩型人格"的一种价值取向。传统文化中以儒家文化为主设计的理想人格,是"片面道德力量人格"[①]。也有学者认为,历史上中国人在人格方面长期表

---

① 许金声:《从"人格三因素论"看中国传统文化与人格》,载《国内哲学动态》1986年第6期。

现为传统封建社会的依附型人格，至今尚未完全建立起现代人格。①

与此相反的意见认为，中国传统文化是既重道德又十分注意意志力量的，"其普遍人格是一种刚健自强、积极进取的人格"②。

有论者认为，中国的理想人格是一种"他制他律的人格"，在人格构成中具有更多他人的因素。具体表现为：用"身体化"与"人情化"的"恻隐之心"去同情"跟大家一样"的人，以"心"去关怀人人一样的"身体化"需要之方式来抹杀个体"灵魂"的需要；有浓厚的在他人面前"做人"的观念；讲究"听话"；有内省式的人格……③

有论者认为，中国传统文化中，有人格平等的独立人格思想，人格的价值远远高于世间富贵的价值。④

有论者认为，中国传统理想人格是圣人，其核心是要求内在的道德价值的实现，忽视了人作为完整的人应占有自己的全面本质，因而价值的实现是片面的。⑤

有论者认为，理想人格是先秦诸子将尧、舜等古帝理想化的产物，这表明古代理想人格的最高典范是圣王。这种经由"古帝理想化"形成理想人格的过程，导致了一种崇古或尊古的价值取向，是形成权威人格、保守等国民性的最基本的文化因素。⑥

有论者认为，从文化与人格的关系考察，关于中国人格的特征，以林语堂的看法为比较细致。林语堂认为中国人的特性是：对人的理解、简朴、爱好自然、有耐性、恬静、喜欢开玩笑、爱好小孩子、勤谨、爱好家庭、安分守己、悠然自得、具幽默感、保守、爱好享受等。但对于中国传统性格的归纳最为周延深刻的，应当是美国汉学家亚瑟·莱特（Arthur Wright）所举出的十三种典范特征：①服从权威——父母或长上；②服从礼法；③尊重过去和历史；④好学，尤其好学正统的经典；⑤循例重俗；⑥君子不器；⑦主张逐渐的改革；⑧中庸之道；⑨与人无争；⑩任重致

---

① 参见陈琼珍《现代人格及其塑造》，中山大学出版社2018年版，第149页。
② 黄先海：《也谈中国传统文化与人格》，载《国内哲学动态》1986年第11期。
③ 参见孙隆基《中国文化的深层结构》，广西师范大学出版社2011年版，第182～183页。
④ 参见张岱年《中国哲学关于人生价值的思想》，载《中国哲学史研究》1987年第1期。
⑤ 参见陈来《中国传统价值观的类型和特点》，载《中国哲学史研究》1987年第1期。
⑥ 参见韦政通《传统中国理想人格的分析》，见李亦园、杨国枢编《中国人的性格》，桂冠图书股份有限公司1988年版，第36页。

第九章 中国传统理想人格、价值取向和社会心理

远；⑪自重与自尊；⑫当仁不让，不妄自菲薄；⑬待人接物，中规中矩。论者指出，从特殊性的一面分析，古典中国的人格是"闭固性人格"、"权威性人格"、富于人情味而欠缺公德心、注重形式化而爱好面子、融洽自然、当下即是。①

由上可见，关于传统中国的理想人格及其评价，确是众说纷纭，见仁见智。

依我看来，中国传统理想人格是"君子"。这种君子人格是由传统文化主体内容的儒、道、墨、法、佛诸家人生哲学相互碰撞、相互渗透而熔铸出来的。其中，又以儒家圣贤理想人格为根基，特别是以求贤的人格追求为主导，亦即从贤人人格转化而来。

前面已经谈过，儒家理想人格是圣贤。对统治者而言，是以圣王为追求目标和行为典范，其榜样是尧、舜、禹、汤、文、武、周公。对一般士大夫和庶民百姓来说，则以贤为追求目标和行为规范。从本质上和终极目的来看，儒家追求的圣贤理想人格，重点在贤而不在圣。在儒家经典中，所谓贤人人格，是用"君子"一词来表述的。前面还指出，随着战国时代思想交融过程的延伸和秦的统一，特别是经过汉初统治者对统治思想做艰难抉择，西汉中期由董仲舒对诸子思想进行扬弃，对社会加强内在和外在的控制后，先秦四家的理想人格经过糅合，在旧结构中添以新质，终于凝聚成独特的民族精神。这种民族精神的主要内容是：深沉的历史责任感；自强不息；关心他人；讲求道义；注重整体利益；强调个体价值……而这，实际上就是汉民族的理想人格。

基于以上认识，我认为，传统中国的普遍人格是"君子"。

君子一词，按照经典的解释，是有才德者之称。《仪礼·乡饮酒》曰："以告于先生君子可也。"其注曰："君子，国中有盛德者。"《礼记·曲礼》曰："博闻强识而让，敦善行而不怠，谓之君子。"另一种解释，是圣贤，而且主要是贤。这在封建社会经典中可以找出很多例子。比如，《诗经·鄘风·载驰》曰："大夫君子，无我有尤。"郑玄笺曰："君子，国中贤者。"又如，《中庸》曰："君子胡不慥慥尔。"注曰："君子，谓众贤也。"

从实际情况来看，儒家公开表示以天下为己任，以自我牺牲的精神来

---

① 参见金耀基《从传统到现代》，中国人民大学出版社1999年版，第36～44页。

维护宗族以至国家民族的利益;要谋道不谋食,有道则见、无道则隐;做事要设身处地、将心比心、推己及人……这无疑是一种君子作风。

道家也是提倡君子作风的。《老子》三十一章云"君子居则贵左",与儒家经典《左传》中"楚人尚左"(《左传·桓公八年》)的格调一致。《老子》同一章中还讲:"兵者不祥之器,非君子之器,不得已而用之。"老子是反对战争的,用"非君子之器"的否定方式来说明"兵"的不祥,刚好从反面表达了他对"君子"之器的肯定。《庄子》中说"君子不得已而临莅天下,莫若无为"(《在宥》),君子成了庄子"无为而治"政治理想的执行者,是符合其所欣赏的品格的人。在《庄子》中还有"同与禽兽居,族与万物并,恶乎知君子小人哉"(《马蹄》)的记载,君子与小人相对,可见庄子对君子还是欣赏的。当然,道家所讲的君子,在内涵上与儒家有别,但二者都将其作为肯定的、正面的形象,则是无疑的。

墨家也推重君子。《墨子·尚贤下》说:"今也天下之士君子,皆欲富贵而恶贫贱。""而今天下之士君子,居处言语皆尚贤。"《非乐上》又说:"士君子竭股肱之力,亶其思虑之智,内治官府,外收敛关市、山林、泽梁之利以实仓廪府库,此其分事也。""君子不强听治,即刑政乱;贱人不强从事,即财用不足。"可见,君子成了墨家思想的化身,是人格化的墨家思想。

法家在对君子的推崇方面,丝毫不逊色于儒、墨两家。《韩非子》一书,有三十三处言及君子,有不少是以肯定的口吻和态度来议论的。例如:"夫君子取情而去貌,好质而恶饰。"(《解老》)又如:"君子去泰去甚。"(《外储说左下》)再如:"治世使人乐生于为是,爱身于为非,小人少而君子多。故社稷常立,国家久安。"(《安危》)可见,君子是法家思想的集中体现者。

由上可知,先秦儒、道、墨、法诸家,尽管人生哲学模式不同、思维途径有别,但在使用"君子"一词表述各自理想人格方面,却有着一致之处。换言之,"君子"一词,就其语言的褒义方面而言,诸家具有"通约性"。这是"君子"人格能够成为传统中国社会普遍人格的一个重要原因。更为重要的是,一方面,由于中国宗法制农业经济结构是建立在以水为生的自然经济和血缘心理基础上的,因此,温柔敦厚、文质彬彬、以他人为重等君子风格是其逻辑的产物。另一方面,专制主义的政治结构,则又需要一种为全社会所认同的,不触犯专制王权并为其效力的人格,而这又绝非墨家的义侠、道家的隐士、法家的英雄等类型的人格所能奏效。相反，义侠容易"以武犯禁"；隐士流于看破红尘，走上无政府主义道路；英雄终归要表现自己，显示强力，与专制王权相抵触。只有由儒家贤人理想演变而来的君子人格，才能既为专制王权所容许，又为全社会所认同，且与社会经济、政治结构相契合。正因如此，中国封建社会虽然王朝屡次更迭，但君子人格却始终维系不坠，并转而极为深刻地影响了传统价值取向和社会心理。

二、传统价值取向

上述中国传统理想人格的形成，与传统中国社会的价值取向密切相关。而后一个问题，则是个十分复杂的问题，可以单独写一本厚厚的书。限于篇幅和体例，这里只能概略地加以阐述和评析。

关于中国传统价值取向，学术界近年有相当研究。有的学者认为，中国传统文化的价值取向大体可归纳为三个基本点：以土地为基础的人生本位，以家庭为基础的群体本位，以伦理为基础的道德本位。① 有的学者提出，中国传统社会的价值基础是从中国农耕文化（家族）和儒家伦理思想（仁义）中发展起来的人情面子，即以关系为重的价值观念。② 有的学者认为，中华优秀传统文化的传统价值观表现为仁爱民本精神、明道正义精神、尚诚守信精神、合和大同精神。③

有的学者认为，从共同价值观的角度看，中国人的价值观大略可以分为三类：①对自然与人生的价值观；②对社会与人群的价值观；③对伦理与宗教的价值观。从第一种价值观可以发现，中国人虽长期生活在贫困的环境下，仍然乐观而具有相当大的创造力，同时也养成一种顺应环境和服从权威的性格，把成就的机会交给命运。从第二种价值观可以发现，中国人认同血缘和地缘群体的意识非常强烈，这种集体观念使个人在社会中不

---

① 参见司马云杰《文化价值论——关于文化建构价值意识的学说》，人民出版社1988年版，第258页。
② 参见翟学伟《中国人的价值取向：类型、转型及其问题》，载《南京大学学报》1999年第4期。
③ 参见孙熙国《社会主义核心价值观的二重超越性》，载《中国特色社会主义研究》2014年第3期。

容易产生成就感,而把许多有关社会、政治、经济的活动都视为群体的一部分,使得这方面的改善受到限制。从第三种价值观可以发现,中国人的伦理和宗教有很高的一致性或重叠现象,仁与孝是行为的主要指标,祖先崇拜又几乎是道德价值的重现。也许是受了儒家传统的影响,中国人在价值观上所表现出的实用性和功能性十分强烈,尤其是宗教价值,几乎自古至今一直为功能取向所左右。① 从价值取向考察中国国民性则可以看到,中国人具有权威与传统价值取向所形成的性格、重农与重功名价值取向所形成的性格、仁义等道德价值取向所造成的性格。三种价值取向导致了几种主要的性格,即权威、保守、谦让、谨慎、依赖、顺从、忍耐、勤劳、节俭、安分等性格。②

有学者提出,中国传统哲学本质上是价值哲学。儒、墨、道、法虽然旨趣有异,但却殊途同归、百虑一致,都把致思的最终趋向确定在世界对人的意义上,归结到价值理想的追求上。从哲学的理论体系来看,中国传统哲学的本体论并非以宇宙的本质为认识的根本目标,而是借"天道"以明"人道";中国传统哲学的认识论并非以认识的来源和规律为探讨的最终归宿,而是借"知行"以说"道德";中国传统哲学的辩证法并非以世界的运动过程和规律为研究的至上兴趣,而是借"阴阳"以言"治平";中国传统哲学的历史观也并非以历史发展的客观必然性为思考的终极意义,而是借"理势"以论"至治"。就是说,价值论渗透于中国传统哲学的各个领域,成为其他哲学问题环绕的核心。③

有的学者专门研究了中国传统哲学的价值论,认为中国传统哲学的价值论是以人为本位,以道德为主导,以功利和权力为两翼,以"自然无为"为补充,以群己和谐、天人和谐为真善美统一的理想境界的价值观念体系。这一理论体系包括六大基本观念:①人贵于物观念;②义重于利观念;③德高于力观念;④群己和谐观念;⑤天人合一观念;⑥善统真美观念。④

此外,学术界还有其他一些论述。

---

① 参见文崇一《中国人的价值观》,东大图书股份有限公司1989年版,第32～33页。
② 参见文崇一《中国人的价值观》,东大图书股份有限公司1989年版,第130～156页。
③ 参见赵馥洁《中国传统哲学本质上是价值哲学》,载《人文杂志》2010年第1期。
④ 参见赵馥洁《中国传统哲学价值论》(增订本),人民出版社2009年版,第10～14页。

第九章 中国传统理想人格、价值取向和社会心理

我认为,分析中国传统文化的价值取向,既要从个案出发,从具体问题入手,使得其分析有扎实的基础;又要不拘泥于具体的问题,而要概括出带有普遍性、共同性的特征,不能以偏概全、以点带面。

根据上述认识,我认为,从普遍性和共同性的一面来看,传统中国的价值取向,主要有崇古、唯上、忠君、道义。

侯外庐早已指出,中国氏族公社的解体和进入文明社会的方式与西方国家不同。西方是从家族到私产再到国家,国家代替了家族。中国是由家族到国家,国家混合在家族里面。与西方"人惟求新,器惟求新"的革命路径相比,中国社会发展走的是"人惟求旧,器惟求新"的维新路径。① 这个论断,揭示了中西文明发展的不同道路,给我们提供了把握中国古代社会的特殊结构及其对中国历史和思想文化的深刻影响的普遍根据。(详见本书第一章第三节)正是这种社会特点,造成了中国古代普遍的崇古倾向滋生的温床,而先王观念和祖先崇拜就是这种价值取向分别在政教(国)和宗族(家)里的具体反映。

在先秦典籍中,称颂先王的词句充斥卷帙。先王圣明廉洁、泽及牛马、功业盖世、德行高超,不仅是时君效法的榜样,而且是庶民礼拜的偶像。儒家所倡导的孝悌思想,则是维系家族之间以及家与国之间的关系的纽带。先王、祖先这两个系统,分别把社会和家庭整合起来。而家国同构、家国一体,则使宗法伦理思想浸透人心,成为一种稳固的制度和心理。汉代实行儒家独尊以后,由于董仲舒们的努力,家族政治化和国家家族化以及政治制度和教育制度的合一,更使这种价值取向制度化、观念化。从政治、经济和教育等社会制度对人的外在控制到三纲五常等伦理规范对人的内在控制的加强,使每个作为角色的人制度化了。知识分子被诱导到只读正统经典并以此入仕的利禄之途上,庶民百姓则被要求用正统经典的思想来规范自己的言行。由此,"就会产生趋于稳定的倾向。在这种趋势下,创造角色新典型的可能性很少,一种新典型如果不合正统的模型,就要遭到史家的贬抑。因此在中国传统里,人格的形成,差不多是只着重于定型的模拟。人格的合模要求既如此强烈,独特的个性就不容易获

---

① 参见侯外庐、赵纪彬、杜国庠《中国思想通史》第一卷第一章第一节,人民出版社1957年版。

得培养和保持"①。而这正是崇古倾向和祖先崇拜的价值取向的功能表现。由此,"传统社会的保守主义所以能一再得到胜利,传统文化里的道德权威所以能维系不坠,传统哲学所以不能开辟像西方哲学那样众多的领域,以及知识分子创造力萎缩等问题,都可以获得一个合理的解释"②。当然,崇古的价值取向也有协调目标、稳定社会秩序的作用,在一定的历史时期起了相当积极的作用。但作为一种文化心理,它所造成的怠惰、盲目自满以及相应的闭锁心态的消极影响,则是不可低估的。

与崇古倾向相联系,唯上是从以及作为其集中表现的忠君思想弥漫于整个社会。先王观念和祖先崇拜所造成的社会秩序和心理趋势是后代因循前代、下层服从上层。君主是"表率万邦"的,大臣及士大夫是辅佐君主协和天下的。由天子到大臣到士大夫再到庶民百姓,按封建等级制形成了特定的关系。在国家政权中,按照等级身份,依靠行政建构和法规,构成了一个以强制服从为特征的从中央到地方的官僚系统。在家族关系中,依据血缘亲疏关系,以宗法观念为纽带,构成了一个以情感上的自觉服从并由此获得孝顺名声为心理满足的宗法系统。在这两个系统中,有着共同的唯上是从、犯上就是作乱的群体意识。这种群体意识一经形成,又反过来促进官僚政权系统和宗法系统的巩固,并且在情感上自然地将这两个系统融为一体。唯上是从的情感倾向,使个体在政治上表现为忠君思想。皇帝即国家,忠君就是爱国,这是整个中国社会的普遍意识和心理状况。这种唯上是从的态度和忠君思想,一方面,稳定了社会秩序,形成了共同心理,充实了民族文化的内容。特别是忠君思想,在一定条件下,也曾孕育了一批爱国志士,哺育了作为民族文化重要成分的爱国主义思想的成长。另一方面,它又奴化了人们的思想,消解了人们的求实精神。

在传统中国的价值取向中,最显著、最富于特色的,莫过于重道义的伦理情趣。从孔子的"志士仁人,有杀身以成仁,无求生以害仁",到董仲舒的"正其谊不谋其利,明其道不计其功",再到程颐的"饿死事小,失节事大",无不是以道义为重、以物质追求为耻的。就是文天祥的"人

---

① 文崇一:《从价值取向谈中国国民性》,见氏著《中国人的价值观》,东大图书股份有限公司1989年版,第136页。

② 文崇一:《从价值取向谈中国国民性》,见氏著《中国人的价值观》,东大图书股份有限公司1989年版,第155页。

生自古谁无死,留取丹心照汗青"的高洁情怀,以及谭嗣同"我自横刀向天笑,去留肝胆两昆仑"的无畏气概,也浸透着道义为上的精神。这种道义高于功利的伦理情趣,重在人格上的自我完善和精神上的自我满足。它感化着每一颗沉浸在宗法血缘的人情关系的温水中的心,形成了有别于世界其他文化的特色。它造就了一代又一代不为一己之利而为天下大同不惜肝脑涂地的志士仁人,并且成为鼓舞人们为追求真理而不屈不挠地斗争的一种民族精神。当然,这种价值取向有时也会被统治者利用,成为要求人们忍受精神压迫和物质剥削的理论依据。

正是以上这些特定的价值取向,决定了中华民族特定的精神风貌,使重传统、忠君主、遵上级、讲操行成了人们做人的准则和衡量是非的标尺。

第二节 传统社会心理

传统中国的理想人格和价值取向,作为一种文化构成,经过长期的积淀,最终转化为异于其他族类的社会心理。严格说来,上述价值取向也是一种社会心理,只不过相对于这里所讲的社会心理而言,就心理方面看,它更内在;就结构方面看,它更深层。同样,下述传统社会心理,如从价值系统来考察,则也是某种特定的价值取向。只是为了转换视角,便于从不同侧面、不同层次对传统文化进行解析,我们将其相对分开了。

一、求善与名声

中国古代思想家的思维趋向,是追求内圣外王的境界,以道德为第一价值取向。这种价值取向,经过历史积淀,泛化为一种普遍的社会心理。

在传统中国社会中,无论是思想家,还是普通士大夫以及庶民百姓,普遍有一种深沉的历史责任感。他们信奉学以致用的原则,对社会政治生活有一种强烈的参与意识。修身、齐家、治国、平天下是他们思维的主要内容,是达到内圣外王的理想境界的途径。通过从小到大、从个体到整体、从主体修养到社会生活的路径,实现匡时济世的抱负。其中,修身是齐家、治国、平天下的前提和基础。舍弃或者忽视这一点，便一事无成。通过"吾日三省吾身"式的主体自我反省，人们就可培养"浩然之气"，泯除杂念。修身的标准，是使人能"内圣"的伦理规范。能杀身以成仁，不害仁以求生，便是"志士仁人"；能做到"富贵不能淫，威武不能屈，贫贱不能移"，便是"大丈夫"。这显然是以道德为价值取向。

　　以道德为价值取向的集中表现，是人们对"止于至善"的执着追求。《论语》要求人们"笃信好学，守死善道"（《泰伯》）。《大学》所褒扬的"三纲八目"，"三纲"是"明明德，亲民，止于至善"，出发点是"德"，归结是"善"，是以伦常情感的完美为归依。"八目"则是要求人们在这一伦理框架中修养身心，实现内圣，进而达到外王。由于"三纲八目"既是修身之道，又是治人之理，更是入仕之途，所以，每个人都要力行践履，时时想到怎样做人，以协调人际关系；通过对"止于至善"的追求，平衡个体与群体、群体与社会的关系。否则，便不能安身立命，更无从立德、立功、立言，以不朽于后世。这种"做人"的心理，使每个人努力反省内求（反求诸己），倾心于对善的体认和践履。不仅儒家如此，佛、道也不例外。武则天就说过："佛道一教，同归于善。无为究竟，皆是一宗。"（《禁僧道毁谤制》，见《全唐文》卷九五。着重号为引者所加）由于儒、佛、道的宣传和实践，使中华民族对善的执着十分突出，丰富了民族精神的内涵。但与此同时，却又在心理上形成一道向自然探索的屏障。

　　由于求善成了普遍的社会心理，故人们立身行事，特别注意名声。

　　对名声的追求，其正面的积极表现，便是儒家"立德、立功、立言"的思想。《左传·襄公二十四年》云："太上有立德，其次有立功，其次有立言。虽久不废，此之谓不朽。"活着要有所建树，首先在于树立品德，其次才是树立功业，再其次才是树立言论。文天祥高唱的"人生自古谁无死，留取丹心照汗青"，实质上是刻意追求名声的社会心理的典型反映。正面追求名声的消极表现，便是陶渊明式的"不为五斗米折腰"。其实，魏晋时期玄学家提出"名教即自然"的命题，就是为了既不放弃舒适的物质享受，又能保住名声而想出的"两全之策"。在传统中国社会里，人们特别推重忠孝节义之类的伦理政治规范。统治者的思想容易为人们所接受，很大程度上在于利用了人们喜欢博取名声的心理。理学家们"存天理，去人欲"的说教能在后期封建社会中成为一般人所认同的生活准则，就在于人们重名声。寡妇宁可饿死也不改嫁，以及难以计数的孝子、忠

第九章　中国传统理想人格、价值取向和社会心理

臣、节妇、烈女的出现，从心理因素来看，无不与重名声的社会心理相关。孔子第 77 代嫡孙女孔德懋写的《孔府内宅轶事》一书，披露了如下情节："颜氏女许给孔闻训为妻，还没过门，孔闻训死了，这个十七岁的女孩殉夫自缢，于是在孔林门外给她立了'贞节'牌坊。在曲阜这种贞节烈女牌坊很多。还有孔府的近支四府里的'贤良大太太'，她订婚后还没结婚，男的死了，她下了花轿，抱着牌位拜天地，入洞房，脱下嫁衣换上孝服，从此守寡到死，几十年连院门也没出。还有东五府的本家，在八国联军时期父亲领兵打仗，战败自刎殉国，消息传到十二府，他的儿子为对父亲尽孝上吊自尽了；儿媳将其夫收尸后，也上吊自尽殉夫了，皇帝赐给横匾'满门忠孝'，我小的时候，那横匾还挂在他家门上。"① 我相信这段文字是信史。自缢殉夫、殉父也好，未婚守寡到死也好，当然是受封建伦理纲常的毒害。而封建伦理纲常之所以能发挥如此神威，则是与人们过分追求道德完善、追求名声的思维趋向和心理状态分不开的。

正是在这种以道德完善为人生追求、以博取好名声为心理满足的文化背景下，中国人宁可身败不愿名裂。所谓"尔曹身与名俱灭"，嗟叹的重点是名而不是身。而这名又不是为名而名，而是与特定的道德标准和价值观念相联系的。

作为传统社会心理的一个重要内容和表现，中国人对善的追求和对名声的维护，具有两重性的作用。一方面，它使人们在致思趋向和价值观念上相互认同，成为民族文化的一种凝聚力；使中国人重气节、讲操行的品德特别突出，在客观上孕育出了一些正道直行之士。另一方面，在统治者的歪曲性引导下，它压抑了人们的物质欲望，使自我抑制的心理成为民族文化中一个不可忽视的内容，从而妨碍了健康的民族人格和心理的发展，这是须得扬弃的。

二、群体与关系

在以"君子"为理想人格追求的传统社会中，"止于至善"是人们立身行事的理想境界。而以"八目"为道德实践的基本内容的主体修养者，被各种制度和规范制约在一定地位上，扮演着以执行义务为主的角色，所

---

① 孔德懋：《孔府内宅轶事》，天津人民出版社 1984 年版，第 15～16 页。

以，传统中国心理特别看重整体、注重关系。

中国古代以小农个体生产为基础的经济结构，由于与专制主义的政治结构结为一体，因而具有极强的稳定性和制约力。它要求把分散的个体小农束缚在土地上，通过不同宗族、不同地域的春种秋收，将收成的相当部分向封建国家缴纳，从而在客观上向封建政权认同。而个体小农经济的脆弱性，使农民必须以家庭或宗族为单位，协同劳作，以增强自身力量，抵御自然灾害的侵扰。因此，个体小农的力量，总是通过群体的组合，在群体力量的显示中得以实现。这样，为了自身的生存，人们就必须加入某一特定的群体，注重群体关系。

从政治上看，封建社会政治结构是以专制君主为中心，为专制王权服务的。人人必须服从封建政治结构绝对维护王权的内在要求，向地主阶级的国家机器低头，以"大一统"为政治观念的核心。正是由于个体小农经济的分散落后，所以政治上的大一统呼声才特别强烈。诸如大型水利工程如四川的都江堰，中型水利工程如广西的灵渠，如果没有大一统局面，没有国家政权的组织和协调，调动众多人力物力，依靠集体力量，那么，它们是根本不能建成的。同样，抵御落后民族侵扰的万里长城的修筑，也不是靠任何个人力量可以完成的。当然，更为根本的是，统治者力倡大一统，是通过强调全国上下群体利益的一致性，来维护已成的天下一统的局面，或收复沦于他人之手的江山。因此，大一统是历史发展的常规，是"天地之常经，古今之通谊也"（《汉书·董仲舒传》）。无论知识分子还是庶民百姓，都以天下一统为乐，以江山分裂为忧。维护统一成了民族大义，分裂割据成了国耻民忧。于是，为了维护天下一统这个最大的群体利益，人们不惜牺牲一己之生命。

从思想上看，以儒家为主流的传统思想，以维护社会安定、群体谐调为宗旨。他们以群体利益为个体利益的参照系，要求每个社会成员通过道德修养提升思想境界，融个体于群体之中，个体的欲望和价值以群体的欲望和价值为转移。以天下国家为己任也好，以道事君也好，都是以其所认定的整个族类这一群体为价值取向。这又与儒家天人合一的整体思维密切关联。由于儒家强调人与自然、社会的统一，因而人的价值变成以维护社会整体利益为特征的自我道德价值，提倡人的道德和人格的自我完善。以"吾日三省吾身"为典型方式的自我反思的思维方式，便归结为道德境界的自我升华。这种自我反省、自我认识，是以服从社会整体利益为价值取向的，而不是相反。即便是重视个人物欲、承认利害争斗的合理性的法家，最终仍主张个体向群体的屈从：个体必须适应君主专制这一代表整个地主阶级利益的群体结构，否则便是"贰臣"。

用历史主义的眼光来审视，应该看到，在宗法制和小农经济的条件下，不可能产生群体必须满足"人的自由的全面发展"的观念，个体的主体创造性、独立性和自尊感不可能受到高度重视。传统价值取向孕育出的社会心理，使维护群体利益，调节人与人、个人与社会的关系，成为人们的思考重心。对个人来说，只有克制身心、服从群体，才能与世俗融洽相处。群体拥有巨大的道德政治权利，个体则只享有道德政治义务；而且，这种权利与义务关系的不协调，最终是以个体欲望的自我收缩而得到解决。这种状况，对个人自由的发展，对自信、热情、进取等精神品质的形成，特别是对独特的个性的形成，起了消极作用。

但是，这并不意味着重群体、讲关系的传统心理一无是处。从人们关系的社会性的角度考察，可以看到，人是社会群体中的人。只有在社会群体中，个人的才智才会得到全面发展，个人的价值才会得以充分实现。从历史上看，正是重群体、讲关系的传统心理，使中华民族的精神力量凝为一体，使以大局为重、以他人为怀的情操得以弘扬，使中华民族这个大群体得以稳定发展并壮大。

当然，我们更应看到的是，在传统中国，由于注重群体利益，致使个人要实现自我价值，就必须精心研求人际关系，使个体与群体协调，同步运转。否则，天下既不能治，更不能平。因此，为了从整体的存在和心理满足中实现自己的价值，为了完成道义，人们不惜牺牲个人的利益以至生命。这种心理，培育出一种以他人为重、以集体为怀的高尚情趣，起到了纯洁心灵的作用。但是，由于这种心理客观上贬低了个体的作用和价值，使中国人自我贬抑的心理畸形发展，从而总是把个体发展的希望寄托于他人的提携之上。讲关系、处关系、搞关系，耗去了中国人几多心血！正因为重整体、重关系，所以要待人如己，将心比心；要泛爱众，要平等。如谁与大家不一样，木秀于林，则风必摧之！历史上多少次"均贫富、等贵贱"之类的"平均""平等"的呐喊，与其说是农民阶级的自我觉醒，不如说是走投无路惨状下要求彼此一样的意识流泻。儒家天下大同的堂皇描写和廉价支票，也不过是自然经济条件下这种农民心理的美妙折光而已！正是这种个体与群体、局部与全局利益关系上的此泄彼济，维持了传统中国社会的稳定和延续。

三、义利与德才

在传统社会心理中，重义轻利、重德轻才的观念也是影响深广、独具特色的。

义利关系是中国思想文化史上的一个重要问题。孔子第一个明确分辨了义利关系，所谓"君子喻于义，小人喻于利"（《论语·里仁》），便是从价值取向上肯定了义重于利。孟子说"生，亦我所欲也；义，亦我所欲也。二者不可得兼，舍生而取义者也"（《孟子·告子上》），把义看得重于生命，其他物质利益自不在话下。孟子还认为，仁是人的心，义是人走的正路，如放弃正路而不走，是人生极大的悲哀。义是人们"心之所同然者"，理义使人内心高兴，如同猪狗牛羊肉合乎其口味。因此，舍生取义成了事理之当然。董仲舒提出"利以养其体，义以养其心"，"义之养生人大于利"（《春秋繁露·身之养重于义》）的命题，也是把义看得高于利。至于他那"正其谊不谋其利，明其道不计其功"的著名口号，则更是重义轻利以至弃利的思想。这种思路，为后来的宋明理学家所继承。理学家们所谓"存天理，去人欲"，所谓"饿死事小，失节事大"，都是儒家重义轻利思想的进一步理论化。儒家这种义利之辩，其设定的理论前提是道德理性同感情欲望的对立，着眼点是用理性去克制感性，以压抑感情欲望来服从道德理性。

儒家这种重义的思想，与其重整体利益的思想密不可分。义是规范主体道德行为的标准，是维护整体利益的调节剂。通过对义的高扬，突出整体利益的重要性和绝对至上性，从而使个体利益服从整体利益，以整体利益去调节、控制个体利益。如果有谁趋利弃义，置个体利益于整体利益之上，就会遭到人们的唾弃。如"拔一毛利天下而不为"的杨朱，便被孟子斥骂为"为我"的"禽兽"。

由于中国社会特殊的经济结构和政治结构的制约，以及封建统治者的提倡，在一切以伦理道德为价值尺度的古代中国，儒家重义轻利、崇义贬利的思想，具有强大的亲和力和感染力，因而得到了全社会的价值认同。即使出现过墨家的利即是义、义利双行的思想，法家鄙弃礼义、重视功利的观点，但它们毕竟不占主导地位，不过是历史发展长河中偶然溅起的几朵小小的反向浪花而已。墨家在秦以后逐渐湮没，成为绝学。法家在秦以后，退居统治舞台幕后，以刽子手的角色职能，成为扮演牧师角色的儒家思想的一种补充。而道家的体道寡欲，佛家的去欲、无欲，以欲念为万恶之源，则刚好与儒家义利观互为同调。因此，重义轻利、尚义贬利成为普遍的、历久不衰的社会心理。

重义轻利、尚义贬利的社会心理的形成，对人的理性精神的弘扬，对人保持自身不沦于"物"的地位，有着一定的积极意义。但是更重要的是，这种义利观把人的正常物欲视作悖伦，忽视了道德生活的基础是物质生活，忽视了义与利有其统一的一面。这种社会心理一经形成，就转而影响每一个个体，从而对健康人格和心理的形成，以及人的全面发展，起了严重的阻碍作用。

受以道德为中心的泛道德主义的价值论的影响，与重义轻利的传统社会心理相一致，在德与才的关系上，人们往往是重德轻才、以德代才、以德压才。

如前所述，由于传统中国执着于对善的追求，孜孜于名声的维护，因而对于道德的修养和维护，重于对知识的追求和才能的培养。在思维方式上，则是寓事实判断于价值判断之中，而价值判断的依据则是道德，价值判断为道德判断所代替、所等同。因此，在德与才的关系上，便必然表现为重德轻才、以德代才乃至以德压才的普遍社会心理。

汉代以后，直到清末，为统治者所推崇、为全社会所乐道的思想，是儒家思想。儒家所热衷的忠孝节义、三纲八目，无一不是以道德伦理为轴心。道德伦理成了一切言行的律则。符合这一律则的，是善，是美德；违反这一律则的，是恶，是丑行。为官施政，如果褒扬道德，并身体力行，那么，即使成绩平平，甚至毫无建树，也可稳保乌纱，甚而可能不断升迁。反之，如果违反道德规范，那么，即使你成绩卓著，也会被斥责为先人的不肖子孙，并以此抹煞你的一切成绩。著书立说，公认的准则是做"道德文章"，首先是道德，其次才是文章。如果推明道德，阐扬心性，即使你言之无物，满篇八股味，也会赢得喝彩。否则，即使你才气过人，思想活泼，佳句盈篇，也会被贬得一无是处。人际交往，如果你处处谦卑，表现得温柔敦厚，道貌岸然，就会被捧为君子。反之，如果你心直口快，不故意自我贬抑，而是刚厉坦直、棱角分明，特别是敢于承认并肯定自己的能力和长处，便会被指责为缺乏修养、品德低下，你的一切能力和业绩，便会由此而被抵消。诸如此类，不胜枚举。这一切，反映出并构成了重德轻才、崇德贬才的社会心理。

当然，重德的社会心理，在一定条件下，对于人们高尚其志、纯洁心灵，也不无积极意义。如孟子主张的"富贵不能淫，威武不能屈，贫贱不能移"，文天祥的"留取丹心照汗青"，谭嗣同的"我自横刀向天笑，去留肝胆两昆仑"……确曾起了激奋人心、唤起正义感的作用。然而，从历史发展的角度考察，单纯推崇道德，特别是当把德与才相联系时，传统心理所表现的价值偏见就是不可原谅的了。重德轻才、以德代才，乃至以德压才，历来是昏庸的统治者压制有识之士、实行愚民政策的得力工具。同时，它更是庸碌之辈嫉贤妒能、排斥异己的有力武器，是其发泄"东方式嫉妒"的绝妙途径。这种社会心理萎缩了民族的进取精神，成为中国社会内耗特别多、特别重的一个内在原因，从而也是社会发展步履蹒跚的重要因素之一。

第三节 需要层次论与"早熟"型文化

本书在第一章阐析中国文明发展的特殊道路和第二章探究中国封建社会经济结构和政治结构的基本特征时，已经指出，中国文明是一种"早熟"型的文明。受其影响，在以后的漫长时代里形成的上述理想人格、价值取向和社会心理，都显示了"早熟"型文化的特征。因为，按照一般的观点，社会道德伦理规范是社会成员的行为准则，它包括个人自我修养、个人与个人的关系、个人与社会的关系三个方面。这三个方面的相融相摄，国家、社会、个人之间关系和利益的统一，便是文化成熟的标志。而从上述情况可以看出，中国文化正是实现了这一目标、具有这些特征的文化，因而是早熟型的文化。

怎样看待这一"早熟"型的文化？"人体解剖是猴体解剖的钥匙"。我们可以以当代著名心理学家马斯洛的需要层次（有人译作层级）论来加以剖析。

马斯洛在他的著名的需要层次论中认为，人类有许多似本能（instinctoid）的需要，或者说是天赋的需要。他假设人类各种需要是按照它们的

第九章 中国传统理想人格、价值取向和社会心理

效能分层次排列的。在层次中,越低的需要就越强,越高的需要则越弱。最低层次的需要类似于那些"较低等"动物所具有的需要。除了人以外,没有任何其他动物具有最高层的需要。

马斯洛把人的需要具体分为五个层次:

(1)生理需要。这是直接与生存相关的需要,是人类与其他动物所共有的。这类需要包括食物、水、性交、排泄和睡眠等需要。

(2)安全的需要。当生理需要得到满足后,安全的需要就作为支配动机出现了。它包括对组织、秩序、安全感和可预见性等的需要。

(3)归属和爱的需要。随着生理和安全需要的基本满足,个体需要就会受到依附需要的驱使。人需要爱和被人爱。如果这种需要不能满足,人将会感到孤独和空虚。

(4)尊重的需要。这一层次的需要既要求得到别人的承认,它产生威望、认可、地位等情感;又要求得到自我尊重,它产生自足、胜任、自信等情感。尊重的需要不能满足,就会导致沮丧和自卑感。

(5)自我实现的需要。即一个人按自己的本性,能够成为什么就必须成为什么。换言之,自我实现可以归入人对于自我发挥和完成的欲望,也就是一种使它的潜力得以实现的倾向。这种倾向可以说成是一个人越来越成为独特的那个人,成为他所能够成为的一切。

马斯洛认为,上述五个层次的需要是由低到高的。生理需要强于安全的需要,安全的需要强于归属和爱的需要,归属和爱的需要强于尊重的需要,尊重的需要强于自我实现的需要。在进化过程中,需要的层次越高,出现得就越慢。在个体发展中,高层次的需要相应出现得更迟。特别是一些较高层次的需要,即使要出现,也要到中年。随着个人向需要层次的攀登,他就越少具有兽性而更多地具有人性。当某一层次的需要满足后,这个人就发展到一个更高的层次。但不管这个人已达到的层次有多高,一旦低层次的需要在很长时期受到挫折,这个人就会倒退到相应于这一需要的层次上,并一直停留在那里,直到这种需要获得满足为止。①

马斯洛这个著名的需要层次论,是有一定道理的。当然,马斯洛是从现代美国社会生活中提炼出这个理论的,因而不能与中国古代社会生活作

---

① 参见〔美〕赫根汉《人格心理学导论》,海南人民出版社1986年版;〔美〕马斯洛:《动机与人格》,华夏出版社1987年版。

简单类比。但是，我们应当承认，正因为这个理论立足于现代高度发达的资本主义社会，而就社会发展阶段来看，资本主义较之封建主义是一大进步，是人类文明更成熟的阶段，所以，以这种理论为参照系反观中国传统文化，将会给人以有益的启迪。

　　本书在论及中国文化的流变和分期（见绪论第二节）时谈到，殷周时期是中国文化的孕育期。这一时期的文化虽具有浓厚的宗教色彩，但在周代，统治思想中已引进了"德"范畴，主张敬德保民、以德配天命，相信"皇天无亲，惟德是辅"。这种观念，虽不能说反映了需要层次中第四层次（尊重）的需要，但至少可以看作是接近于第三层次的归属和爱的需要。而作为中国文化孕育期的殷周时代，遥距现今三四千年，至多可将其看作中国文化的童年时代，却已具有了类似现代文明条件下的第三层次的需要，不能不令人惊讶！作为中国文化雏形期的春秋战国时代，以孔孟为代表的儒家学说的思想体系，是以"仁"为核心的。它所强调的人我对等的关系（"正己正人，成己成物"；推己及人；"君视臣如手足，臣视君如腹心；君视臣如土芥，臣视君为寇仇"），道德修养面前人人平等的思想（"人皆可以为尧舜""涂之人可以为禹"），特别是其追求的圣贤理想人格，通过这一人格的完成而实现自我价值的思想……就不仅仅属于归属和爱的需要（第三层次）、尊重的需要（第四层次），而且具有自我实现的需要（第五层次、最高层次）的形式和内容了。儒家而外，其余诸家的理论也不同程度地具有较高层次的需要。道家鄙弃物欲，要与道同体，与万物为一，按人的自然本性生活，显然远远超出了低层次的生理需要。墨家侠肝义胆，古道热肠，视天下为一家，要尚贤尚同、遵道利民，在利益和情感上与人相互沟通、助补，并通过这种实践，实现自我的价值。墨子、宋钘、尹文等人认为人类本性是"情欲寡浅""五升之饭足矣"，主张"以自苦为极"，这当然绝非低层次需要所能囊括。法家力主靠自身"气力"挣得社会地位，通过耕战活动实现个人的理想追求，实际上也是属于尽力使自己成为所应成为的类型的那种需要，绝非低层次的需要所能解释清楚。而春秋战国时代，即使从下限算起，距今也已两千多年。那个时代的文化，作为中国文化的雏形期，可比作少年至多是青年时期，却已反映了人们较高层次甚至部分地反映了最高层次的需要，除了说明中国文化的"早熟"以外，还能说明什么呢？

　　造成中国文化"早熟"的原因，除了中国文明发展的特殊道路、中国

第九章　中国传统理想人格、价值取向和社会心理

社会经济和政治结构的制约外，应该看到，儒家修身养性的道德实践和道家对物欲的鄙弃、对清心寡欲的褒扬，对抑制人们的最低层次的生理需要，用对道德情趣的追求和伦常感情的满足来取代对生理需要的追求，起了巨大作用。这种"早熟"的文化，对培育中华民族重道德情操、不汲汲于物欲的情怀，对人们在道德价值取向方面的趋同，起过积极的作用。但是，中国文化的这种"早熟"，却又逻辑地、本能地扼杀了人们的情欲和物欲，否定了人们的基本需要也是社会发展的一种动力，从而阻滞了中国人健康心理和健全人格的成长，妨碍了人的全面的发展。特别是当它与专制王权相结合时，就沦于"使人不成其为人"的可悲境地。

第十章

中国传统思维方式

中国传统思维方式,处于中国传统文化深层结构的核心地位。认真探究这一思维方式,对于把握中国文化的特质,吸收其合理成分,根据时代精神而充实新的内容,建构现代思维方式,具有积极的意义。

第一节 传统思维方式诸说

关于传统思维方式,学术界近年多有论及,大致有如下观点:

有人认为,在理论层面上,中国传统思维的总体特点是:以"致用"为目的;以"大化流行"的整体观念为根基;直觉与思辨相互渗透的朴素辩证思维。具体可概括为这几个方面:从"致用"出发,尊崇"自然"和重视人伦日用的致思倾向;从整体性出发,以把握整体的功能为目标的古朴系统思维;以体验"天道"为中心,知情意一体化的认知结构;从"应变"出发,着眼于整体运动的稳定和复归的辩证方法;在思维形式上,则是直观体验和理性思辨的并行和互补。[①]

有人认为,能够反映中国古代民族文化和思维特质的、最典型、最普泛,影响并支配一切的形式或模式,是以"月令"为代表的、以阴阳五行为核心的文化和思维模式。这个模式包含着如下特征:农业生产居于中心地位,国家的全部政治活动都服从时令的安排;图式的时间、空间观念是以自我(主体)为中心,以五为单位,以农业生产为内容和标志,主客观双方有机联系的具体时间和空间;支配时空变化的内在力量是"五行",是阴与阳,是气,形成了"有机体是消息"这种和现代控制论相类似的思

---

① 参见汪健《试析中国古代传统思维方式》,载《哲学研究》1987年第2期。

第十章 中国传统思维方式

维方式；天人一体，天人相与，天人感应。①

有人认为，中国传统思维方式主要有两点：整体思维与直觉。整体思维是中国古代的系统观点，但不重分析，成为一个严重的缺点。直觉就是反观，反求诸己，反省自己。直觉就是灵感，在认识中具有重要作用，但它不是科学研究的基本方法。直觉与实测相对立，中国传统思维不重视实测，是一个大缺点。②

有人认为，中国传统概念思维有三个特点：①意会性。即不是通过抽象思维的方法，而是通过对该概念的上下文加以直观领会的方法，来潜移默化地把握这一概念的实际含义。②模糊性。即概念缺乏逻辑意义上的确定性和规定性。③不可离析性或"板块性"。即传统的抽象概念是由带有直观感性意义上的名词通过借喻演变而来的，既不能进一步分解成独立的子概念，也不能与其他概念综合为新概念。③

有人认为，中国古代的思维方法，可以概括为：从整体的直观到经验到直觉。即离不开具体的直观事物，通过对动态中的事物的经历（包括历史经验），体会出其中微妙而且高明的道理，达到认识上的升华。④

有人认为，中国传统思维方式表现为：用价值评判统摄事实认识，寓事实认识于价值评判之中，偏重从主体的需要而不是客体本身去反映客体。这种运思习惯是未将客体从主体中分化出来的原始思维的遗风。⑤

有人认为，中国传统哲学中的思维是象征性思维。它是中国社会早熟的产物，也是中华民族保守的表现。象征显示意义的模糊性，促使思想家们发展出相应的解经方法。象征性思维有利于促进中国人体验、意会能力的发展，同时也抑制了信号化推理因素。⑥

有人认为，中国传统思维方式以封闭性、单向性和趋同性为特征。封闭性，表现为思维活动往往局限于固定的框架中，缺乏和外界进行信息交

---

① 参见金春峰《"月令"图式与中国古代思维方式的特点及其对科学、哲学的影响》，见深圳大学国学研究所主编《中国文化与中国哲学》，东方出版社1986年版，第129～130页。
② 参见张岱年《中国传统哲学的批判继承》，载《理论月刊》1987年第1期。
③ 参见萧功秦《儒家文化的困境》，四川人民出版社1986年版。
④ 参见楼宇烈《开展对中国文化整体上的综合研究》，见丁守和、方行主编《中国文化研究集刊》第1辑，复旦大学出版社1984年版。
⑤ 参见黄卫平《试论中国传统思维方式的特征》，载《江海学刊》1985年第1期。
⑥ 参见陈少明《论中国传统哲学中的象征性思维》，见洋溟编《中国传统文化的反思》，广东人民出版社1987年版。

流和接收新信息的主动性和积极性。单向性，表现为人们的思维活动往往只选择一个视角去认识一个对象。趋同性，表现为人们的思维活动总是趋向谋求和谐，谋求一种完美的同一性。这种传统思维是一种"反创造性"思维，传统文化观念不过是这种思维方式的现实展开而已。①

有人认为，思维方式主要包括思维模式和致思途径两大方面。思维模式是指人们在思维中把握世界的整体联系的定格，特别是对于世界统一性（整体）与多样性（部分）之关系的稳定看法。思维模式的核心是一与多的关系。中国传统思维模式是一种将部分与全体交融互摄的模式。致思途径是指人们在从感性认识上升到理性认识的过程中通过何种方式、方法、步骤去获得关于事物本质的认识。中国传统的致思途径是注重直觉的致思途径。②

有人认为，中国思维的成型期的上限大致可以确定在三代，特别是商周时期，而其下限则大致可以确定在春秋战国以及西汉时期。中国思维的本质精神表现为：重视实践，关注现象，注重现实，沿同异律和相关律方向发展的逻辑构造，概念和语词与思维母体相吻合。中国思维的类型特征表现为：结构的完整性，形式的多样性，过程的连续性，自发性质。③

有人认为，中国传统思维是一种整体性思维，其特点和内容表现为：①从认知结构的层面看，中国传统哲学对于客观世界的理解和规定，表现为系统思维的倾向；②在主体把握客体的方法、程序、途径的层面上，中国传统哲学表现为直觉性、意象性、经学性的基本倾向；③从价值结构的层面看，即从思维方式的根本目标和根本目的看，中国传统哲学的思维指向是人自身，表现为内向型、实践理性型和精神超越型三种样式。④

有人认为，系统思维（或曰整体思维）是中国传统思维方式的主干，是使中国古代文明步入世界前列的一个重要因素。系统思维包括"整观宇宙""统筹管理""辨证论医""圜道审美""生态农学"等内容。⑤

有人从价值论角度出发，认为中国传统思维方式最根本的是以人为中心的主体思维，这一主体思维表现为不同的逻辑层面：就基本指向而言，

---

① 参见魏承思《中国传统的思维方式和文化观念》，载《文汇报》1986年4月8日。
② 参见许苏民《中华民族文化心理素质简论》，云南人民出版社1987年版，第125～208页。
③ 参见吾淳《中国思维形态》，上海人民出版社1998年版，第9、371～385页。
④ 参见高晨阳《中国传统思维方式研究》，山东大学出版社1994年版，第27～35页。
⑤ 参见刘长林《中国系统思维》之"自序""引言"，中国社会科学出版社1990年版。

是自我反思型内向思维;就基本定势而言,是情感体验型意向思维;就基本程式而言,是主体实践型经验思维;就终极意义而言,则是自我超越型形上思维。①

有人从中西哲学的不同特质出发,指出中国传统思维模式为整体生成论,与西方主流的构成论存在巨大差异,这种整体生成论也是一种"创生"论,在《周易》中体现得最为典型。②

有人认为,中国传统思维为中性思维,中性思维贯穿于各个层面:"大同"的社会政治理想、"天人合一"的哲学追求、"从心所欲不逾矩"的人生境界、"内圣外王"的人格模式等。中性思维在中华文化精神中的重要表现就是对"和"的价值追求,这对当今全球化发展时代中哲学的创新及中国建构和谐社会具有重要的意义。③

有人以《周易》义理学与中国传统思维方式之间的互动关系为切入点,指出中国传统思维方式主要具有实践性、功利性和辩证性的特征。④

有人认为,中国传统思维方式包括"家国一体""一多相容""循序渐进"及"知行合一",其对培育和践行社会主义核心价值观有重要的启示意义。⑤

关于中国传统思维的看法,当然不止上述这些,但上述观点属于有代表性的观点。这些论者的概括,总的说来,是经过认真思考而得出的有一定根据的结论,对于促进中国文化的研究起了积极作用。

---

① 参见蒙培元《中国哲学主体思维》,人民出版社1997年版,第2页。
② 参见金吾伦《生成哲学》,河北大学出版社2000年版,第147、246页。
③ 参见邹广文《中性思维、和谐社会与哲学创新》,载《清华大学学报(哲学社会科学版)》2005年第6期。
④ 参见朱汉民《义理易学与中国传统思维方式》,载《华南师范大学学报(社会科学版)》2009年第2期。
⑤ 参见石书臣、蒋翠婷《中国传统思维方式对培育和践行社会主义核心价值观的启示》,载《道德与文明》2016年第3期。

第二节 对主客体关系的认识

思维方式问题，是处于中国文化深层结构的核心地位的问题，价值观则是思维方式的集中表现，思维方式制约着价值观。而要正确地把握前述的价值观念（见本书第九章）的内在特质，做出科学的抉择，则又须把握传统中国对主客体关系的认识。这种认识集中表现为对事实判断与价值判断、道德判断与价值判断及其关系的态度和方法上。

一、事实判断与价值判断

有一种看法认为，所谓思维方式，就其根源来讲，不过是被历史主体所内化了的社会实践方式。它的特点、作用和命运，取决于它所赖以生存的历史过程。思维方式并不仅指思维的形式和方法，而是与每个时代实践活动的对象、目标相一致的思维的内容与形式、结构与功能的统一体，是由一系列的基本观念所规定和制约的、被模式化了的思维的整体程式，是特定的思维活动形式、方法和程序的总和。作为社会的思维方式，大体可分为两个基本层次。其一是人们形成和运用概念把握对象的理论思维方式，这是与人们的宇宙观、自然观和历史观密切相关的，被系统化、理论化的较高层次。其二是与人们日常生活经验相关联的，表现为思维的习惯、情趣和趋向的较低层次，即世俗性或习常性的思维方式。

我大致同意以上观点。需要补充的是，作为理论思维范畴的思维方式，它首先属于认识论的范畴，与认识论中的逻辑方法密切相关，例如类比外推方法。世俗性或习常性的思维方式，与作为理论思维范畴的思维方式并非截然分离的。在中国传统思维方式中，往往是理论思维方式寓于世俗思维方式中，通过世俗思维方式表现出来。世俗思维方式蕴含着理论思维方式，受理论思维方式的制约或指导。例如，三纲五常，存天理、去人欲，其中的纲、常、理、欲属于概念性的思维范畴，反映了传统思维对形而上的"道"的体认和追求。同时，也反映了世俗思维中重修身立德、名节为上的人生情趣，以及以道制欲的致思趋向。

事实判断与价值判断,是主体在认识客体的活动中相互联系、相互制约的两个方面。事实判断是主体依其特定的方法、手段,对客体的本来面目、属性及其规律的反映,是对其真相的是或非的认识,它要求尽可能地、客观地把握事物,具有明显的客观性。价值判断是主体依其特定的价值系统以及与之相应的价值取向、客体对主题的意义等而做出的好坏善恶之类的评价。价值判断探讨的课题的价值属性,是客体的社会意义,它依主体的需要为转移。就事实判断和价值判断的关系而言,前者是后者的基础,后者是前者的主体化。

诚如有的论者所指出的,同一客体作为科学认识的对象和道德评价、艺术审美的对象时,主体对它的事实判断和价值判断是各不相同的。事实认识与价值评判统一的形态也不同,科学思维主要以事实认识为基础,由事实判断决定价值判断。在道德评价和艺术的欣赏中,主要以主体的伦理规范和审美情趣为标准,由价值判断统摄事实判断。而中国传统思维方式则具有"以价值评判统摄事实认识、融事实判断于价值判断之中的特征"①。

二、道德判断与价值判断

中国传统思维方式,受传统理想人格、价值取向和社会心理的影响,带有明显的道德化倾向。

"'价值'这个普遍的概念是从人们对待满足他们需要的外界物的关系中产生的。"② 它是客体与主体需要之间的一种特定关系,是一种客观的社会属性。价值判断作为主体的意识的外化,对人们对客体的事实判断有着明显的影响和制约。人们对事实的认识,总是受一定价值系统的影响,为一定的价值取向所指导。"几何公理要是触犯了人们的利益,那也一定会遭到反驳的。"③ 因此,中国传统思维方式中的事实判断,受制于价值判断。而由于传统社会是宗法制的、以道德为价值取向的社会,所以,价值判断往往被道德伦理所充塞、代替、等同。

---

① 黄卫平:《试论中国传统思维方式的特征》,载《江海学刊》1985年第1期。
② 《马克思恩格斯全集》第19卷,人民出版社1974年版,第400页。
③ 《列宁选集》第2卷,人民出版社1960年版,第1页。

所谓道德判断，是主体依其特定的价值系统，以善或恶、正义或非正义、公正或偏私、诚实或虚伪等道德概念对人们的行为所做的评价。它主要通过社会舆论来扬善去恶、驱邪扶正、褒诚贬伪，借以调整人与人、人与社会之间关系的行为准则和规范，维护社会的稳定与和谐。

在中国封建社会里，人们对事物和人的认识与评价重点，往往不在于其真相的是或非，即不重事实判断，而重于对事物的好坏、善恶、诚伪的明辨，即重视价值判断。在价值判断的内容和方式上，则又是用三纲五常、忠孝节义等道德纲常为主体、为标准，主张心性的修养，以人格的自我完满、道德的自我完善为旨趣。这不仅可从古代思想家及其流派的主张中看出，更可从前述理想人格、价值取向和传统心理中得到印证。因此，可以说，传统中国的价值判断实际上是道德评判。事实认识寓于价值判断之中，价值判断则以道德为依据，为道德评判所取代、所等同。正因为如此，才出现了传统中国理想人格和价值取向，以及由此形成的传统心理。道德评判和这三者之间，相互诱发，相互促进，互为因果，有力地强化了中国哲学以及整个中国文化的伦理色彩，促进了以求善为特征的中国哲学以至中国文化的形成。

总之，在中国封建社会，事实判断、价值判断和道德判断，三者相互涵摄、相互渗透、相互转换。事实判断寓存并消融于价值判断之中，价值判断等同、取代了事实判断；价值判断为伦理道德所充塞，道德判断等同于并取代了价值判断。这种状况，导致了中国传统思维方式中以道德为主的价值取向的丰厚，强化了中国文化的伦理色彩。

第三节　整体直观

一、直观与经验

近年来，研究中国传统思想与文化的人，大多承认中国传统思维是一种从整体出发（或以整体为参照）的、以经验为基础的直观思维。这种观点是有道理的。

有的学者指出，直到鸦片战争以前，居于传统思维方式主导地位的，是以"月令"为代表的、以阴阳五行为核心的思维模式。① 这种概括是否全面,人们自可见仁见智。但是,阴阳五行的理论贯穿于封建社会的始终,深刻影响了中国古代思想文化和科学技术,则是无可否认的事实。

中国古代天文学、医学、物理学、化学等都被纳入阴阳五行学说的结构模式。中医学理论的经典著作《黄帝内经》,是以阴阳五行为理论基础和构架的,自不必说。就是明代大科学家——《天工开物》的作者宋应星,也没有离开阴阳五行理论。在《水非胜火说》等文章中,他用阴阳五行来说明事物的不同性质特征和相互关系。在宇宙观方面,从先秦直到近代以前,其理论体系从未超出阴阳五行的框架。在古人看来,金、木、水、火、土是构成世界的五种元素。它们的性质分别为:水润物而向下,火燃烧而向上,木可曲可直,金可熔铸改造,土可耕种收获。它们又分别给人以咸、苦、酸、辛、甜等味道的感觉。这是以具体可感知的事物说明抽象的道理。早期的阴阳观念也是如此。《周易》中的乾、坤、震、巽、坎、离、艮、兑,被《易传》的作者解释为天、地、雷、风、水、火、山、泽八种自然现象。

阴阳五行说进一步发展,出现了"五行相生"(木生火、火生土、土生金、金生水、水生木)的观点。这种观点意在说明五种物质元素的内在联系。

阴阳五行学说后来被思想家所利用,成为各自思想观点的理论根据。战国末著名的阴阳家邹衍把历史上的改朝换代附会为五行相胜。他宣称,传说中的黄帝属土,夏朝属木,木胜土,故夏朝代黄帝而兴;商朝属金,金胜木,故代夏而兴;周朝属火,火胜金,故代商而兴。水胜火,故他预言代周的必属水。这便是著名的"五德终始"理论。这是用阴阳五行来解释社会历史发展。西周的伯阳父用阴阳二气失调来解释地震,借以说明周朝必然灭亡,与邹衍在思维上属于同一路数。汉代董仲舒将阴阳赋予天、人和社会,用阳主阴次、阳尊阴卑和五行生胜的理论,说明人体、自然和社会的性质、状况和次序,为其大一统的封建专制主义理论张目,为地主阶级国家的长治久安效力。其后,东汉的《白虎通》,宋代理学家周敦颐的《太极图说》,改革家王安石的《洪范传》,明末清初的王夫之的《张

---

① 金春峰:《"月令"图式与中国古代思维方式的特点及其对科学、哲学的影响》,见深圳大学国学研究所主编《中国文化与中国哲学》,东方出版社1986年版,第129页。

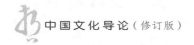

子正蒙注》，无不利用阴阳五行理论。

不难看出，无论原始的阴阳五行理论，还是后来的思想家对它的利用，都是从直观的、可用感官感知的事物入手的。整个理论体系和论证方法带有强烈的直观色彩和经验论特征。这种直观思维，基本上是一种偏重于对现象进行整体综合的思维，它对于人们把握认知对象的总体，领会其普遍联系，特别是领会其某种不可言喻的意蕴，有着积极的意义。但是，这种整体直观的方法，由于建立在经验的基础之上，因而具有严重的局限性。在经验范围内，整体和直观有其特定的可靠性；但一旦超出了经验的范围，它就会流于神秘主义或走向不可知论。因为，这种整体直观就其对客体的认识结果来说，把握住的往往是事物的表象；就其认知方法来说，它不是建立在具有确定内涵的概念范畴及其逻辑推演之上的。所以，这种整体直观的思维方式带有明显的模糊性，是一种笼统的、应该加以改造的思维方式。

二、体悟与直觉

以经验为基础的整体直观的思维方法，表现于主客体关系时，是主体对客体的认识在于体悟，而不是明晰的逻辑把握。

对中国思想文化影响至为深远的"天人合一"思想，其最终要达到的目标和意境，并不能由语言概念来确指、来表现，而只能靠主体依其价值取向在经验范围内体悟。儒家孟子讲尽心、知性、知天，养至大至刚的"浩然之气"；名家惠施讲"泛爱万物，天地一体"；道家庄子讲"天地与我并生，万物与我为一"；魏晋玄学家讲"言不尽意""得意忘象"……都是一种"说不清"的意境，都只能体悟，不可用理论范畴进行解析。中国传统哲学的气、道，内涵极为复杂（也可以说丰富），不同的人对此可以有不同的理解，而又都难以言喻。"一阴一阳之谓道""形而上者谓之道"之类的传统著名命题，更是如此。理学家所讲的"理"更是包罗一切、"万象森然已具"（《遗书》卷十五）的。有理而后有"象"、有"气"。而这无所不包的"理"，"却是自家体贴出来"（《外书》卷十二）的。这可说是传统思维方式的一个典型现象。

可见，传统思维对象以及对象所包含的内容的复杂性和不确定性，决定了它的不可解析性，从而也就决定了与之相应的认知方式只能是体悟。

从思维类型来看，体悟这种认知方式，本质上属于直觉思维。

直觉是主体自身运用知识经验，不受逻辑规则约束，对客体本质、属性以及规律性联系做出迅速的识别、直接的理解和整体的判断。直觉作为一种思维方式，它是与分析思维相对应的。分析思维要遵守严密的逻辑规则，把对象分解为不同的部分或层次，通过循序渐进的推理而进行，能用语言将思维的过程和得出结论的原因清楚地表述出来。直觉思维则没有经过严密的逻辑推理，它直接得出结论，主体不能明确地意识到它的进程，不能用语言将该过程和得出该结论的原因清楚地表达出来。直觉思维具有综合性、直接性、跳跃性、快速性等特点。

基于对直觉思维的这种理解，考诸中国传统思维方式，显然可以看出，直觉是其主要认知方式之一。孟子尽心、知性以知天也好，道家与道同体、与造化同游也好，理学家要求对理的"一旦豁然贯通"也好，以及禅宗的明心见性、立地成佛也好，都没有也不可能把认知对象分解成不同层次、不同部分，用逻辑分析的办法，步步推理而达到理想的境界，并用语言明晰地表达出来；而是以对象为整体，诉诸经验，一下子实现意境的升华，完成主客体之间的彼此认同（合一），陶醉于"难以言喻"的境界之中。

直觉是一种普遍的社会现象，是人类一种基本的思维方式，它贯穿于中国古代思维发展的始终。由于它是在经验的基础上形成的、进行的，因此，知识经验的质量如何，对直觉思维水平的高低有直接影响。一般说来，知识越渊博，经验越丰富，直觉思维的成效就越高。在中国传统思维方式中，直觉思维成为基本思维方式之一，被全社会自觉不自觉地广泛使用，这对于人们知识和经验的积累起了促进作用。它丰厚了民族思维的基础，对人们的综合、归纳能力的培养和提高有一定积极意义。但是，与此同时，直觉思维没有精确地引导人们认识事物，在某种程度上阻碍了科学理论的发生和发展。中国传统思维缺乏严密的分析思维传统，科学技术缺乏博大严密可以证伪的理论体系，中医理论体系至今仍存的不可实证等问题，都与传统思维中直觉思维之林过于茂盛有密切的关系。

第四节 类比外推

一、类同与类比

类比方法是中国传统思维的一个重要方法,也是人类认识世界的一个基本方法。

所谓类比,就是根据两个(或两类)对象之间在某些方面的相似或相同,推出它们的其他方面的相似或相同的一种逻辑方法。它既包含由特殊到特殊,也包含从一般到一般的推理方法。

事物现象或属性间的相似,是类比的基础。世界上的事物存在着大量的相似之处。但从思维科学的角度考察,相似范畴不能解决对事物的认定问题,还不能直接用于类比推理。类比推理的现实基础或出发点是类同。

在中国古代,类比方法被大量运用。原始宗教中"万物有灵"观念的产生,便是以"自我"类比作为出发点的。《周易》讲:"观乎天文,以察时变;观乎人文,以化成天下"(《贲·彖》);"观天之神道,而四时不忒。圣人以神道设教,而天下服矣"(《观·彖》);"顺而止之,观象也。君子尚消息盈虚,天行也"(《剥·彖》)。显然,这是主体把通过直观而获得的关于现象局部的特殊知识,经过推演而取得关于现象的普遍意义与价值。中国传统文化强调"观物比德"。作为《诗》"六义"之一的比、兴手法,实质上就是类比法。比,必须以类同为根据,固不必说。兴,则触景生情,因事寄兴。孔颖达在疏《诗·周南·关雎序》的"四曰兴"时,引郑司农云"兴者,托事于物。则兴者,起也,起譬引类,起发己心",足见兴的立足点仍然是类同。《墨经》认为,无论是归纳法、演绎法、还是类比,都应遵守"以类行之"的原则。它提出了异类不比的方法论原则,强调了事物的类同是进行比较的必要前提。荀子主张用类概念作为衡量对象的准则,从类范畴来辨别事物的同异,思维要做到"推类而不悖"(《荀子·正名》),按种属关系进行推理。《易传》提出"一阴一阳之谓道"(《系辞上》),实是把事物分为阴阳两类。它认为,从阴阳的类范畴考察事物,则"万物睽而其事类也"(《彖传》)。"以类族辨物"是

第十章 中国传统思维方式

《易传》考察事物、建构体系的一个基本方法。《吕氏春秋》认为事物同类可相互感应，"类同则召，气同则合，声比则应"。《内经》主张"别异比类"，认为"五藏之象，可以类推"（《素问·五藏生成论》）。这实际上是运用阴阳五行的范畴来进行比较和推论。《论语》讲："为政以德，譬如北辰，居其所而众星拱之。"（《论语·为政》）墨子见丝"染于苍则苍，染于黄则黄"，就类推到人的品德习性，感叹"非独染丝也，国亦有染"（《墨子·所染》）。韩非以"千里之堤，蝼蚁之穴溃"的现象，说明"慎易以避难，敬细以远大者"（《韩非子·喻志》）的处世为人之哲理。他还用守株待兔的愚蠢来推导"以先王之政治当世之民"的荒谬。"蓬生麻中，不扶而直"的自然现象，被荀子用来强调"居必择乡，游必择士""所以防邪僻而近中正"（《荀子·劝学》）的道理。这些都是以现象的相似、类同而进行的推演。这种"类"，不是严格的逻辑之类，而只是现象之间某种结构、功能或特征的类似。因此，类的推演带有明显的现象比附色彩。

在传统思维中，这些具有明显比附色彩的类推方式，经过历史的积淀，形成了影响深广的思维定势。儒家倡导并躬行践履的"修身、齐家、治国、平天下"，实际上是把家、国、天下视为同等结构的"类"。《黄帝内经》讲："天为阳，地为阴；日为阳，月为阴。大小月三百六十成一岁，人亦应之"（《素问·阴阳离合论》），"天有日月，人有两目。地有九州，人有九窍。天有风雨，人有喜怒。天有雷电，人有音律。天有四时，人有四肢。天有五音，人有五脏。天有六律，人有六腑"，"岁有三百六十日，人有三百六十节"（《内经·灵枢邪客》）。董仲舒紧趋其后，大讲"官制象天""人副天数"。他说："求天数之微，莫若于人。人之身有四肢，每肢有三节，三四十二，十二节相持而形体立矣。天有四时，每时有三月，三四十二，十二月相受而岁数终矣。"（《春秋繁露·官制象天》）这已流于荒诞不经。

类比方法的运用，在一定条件下，可以按类别组织事物，使其由无序走向有序；还可以由此及彼、由微知著地揭示事物的类型及其关系；也可以沟通事物之间的联系，增强其亲和力，特别是在社会政治和人伦情感方面，更是如此。不过，由于类比是具有很大或然性的逻辑推理方法，加之古人往往凭着个体直观经验进行推演，因而，其结论往往是不可靠的，甚至是荒谬的。董仲舒思想方法最终流为异类比附的神学目的论工具，便是如此。

二、经验与推导

与整体直观方式相一致，类比推导的思维方式也是以直观经验为基础的。

在古代思想家看来，只要把握了某些现象的某些特征和属性，就可以推导出其全部的特征和属性。荀子说："统观万物而知其情，参其治乱而知其度，经纬天地而材观万物，制割大理而宇宙理矣"（《荀子·解蔽》），"欲观千岁，则数今日；欲知亿万，则审一二……以近知远，以一知万"，"故以人度人，以情度情，以类度类"（《荀子·非相》，着重号为引者所加）。以类度类，是由此知彼、由已知揭示未知的认识方法和途径。用这种方法获取的知识，只是关于现象整体性质的模糊性知识，而不是关于现象局部的清晰的、确切的真实知识。它只强调现象的已然状况，而不强调现象所以然的原因。

类比推导以经验为根据的特点，在五行生胜的理论模式中表现得特别典型。"水生木"，与农业生产的实际状况有关；"木生火"，纯粹是生活经验；"火生土"，是对草木燃烧化为灰烬这一现象的概括；"土生金""金生水"，则与金属的冶炼相联系。金属来源于矿石（"土"），加高温则转化为液体（"水"的类似物）。可见，五行生胜是对日常生活的概括和总结。

这种以经验为基础的主观推导，在日常生活范围内，在经验可以把握时，一般说来，还是有一定意义的。但是，由于古代人过分执着于经验，且思维模式单一，故免不了要将已有的知识广泛推导。依五行格调，将自然节候划分为"五时"（春、夏、长夏、秋、冬）；方位划分为"五方"（东、南、中、西、北）；颜色划分为"五色"（青、赤、黄、白、黑）；声音划分为"五音"（宫、商、角、徵、羽）……一切都具有了五行的属性。把特定的思维方式硬行普遍化后，就必然带来流弊，出现牵强附会的现象，以致走向神秘主义。董仲舒对阴阳五行的滥用，对经验推导的任意化，结果出现了荒诞不经的天人感应的神学目的论。他说："天地之符，阴阳之副，常设于身，身犹天也，数与之相参，故命与之相连也。"（《春秋繁露·人副天数》，着重号为引者所加）他还认为："唯人独能偶天地，

第十章 中国传统思维方式

人有三百六十节,偶天之数也。形体骨肉,偶地之厚也。上有耳目聪明,日月之象也。天以终岁之数成人之身,故小节三百六十六,副日数也;大节十二分,副月数也;内有五脏,副五行数也;外有四肢,副四时数也。"(《春秋繁露·人副天数》)凡是自然现象与人身或社会政治现象的数目相同,董仲舒就将其扯在一起,为其"天人感应"的神学目的论张目,进而为王权神授创造理论根据。遇到无法用数目偶合的现象时,董仲舒则主张以类合之。他直接宣称:"副数不可数者,副类皆当。"而无论副数还是副类,都是为了副天,目的和功用是一样的——"同而副天一也"(《春秋繁露·人副天数》)①。

当然,像董仲舒这种异类比附,完全以主观意志设定(天、人、社会皆有阴阳,天人一致)为推导基础的,在历史上是个别现象。但是,传统思维方式中广泛运用了在经验基础上直观外推的认识方法,却又是无可置疑的。

应该看到,以经验为特征的类比,作为一种认识方法,离不开价值评价,离不开一定的文化价值系统。在传统思维方式中,类比之所以成为一种主要认知方式,是和传统文化的经济基础是农业、具有显著的经验论色彩分不开的。古代思想家运用类比推理,往往从自然推及社会,从伦理道德推及治国安邦,充分显示了传统中国社会重人伦、重政治的价值取向和心理状态。在历史上,它曾起了沟通天地人、纳天下万物为一体、视四海之内为一家的作用。在理论思维方面,它对启发思想、开阔思路、举一反三、触类旁通,以及由此及彼、由表及里地认识事物,都起了积极作用。不过,由于类比推理具有很大的或然性,这又往往为某些地主阶级思想家(如董仲舒)所利用,成为其异类相比、维护专制王权的工具。

---

① 详见李宗桂《相似理论、协同学与董仲舒的哲学方法》,载《哲学研究》1986年第9期;李宗桂等《秦汉医学与董仲舒的天人感应论》,载《哲学研究》1987年第9期。

第五节　比喻和象征

从理论思维的角度审视，从思维方式的类型考察，比喻和象征同属类比推理范畴。我之所以将其单列出来，一是因为这两种思维方法在中国传统文化中被广泛运用，深融于传统文化的机体之中，成为传统思维方式的特质之一；二是因为人们往往将其看作文学表现手法，而忽视了它所代表的传统思维方式的深层意蕴。

一、比喻出韵致

在传统思维方式中，比喻这一手法被广泛采用。它不但是文人学士自觉遵循、普遍采用的艺术手法，而且是思想家们借以完美表达思想、建构理论体系的重要手段，它还是一般民众能熟练运用、表情达意的工具。

比喻作为一种艺术手法，是与赋、兴一道从《诗经》的创作经验中概括出来的。最早记载见于《周礼·春官》："大师教六诗：曰风，曰赋，曰比，曰兴，曰雅，曰颂。"《毛诗序》中则称："故诗有六义焉：一曰风，二曰赋，三曰比，四曰兴，五曰雅，六曰颂。"唐代孔颖达《毛诗正义》解释"六义"说："风、雅、颂者，《诗篇》之异体；赋、比、兴者，《诗》文之异辞耳。大小不同，而得并为六义者，赋、比、兴是诗之所用，风、雅、颂是《诗》之成形。用彼之事，成此之事，是故同称为义。"可见，风雅颂指《诗》的类别，赋、比、兴是指诗的表现手法。孔氏这种解释，历来被认作权威。

比即比喻。但在对其内涵的解释上，历史上有不同的见解。有的论者把前人对"比"的解释分为三个流派。一是由诗教的美刺原则立言的，以汉儒郑玄为代表。他在《周礼·春官》大师条注中说："比，见今之失，不敢斥言，取比类以言之。"这一派称为美刺派。二是着眼点落在修辞上，称之为修辞派。如汉代郑玄讲："比者，比方于物也。"（郑玄注，《周礼·春官》引）晋人挚虞讲："比者，喻类之言也。"（《文章流别论》）唐代诗僧皎然说："取象曰比，取义曰兴。"（《诗式·用事》）三是从诗法角度而言，视"比"为一个"比体"的，称之为"比体"派或诗法派。这派可以朱熹为代表。他讲："比者，已彼物比此物也。"（《诗集传》）他在《诗传纲领》中又说："比是以一物比一物，而所指之事常在言外。"①还有学者也持类似观点，认为"比"包含三种含义：一是作为一种批评劝谏的文体；二是作为一种修辞方法，专指比喻；三是包括比喻、比拟、类比等多种修辞方法。②

比喻作为一种艺术表现手法，其基本点是要求取象与取义的有机结合。取象是指文学作品中的思想必须包含或寄寓于具体的物象之中，通过物象表现出来；取义要求文艺作品中物象高于实际生活，有一定的思想寄托。

在中国古代思想家中，比喻作为一种喻志的手段，作为一种论辩方式，也被广泛地采用。

孔子说"岁寒，然后知松柏之后凋矣"（《论语·子罕》），便是以松柏的能傲严寒，来比喻圣贤义士的高洁品格，揭示义穷见节义、世乱识忠臣的道理。又如"君子之德风，小人之德草"（《论语·颜渊》），用风和草分别比喻君子之德和小人之德，借以表明自己的志向。再如"工欲善其事，必先利其器。居是邦也，事其大夫之贤者，友其士之仁者"（《论语·卫灵公》），这是以工无利器不能善其业来比喻人无才德不能尽其能的道理。荀子以"青出于蓝而胜于蓝"的比喻，说明后来者居上的道理。《吕氏春秋》用刻舟求剑的比喻，来揭示拘泥刻板、不能顺应事物变化的思想行为不合时宜。佛教徒慧远用薪火之喻，来论证其神不灭论。宋代理学家朱熹利用唐代华言宗"一多相摄"的理论，用"月印万川"的比喻，论证其理一分殊的道理，要人们懂得"理只是这一个，道理则同，其分不同。君臣有君臣之理，父子有父子之理"（《朱子语类》卷六），进而按天理办事。至于汉代儒学大师董仲舒以阴阳比男女、君臣、夫妇，以灾异比政治的昏乱，以祥瑞比政治的清明，以表明其"大一统"之义，则更无须多说。就是《黄帝内经》这部中医学理论著作，也是把人体比作小宇宙，以作为辨证治病的参照系统。在中国古代的思想文化中，泛用比喻的例

---

① 参见李湘《前贤释"比"三派得失评辨》，载《中州学刊》1986年第6期。
② 参见李卫华、张婷玉《从"比"、"兴"到"比兴"》，载《北方工业大学学报》2019年第3期。

子，真是举不胜举！

至于一般民众，即使目不识丁，也在大量地、熟练地运用比喻。称岳父为"泰山"，称县太爷为"父母官"，称政治清明为"海晏河清"，无不是在运用比喻。至于民谚俗语以及成语中比喻运用之广泛、之深入人心，则是无须赘举的了。

比喻作为传统思维方式中类比的一种形式，具有沟通同类以及异类的作用。它可以"以义起情，借类达情"。它在叙事、说理和抒情的过程中，借助具体物象以表达抽象的思想感情，情物交融，易于使人接收并感悟其蕴含的道理。它"贵情思而轻事实"，用实在的物象喻指精深复杂的情感，而又不拘泥于原有的物象，从而蕴含了特有的韵致。因此，有的学者称中国文化为"礼乐文化"①，是有一定道理的。

不过，正如人们所说：任何比喻都是蹩脚的。比喻本身不是对事物的具体描摹，而汉语的多义性、模糊性等功能和特点，则增大了比喻的广泛适用性，从而也带来了对事物认识的意会性、模糊性的局限，这是比喻作为认知方式的局限所在。

二、象征见意境

中国传统思维方式及其特点之一是象征。象征与比喻相关。正如有的论者所说："象征即隐喻，是一种特殊的比喻。"② 黑格尔在《哲学史讲演录》里谈到，中国古代思维具有象征性。③ 可惜他只是一语带过。

象征，按美国当代人类学家怀特的说法，是"一件使其价值和意义由使用它的人加诸其上的东西"。在他看来，"象征的意义产生于并取决于使用它们的机体；意义是人类机体加在物质的东西或事件之上的"，"象征是所有人类行为和文明的基本单位"，甚至文化也成为象征的总和。④

专门研究中国象征文化的学者指出：象征，是中国文化中最为普遍但又未被充分重视和理解的文化现象之一。象征在中国文化中普遍存在，以

---

① 唐君毅：《中华人文与当今世界》，台湾学生书局1975年版，第606页。
② 程亚林：《比兴妙悟之辨》，载《学术月刊》1986年第11期。
③ 参见黑格尔《哲学史讲演录》第1卷，商务印书馆1983年版，第100页。
④ 庄锡昌等编：《多维视野中的文化理论》，浙江人民出版社1987年版，第239～244页。

第十章　中国传统思维方式

致中国文化可以被称为象征文化。①

有学者从中西两种思维方式的差异出发，将中国传统思维方式明确概括为"象思维"，认为"象思维"是非实体性的、非对象性的、非现成性的思维。从肯定方面说，"象思维"是动态整体的悟性思维，或者说是"象以尽意"的诗意性思维。②

根据一般的理解，所谓象征，是用具体事物或直观表象表示某种抽象概念、思想感情或意境的思维形式。它在中国传统哲学中被广泛运用。

中国古代观物取象的思维方式，便是象征性思维。象有两重含义。首先，象是指自然界和社会呈现出来的现象。《周易·系辞上》说："天垂象，见吉凶，圣人象之。"根据《系辞下》的说法，八卦的起源在于"观象"："古者包牺氏之王天下也，仰则观象于天，俯则观法于地。观鸟兽之纹，与地之宜。近取诸身，远取诸物，于是始作八卦，以通神明之德，以类万物之情。"（着重号为引者所加）这种对于自然界现象的直观审查，依照许慎在《说文解字叙》中的见解，还是文字的起源。汉字"六书"中，除了作为用字之法的"转注""假借"外，其余作为造字之法的"象形""会意""指事""形声"四法，实际上都与对现象的直观不可分离。可见，象的另一种含义是：认识主体在对现象的直观审查中，对现象进行概括、模拟而产生的一种象征性符号。八卦和汉字都是这样的符号系统。《系辞下》说："《易》者，象也；象也者，像也。""夫乾确然，示人易矣；夫坤隤然，示人简矣。爻也者，效此者也；象也者，像之者也。"因此，八卦乃是现象中对"象"之"像"，是对"象"的概括与模拟。所以《系辞上》说："夫象，圣人有以见天下之赜而拟诸其形容，象其物宜，故谓之象。"象产生的过程是：从形而下的具体事象→形而上的符号化的"象"→再"以象制器"（按符号化的"象"产生具体的"器"）。用《系辞》的话来说即是"八卦成列，象在其中矣""以制器者尚其象"。这是一种从具体到抽象，再由抽象返回到具体的过程。

以观物取象为标志的这种象征性思维，是由象着意、意从象出的直观性、经验性思维。它实际上涉及意象理论。《系辞》讲："圣人立象以尽意。"象指卦象，意是人们对事物及其规律的认识，是道在人们意识中的

---

① 参见居阅时、瞿明安主编《中国象征文化》，上海人民出版社2001年版，第1页。
② 参见王树人《"象思维"与原创性论纲》，载《哲学研究》2005年第3期。

· 239 ·

反映。王弼在《周易略例·明象篇》中说:"夫象者,出意者也……象生于意,故可寻象以观意。"这里的象,既指卦象,又指物象。

意象理论建立在"近取诸身,远取诸物"的经验方法之上。意象并非对客观事物的纯理论抽象,而是一种介于纯感性和纯理性之间的"取象",如果套用时下一些论者对认识发展阶段的感性、知性和理性的划分方法,则"取象"属于知性范畴的认识。它直接运用具体的、个别的形象去把握一般,用生动直观的东西去喻指抽象深奥的道理,是一种象征。有的论者指出,"意向本身只是一种象征,是物象和情景的一个代表物"①,是有道理的。而我国传统学术的"象"的概念以及以"象"为中心的各种学说,是中国传统的"抽象概括方式"的集中体现。《易经》所提出的"象",是以后包括玄学、理学在内的各种思想学术流派的理论基点之一。在漫长的历史发展过程中,"象"与"阴阳""五行"相互渗透,结为一体,演化为"象数之学",成为沟通儒、道诸家的"基因",成为中国文化的一种共同思想方式。② 有学者在此基础上进一步创造性地提出中国传统的思维即"象思维",其在视角和方法论上不同于西方从概念出发的概念思维。该观点还指出"象思维"是一动态的转化过程:从"象"出发,总是开始于可感之象,然后通过象的"流动与转化"而生成联想之象或意象,最后跃进到"原象"或"大象无形"的"物我两忘"之"原发创生"的状态。③

在传统思维方式中,象征性思维的存在以及象征在社会生活中的广泛化,给予民族文化深刻的影响。它促进了中国人意会、体悟能力的发展;对人们凭借经验领悟自然界,特别是社会和人生现象中某些不可言喻的深层意境,有着引导和升华作用;对中国文化在人际和代际之间的经验性传播,起了积极作用。但是,象征性思维的意会性和非精确性,却妨碍了中国人的思维向高度思辨方向发展。而意会性和经验性的黏合,则妨碍了以抽象概念为理论基因、依逻辑规则进行构造、必须也可以用语言准确表述的近代自然科学的产生。从中国科技史考察,象征性思维阻碍了科学理论的发生发展。有人说,中国古代只有技术而无科学,或者说,只有术而无

---

① 胡伟希:《意象理论与中国思维方式之变迁》,载《复旦学报》1986年第3期。
② 参见顾晓明《"象":中国文化的一种"基因"》,载《复旦学报》1986年第3期。
③ 参见王树人《"象思维"与原创性论纲》,载《哲学研究》2005年第3期。

学，固然是偏激之辞，但如平心而论，即使这种观点在整体上不能为人接受，在局部上恐怕也不无道理。

要指出的是，按照法国资产阶级社会学家列维－布留尔的观点，象征性思维是一种原始思维。美国人类学家怀特亦作如是观。近年来，我国一些论者发挥了这种观点，把传统思维贬得一无是处，是值得商榷的。

诚然，象征作为一种思维方式，它产生于原始社会，而且，即使当代人类思维中的象征，也不乏原始思维的余绪。但是，这并不能证明产生于原始社会的"象征"，就始终属于原始思维的范畴。这就如同现代人由原始人演化而来，现代人身上不乏原始人基因，但并不能由此把现代人当成原始人，道理十分明白简单。如同吃、睡等行为在不同时代、不同民族中都始终存在即具有普遍性一样，象征作为一种思维方式，古今中外都一直在被使用，只不过由于中国民族及社会特点等，它在中国社会被强化了并特别普遍而已。列维－布留尔在文化观念上是欧洲中心主义的信奉者，他否定全部中国科学，抹煞中国人民对人类文明的贡献，宣称"这一切只不过是扯淡"，只能说明他的种族偏见以及由此而来的荒谬无知。黑格尔诬蔑中国人的思维"停留在感性或象征阶段"，"只停留在最浅薄的思想里面"[①]，是出于他对中国哲学的无知。我们作为一个中国人，要自尊自重，不要拾人牙慧，以极端的方式和语言故作惊人之论。

当然，如上所述，我并不是否认象征性思维的局限性。在当前，要建构符合现代社会要求的民族文化，应注意培养和发展批判的、分析的、客观的精神。

还要指出的一点是，由于中国文化的"早熟"，使以道德为中心的实践理性特别丰厚，促进了象征性思维的内涵的丰富和意境的提升，从而使其具有相当强烈的理性意识，不仅与原始思维的象征，而且与一般意义上的象征，有着性质、功能和格调上的根本区别。原始思维中的象征，停留于感性直观；一般意义（如文学手法）的象征，执着于物象；而传统思维方式意义上的象征，则虽来自感性直观却又超越了感性直观，它将思想寄寓于物象而不停留于物象，物象只是思想的载体，只是思想家们表达思想的工具。

---

① 黑格尔：《哲学史讲演录》第1卷，商务印书馆1983年版，第120页。

第六节 对形而上的向往

中国传统思维方式中的类比、比喻、象征等思维形式，从本质上看，是同一形态的东西。比喻是类比的一种表现形式，象征即是隐喻，是一种特殊的比喻。三者都建立在经验的、具象的基础上，都是主体借助一定物象或原理，以阐明特定的情感意志的一种方法。它们的基本功能在于通过由此及彼的类别联系和意象涵摄，沟通人与人、人与物、人与社会，达到协同效应。它们都是通过具体的形而下的器，阐释主体对形而上的"道"的向往。只是在具体运用中，它们又各有其特点和功用，故本书又将其相对分开。

从思维的结构看，整体直观、类比外推、比喻和象征等思维方式及其特点，受人们对主客体关系认识的制约。换言之，以价值判断统摄事实判断，用道德判断充实、取代、等同价值判断的思维方式，统摄着整体直观、类比外推、比喻和象征等思维方式。因而，在传统思维的总格局中，人们对形而上的"道"的追求特别强烈、执着。

《周易·系辞上》说："形而上者谓之道，形而下者谓之器。"这种对道、器所作的形而上与形而下的区分，已有重道轻器的意味。古代哲人研究阴阳五行，最终目的并不在于确证其实体的存在，而是通过阴阳二气的对立和交感，体悟出"万物化生"的道理；通过对木、火、土、金、水的明辨，把握其相生相克之道，借以阐明社会和自然界的运行。儒家孜孜于道的追求固不必说，道家神往于"人法地，地法天，天法道，道法自然"（《老子》二十五章，着重号为引者所加）的有序状态，更是为人所乐道。佛家所宣扬的世界不真和空，"本来无一物"，是为了破除人们对形而下的"器"的"我执""人执"，趋于形而上的"善"道。宋明理学家要人们明白"理一分殊"的哲理，最终是要人们革除人欲，保有"天理"，亦即最高最完美的道。

在古代中国，思想家们对形而上的道的阐发，对重道轻器思想的弘扬，最终泛化为普遍的社会心理。传统的重义轻利、舍生取义的思想，"不为五斗米折腰"的气节，"安能摧眉折腰事权贵，使我不得开心颜"

的情怀,都与重道轻器的思想密切相关。

传统思维方式所造成的重形上轻形下、崇道贬器的思想,给民族思想打下了极深的烙印。一方面,它对于人们的道德境界的培养,起了积极作用;它能激发人们高尚其志,以道德理想的追求为怀,而不以物欲满足为尚。另一方面,也是更重要的方面,它萎缩了中国人的创造精神,妨碍了人们对自然的探索,使思维的视野局限于道德精神领域。"轻自然,斥技艺"的儒家思想传统,便是在这种文化土壤上孕育出来的。而清代统治者视现代科技为败坏人心的"奇技淫巧""形器之末",导致了闭关锁国、被动挨打的可悲局面,正是重道轻器思想传统所结出的恶果!

第十一章

中国文化的类型和特点

受中国社会文明发展特殊道路的影响，以及社会经济结构和政治结构的制约，上述中国文化的主体内容、理想人格、价值取向、社会心理和思维方式等，内在地蕴含着中国文化不同于异域他邦的类型和特点。

第一节 文化类型说

文化类型是文化学理论中的一个重要概念，是对各种文化进行分类的术语。在文化分类中，一种以经过选择并相互起作用的各特征或各组特征为主要内容的文化结构，即是一种类型。文化变迁的理论认为，文化类型是"由适应环境产生的并代表同样整合程度的核心特征丛"[①]。

按照文化学的理论，如果从文化时间和空间系统来考察，文化的发展就是一个由简到繁、由低到高、由不稳定到稳定的自然历史过程。其中，人们可以依文化层、文化丛、文化圈、文化区、文化类型、文化模式等概念，从不同层面对文化进行剖析和考察，以便把握研究对象的特质。

就本书的主体内容而言，文化类型和文化模式两个概念有着重要意义。借助这两个概念，我们可以更为明晰地表达思想，揭示中国文化的特质。

文化类型这一概念，早在1936年就已在美国人类学家拉夫·林顿（Ralph Linton）写的《人的研究》一书中出现。它作为一个重要的文化学范畴，则是由美国现代进化论者斯图尔德于1955年在《文化变异论》一书中提出的。他认为，文化类型是不同的民族文化适应环境而产生的各种

[①] 覃光广等主编：《文化学辞典》，中央民族学院出版社1988年版，第142页。

文化特质相互整合的核心特征丛：它不是全部的文化特质或文化元素的总和或集合，而是指那些有代表性的、具有因果联系的特征；这些特征都是与文化结构相关的，具有功能上和生态上的联系；它代表着一个特殊的时间顺序和发展水平，表示着各民族之间的本质差别。斯图尔德的"文化类型"概念主要就是指不同民族文化的本质差异。

国内有的学者认为："文化类型乃是历史上形成的各种文化共同体最本质的特征。"具体可以从两个方面理解：

第一，文化类型是各种文化形态体系的差异，这种差异是人类不同群体在历史上共同参与的结果。人类不同的社会群体，包括民族的、国家的及地区的各种人类共同体，他们依据一定的自然环境和社会环境共同参与劳动及社会事务，不仅创造了别具特色的物质设备、经济生活和工艺技术，而且创造了特殊的风俗、习惯、伦理、道德以及宗教、语言、制度等社会文化。这些特质在历史发展中不断实现功能上的整合，于是结构成一种文化形态体系，即文化共同体。一般说来，文化共同体是受社会形态制约的，但它作为一种历史的遗产有很大的独立性。由于历史上的各种因素的长期交互作用，文化形态体系的结构与功能具有很大的差异，于是就形成了各种不同的文化类型。

第二，文化类型是指各种文化形态体系最有特色、最能体现一种文化本质属性的特征，而不是指它的全部特征的总和。这一点主要表现在不同文化精神及价值体系方面。每一种文化精神都显示了它别具一格的特色，并使一种文化共同体区别于另一种文化共同体，从而构成不同的文化类型。①

我基本赞同这种观点。依照我对文化概念的理解，大致说来，所谓文化类型，是指历史上形成的、特定的社会群体（民族）间共同的价值观念、思维方式、心理状态、精神风貌等思想文化的最本质特征。

文化类型和文化模式是密切相关的。美国著名的文化人类学家本尼迪克于1934年出版了《文化模式》一书，拓展了人们文化研究的视野。她在该书中认为，每一个民族都有自己独特的文化，这种文化犹如一个人的思想行为方式，多少具有一致性。每一种文化内部都具有其特殊的目标，而这种目标是其他社会所没有的，所以，不同的社会有不同的文化模式。

---

① 参见司马云杰《文化社会学》，山东人民出版社1987年版，第256～257页。

这种文化模式可以说明每一个特定的人与其生活于其中的文化之间的关系。

一般说来，所谓文化模式，是指特定的社会群体（民族）的文化构成要素与方式，以及由此表现出来的稳定的特征，它反映着一种文化特质丛（内容）相互结合时的特殊形式，这种特殊形式反过来也反映着各种文化的结构性特征，使之与不同社会中的不同文化区别开来。

文化类型是文化模式的内在本质的反映，文化模式则是文化类型在构成要素和方式上的集中概括。二者统一于文化的主体内容和所依存的社会经济结构、政治结构及其历史进程的基础之上。

第二节 中国文化的类型

一、中国文化类型诸说

所谓中国文化类型，实际就是中华民族作为特定的社会群体区别于别的民族的特定的文化型式。而所谓民族文化，乃是民族参与共同事务、经过长期历史积淀而形成的文化。各个民族在文化上的内在特质和外在表征不同，是相互区别的重要根据和标志，这便是所谓文化的民族性。从文化结构的深层及其功能的广泛性等方面来看，所谓文化的民族性，主要指其思维方式、价值系统、情感心理等方面的精神特质。物质文化、制度文化等方面的特质，固然也能甚而更能广泛地反映文化的民族性，但较之精神方面的特质，它就显得不那么典型、集中、深刻。按照文化社会学家的观点，一个民族共同参与、享受一种文化制度愈久远，接受这种文化制度的社会化就愈深刻，民族文化的传统精神也就愈强烈，愈具有民族性。

明了以上原理以后，我们可以站在较高的层次上，审视近年来学术界关于中国文化类型的诸多观点，从而持之有据地对中国文化进行探讨。

近年来，学术界对中国文化类型的概括，主要有如下观点：

有的学者认为，"中国传统文化本质上并不是封闭性的"，"中国传统文化是大陆连绵型文化、农业文化、中国封建制文化"。①

有的学者认为，各个民族的差异性，是由那些民族所处的地理环境、所从事的物质生产方式、所建立的社会组织形态的多样性造成的。因此，地理环境、生产方式、社会组织这三个层次的格局，决定了中国古代文化的类型。据此，中国古代文化是一种区别于海洋民族的大陆民族的文化，是一种既不同于游牧社会也不同于工业社会的农业社会文化，是一种与中世纪亚欧的等级制度和印度的种姓制度相出入的宗法制度的文化。②

中国古文化归于以"求善"为目标的"伦理型"。作为"伦理型"的中国文化，将人推尊到很高的地位，所谓"人为万物之灵"，"人与天地参"，把人与天地等量齐观。但是，中国文化系统的"重人"意识，并非尊重个人的价值和个人的自由发展，而是将个体与类、将人与自然和社会交融互摄，强调人对宗族和国家的义务。因此，这是一种宗法集体主义（或曰封建集体主义）的"人学"，与近代勃兴的以个性解放为旗帜的人文主义属于不同的范畴。在中国文化系统中，政治原则往往是从道德原则中推导出来的。反过来，伦理学说又为政治作论证，以致伦理与政治学说融为一体。因此，中国文化又属于以"求治"为目标的"政治型"或曰"政治—伦理型"。从总体上看，伦理型文化是维系社会秩序的精神支柱和各类观念文化的核心。它主张入世，重政务、轻自然、斥技艺，是养育了素朴的整体观念和注重直觉体悟的思维方式。③

有的学者将民族文化心理素质看作不同文化类型的基本内核。所谓民族文化的心理素质，是民族历史地形成的生存条件的内化和观念形态的文化在民族心理中的凝结沉淀，是由共同文化背景所塑造、陶冶而成的基本人生态度、情感方式、思维模式、致思途径和价值观念诸方面所组成的有机的整体结构。从人生态度来看，中华民族既不像希腊人那样充满着探索自然奥秘的好奇心和进取精神，也不像印度人那样一生常从与自然相游乐走向以生为苦，追求超自然，而是以其不离日用之常的独特风采保持着一种"赞天地之化育"的参与精神。从情感方式看，中华民族既不像西欧人

---

① 张岱年、程宜山：《中国文化与文化论争》，中国人民大学出版社1990年版，第160、163页。
② 参见冯天瑜《中国古文化的土壤分析》，载《光明日报》1986年2月17日。
③ 参见冯天瑜《中国古文化的伦理型特征》，载《江海学刊》1986年第3期。

那样更多地将情感诉诸精神境界，通过体验美的宗教的纯情感来求得与理的和谐；也不像印度人那样虽然主观上想达到情与理的和谐，但由于视情与理为根本对立，遂导致沉湎于情感的奔流，或潜心于灭情的理智；而是在家庭关系中履行着一种将血缘亲情与实践理性融为一体的情感方式。从思维模式来看，中华民族既与意识到一与多、个性与类的对立，进而追求统一的西欧人不同；又与在世俗生活中强调多数与个体的差异，在幻想中极力泯灭一与多、个体与类区分的印度人不同；而是一种将部分与全体交融互摄的思维模式：人作为客体融化于自然图式之中，个体作为一个环节依附在家族伦理关系的总链条之中。从致思途径来看，中华民族的致思途径既不同于注重思维活动的反省和观念的、以理性思辨作为主要致思途径的西方人，也不同于虽然比西方人更多地运用直觉却同样注重逻辑思维的印度人，而是主要借助于经验基础上的直觉去洞察对象的本质，以求把握宇宙人生的根本原则。从价值观念来看，中华民族的价值尺度既与以进取创新为核心的西方价值尺度根本对立，也与不重视现实生活的价值评价，却以与最高的实在（"梵"）融为一体的种种解脱之道为最高价值的印度人不同，而是以上古的"黄金时代"为价值取向，以恪守宗法伦理道德作为最高的人格理想，以宗法社会的传统作为价值评判的准则。①

有的学者认为，中国古代文化以中和主义为总原则，重视主体和社会的研究，偏于追求主体世界的善，以人格的完善为最高境界；中国伦理的修养与内省，常以审美的自由为它的最高境界，美学与伦理难解难分。因此，中国文化是伦理型和审美型的。②

有的学者认为，中国文化的类型可以说是"伦理的人文主义"。这种伦理的人文主义，是中国圣哲开辟的"第三条道路的人类社会的理想"，即个人与个人，依对偶关系，而求互于其生命心灵中真实存在之伦理主义。它可以超越资本主义的个人主义和社会主义的集体主义。③

有的学者认为，中国传统文化是追求和推崇"和合"型的文化，"和"是和谐、和睦、和平，"合"是结合、合作、和解，"和合"蕴含着

---

① 参见许苏民《民族文化心理素质是不同文化类型的基本内核》，载《江汉论坛》1986年第10期。
② 参见周来祥《中国的传统文化是中和主义的》，载《文史哲》1987年第4期。
③ 参见唐君毅《中华人文与当今世界》，台湾学生书局1975年版，第825页。

"融突"（差异—存相—冲突—汰劣—烦恼为"突"，和生—式能—融合—择优—和乐为"融"），是不同元素的相互冲突、融合，以及在冲突融合过程中各元素的优劣成分和合为新结构方式、新事物、新生命的总和。此外，和生、和处、和立、和达、和爱是"和合"型文化的五大原则，亦是中华民族多元文化所整合的人文精神之体现。①

有的学者认为，中国文化是人本主义，西方文化是神本主义，并在此基础上进一步指出，中国文化是融合"三教六家"的"多元通和"类型模式，这既弥补了儒家宗教性的不足，又使佛、道二教具有了较强的人文理性，使得人文与宗教相互制约、人道与神道相互兼容。同时，这种"多元通和"的文化类型既能使人们直面和解决人生遇到的各种现实问题，又能为人们偶尔的困顿失意提供精神的慰藉与支撑，亦能为今日世界文明对话提供有益的经验。②

有的学者从中西文化的不同特质出发，指出中国是重综合思维的经验型文化，而西方则是重分析思维的形而上学型文化。③

二、趋善求治的伦理政治型文化

前面已经谈到，文化类型是指历史上形成的、特定的社会群体（民族）共同的价值观念、思维方式、心理状态、精神风貌等思想文化的最本质特征。根据这种理解，通过对传统价值取向、理想人格、社会心理和思维方式等方面的考察，我们可以抽绎出最一般的、贯穿于中国古代文化史的、对民族发展影响最深远的本质特征：一心趋善，热衷求治。因此，可以将中国文化的类型概括为伦理型、政治型。这可以从以下几个方面来分析论证。

首先，从社会性质来看，中国古代社会是宗法制的农业社会。由于中国社会在跨入文明时代的门槛时，社会变革不彻底，走的是一条维新的道路，从而使氏族血缘关系以及由此决定的血缘心理得以存续，并被统治者

---

① 参见张立文《中国传统和合文化与人类命运共同体》，载《中国人民大学学报》2019年第3期。
② 参见王志捷、牟钟鉴《融会儒道佛，发扬中华文化多元通和的优良传统——牟钟鉴教授访谈录》，载《中央民族大学学报（哲学社会科学版）》2020年第5期。
③ 张文木：《大历史中的中国传统文化特点和精髓》，载《学习月刊》2009年第2期。

利用，使其膨胀、强化，成为作为整个社会基本结构的家庭之间联系的纽带，成为人们的心理沟通和感情认同的基础。宗法制的形成以及宗法观念在社会上的弥漫，孕育了一整套的行为规范。君惠臣忠、父慈子孝、兄友弟悌，成为人们共同遵守的行为准则，并泛化为普遍的社会心理。与此相应，每一个独立的个人，都要有视人如己的胸怀，严格地约束自身，反求诸己，克制、礼让、谦卑，处处时时事事表现出彬彬君子之风，以伦理道德的内在修养来排拒外界的名缰利锁的羁绊。因此，在以自然经济为基础的宗法社会的土壤里，道德之花开放得特别茂盛而艳丽。

其次，从中国文化的主体内容和作为中国文化核心的中国哲学来看，它们都是受制于政治、以求善为目的的。儒家讲求"吾日三省吾身"，"返身而诚"，革除人欲、恢复天理，以修齐治平为人生导向，以道德的自我完善为人生价值的第一取向，这自不必多说。道家追求人的本性恢复，不以物累形，要全生葆真，激烈抨击儒家的仁义礼智，说到底仍是为了保持自家的道德观。后世的陶渊明之类"不为五斗米折腰"的隐士，其所以不甘于与世浮沉，就在于要保持心灵的纯洁，洁身自好。墨家侠肝义胆，古道热肠，扶危济困，奔走呼号，也不过是为了贯彻他们的均平、尚同的道德观。利即义也，是从儒家重义轻利、弃利取义价值观的对立面来表达自己的价值观。这种价值观是与小生产者的大同道德理想相联系的。佛家叫人明心见性、积善修德，自然使人们在道德的理想国中向着善人的目标迈进。就是大倡功利主义的法家，其所主张的主卖官爵、臣卖力气的价值原则，又何尝不是一种约束人心的伦理规范！宋明理学的产生，固然是儒释道三教合一的结果。但这种合一，不仅是儒学吸收了佛道两家的思辨色彩，丰富并强化了自家的本体论；更重要的是，这种结合恰好从本体论的高度，论证了人们道德修养的重要性和必要性。"三纲八目"在社会中的普泛化，"存天理、去人欲"理论的神圣化与绝对化，正是从本体论方面对此前儒家侧重于认识论方面的道德宣传的强有力补充。

特别值得细究的是，作为中国古代文化核心的哲学思想，它的产生、思维趋向和目标、思维内容和方式，无不与趋善求治的总目标相联系。

中国哲学的基本形态形成于春秋战国时期。此后两千年，终封建社会之世，无论中国哲学的流派怎样分合兴衰，其内容怎样增减衍变，都始终与先秦哲学的"脐带"相连，没有也不可能突破先秦哲学的总体框架。因此，先秦哲学可以作为我们剖析中国哲学特质的一个模型。

就产生原因而言，中国哲学受制于政治需要和伦理修养。

中国古代哲学家大多是社会活动家、政论家，也是伦理学家。孔子一生以恢复周道为己任，厄于陈蔡，求于南子，悽悽遑遑，游说于各国，终归是为了阐扬其仁学的主张，以见用于当时。他那以富有人情味的伦理亲情为社会基础的仁学思想，与礼结为一体，反映了道德与政治之间的内在逻辑联系。"有杀身以成仁，无求生以害仁"（《论语·卫灵公》），便是道德与政治一体化的典型表现。反映在认识论方面，"知之为知之，不知为不知"（《论语·为政》），"毋意、毋必、毋固、毋我"以及"生而知之者上也"等论述，都是通过对政治理想和道德原则的阐发而体现出来的。至于恭、宽、信、敏、惠五种品德的培养，孝悌忠恕等伦理纲常的弘扬，更是与现实政治需要分不开的。①

墨家主张兼爱，追求尚同，以利为义，义利并举。他们非攻节用，强力非命，以消除民之"三患"为己任。他们鄙薄儒家的仁义，却又自立一套仁义；二者内涵虽然不同，但在为政治理想服务、为道德信条张目方面，却无本质区别。在认识论方面，墨子以圣王之事作为检验言论的标准，显然带有浓厚的政治色彩。而以百姓人民之利为言论的标准，则又明显与兼爱主张的伦理感情相联系。

道家"绝仁弃义"，表面上鄙弃道德，实际上却用"正言若反"（《老子》第七十八章）的否定方式来表达自己的道德准则、申明自己的政治理想。他们抨击儒家的仁义道德，认为"圣人不死，大盗不止"，把仁、义、礼看成道德沦丧的产物。在老子看来，最有道德的人，不从性外求德，反能保全其德（"上德不德，是以有德"）；不去有所作为，反能有所为。"无为""无欲""不争"是其道德观的基调。从这个基调出发，老子重视"修道"和"积德"。他说："重积德，则无不克，无不克，则莫知其极。莫知其极，可以有国。有国之母，可以长久。是谓深根固柢长生久视之道。"（《老子》第五十九章）这样，道德修养成了治理天下的工具。道德与政治仍然是水乳交融。儒道两家确是相反相成。

诸如此类，可以看出中国哲学受制于道德政治。为政治服务，讲道德修养，是中国哲学的显著特点。

---

① 参见李宗桂《孔子从道思想与传统人文精神的当代价值》，载《中国哲学史》2000 年第 2 期。

汉代大史学家、思想家司马迁父子以"究天人之际，通古今之变"为己任，且极为深刻地影响了此后整个封建社会中一代又一代的知识分子，使这种倾心于治世的思想，转化为一种崇高的责任感和使命感。及至宋明，"为天地立心，为生民立命，为往圣继绝学，为万世开太平"，成为理学家们的人生追求。

地理环境和古代社会的经济结构，也决定了中国古代文化必然成为趋善求治的伦理化、政治化的类型。从地理环境看，中国文化产生并成熟于与外界隔绝的东亚大陆之上。早有不少学者指出，中国古代文化是"大陆民族的文化"。中国先民生活的东亚大陆，东临浩渺的太平洋，西北有漫漫的戈壁横亘其上，西南有险峻的青藏高原耸立。这种一面临海、三面是险阻丛生的陆路交通的地理状况，给版图辽阔的中国，造成了内部有较大的回旋余地而与外部世界相对隔绝的状态。中国多山的环境，造成交通困难，产生了互相封闭的自给自足的小农经济，从而给封建割据势力造成了有利条件。正如有的论者所指出的，中国古文化系统从半封闭的大陆地理环境中获得了特别完备的"隔绝机制"，而"隔绝机制"正是一个独立的古文化系统得以延续的先决条件。所以，从秦汉到隋唐，中原文化虽然与中亚、西亚的草原文化以及南亚次大陆的佛教文化进行过颇有深度的交流，但中国古文化系统始终保持着自身的风格和系统，没有出现古印度文化因雅利安人入侵而被摧毁，埃及文化因亚历山大大帝占领而希腊化，罗马文化因日耳曼人南侵而中绝那样的"断层"。①

由于中国的特殊的地理环境，由于中国古代特殊的政治结构和经济结构（详见本书第二章），也由于中国文化中以儒家文化为主的自给自足心理，中国人在相当长的历史时期内，将自己的国度看作世界的主体，看作世界的中心，一向以"天朝上国"的心态雄视、傲视周边各族和异域他邦。因此，历代统治者所致力的，不是与其他国度交好睦邻，而是内部秩序的整肃和民心的治理。而中国社会特殊的经济、政治结构，又孕育了以专制主义为核心的王权主义体制和观念。因此，巩固王权和加强王权的神圣性与至上性，便成了一代又一代封建帝王殚精竭虑、思之唯恐不周、行之唯恐不严的基本课题。与此相伴生，一方面，中国历史上发生过无数次

---

① 参见冯天瑜《中国古代文化的类型》，见深圳大学国学研究所主编《中国文化与中国哲学》，东方出版社1986年版，第17～18页。

外戚、宦官和地方割据势力觊觎王位、反叛朝廷的权力斗争；另一方面，也出现了难以计数的、以农民起义为集中表现形式的人民群众对专制王权的反抗。而封闭的地理环境和闭锁的心态、分散割据的小农经济，则给这种斗争提供了广阔的回旋余地，所谓东方不亮西方亮、黑了南方走北方，便是一种客观的事实概括。正因为如此，中国古代社会周期性的治乱循环积久成习，成了人们见怪不怪的现象。《三国演义》开篇就是："话说天下大事，合久必分，分久必合。"这虽然未必是理性指导下的理论概括，但却是从感性经验悟出的历史事实。正因为如此，所以统治者一方面利用国家政权的力量，对破坏统治秩序者加以镇压，在乱中求治；另一方面则利用思想意识形态的力量，用封建道德规范对臣民施加教化，使臣民弃恶趋善、避恶扬善。

以上各个方面，相互联系、相互涵摄，造成了强大的社会效用和心理效用，从而导致了中国古代文化成为趋善求治的伦理型、政治型文化。这种伦理政治型文化，决定了它自身良莠并存的特点，在不同人生导向上起了不同作用。

第三节　中国文化的特点

一、中国文化特点诸说

中国文化类型与其特点紧密联系。文化类型决定并包含了文化特点，文化特点是文化类型的具体表现。同时，作为中国传统文化核心的中国哲学的特点，实际上是中国文化特点的反映。不过，由于中国文化和中国哲学在外延上并不相同，中国文化可以包含中国哲学，中国哲学却不能完全概括中国文化，故中国哲学的特点不能代表整个中国文化的特点。

关于中国文化的特点，学术界的论述颇多，大致有如下概括：

不少学者认为，以伦理道德为核心、以儒家伦理中心主义为出发点的信念，是整个中国文化系统的共同特征。

有的学者认为，作为中国传统文化核心的中国哲学，有六个特点：①合知行；②一天人；③同真善；④重人生而不重知论；⑤重了悟而不重论证；⑥既非依附科学亦不依附宗教。前三个特点属于重要的特点，后三个特点属于次要的特点。①

有的学者认为，中国文化的特点在于：儒、佛、道三教得以长期并存，进一步又互相渗透，同时接受基督教、伊斯兰教等其他宗教。②

有的学者认为，以儒家为主体的传统文化，具有明显的伦理型特点。这种伦理型特点，与中国的家族制度有着内在的联系。中国的这种伦理型文化，对中华民族的形成和凝聚起过巨大作用。但它也造成了另一方面的结果：①在一定程度上抑制了人们求"真"（自然科学知识）的欲望；②忽略了个人和自我的价值；③造成了人格的某种缺陷。③

有的学者认为，天人合一构成了中国文化的显著特色。"天人合一""知行合一""情景合一"的思想命题，反映出中国古代文化形成了一个以人际关系伦理为中心的囊括世界的伦理型知识系统。④

还有不少学者从中西文化比较的角度来探索传统文化的特征，得出了一些较有特色的结论。有人提出，中国文化有三个特征：①早熟性。表现在两千多年前就形成了传统哲学重人生、轻自然的基本模式。无论是孔孟还是老庄，都重视对人本身主体的探讨。②独立性。表现为对外来文化的排斥，即使吸收，也只重其同，而斥其异。③内向封闭性。中国传统文化发展主要是自我意识的不断完善。向内心世界的探求一直是中国传统哲学的主要内容。传统文化长期处于和外部环境不相交流的闭锁状态，这与男耕女织的自然经济是一致的。⑤有人认为，比较说来，西方更注重认识论，讲究对事物本质的穷极探理；东方则侧重伦理学，提倡人与人之间的协调统一。西方形成一种注重个性、提倡人的尊严、强调人的价值的观念，这种传统一直延续下来，导致了人们心理所注意的是人与自然的关系。他们肯定个人，肯定现实生活，肯定求生存的竞争，相应地促进了科学的进步与技术的发展。在西方人的传统中，求"真"的愿望大于求善，知识就是

---

① 参见张岱年《中国哲学大纲·序论》，见《张岱年全集》第二卷，河北人民出版社1996年版，第5～9页。
② 参见谭其骧《中国文化的时代差异和地区差异》，载《复旦学报》1986年第2期。
③ 参见张慧彬《中国传统文化人文精神的特点》，载《新华文摘》1987年第12期。
④ 参见汤一介《论中国传统哲学的真善美问题》，载《中国社会科学》1984年第4期。
⑤ 参见张大同、刘京希《中国传统文化思想学术讨论会纪要》，载《文史哲》1986年第5期。

力量。而古代中国文化在本质上是一种描述性状态的文化,其中最精致深邃的思想便是在人类意识的水平上,把包括人自身在内的宇宙把握为一个超感性的生命整体。概括地说,强调情感与理性的合理调节,以取得社会存在和个体身心的均衡稳定,而不要外在神灵的膜拜和非理性的狂热激情,更不奢求超世拯救,只求在现实的彼岸中达到主体人格的完善。这些可以说是中华民族两千多年延续下来的文化心理特征。①

针对中国传统文化是一个内向的、封闭型的文化系统的观点,有人提出异议。他们认为,中国传统文化有五千年的漫长历史,说它是封闭性的,应当确切地指出,是自始至终封闭呢,还是仅在某一时期?这种封闭是由传统文化自身引起的呢,还是由于别的原因?作者将从先秦到汉唐以至明清的中西文化交流的历史事实详尽罗列,最后得出结论说,没有任何理由说中国传统文化是封闭的。清朝时期,由于罗马教廷多次粗暴地干涉中国的传统礼仪,雍正、乾隆、嘉庆、道光各朝相继颁布了各项限禁天主教的命令,中西文化遂被隔绝一百多年。要说中国文化封闭,那只是在这一段时间内。但这一百多年的封闭政策,并不是传统文化自身的原因造成的。片面地抓住短时间的闭关锁国政策,而不顾整个历史事实,就断言中国传统文化是封闭性的,这是不科学的。② 持同类看法的学者指出,中国文化不是一个封闭而是一个开放的系统,中国历史发展很明显受草原文化和畜牧文化长期的影响。如果没有与中亚、西亚一些民族之间在血缘、宗教、生活方式、价值观念各方面的互相抗衡,中国文化就不会有强大的生命力。中国文化确实有一种评价传统、解释传统、从传统中寻求智慧的强烈愿望,这是它的历史意识,也是中国文化之所以源远流长而且动力不断的原因之一。它有它自己的发展模式,有它特有的继承性,但这并不意味着它是封闭的、自大的、自足的,是一种"自体中毒"的现象。另外,西方思想是多元文化撞击而成的,它们彼此经过两三千年的激荡,并没有完全整合起来。而中国思想虽花样繁多,但比较整合,很早就有一种"共识"出现,政治文化整合的情形也相当厉害。③

---

① 参见邹广文《东西方文化传统与人的现代化》,载《学习与探索》1986年第4期。
② 参见赵光贤、彭林《中国文化封闭性说质疑》,载《北京师范大学学报》1986年第5期。
③ 参见薛涌《中国传统文化纵横谈——杜维明教授采访记》,载《社会科学》1986年第8期。以上概况参见黄山《1986年中国传统文化研究概述》,载《中国史研究动态》1987年第7期。

有的学者认为,中国传统文化在观念上至少有三个特质:群体(观念)、向心(观念)、中庸(观念)。群体观念包括"和"与"公"两个概念。向心观念包括"孝"与"忠"两个概念。中庸观念是群体观念和向心观念的逻辑结果,主要体现为"中"。①

有的学者认为,中国文化的特点是:①讲究人格。人们不希望自己只是没有价值的社会成员或工具,而希望个人有个人的价值,受人尊重,并且自重。这种"个人人格的实现与完成"是中国文化的特质之一。②伦理价值的充实与发扬。中国人讲究人伦,重视家庭和亲情,在朋友关系上讲道义信守,在家庭关系中讲父慈子孝。③仁民政治。历代贤明君主的目的都在于使人民生活安定,进而使伦理价值充分实现。中国整个社会要求沟通个人的人格和家庭的价值,其特征在礼乐方面的了解。中国人喜欢讲礼,也喜欢在生活中得到和谐、在艺术中得到美感。这可说是中国文化的长处。中国人喜欢利用闲暇谈天,足见中国人特别强调人世间的价值。这种人世间的价值表现在礼乐方面,便形成了礼乐社会和仁民政治。④爱好和平与忍耐的美德。爱好和平是中国人的特质,中国人有大同世界的理想,对邻邦采取和平精神。因为爱好和平,所以就有忍耐的美德。这些特质都是儒家精神的发挥。⑤中国社会最重要的特质在"伦理、艺术与宗教的会通"。佛教有佛教的艺术,儒家也贯穿有宗教的精神,而中国艺术内也表现道德、宇宙生命及实在的经验。伦理、艺术与宗教会通并不构成冲突,而是和谐的、有秩序的。②

有的学者认为,中国文化的特点是:①"一本性"。即中国文化在本质上是一个体系。中国政治上有分有合,"但总以大一统为常道。且政治的分合,从未影响到文化学术思想的大归趋,此即所谓道统之相传"。②文史哲三者相即相入。③道德与政治相结合。④重调和,宽容博大。⑤超越宗教。⑥重人道。③

有的学者认为,中国传统文化具有多元性的特质,主要原因为:一是思想观念上一向主张"和而不同",这与儒释道三种文化相互作用、相互激荡、相互融合的文化传统相关;二是制度上以皇帝为中心的结构使得皇

---

① 参见吾淳《中国传统文化的特质及其背景》,载《学术月刊》1987年第5期。
② 参见成中英《中国哲学与中国文化》,见《中华文化之特质》,世界书局1969年版。
③ 参见唐君毅《中华人文与当今世界》,台湾学生书局2005年版,第865~929页。

帝不希望不同文化起冲突而引起战争，故采用"三教论衡"的办法来维持社会稳定。①

有的学者认为，中国传统文化具备一些特点，可为未来世界的发展做出可能的贡献，这主要表现为：①不确定性与"在混沌中生成"的宇宙观可以化解文化之间的冲突。②"一分为三"和"允执厥中"的思维方式或许能化解日益趋向暴力、恐怖、极端的世界。③五行相生相克理念可为多元文化世界的均衡发展提供思想因子。④"反者道之动"的思想可缓解人们盲目奋进争夺的思维定式。⑤"负"的思维方式强调的包容宽厚精神有利于调解人与自身、人与人、人与自然、人与社会、民族与民族、国家与国家之间的紧张关系。②

有的学者认为，中国传统文化是强调爱人为本、天下情怀和士人责任、底线意识和知止有定以及一心向善的文化，其具有主体性、传承性、普遍性、永恒性和世界性的特征。③

有的学者认为，中国传统文化体现出动态交融和周期扩展态势的"多元一体"的结构性、非无神论的世俗性，以及由此产生的中华文明共同体的内部凝聚力、地区多样化和对外来文化的罕见包容性。④

二、以人生和人心为观照的文化特点

如果从中国文化的总体来考察，可以抽绎出其贯穿始终、涵盖各个方面的基本特点，大致可概括为以下几个方面。

（一）人本主义

中国文化价值系统的确立，以及基本精神和主体内容的嬗变，始终以人生价值目标和意义的阐明及其实践为核心，以心性修养为重点。因此，

---

① 参见汤一介《"文明的冲突"与"文明的共存"》，载《北京大学学报（哲学社会科学版）》2004 年第 6 期。
② 参见乐黛云《中国传统文化的一些特点及其对世界可能的贡献》，载《浙江大学学报（人文社会科学版）》2007 年第 4 期。
③ 参见方铭《中国传统文化的内涵及其特点的再认识——中国传统文化是传承道统的中国文化》，载《中国文化研究》2017 年第 3 期。
④ 参见马戎《中华文明的基本特质》，载《学术月刊》2018 年第 1 期。

可以说，中国文化的价值系统和内在精神，是以人生和人心为观照的。

这种以人生和人心为观照的中国文化，其首要特点必然表现为人本主义。

无论海外华裔学者和港台学者，还是内地学者，虽然在具体价值评判上有所不同，但仍一致认为，中国文化具有超越宗教的情感和功能。换言之，在中国文化中，神道主义始终不占主导地位，恰恰相反，人本主义成为中国文化的基本格调。

在中国文化中，人是宇宙万物的中心。人要"赞天地之化育"，与天地"相参"。考察事物，明辨物理，既要"上揆之天"，又要"下察之地"，更要"中考之人"。人成为衡定万物的尺度。传统的天人合一思想，强调了天人之间的统一性与合理性。一方面，用"人事"附会"天命"，把人的行为归依于"天道"的流行，以获得一个外在的理论构架；另一方面，人又往往把主体的伦常和情感贯注于"天道"，并将其拟人化，使其成为主体意识的对象化和外在体现，"天"成了理性和道德的化身。封建帝王宣称的"奉天承运"，起义农民的"替天行道"，不过是这种思维格局和心理框架的不同衍射而已。说到底，是人按天意在"承运"，在"行道"。"天"成了人们实现道德理想的手段，而不是目的。即使像董仲舒这样的神学化的思想家，虽然大肆鼓吹天人感应的理论，要以人应天、人副天数，把人事系于神化了的天道之下，但同时，他却又大讲以天应人、天人相副，"身犹天也"，"天"不在彼岸世界，不是单纯与主体相对立、相离异的外在力量，而是在现实世界之中，是在人身上和人心中的可感知的力量。这就把"天"还原为人，"天道"成了人道的投影，神权不过是皇权在现实社会之上的另一种表现。不仅如此，董仲舒将喜怒哀乐赋予自然界，用"善善恶恶"的伦常情感充塞"天道"，实质上是以人的价值原则去装扮"天"，以求得天人合一。在这个意义上考察，董仲舒的天人合一思想，本质上仍然是人本主义思想的一种体现，尽管它确有神学目的论的色彩，正因为如此，董仲舒的造神运动最终没有成功，是与其既要造神又要神服务于人的内在思想矛盾分不开的。

以儒、道两家思想为主体的中国文化，诚如人们所说，是一种伦理本位的文化。无论是儒家的诚意、正心、格物、致知、修身、齐家、治国、平天下，明德、新民、止于至善，还是道家的修道积德，佛家的去恶从善，无不以道德实践为第一要义。至于宋明理学家讲的"存天理，去人欲",则更是以道德理想的践履为目的。就是中国古代文论、画论中的主张,也无不如此。在中国古代,绘画作品要求起到思想教育和道德教育的作用。所谓"恶以诫世,善以示后"(《鲁灵光殿赋》),"明劝诫、著升沉,千载寂寥,披图可鉴"(《古画品录序》),"成教化,助人伦","见善足以戒恶,见恶足以思贤","存乎鉴者图画也"(《历代名画记》),等等,便是其昭示人生道路、警诫人心的表现。至于古典文论中"文以明道""文以载道"之类的议论,更是举目皆是。诸如此类,都体现了中国文化的人本主义特征,或如有的论者所示,是"道德的人本主义"。

"道德的人本主义"的另一表现,是中国文化总是把人放在一定的关系中考察。政治上的君臣关系,家庭中的父子、夫妇、兄弟关系,社会中的朋友关系,构成所谓"五伦",即五种伦常关系。这五伦中有其特定的道德行为规范,如君义臣忠、父慈子孝、夫敬妇从、兄友弟恭。每一个人既处于五伦的关系网络中,又同时处于整个社会的家国一体的宗法政治网络关系之中。于是,就有了一整套与之相应的道德规范。每个人依此规范,在社会中扮演一定的角色、履行一定的义务,相互联系、相互制约,维系社会的运转,实现各自的人生价值。

中国文化中这种道德的人本主义,把道德实践提到至高的地位,因此,丰富了中国人重情操、讲修养的一面,但更重要的是,它将人们的视野局限于社会历史甚而只是道德领域,妨碍了人们对自然科学的研究。传统中国社会往往把工艺钻研和器物制造蔑称为"雕虫小技",把"身心性命之学"当作毕生追求的"大道",便是与道德人本主义的局限分不开的。

(二)重道轻器

以人生和人心为观照的道德人本主义,其典型表现之一是重道轻器。它表现在义与利、社会与自然、名与身、主体与客体等问题的关系上。

(1)在义与利的关系上,表现为重义轻利甚至弃利取义。生与义二者不可兼得时,舍生取义。道与功,明道而不计功。诸如此类,前面已经申论,此处不再赘述(见本书第九章)。

(2)在社会与自然的关系上,重社会,轻自然。伦理本位的原则、道德唯上的价值取向,把人们的思维重心和实践活动限制在社会历史领域。先秦"诸子皆起于救世之弊"。动荡的社会状况、深沉的忧患意识,更强化了思想家们重主体修养和社会治乱兴衰的思维定式。汉代确立重宗法人伦的儒学为主导思想后，三纲五常成为人们言行的价值标准。而统治阶级内部的争权夺利、相互倾轧，以及以农民起义为集中表现形式的人民反抗斗争，从两个不同的方面迫使统治者及其思想家精研天人之际、古今之变，从而使治乱兴衰的社会历史问题成为朝野上下乐此不疲的关心对象。思想家们的一切思想活动及成果，无不为了成风俗、助教化、厚人伦，为了"资治"，此外别无他求。而以孝廉为号召、为标准的仕进之途对知识分子的开放，则又成了强化当官心理、经邦治国的推动力。

（3）在名与身的关系上，重名轻身。由于道德判断成为人们认识事物、鉴别其价值的根本原则，使人们执着于对善的体认和追求，以名声的完美为最大满足。由理学家概括并为社会所普遍认同的"饿死事小，失节事大"，便是在名与身关系上的典型文化心态。

（4）在主体与客体的关系上，重视对主体道德修养而忽视对客体的探求与改造。反求诸己、反身而诚之类的劝导，在中国封建社会不绝于耳。之所以要把个体道德修养视为人生第一要义，不仅在于宗法制的社会结构，更在于以儒家思想为主体的传统文化，将人设定为一定关系的人，设定为群体中的一分子。而依传统的中和观念，由具体的事物和人构成的一定关系的网络，以及社会群体，是不能加以破坏的，只能在各自的克制、礼让中求得和谐，以维持特定的关系和群体的存在、发展。这就必然使人们向内追求，通过对善的体认来超越谋一己之私利的狭隘情感，即时贤所说的通过内在超越来达成人生价值的目标。顺此逻辑，人们的思维翅膀自然只能在个体道德修养的王国中扇动，而不能在自然领域自由翱翔。这也就是中国封建社会的伦理学说特别丰富、自然哲学相对贫乏的一个重要原因。

重道轻器思想，说到底，是重精神轻物质，重义理把握轻器物制造。它使中华民族的内在精神较为丰富，情感心理较为稳定，自我调适机能较为发达，并在价值认同和文化心理方面有着较强的凝聚力和固摄作用。这些对中国文化的发展和壮大，起了相当的积极作用。但是，重道轻器的思想有着严重的弊端。它使人们轻视自然、蔑弃技艺，阻碍了科学技术的发展。特别是在中国社会步入近代以后，重道轻器的思想成为闭关锁国、被动挨打的内在思想原因之一。在建设现代化国家的今天，我们应该扬弃基于自然经济生产方式上的重道轻器的古典观念，注入现代意识，道器并

第十一章 中国文化的类型和特点

重、以器阐道、以器护道、以道促器，使二者相须而行，成为现代化建设中的两翼。

（三）经世重教

中国文化具有强烈的现实精神，崇尚实际而贬黜玄想。由于"道"并非强加于人的外在绝对精神或理念，而是源于实际的伦常关系和社会政治生活中的一种理论概括，故而这个形而上的道有着自己的现实根据和文化土壤。著名的儒家道统论者韩愈，在其《原道》中所阐明的"道"，其核心是仁义。他认为："博爱之谓仁，行而宜之之谓义，由是而之焉之谓道。""道"具有两方面的内容和功能：一是巩固"君臣、父子、宾主、昆弟、夫妇"等封建伦理关系，维护封建等级秩序。在韩愈看来，要捍卫二帝三王群圣人之道，就必须做到："君者，出令者也；臣者，行君之令而致之民者也；民者，出粟米麻丝，作器皿，通货财，以事其上者也……民不出粟米麻丝，作器皿，通货财，则诛。"二是要求君主做到体恤下民，适当考虑老百姓的生存，使"鳏寡孤独废疾者有养也"。论道是为了经邦，为了辅弼君主，成为经世之材。可以说，韩愈的这种道论，在中国封建社会的正统知识分子中是很有代表性的。

由于道是封建伦理纲常和制度，是统治秩序，也是统治术，因而得道是个体修养的最高境界和人生理想的圣化。所以，现实的人生尽管荆棘丛生，但人们仍然热衷政务，以图实现匡时济世的抱负。由此，以重政务为特征的经世思想，成为中国文化的显著特色。

孔子是历史上影响极大的主张经世致用、推崇教化的思想家。他明确表示："诵诗三百，授之以政，不达；使于四方，不能专对；虽多，亦奚以为？"（《礼记》）。可见孔子多么强调学以致用，多么强调文学的实用价值。孔子著名的"诗可以兴，可以观，可以群，可以怨"（《论语·阳货》）的理论，强调的是"迩之事父，远之事君"之类的认识作用与教育作用。他用"思无邪"来概括"诗三百"的政治思想内容，要求人们对事、对人"皆发乎情，止乎义"，仍然是经世重教思想的表现。

荀子要求人们"凡言议，其明是非，以圣王为师"（《荀子·正论》），认为"道也者，治之经也。心合于道，说合于心，辞合于说"（《荀子·正名》）。他既隆礼又重法，礼法并提，王霸皆倡。这些都是经世思想的表现。而他著名的《劝学篇》则把教化的功用揭露得淋漓尽致。

孔子和荀子以后，历代思想家无不倡经世、重教化。董仲舒的性三品说，宋明理学家对"天地之性"与"气质之性"的划分、天理与人欲的对举，都是为统治阶级教化百姓提供理论根据，为下层群众接受教化做出论证。而在正统儒家看来，教化过程本身便是在从政、在经世济民。经世与教化互为条件，互相促进，共同起着维护封建统治的作用。

中国古代画论也从一个侧面反映了中国文化经世重教的特点。唐代著名画家吴道子画《地狱变相图》，被后人赞为起到了"迁善远罪"的作用，并由此感叹道："孰谓丹青为末技哉！"（黄伯恩：《东观余论》）而"帝王名公巨儒相袭而画者，皆有所为述作也……今人识万世礼乐"（郭熙、郭思：《林泉高致·画题》）。北宋名书画家米芾自道："古人图画，非无劝戒。"（《画史》）明代宋濂通过对历史上绘画内容的描述，揭示了绘画的经世和教化作用。他说："古之善绘者，或画《诗》，或图《孝经》，或貌《尔雅》，或象《论语》暨《春秋》，或著《易》象，皆附经而行，犹未失其初也。下逮汉、魏、晋、梁之间，《讲学》之有图，《问礼》之有图，《列女仁智》之有图，致使图史并传，助名教而翼群伦，亦有可观者焉。"（《画原》，见《宋学士文集》，着重号为引者所加）可见，中国古代的丹青妙笔，并不只在纯艺术的领域挥舞，而是作为名教经义人伦的一种载体、一种传播媒介。

中国古代特有的书院制度，使教育与训导相结合，很能体现中国文化经世重教的特点。理学大师朱熹所定并为后世沿用了700年的《白鹿洞学规》，其教育宗旨便是一个很好的例证。这个学规的内容和文字都很简练：

父子有亲，君臣有义，夫妇有别，长幼有序，朋友有信。

上五教之目。尧舜使契为司徒，敬敷五教，即此是也。学者学此而已。其所以学之序，亦有五焉，其别如下：

博学之，审问之，慎思之，明辨之，笃行之。

上为学之序。学问思辨四者，所以穷理也，若乎笃行之事，则自修身以至于处事接物，亦各有其要，其别余下：

言志信,行笃敬,惩忿窒欲,迁善改过。
上修身之要。
正其谊,不谋其利;明其道,不计其功。
上处事之要。
己所不欲,勿施于人,行可不得,反求诸己。
上接物之要。

无须赘言,我们可明了这个影响至为深广的《白鹿洞学规》的性质和特色了。

至于儒家主张并孜孜以求的内圣外王,也不过是其经世致用思想的两种表现形式而已。以儒学为主导的经世致用思想,铸造了中国封建社会政治、经济、文化以至于民族性格的内在精神。中国人对国家民族执着的忧患意识(如"天下兴亡,匹夫有责"),对道德自我完善的坚定信仰,都是内圣外王两种经世思想走向的体现。

值得注意的是,经世思想经过历史积淀,已转化为一种普遍的社会心理。中国知识分子普遍怀抱经世之志。情趣高者,表现为"先天下之忧而忧,后天下之乐而乐",置国家民族利益于一己私利之上;格调低下者,则一心钻营,以爬上高位为快事。而无论是前者还是后者,都有强烈的从政愿望,有强烈的当官心理。这种当官心理已在中国人心中形成了一种思维定式,似乎只有从政当官,而且是当大官,才能施展抱负,实现人生的价值。这种状况,一直影响到如今。尽管孙中山先生曾经告诫过大学生:"学生要立志做大事,不要做大官。"但看来收效甚微。

(四) 崇古重老

中国文化有明显的崇古重老的特征。由于中国社会是宗法社会,宗法伦理必然要求人们崇古尊古,而这则是与由此决定的重视老人、唯老人之命是从的价值准则和社会心理相联系的。

由于传统中国社会是农业社会,农业生产需要经验来掌握、指导,而一般说来,在传统农业社会中,经验的积累是与年岁的增长成正比的,因此,老人的地位与价值在农业社会中特别重要。实际上,"三十而立,四十而不惑,五十而知天命,六十而耳顺,七十而从心所欲不逾矩"(《论语·为政》)的"夫子自道",从思维本质上看,是在强调年龄的增长与经验的积累和事理的把握之间的相关性，反映的是一种经验主义的态度。同时，从文句内容来看，显然是孔子晚年的认识，反映的是老人的心态。值得深省的是，这种经验性的老人心态，竟然为后来的整个社会所认同、所赞许。

正因为传统中国社会是一个宗法社会，宗法伦理的基本精神是尊敬孝顺老人，一切言行以老人为楷模，因此，如果像改革家王安石那样，倡言"祖宗不足法"，便是大不敬，是违逆世俗，将不容于社会。而崇古思想的存在，更使老人的地位与价值得以加强。封建社会盛行的"为尊者讳，为长者讳"的政治道德原则，视尊、长为一，便可见长者（一般来说是老者）的重要性。海内外早有论者指出，在一个封闭的农业社会中，老人是社会的主宰，世界是老人统治的世界。"不听老人言，吃亏在眼前"的俗谚，"大器晚成"的成语，都是从不同侧面肯定老人的价值，贬抑青年的创造性。所谓"大器晚成"，还往往成为青年人在事业不顺时的一种自我安慰，或成为其创造精神的一种自我销蚀剂。

崇古重老的文化特点，对于社会历史文化的积累，对于传统的继承与发扬，都起过积极作用。但是，它同时使衰暮之气弥漫于社会，影响青年发挥应有的作用，使社会心理老化、民族精神萎缩。因此，我们应对尊古重老观念加以改造。往古是值得借鉴的，但不值得也不应该膜拜；老人是应该尊敬、赡养的，但权力与知识不应该为其垄断，世界不应仅是老人的世界。

（五）德政相摄

道德与政治互相涵摄、纠缠不清，是中国文化的特点之一。讲道德是为了政治，讲政治须纯洁道德；道德体现政治，政治寓于道德。这是中国文化的普遍现象。

由于传统中国社会是以宗法制为基础的专制主义社会，家国同构，父权借君权以畅行，君权仗父权以确立，因而伦理与政治结下了不解之缘。孝亲与事君是同一恭顺原则在不同层面的运用。家族内部用以调整相互关系的道德规范，延伸到社会领域，便成为维护统治秩序的政治原理。汉初以及魏司马氏的"以孝治天下"就是伦理道德与政治原则相涵摄、相纠结的典型体现。孔子把"爱人"之心的体现者——仁——归属于政治制度的礼，使仁礼一体，相辅为用。礼治具有道德色彩，道德具有政治功用。孟子以不忍人之心的善性，推出不忍人之政的仁政，是由道德而政治、政治出于道德的思维格局和价值系统的表现。所谓"老吾老以及人之老，幼吾幼以及人之幼"，是通过推己及人的情感疏导，沟通人际关系，最终收到"天下可运于掌"（《孟子·梁惠王上》）的政治效果。孟子"以德服人"的王道政治观点，实质是通过伦理政治化，以真正落实儒家家族国家化和国家宗族化的总体构想。汉代董仲舒大讲以德治国，阳德阴刑，最终是为确立君为臣纲、父为子纲、夫为妻纲的政治秩序。宋儒主敬、存天理的说教，其归宿在于封建秩序的永恒稳定。

封建社会的"三纲"，既是政治原则又是伦理规范，它沟通了族权与王权，典型地反映了封建社会家国同构的基本特征。

道德与政治的相互涵摄、相资而行，使传统中国的专制主义政治统治，尽管骨子中十分冷酷残暴，但外在表现总是温情脉脉，人情味甚为浓厚。这增强了中国文化的以伦理为重心的人文主义色彩，同时，又强化了专制王权的统治。

（六）重整体倡协同

重视整体利益的维护，以整体为思考单位，提倡协同，达到和谐，是中国文化的又一特点。

中国封建社会以大一统为特征的专制主义统治，要求有一个和谐的人际关系和政治秩序。儒家持中贵和的思想，适应了宗法政治的需要，成为沟通伦理亲情的理论桥梁。孔子讲："礼之用，和为贵。"（《论语·学而》）孟子说："天时不如地利，地利不如人和。"（《孟子·公孙丑下》）《礼记》声言："和也者，天下之达道也。"儒家推己及人的忠恕之道，正己正人、成己成物的人格修养，内圣外王的理想境界，民胞物与的思想，视天下为一家的情怀等，归根是立足于一个"和"字。

要达到和谐的目的，就必须在价值取向、思维方式、人格追求、伦理观念等方面认同，这就需要人们具备协同性的道德和精神，并将其外化为具体的协同性行为。实际上，专制君主颁布的代表封建国家意志的法令律则、提倡的伦理规范，都是带有强制性要求的人们由此趋同的言行准则。在中国传统文化中，无论哪家哪派，都是提倡并实践协同性道德的。儒家倡导的修齐治平，法家乐道的"主卖官爵，臣卖力气"，佛家热心的"菩提只向心觅""佛在性中作，莫向身外求"，道家钟情于无为、无欲、不争，以及世俗社会共同认可的忠君、敬长、谦卑、礼让等道德规范，无不是从不同侧面表达各自的协同标准，并努力将其转化为协同性的行为。如果谁违背了协同性的道德原则，便会被视为大逆不道，当作破坏和谐统一的罪魁，不齿于社会。

　　协同是传统社会保持和谐、稳定、统一的手段和外在行为的表征。它是以约束个体身心、压抑个体利益来维护整体利益，是宗法农业社会的必然要求和逻辑结果，是自然经济思维的表现。从历史过程来看，协同性道德对于规范人们的行为，使人们在价值系统中认同，从而对维护和巩固统一的政治局面，增强民族文化的向心力和凝聚力，起了积极作用。在封建社会的初、中期，这种作用尤为明显。但是，由于封建统治者的利用，由于统治阶级的国家意志的膨胀，协同性道德后来成为抵制竞争、反对独立意识的工具。在商品经济勃兴的今天，我们仍然需要发挥协同性道德的作用。但更重要的是，我们要树立并增强竞争性意识，用它去充实、改造传统的协同性道德，为现代化建设服务。

第十二章

中国文化的基本精神

中国文化在其长期的发展历程中，逐渐形成了自己独特的精神，亦即中国文化的基本精神。中国文化的基本精神，是中华民族特定价值系统、思维方式、社会心理、伦理观念、审美情趣等精神特质的基本风貌的反映。中国文化的基本精神是个宽泛的、中性的概念，或者说是属于事实判断的范畴。中国文化基本精神的优秀成分，构成中华民族精神，成为推动中华民族不断进步的内在的动力。

第一节　中国文化基本精神诸说

关于中国文化的基本精神，论者有诸多看法。

有的学者认为，中国文化长期发展的思想基础，可以叫作中国文化的基本精神，文化的基本精神是文化发展过程中的精微的内在动力，是指导民族文化不断前进的基本思想。中国文化的基本精神就是中华民族在精神形态上的基本特点。中国文化基本精神的主要内容是：①刚健有为；②和与中；③崇德利用；④天人协调。"这些就是中国传统文化的基本精神之所在。"① 中国的民族精神基本凝结于《周易大传》的两句名言之中，这就是："天行健，君子以自强不息"，"地势坤，君子以厚德载物"。"'自强不息'、'厚德载物'是中国文化传统的基本精神。"此外，中国文化的

---

① 张岱年：《论中国文化的基本精神》，见《张岱年全集》第五卷，河北人民出版社1996年版，第419页。

基本精神还可表述为：①天人合一；②以人为本；③刚健有为；④以和为贵。①

有的学者认为："中国文化之根本精神为融和与自由。"② 有学者总结了中国文化"会通精神"的特点：第一，善于相互讨论、交流，相互吸收、提高，既能看到其他学派与自己学派的不同点，又能看到其他学派的长处；既能坚持自己的理论原则，又能纠正自己理论上的不足，使之"与时偕行"。第二，不排斥域外的思想文化，而是力求了解它们，并吸收它们的优长处，以与本土文化相融合。第三，"会通"不是轻易可以达到的，而是需要进行长期艰苦的研究，开拓学术视野，在不同思想观点的论辩中才能逐步达到这个境界。第四，要求学人们对"会通"进行具体分析，它有高低优劣之分，不可一概而论。③

有的学者认为，以自给自足的自然经济为基础的、以家族为本位的、以血缘关系为纽带的宗法等级伦理纲常，是贯穿于中国古代的社会生产活动和生产力、社会生产关系、社会制度、社会心理和社会意识形式这五个层面的主要线索、本质和核心，"这就是中国古代传统文化的基本精神"④。

有的学者认为，中国传统文化的基本精神"可以概括为'尊祖宗、重人伦、崇道德、尚礼仪'"⑤。讲精神必须在形而上的层面上进行，必须和大美、崇高、真理、正义结合在一起。在这个意义上，他认为大道精神是中国文化的根本精神，具体表现在六个方面：刚中而应、大亨以正的精神，刚健文明、生生不息的精神，博大无私的天地精神，正德、利用、厚生的精神，不为物蔽、不为形移的超越精神，仁的精神。⑥

有的学者认为，中国文化的精神是人文主义。这种人文主义表现为：不把人从人际关系中孤立出来，也不把人同自然对立起来；不追求纯自然

---

① 参见张岱年《中国文化的基本精神》，见《张岱年全集》第七卷，河北人民出版社1996年版，第379页。
② 许思园：《论中国文化二题》，见丁守和、方行主编《中国文化研究集刊》第1辑，复旦大学出版社1984年版。
③ 参见张岂之《论中华文化的"会通"精神》，载《中国文化研究》2011年夏之卷。
④ 杨宪邦：《对中国传统文化的再评价》，见张立文等主编《传统文化与现代化》，中国人民大学出版社1987年版。
⑤ 司马云杰：《文化社会学》，山东人民出版社1986年版。
⑥ 参见司马云杰《中国文化的根本精神》，载《大连大学学报》2003年第1期。

的知识体系；在价值论上是反功利主义的；致意于做人。中国文化的人文精神，给我们民族和国家增添了光辉，也设置了障碍；它向世界传播了智慧之光，也造成了中外沟通的种种隔膜；它是一笔巨大的精神财富，也是一个不小的文化包袱。①

有的学者认为，文化精神具有积极和消极两重性，中国文化精神的具体内容是：人本精神、和谐意识、道德意识、理想主义、实践品格、宽容品格和整体思维。②

更进一步，有学者总结出了中国文化精神的六大特点：第一，和而不同，厚德载物；第二，刚健自强，生生不息；第三，仁义至上，人格独立；第四，民为邦本，本固邦宁；第五，整体把握，辩证思维；第六，经世务实，戒奢以俭。③

第二节　以人文主义为内核的文化精神

中国文化是以人心和人生为观照、以趋善求治为特征的伦理政治型文化。它以道德情感代替宗教信仰，将全民族的宗教迷狂的可能性消弭于无形。宗教神学思想在中国始终没有而且也不可能成为意识形态的主流，中国古代社会从来没有教权高于王权的时代，相反，是王权高于教权、压倒教权。因此，从总体上看，从内在动力和外在表现来看，中国文化的基本精神是以人文主义为内核的。这从下述诸方面可以看得很清楚。

一、自强不息

自强不息是中国文化的基本精神之一。

《易传》讲："天行健，君子以自强不息"，"天地之大德曰生"。这是

---

① 参见庞朴《中国文化的人文精神（论纲）》，载《光明日报》1986年1月6日。
② 参见邵汉明主编《中国文化精神》，商务印书馆2000年版。
③ 参见郭齐勇《中国文化精神的特质》，生活·读书·新知三联书店2018年版，第10~12页。

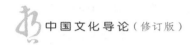

对中华民族刚健有为、自强不息精神的集中概括和生动写照。

孔子提倡并努力实践"发愤忘食"的精神,鄙视"饱食终日无所用心"的人生态度。他"发愤忘食,乐以忘忧,不知老之将至"(《论语·述而》)。孔子还认为,吃食不要求饱足,居住不要求舒适,对工作勤劳敏捷,说话都小心谨慎,到有道的人那里去匡正自己,才是好学的君子。

从汉代到清代,历时两千年,《易传》的思想深入人心,其刚健、自强不息的观点,为全社会所接受。不仅对知识分子,而且对一般民众也产生了强烈的激励作用。"西伯拘羑里,演《周易》;仲尼厄陈蔡,作《春秋》;屈原放逐,著《离骚》;左丘失明,厥有《国语》;孙子膑脚,而论《兵法》;不韦迁蜀,世传《吕览》;韩非囚秦,《说难》《孤愤》;《诗》三百篇,大抵圣贤发愤之所为作也。"(《史记·太史公自序》)这段有名的记载,反映了中华民族愈是遭受挫折愈是奋起抗争的精神状态和坚韧不拔的意志。如果说,这只是知识分子和上层人士自强不息、积极有为思想的表现,那么,"人穷志不短","刀子不磨要生锈,人不学习要落后"等民间俗谚,以及不少人用"自强"作为自己的名字,则反映了自强不息精神的普遍化和社会化。

正是这种刚健有为、自强不息的精神,推动了中国社会和中国文化的发展。每当外族入侵特别是政权易手之后,中华民族总是以不屈不挠的精神,进行反侵略、反压迫的斗争。无数志士仁人,为此鞠躬尽瘁、不息奋争。诸如"剑外忽传收蓟北,初闻涕泪满衣裳。却看妻子愁何在,漫卷诗书喜欲狂"(杜甫:《闻官军收河南河北》)式的激动;"出师未捷身先死,长使英雄泪满襟"(杜甫:《蜀相》),"遗民忍死望恢复,几处今宵垂泪痕"(陆游:《关山月》)式的感慨;"王师北定中原日,家祭无忘告乃翁"(陆游:《示儿》),"会挽雕弓如满月,西北望,射天狼"(苏轼:《江城子·密州出猎》)式的雄心……都是以高度的自信自尊而表现出的自强精神。正是这种自强不息的精神,凝聚、增强了民族的向心力,哺育了中华民族的自立精神和反抗压迫精神,以及不断学习、不断前进的精神。

二、正道直行

中华民族是坚持正义、勇于追求真理、崇尚气节的民族。

由于传统文化特别是儒家文化的熏陶,中华民族崇尚气节、重视情操的一面十分突出，培育了强烈的民族自尊心和刚直不阿的浩然之气。先秦孔子推崇"士可杀而不可辱"，"三军可夺帅也，匹夫不可夺志也"；孟子提倡"富贵不能淫，贫贱不能移，威武不能屈"的人格；晋代陶渊明"不为五斗米折腰"；唐代李白宣布"安能摧眉折腰事权贵，使我不得开心颜"。这些都是坚持气节、宁可弃利甚至杀身也决不丧志辱身的典型语言。

南朝齐、梁时的范缜，不为齐竟陵王萧子良和梁武帝萧衍的威胁利诱所动，坚定不移地反对佛教的因果报应说和神不灭论，表现了不"卖论取官"的凛然正气。

东汉桓谭忠直不阿，明知光武帝迷信谶纬符命，而敢于当面反对他。史载："桓谭……简易不修威仪，而喜非毁俗儒，由是多见排抵……当王莽居摄篡弑之际，天下之士，莫不竞褒称德美，作符命以求容媚，谭独自守，默然无言。"他上疏光武帝，认为国家的兴废，在于政事；政事得失，在于辅佐者是否贤明。但是，由于"是时帝方信谶，多以决定嫌疑"，故桓谭"未蒙诏报"。他因此而"不胜愤懑，冒死复陈"，指出："今诸巧慧小才伎数之人，增益图书（指谶纬符命之类——引者注），矫称谶记，以欺惑贪邪，诖误人主，焉可不抑远之哉？"他指责光武帝"欲听纳谶记，又何误也"。当光武帝问桓谭："吾欲（以）谶决之，何如？"桓谭"默然良久，曰：'臣不读谶'"。结果，桓谭被扣以"非圣无法"的罪名，差点被斩首。（见《后汉书》本传）这个事例表明，中国古代知识分子中，确有不少追求真理、正道直行之士。

人们熟知的商末孤竹君之子伯夷、叔齐，扣马而谏，反对周武王伐纣。武王灭商后，又"耻不食周粟"而饿死于首阳山。诚然，伯夷、叔齐是反对进步的、正义的战争，但如剔除其具体内容，而从一般价值取向和理论意义来考察，则应承认他们确有坚持气节的一面。

至于已成为人们心理素质内容一部分的"见义勇为""当仁不让""杀身成仁，舍生取义"等人生价值准则，更是千百年来人们所津津乐道并身体力行的。

崇尚气节、讲求情操的传统，培育了中国优秀知识分子和广大人民的正义感和是非心，形成了民族的浩然正气。特别是在国家命途多舛、民族生死存亡的关头，人们总是以大局为重，用不屈不挠的斗争来挽救国家和民族的命运。历史上无数民族英雄的出现，便是有力的证明。

不必讳言，中国文化中重气节、讲情操的观念，也存在着某些严重缺陷。例如，传统的气节观念历来讲究"君子小人之辨""华夷之辨"，其中就包含蔑视下层人民的贵族意识和蔑视外族的民族沙文主义或自我中心论。这种自我中心论，在与外族交流时，往往流为盲目排外的狭隘心理。又如，传统的气节观念往往成为封建士大夫闹意气、争高下、拉帮结派的催化剂。再如，在传统气节观念中，往往有不少表现为对某种抽象理念的膜拜，而忽略了历史条件和社会本质的把握。这些现象都有其特定的历史局限性。如果用历史唯物主义的观点来审视，就会使我们易于对其做出科学的评判和抉择。

三、贵和尚中

贵和尚中是中国文化的基本精神之一。

在中国人看来，和谐是最高的理想，是最美的境界；行为适中，无过无不及，是最好的状态。这种贵和尚中的价值理想和行为规范，贯穿从先秦到近代以至当代的文化发展历程。

早在西周时期，就有思想家对和谐理论作了探讨。当时的探讨是将"和"与"同"两相比较而进行的，一般称为"和同之辨"。西周末年，史伯阐述了和谐思想的内涵和意义。他指出，不同要素的有机结合，才能形成多样统一的状态，达到和谐的效果。五味相和，才能产生香甜可口的食物；六律相和，才能形成悦耳动听的音乐；善于倾听正反之言的君王，才能造成"和乐如一"的局面。他说："和实生物，同则不继。以他平他谓之和，故能丰长而物归之。若以同裨同，尽乃弃矣。"（《国语·郑语》）不同事物之间彼此为"他"，"以他平他"即是把不同事物结合在一起；不同事物相互结合而达致平衡，就叫作"和"，"和"才能产生新事物。如果把相同的事物放在一起，就只有量的增加而不会有质的变化，就不可能产生新事物，事物的发展就停止了。春秋末年，齐国的晏婴进一步用"相济""相成"的思想丰富了"和"的内涵。他以君臣关系为例阐明了"否可相济"的深刻道理。他强调："君所谓可，而有否焉，臣献其否，以成其可；君所谓否，而有可焉，臣献其可，以去其否。"（《左传·昭公二十年》）可否相济便是"和"。通过"济其不及，以泄其过"的综合平衡，君臣之间保持"政平而不干"的和谐统一关系，以促进社会的良性

第十二章 中国文化的基本精神

运转。

孔子继承了史伯、晏婴的和谐思想,并将其具体化为"和而不同"的文化观。他的名言是"君子和而不同,小人同而不和"(《论语·子路》)。其弟子曾经阐述道:"礼之用,和为贵。先王之道斯为美。小大由之,有所不行。知和而和,不以礼节之,亦不可行也。"(《论语·学而》)孔子不仅将是否能够奉行"和"的思想原则作为划分君子与小人的标准,而且将其作为检验是否遵循先王之道的试金石。其实,在孔子的仁学思想体系中,无论是关于仁的内涵的阐释,还是实行仁的方法,归根结底是要实现"和"的局面。他关于"非礼勿视、非礼勿听、非礼勿言、非礼勿动"(《论语·颜渊》)的价值准则,说到底是要维护社会秩序的和谐。同样,他极力倡导的恭、宽、信、敏、惠五德,孝悌原则,忠恕之道等,也是为了达到同样的目的。孔子的重"和"思想,对后世产生了深远的影响。

孔子以后,儒家学者进一步发展并逐渐完善了贵"和"的思想。孟子尽心、知性、知天的天人合一论,要求达到心、性、天的和谐,是贵"和"思想的新发展。以董仲舒为代表的汉代新儒学,以先秦原始儒学为基础,援阴阳五行入儒,使之成为理论骨架,结合法、道、墨、名诸子思想,利用以《黄帝内经》为代表的自然科学理论成果,建构了一个以天人感应为核心的新儒学,进而论证人际之间、天人之间、人与社会之间的内在和谐统一,更是将贵"和"思想发展到新的阶段。

值得注意的是,传统文化中有名的"厚德载物"的思想,实质上包含、体现了和谐精神。以宽厚的道德承载万物、处理人世间的一切事情,既强调了人与自然的和谐统一,又突出了人际关系的和谐统一。传统文化中关于人与自然和谐统一的思想,具体表现为不以征服自然为满足,不以破坏自然为乐事,而是顺应自然、因势利导。孔子赞成用鱼竿钓鱼,反对用大网拦河捕鱼,以防止鱼资源的枯竭;孟子主张在适宜的季节伐木,以免妨害树木的正常生长;荀子反对在草木生长的季节采伐树木,反对在鱼类繁殖的季节在河里捕鱼、毒鱼;《淮南子》的作者们明确反对"涸泽而渔""焚林而猎";等等。这类例子,都是维护生态和谐、重视人与自然的和谐的可贵思想。

传统文化中关于人际和谐统一的思想,具体表现为个人之间、民族之间、邦国之间的友好平等。对于个人关系,《孟子·滕文公》提出了"五伦"的观点:"教以人伦:父子有亲,君臣有义,夫妇有别,长幼有序,朋友有信。"在五伦中,处理彼此关系的基本准则是君惠臣忠、父慈子孝、夫敬妇随、兄友弟恭。孟子的名言"天时不如地利,地利不如人和"(《孟子·公孙丑下》)突出了"和"的地位和价值。对于邦国关系,《周易·乾卦》象传说:"首出庶物,万国咸宁。"《尚书·尧典》说:"百姓昭明,协和万邦。"这是讲民族之间、邦国之间的友好相处、和谐统一。《尚书·尧典》赞美古代圣王的德行时说:"克明峻德,以亲九族;九族既睦,平素百姓;百姓昭明,协和万邦。"《易传》所说"圣人感人心而天下和平",最终要达到的目的是"和"。对于民族、邦国之间的矛盾和斗争,传统思想一般反对暴力而主张和平解决。《孙子兵法》有一个著名的不用打仗而解决战争问题的观点:"百战百胜,非善之善者也;不战而屈人之兵,善之善者也。"至于个人之间的矛盾冲突,传统思想都是主张采用和平方式解决。站在正派的立场,为人的基本态度应当是"正己正人""成己成物",奉行"己欲立而立人,己欲达而达人"(《论语·雍也》),"己所不欲,勿施于人"(《论语·颜渊》)的行为准则,只有这样,矛盾分歧才能和平地解决,甚至可能防患于未然。北宋大思想家张载说过:"有象斯有对,对必反其为;有反斯有仇,仇必和而解。"(《正蒙·太和》)这是对事物及其现象的一分为二、矛盾斗争及其解决方法的精辟阐释。张载这种观点,在中国古代具有代表性,也具有历史的合理性。

传统人文思想认为,和谐的最佳状态是"太和"。这个观点最早是《易传》提出的。它说:"乾道变化,各正性命,保合太和,乃利贞。"(《彖传》)太和,是至高无上的和谐状态。《中庸》所说"万物并育而不相害,道并行而不悖",就是儒家的"太和"境界。张载在《正蒙·太和》中论述道:"太和所谓道,中涵浮沉、升降、动静相感之性,是生氤氲、相荡、胜负、屈伸之始。"在张载这里,"太和"成为中国传统哲学的最高范畴——道,它是最高的理想追求,即最佳的整体和谐状态。这种和谐蕴涵着浮沉、升降、动静的相互激荡和转化,是整体、动态的和谐。

中国古代的"贵和"思想,往往与"尚中"的观念紧密联系。"和"是"中"的结果,"中"是"和"的表现,也是实现"和"的方法。"和"与"中"在思想方法和价值境界上都是贯通的,因而二者往往连用。《中庸》说:"喜怒哀乐之未发谓之中,发而皆中节谓之和。中也者,天下之大本也;和也者,天下之达道也。致中和,天地位焉,万物育焉。"

达到中和状态,宇宙万物和人类社会便各安其位、各得其所。以"中"为度,"中"即是"和",这是传统和谐理论的基本思路和认知准则。

从总体上看,先秦两汉儒家的中和理论,是以中庸为思想基础,以"礼"为价值标准,以对统一体的保持、对竞争观念和行为的抑制为特征的。在中国传统文化中影响深远的中庸之道,虽然也包含不偏不倚、合理适度的持中之意,但它往往是用牺牲效率的代价去维护统一体的存在,从而成为一种过分强调因循而轻视甚至压制变革的思想观点。董仲舒们坚持的"天不变道亦不变""王者有改制之名,亡变道之实"(《汉书·董仲舒传》)的守成式和谐论,就是明证。

正如中国文明的早熟一样,中国古代贵和尚中的思想也是早熟的。它降生于动乱迭起、"道术将为天下裂"(《庄子·天下》)的时代,其实质内容以及由此反映出的价值取向,也与"争于气力"的时代大相径庭。然而,它表现了中国伦理型文化的基本精神,其守成的一面,在社会进入和平发展之时,便凸显出它的价值。因此,秦汉以后,中国社会步入大一统的常轨,以儒家为代表的贵和尚中思想,正好适应了大一统的政治需要,迎合了宗法社会温情脉脉的伦理情感需要,从而成为民族文化中的情感心理原则。汉代董仲舒的三纲五常理论、宋明理学家的天理人欲之辩,都是以"中"为度、以"和"为归结的,是先秦儒家和谐理论的不同表现。

贵和尚中思想,作为古代东方文明的精髓,作为中国文化基本精神的一个构成部分,它的积极作用占主导方面。由于全民族在贵和尚中思想方面的认同,使得中国人十分着重和谐局面的实现和保持,这对社会稳定和协调发展起了促进作用。做事不走极端,努力维护集体利益,求大同存小异,保持人际关系和谐,是中国人普遍的行为准则。这对民族精神的凝聚和拓展,对统一的多民族政权的维护,无疑有着积极作用。

四、民为邦本

民为邦本是中国文化的基本精神之一。它在整个中国文化中有一个一以贯之的传统,突出了中国文化的人本主义特色。

民为邦本的思想,可以溯源于殷周之际。《尚书·盘庚》记载:"重我民","罔不唯民之承","施实德于民","视民利用迁"。

周公从殷亡的教训中看到了民众的力量和作用,提出了"保民"思想。在他看来，民意是上帝意志的一种反映，上帝的威严与诚心，从民情上可以看出："天畏棐忱，民情大可见。"（《尚书·召诰》）《泰誓》逸文更说："民之所欲，天必从之。"（《左传·襄公三十一年》）在《左传》《国语》等典籍中，重民思想多处呈现。如："夫民，神之主也。是以圣王先成民而后致力于神"（《左传·桓公六年》）；"民和而后神降之福"（《国语·鲁语上》）；"国将兴，听于民；将亡，听于神"（《左传·庄公三十二年》）。显而易见，这些记载所反映出的重民思想，并不是给民以人格尊严和监督统治者执政的权利，而只是为了"兴国"，即维护统治秩序。重民只是手段，而不是目的。

民为邦本的思想在儒家学说中有典型、集中的反映。可以说，儒家政治理论的基石，便是民为邦本的学说。得民与否，是政治成败的根本所在。孔子主张富民、教民（见《论语·子路》），所重的是"民、食、丧、祭"（《论语·尧曰》），民列第一。孟子坚持"民为贵，社稷次之，君为轻"（《孟子·尽心下》）的基本观点，强调政在得民，失民必定亡国灭身。他说："暴其民，甚则身弑国亡，不甚则身危国削。"（《孟子·离娄上》）又说："得乎丘民而为天子。"（《孟子·尽心下》）还说："桀纣之失天下也，失其民也；失其民者，失其心也。得天下有道：得其民，斯得天下矣。"（《孟子·离娄上》）荀子认为："用国者，得百姓之力者富，得百姓之死者强，得百姓之誉者荣。三得者具而天下归之，三得者亡而天下去之。"（《荀子·王霸》）至于荀子关于君舟民水、水可载舟亦可覆舟的著名比喻，则更是集中反映了其民为邦本的思想。

不仅儒家重民，道家也不例外。老子说，"无常心，以百姓为心"（《老子》第四十九章），"民之饥，以其上食税之多，是以饥"（《老子》第七十五章）。

法家也有重民思想。他们虽然主张一断于法、用严刑峻法治理民众，但仍承认民心的向背是执法的基础、立国的根本。韩非认为，"凡治天下，必因人性"（《韩非子·用人》），"利之所在民归之"（《韩非子·外储说左上》），"君上之于民也，有难则尽其死，安平则尽其力"（《韩非子·六反》）。《管子·权修》说："赋敛厚，则下怨上矣；民力竭，则令不行矣。"《经法·君正》讲："号令阖（合）于民心，则民听令。"

可见，先秦诸子几乎都把民心向背看作政治兴败的根本。

汉唐时期，民为邦本的思想得到了进一步发展。贾谊认为："闻之于政也，民无不为本也……故国以民为安危，君以民为威侮，吏以民为贵贱。""戒之哉！戒之哉！与民为敌者，民必胜之。"（《新书·大政上》）唐太宗李世民说："君依于国，国依于民。刻民以奉君，犹割肉以充腹，腹饱而身毙，君富而国亡。"（《资治通鉴》卷一九二）

宋元明清时期，民本思想得到进一步强化。北宋张载宣传"民胞物与"（《西铭》）；司马光认为民是"国之堂基"（《惜时》）；理学家程颢、程颐宣称"民惟邦本"（《二程文集》卷五），"君道以人心悦服为本"（《粹言》卷二）；朱熹认为"天下之务莫大于恤民"（《宋史·朱熹传》）；明末清初的王夫之认为"君以民为基……无民而君不立"（《周易外传》卷二）；唐甄说"国无民，岂有四政？"（《潜书·明鉴》）。

诸如此类的例子，可谓不胜枚举。可以说，在两千年的帝制时代，无论专制帝王还是公卿士大夫，无论进步思想家还是工商业界人士，无不承认民在立国兴邦方面的重要性，因而主张重民。

传统的民为邦本的思想，在中国文化中有两个走向。一是表现于以专制帝王为代表的统治阶级，他们将民众看作政权的基础，要"保民而王"，利用民众力量为其统治效劳，民众只是国家赋税兵役的来源，是工具，是手段。二是表现于进步思想家，往往利用民为邦本的口号，针砭时弊，劝诫统治者轻徭薄赋，与民休息，甚而作为反对暴君苛政的一种口号。无论是前者还是后者，归根结底，民为邦本的思想不是现代民主思想。民主思想是在近代商品经济的条件下产生、以法制为基础的现代观念；民为邦本的思想则是在自然经济条件下，以人治为显著特征的对人民在社会生活中的作用的一种强调，对统治者适当放松压迫的微弱呼唤。二者有着本质的区别。正如有的学者所指出的，传统重民思想是没有公民权内容的。重民的主体是君主，民仅是被君主重视的对象。重民思想在局部问题上与专制君主虽有冲突，但从全局看，它不是对专制君主的否定，而是提醒君主注意自己存在的条件。思想家们倡导重民不是要否定君主，而是向君主献策，把重民作为巩固君主地位的手段。重民思想与君主专制主义并不矛盾，它可以是君主专制主义的一种补充。①

有论者指出，我们今天理解和评价中国传统文化中的"民为邦本"思

---

① 参见刘泽华《中国传统政治思想反思》，生活·读书·新知三联书店1987年版，第118页。

想，需要抓住几个要点。第一，崇尚道德、以民为本是儒家文化的"常道"，亦是中国文化的核心价值；第二，在儒家文化中"天民一致"，在民意之上并无更高的所谓"天道合法性"；第三，"以民为本"就是以人民为国家、社会的价值主体，在儒家文化中民本主义高于王权主义；第四，中国传统的民本思想与君主制结合在一起，因此，民本并非近现代意义的民主；第五，从民本走向民主，符合中国文化近现代转型的逻辑，中国特色的民主制度应是"以民本和自由为体，以民主为用"。①这个见解是深刻的，值得重视。

五、平均平等

平均平等是中国文化的基本精神之一。

在中国文化中，平均平等的思想主要表现为经济利益上的彼此一样。平均即是平等，平等必须也必然表现为平均，亦即社会财富占有和劳动产品的分配上的平均一致。

孔子说："闻有国有家者，不患寡而患不均，不患贫而患不安。盖均无贫，和无寡，安无倾。"（《论语·季氏》）。治国理家，不怕财物匮乏，就怕分配不均。孔子之前，晏婴就已经讲过"权有无，均贫富"（《晏子春秋》内篇，《问上》第三）。管子认为："仓廪虚而民无积，农民以鬻子者，上无术以均之。"（《管子·轻重》）他把老百姓贫穷、卖子而活，归咎于统治者无法使财富分配平均。

董仲舒看到当时土地兼并严重、"富者田连阡陌，贫者无立锥之地"的严峻现实，力主"调均""限民名田"，要"使富者足以示贵而不至于骄，贫者足以养生而不至于忧，以此为度而调均之"（《春秋繁露·度制》）。董仲舒的调均思想，虽然是从经济入手并着重解决经济问题的思想，但并不仅仅是一种经济观念，更是一种强调公平的施政理念。这种调均思想，并不是很长时期中不少人认定的所谓"平均主义"（无论是相对平均主义还是绝对平均主义），而本质上是一种通过调节均衡以达到人们按其身份享受应有的相对公平待遇的中正和谐的思想。董仲舒的调均思想使得先秦儒家的均平思想得以儒学化，均平思想被纳入儒学价值系统，以

---

① 参见李存山《对中国文化民本思想的再认识》，载《孔子研究》2016年第6期。

第十二章 中国文化的基本精神

礼治为核心,以"五常"特别是仁道为原则,成为基本的价值观念,成为儒学以民为本思想的重要构成。董仲舒的调均思想,成为儒家天下大同思想、贵和尚中思想、以民为本思想的载体。①

不仅思想家们倡导平均的思想,而且君主有时也实行平均的措施。这主要表现为历代的均田、限田政策。汉代王莽称帝后,复古改制,重点即在恢复井田制,将全国土地定为国有,称为王田,不得买卖,按人口授田。历史上著名的北魏均田制以及与其相应的租调制,即是以一夫一妻的小家庭为受田纳租单位,没有户等区别。北宋王安石变法,一项重要措施是实行方田均税法。他企图用类似井田制的土地制度,均调土地和赋税。明代著名"清官"海瑞,声称"欲天下治平,必行耕田,不得已而限田;又不得已而均税"(《明史》卷二二六)。

平均平等的思想,在农民思想中根深蒂固,其外在表现也极为强烈。上述历代思想家和统治者关于调均的思想,主要受制于农民平均平等的思想,是因应农民思想,以缓和阶级矛盾,防止农民起义。

历代农民起义,大都以平均平等为号召。东汉末黄巾起义军吸收原始道教的《太平经》的思想,提出了"太平"的口号。太平,即非常公平。唐末黄巢起义以"平均"为战斗口号,北宋王小波起义以"均贫富"为理想,南宋钟相、杨幺起义以"等贵贱、均贫富"为目标,元末农民起义以"杀尽不平方太平"为旗帜,明末李自成领导的农民起义军要求"均田"。到了近代,太平天国革命把农民平均平等的理想表达为:"有田同耕,有饭同食,有衣同穿,有钱同使,无处不均匀,无人不饱暖。"(《天朝田亩制度》)。这些农民起义所倡导的平均平等主张,极大地吸引鼓舞了广大农民,在一定程度上动摇了君主专制统治的根基。

严格说来,中国历史上从未真正出现过平均平等的社会。封建统治者实行的均田、限田之类政策,旨在缓和阶级矛盾,而非为了实现天下一家、人人平等。思想家们的调均主张,不过是从长治久安的远大目标考虑问题,反对剥削过甚、杀鸡取蛋罢了。农民起义军则因其自身的局限性和统治阶级力量的强大,而无从真正实现平均平等的理想。

毫无疑问,中国文化中的平均平等思想(主要表现于农民群众)是小农经济的产物。但是,这种思想主张在自然经济条件下均调社会财富、损

---

① 参见李宗桂《从"调均"看中国文化的优秀传统》,载《哲学研究》2016年第8期。

有余补不足,这对减轻剥削、防止兼并、维持农民最起码的生存条件、安定社会等,仍起了积极的作用。它孕育了农民阶级反对强权暴政,要求彼此一样的社会文化心态,促进了农民反抗精神的增长。特别是作为一种社会心理,它丰富了中华民族的平等自主意识,并转化为争取自由的动力。但是,历史上农民这种平均平等的思想,带有绝对平均主义的色彩,因而是不可能实现的,也有其严重弊端。它反对不同的人或集团利用自己的特长和优势,开拓进取,先人一步过上好日子。它注重的是静态的平衡,以牺牲效率和进步为代价,而不是鼓励动态的竞争,通过提高工作效率、生产效率来推动社会进步,以实现自己的理想。因此,这方面的因素又是消极的、不可取的。

六、求是务实

求是务实是中国文化的基本精神之一。

中国文化以人心和人生为观照,因而是面向现实、重视人生的。实事求是历来是中国人的认识原则和道德信条。

儒家孔子主张"学而时习之","每事问","知之为知之,不知为不知","毋意、毋必、毋固、毋我",是求实精神的反映。孟子要知人论事,主张给民以恒产,从而使民有恒心,"无恒产则无恒心"。荀子否认生而知之,强调后天学习对人的知识和才能的重要性。董仲舒承认"富者田连阡陌,贫者无立锥之地",要求"更化",省刑薄赋。王充重实事,疾虚妄。后来的陈亮、叶适、颜元,都注重事功,强调动机与效果的统一。这些,都是求实精神的不同表现。

道家虽大讲"玄之又玄"的"道",但仍具有求实精神。老子认为,"知人者智,自知者明",主张认真研究敌情,"祸莫大于轻敌"。庄子学派要"析万物之理",高度重视自由与必然关系的探讨,反对独断论,体现了道家的求实精神。后来的黄老道家,"与时迁移,应物变化",更是求实精神的体现。

法家反对"前识",注重"参验",强调实行,推崇以耕战为核心的事功,抨击空谈和玄想,执着于现实。法家主张用刑罚和庆赏"二柄"来刺激和制约人们的情欲,而不是用空洞说教来训导人们。这是从功利主义立场表现出的求是务实精神。

中国传统史学坚持信史直录、不畏权势压迫的传统,也是中国文化求实精神的表现。著名史学家刘知几"善恶必书,使骄君贼臣知惧"(《新唐书·刘知几传》)。历史上,为了秉笔直书而不惜受贬逐以至牺牲生命的正直史学家,代不乏人。

求是精神必然表现为务实态度。中国人历来黜玄想而务实际,从日常生活和人伦关系以及社会政治生活中表达自己的意愿,实现自身的价值,而反对不务实际的清谈玄想。在中国文化史上,从来是王权高于神权,神权为王权服务,这是与中国人的务实精神分不开的。甚至可以说,中国古典文学中一以贯之的现实主义传统,也与中国人立足现实、重视务实的精神密不可分。在民族性格心理中,求是务实的精神也打下了深深的烙印。中国人的性格朴实无华,立身行事讲究脚踏实地、循序渐进,"摸着石头过河",鄙视华而不实的作风。这些,都表现了中国文化精神和中华民族素质中优秀的一面。但是,在这种求是务实精神中,同时包含着某些消极的因素。例如,注重人心和人生,却忽视对自然的改造、对自然科学的研究。又如,求是务实精神往往以经验主义为基础,偏重实惠和眼前功利,带有明显的"吹糠见米"的小农意识。这反映了求是务实精神中忽略长远利益的短视特点,是小农经济局限性的必然表现和结果。

七、豁达乐观

中国文化有着豁达乐观的精神。

在中国人看来,人生的意义、个体的价值,存在于现世的生活中。人生在世,富贵发达,固然可喜;仕途坎坷,宦海浮沉,饱经忧患,未必可悲。积极进取、自强不息的人生态度,始终以乐观主义为基调,从而可以淡化悲观心理。对真理的追求,对光明的向往,使人们对未来满怀希望。个人际遇的不顺,可以用"艰难困苦,玉汝于成"来自我调适,将抑郁之情导向乐观之态。团体的事业受到挫折,可以看作是新的成功的契机,低潮可以视作两次高潮间的过渡。社稷倾覆,可以通过卧薪尝胆来光复。历来传诵的"无平不陂,无往不复""否极泰来"等格言,表达了人们对未来美好前景的坚信。"道路是曲折的,前途是光明的",便是这种乐观精神的积淀和转化。中国古典悲剧中,往往是大团圆结尾,虽然有模式化和空想主义的特征,但毕竟表达了人们对美好结局的向往和追求,是用乐观态度对待悲剧现实。

中华民族的乐观，伴生了豁达大度的胸襟。这首先表现为兼容并包的文化价值观。历史上，在中外交通过程中，中国文化往往易于与异域文化相接触、相融合，既以自己的内在特色去影响其他民族的文化，又吸纳并融合其他民族的文化。佛学东渐，中土文化先是与其相安无事，继之发生冲突，最后融合为一，相互助补，共同发展。伊斯兰教、基督教在中国也有大致类似的遭遇。至于中国文化内部各个构成部分之间的融合，则更是为人们所熟知。儒墨相用相近，儒法相互合流，儒道互为补充，儒佛相互融摄……最后熔铸为一。这些现象经过理论上的提炼，便表现为"万物并育而不相害，道并行而不相悖"（《礼记·中庸》）的原则。表现于社会政治生活，就是提倡"否可相济"，"和而不同"，集思广益，择善而从；表现于文化领域，就是主张"天下一致而百虑，同归而殊途"（《史记·太史公自序》），兼容并蓄，相反相成。

这种兼容并包、并行不悖的精神，使中国文化具有很强的吸纳能力和改铸能力，使中国人具有博大的胸襟和宽容的情怀，从而使中国文化的适应力和再生机能都很强。但是，与此同时，中国文化中的豁达乐观、兼容并包的精神，又包含着不少消极因素。"知足常乐""见侮不辱""安贫乐道"等观念，渗透全社会，造成了中国人重视守成、乐于守成的保守心理。在成绩面前自我满足，不求进取；在重大历史隐患面前，缺乏必要的危机感和紧迫感。同时，兼容并包的宽容态度，促发了中国人的折中调和思想，以致在需要打破僵局、大胆改革的历史关头，往往不能当机立断、大刀阔斧地进行，甚至坐失良机。

八、以道制欲

以道制欲是中国文化基本精神的又一个方面。

中国社会自迈进文明的门槛后，就有一种贯穿始终的强烈的理性精神。在中国文化中，人是道德理性的人，而非生物学意义上的人。礼义廉耻是人人具备的是非之心，是主体意志的基本内容。哲学认识的主要对象是人伦规范。达到"至善"是道德上的最高境界，也是政治上的最终理想。因此，个体的情感、欲望的满足，要与社会的理性要求相统一。儒家主张"乐而不淫，哀而不伤"，"反情以和其志"，"发乎情，止乎礼义"。

道家以为，个体的情感、欲望的满足不应当"伤生""害身"。一般地讲，中国文化既反对否定感情和欲望的满足的禁欲主义，又反对无理性、无节制的纵欲主义。正如有的学者所说，中国重视的是情理结合、以理节情的平衡，是社会性、伦理性的心理感受和满足，而不是禁欲性的官能压抑，也不是理知性的认识愉快，更不是神秘性的情感迷狂或心灵净化。①

古代理性精神的另一重要表现，是强调个体与群体、与社会之间的统一性。一方面，充分肯定个体感性生命的存在和发展的重要价值；另一方面，又强烈地主张个体感性生命的存在和发展，必须同他人、同整个社会的存在和发展统一起来。两者应处于一种和谐的关系中，而不应互相分裂和对抗。宋代大儒张载的《西铭》，集中体现了儒家这方面的思想。《西铭》视天下为一家，倡导"民吾同胞，物吾与也"的思想，"尊高年，所以长其长；慈孤弱，所以幼其幼……凡天下疲癃残疾、惸独鳏寡，皆吾兄弟之颠连而无告者也"。这和孔子"老者安之，朋友信之，少者怀之"的思想是一致的，都是对个体与社会相统一的人生理想的表述和追求。道家对儒家提倡的仁义道德的虚伪性和它对人的个性的束缚曾做了尖锐的批判，比儒家更为强调个体生命的存在和自由发展，但它并不否定仁爱的精神。老子主张"圣人不积，既以为人己愈有，既以与人己愈多"；庄子学派不但赞扬"泉涸，鱼相处于陆，相呴以湿，相濡以沫"，于患难中互相救助的精神，而且热切地希望人们脱离一切患难，像江湖中的鱼那样无忧无虑、自由自在地生活。墨家的"兼爱"，有教人实行苦行主义、禁欲主义的一面，也有积极地提倡个人为天下国家献身的一面。法家明显地把个人私利的满足提到重要地位，但它也仍然把这种满足同个人为他人和国家（当然是统治阶级的专制主义的国家）所做的事功相连，强烈地反对无功受禄。当然，墨法两家对个体与社会的统一的认识低于儒道两家，在中国历史上的影响也远不能同儒道两家相比。②

此外，前面讲过的以天下为己任，"先天下之忧而忧"，"国家兴亡，匹夫有责"，以及注重整体和人际关系的思想，都是同一思维路数。

显而易见，个体情感和欲望的满足要与社会的理性相统一的思想，以及个体与社会之间须保持和谐一致的思想，说到底，是以道制欲的道德理

---

① 参见李泽厚《美的历程》，文物出版社1981年版，第51页。
② 参见刘纲纪《略论中国民族精神》，载《武汉大学学报（社会科学版）》1985年第1期。

性和思维趋向的具体表现。在中国传统文化中，无论哪家哪派，无论官方民间，由于其人生旨趣受伦理政治型文化的制约，故都追求对形而上的道的把握。尽管不同时代、不同地位的人，所追求的道的内涵可能不同，但都可将其抽绎为一种道德理性精神，成为人们行为的指导。人的情感、欲望，必须以"道"为准则，情不悖道，欲不逾道，这已成了全社会的共同人生态度。

　　以道制欲精神的形成，对中华民族重理性，讲节操，抵制纵欲主义，反对人性方面的自然主义，都有积极的一面；对民族独特精神风貌的形成和社会的和谐统一，也起了积极作用。但是，由于封建统治者的歪曲利用，以道制欲的精神，往往流为压制人们正常情感欲望的满足和正常人性的实现的工具。宋明理学"存天理，去人欲"的理论，便是典型例子。这是需要批判扬弃的。

第十三章

中国传统人文思想

中国传统文化有着深厚绵长的人文思想。理性地梳理、创造性地转化传统人文思想,对我们探讨中国传统文化与现代化的关系,对我们今天在市场经济条件下进行的文化建设事业的发展,有着重要的理论价值和实践意义。

大致说来,中国传统文化的人文思想主要有五个方面的内容:坚韧不拔的从道精神、贵和尚中的和谐理想、"文化中国"的包容意识、守成创新的进化意识、崇德重义的价值追求。

第一节 坚韧不拔的从道精神

中国传统人文思想的一个重要内容,是坚韧不拔的从道精神。这种以道为尚的精神取向,充分体现着中华民族追求崇高、为了理想而不懈奋斗的顽强精神。

一、孔子的从道思想

孔子的从道思想是其价值观的精髓,其基本精神是以道为尚、唯道是从。对此,孔子有一系列论说。这些论说,就其价值内涵而言,大致可以分为四类:对现实政治的态度、对历史和时代的态度、对价值原则的态度、对名利的态度。

(一)**对现实政治的态度**

孔子是传统的维护者,是典型的守成主义者。但他所要维护、所要保守的传统和既成制度、秩序,并不是为传统而传统,为守成而守成,而是与现实政治密切相关,企图规范现实政治、引导现实政治,提升现实政治的品格。而贯通传统与现实的精神力量,衡量现实政治的高下优劣的标准,是他极力推崇的"道"。符合"道"的政治,他就坚持,就合作,就积极参与其中;反之,不符合"道"的政治,就保持距离,就不予合作,甚至给予必要的批判、匡正。他说:"天下有道则现,无道则隐"(《论语·泰伯》);"天下有道,丘不与易也"(《论语·微子》);"笃信好学,守死善道"(《论语·泰伯》);"以道事君,不可则止"(《论语·先进》);"邦有道则仕,邦无道则可卷而怀之"(《论语·卫灵公》)。这类论说,表明孔子既是传统的守护者,更是现实政治的关怀者。对于现实政治,合作也罢,保持距离也罢,甚至痛加挞伐也罢,都是为了弘"道",以"道"的旗帜统摄现实政治,而不是以现实政治扭曲"道"的灵魂。"道"高于政,政必服从"道",这是孔子对现实政治的基本态度。

(二) 对历史和时代的态度

对历史和时代,孔子的基本价值取向也是以"道"为基准。孔子重视历史传统,崇尚往古,推尊三代,瞻拜周公,具有浓厚的尊古情结。他的"克己复礼"的政治目标、仁民爱物的血缘情怀、仁礼一体的思想体系,无不与既往的历史传统相勾连。而贯穿他的深厚绵长的历史意识,激活他的历史精神的,则是对"道"的坚定信念,以及以弘扬"道"为己任的强烈的历史责任感。对自己所处的时代,孔子痛心疾首于"礼乐征伐自诸侯出"的无序(《论语·季氏》),向往"礼乐征伐自天子出"(《论语·季氏》)的神圣天道。因此,拨乱反正,"行义以达其道"(《论语·季氏》),便成为他的自我期许。他的弟子曾参所说的一段名言"士不可以不弘毅,任重而道远。仁以为己任,不亦重乎?死而后已,不亦远乎?"(《论语·泰伯》),应该可以看作是孔子对历史和时代态度的精神写照。显而易见的是,以弘大之态、刚毅之志承担历史传统和时代责任,以死而后已的坚强决心迈向未来,体现了孔子对"道"的执着,以及"道"的理念对孔子的历史意识和时代精神的渗透。

(三) 对价值原则的态度

孔子从道思想的一个显著特征,是对价值原则的坚持。他说,"笃信好学，守死善道"（《论语·泰伯》）；"道不行，乘桴浮于海"（《论语·公冶长》）；"朝闻道，夕死可矣"（《论语·里仁》）；"士志于道"（《论语·里仁》）；"道不同，不相为谋"（《论语·卫灵公》）；"就有道而正焉"（《论语·学而》）。正当的、高尚的价值原则一旦不能实行，则绝不苟同流俗，而要遗世独立。君子致力于实践孝悌这个为仁的根本，是为了仁道的实现。根据后世儒家朱熹的阐释，道是"事物当然之理"（朱熹：《四书章句集注》之《论语集注》卷二），能够了解、把握之，则死而无憾。从价值评判和对价值原则的贯彻的角度讲，道有善恶之别，君子坚持善道，不与恶俗、恶人为伍，而以弘扬正道、伸张善道为己任。这些思想，从另一个侧面表现出孔子对道的遵奉，对高尚价值原则的始终不渝的坚持。从孔子一生的政治实践和道德实践来看，他确实是坚持了以道为尚的价值原则。

（四）对名利的态度

孔子对名利的态度，有一个基本的思想原则，即是否符合他所崇尚、遵从的道。关于这方面的论述，人们熟知的不少："君子谋道不谋食……忧道不忧贫"（《论语·卫灵公》）；"富与贵，是人之所欲也，不以其道得之，不处也；贫与贱，是人之所恶也，不以其道得之，不去也"（《论语·里仁》）；"志士仁人，无求生以害仁，有杀身以成仁"（《论语·卫灵公》）；"仁者安仁，智者利仁"（《论语·里仁》）；"人不知而不愠，不亦君子乎"（《论语·学而》）；"君子喻于义，小人喻于利"（《论语·里仁》）；"邦有道，贫且贱焉，耻也；邦无道，富且贵焉，耻也"（《论语·泰伯》）。面对贫富、贵贱、荣辱、穷通，这些关涉人切身利益的东西，孔子的态度十分豁达、超然。在他心目中，士追求道，君子谋道、忧道，而不能够也不应该停留于谋食、忧贫的层次上。对于或富贵或贫贱的人生的选择，不是以物质的享受、虚名的获得为目的，而是以道为衡量的标准。为了坚持道，君子宁可固守穷困。在生死存亡的关键时刻，志士仁人宁可牺牲自己的生命而保全、发扬仁道，也决不为了苟且偷生而妨碍仁道的流行、贬损仁道的价值。当义利不能两全的时候，君子毅然取义而弃利。君子不汲汲于名利，为学在己，而不以获得知名度为功利目的。即使自己道德文章十分高妙，却又并不为人所知，也不会因而怨天尤人甚至恼羞成怒。"人不知而不愠，不亦君子乎？"（《论语·学而》）显而易见，孔子对名利的态度是十分超然的,道德形而上学的色彩相当强烈。这种以道为精神追求、为人生价值准则的态度,对调控物欲、摆正思想无疑具有积极的现实意义。

无疑,孔子的一生都在坚韧地实践其从道思想。这种从道思想,实际上就是道德理想的高扬,是价值理性的体现,是传统人文精神的初始表现。

二、从道精神的历史表现

孔子的从道思想,作为中华民族精神文化的重要资源,对后世思想家的思想产生了极为重要的影响,特别是对后来的传统人文精神的思想内涵和表现形式产生了深远的影响。

孟子继承了孔子的从道思想。孟子说:"道则高矣美矣","达不离道","天下有道,以道殉身;天下无道,以身殉道"(《孟子·尽心上》);"居天下之广居,立天下之正位,行天下之大道。得志,与民由之;不得志,独行其道。富贵不能淫,贫贱不能移,威武不能屈,此之谓大丈夫"(《孟子·滕文公下》);"生,亦我所欲也;义,亦我所欲也。二者不可得兼,舍生而取义者也。生亦我所欲,所欲有甚于生者,故不为苟得也","仁也者,人也;合而言之,道也"(《孟子·尽心下》);"获于上有道……信于友有道……悦亲有道……诚身有道……是故诚者,天之道也;思诚者,人之道也","得天下有道,得其民斯得天下矣;得其民有道,得其心斯得民矣;得其心有道,所欲与之聚之,所恶勿施尔也"(《孟子·离娄上》)。孟子倡导的以性善论为基础的"四端"说(恻隐——仁;羞恶——义;辞让——礼;是非——智),尽心、知性、知天的天人合一认识路线,仁政理论,等等,都是从道精神的表现。

荀子的从道精神也是对孔子有关思想的继承。荀子的从道思想,集中表现为他的礼论。他说:"礼者,表也"(《荀子·天论》);"礼者,节之准也"(《荀子·致士》);"礼者,治辨之极也"(《荀子·议兵》);"人无礼则不生,事无礼则不成,国家无礼则不宁"(《荀子·修身》);"礼者,法之大分,类之纲纪","学至乎《礼》而止矣"(《荀子·劝学》)。

汉代董仲舒把从道精神发展到一个新的高度。他提出了"正其谊不谋其利,明其道不计其功"(《汉书·董仲舒传》)的著名论断,阐发了唯道是从的观点。他说:"道者,万世亡弊;弊者,道之失也"(《汉书·董仲舒传》);"道之大原出于天,天不变,道亦不变","王者有改制之名,亡变道之实"(《汉书·董仲舒传》)。他极力论证的天人感应思想、三纲五常的道德论等,都是其从道精神的体现。

明清之际,顾炎武大胆提出"以天下之权,寄天下之人"(《日知录·守令》)的论断,反对君主独裁,要求分权而治。王夫之宣称"天下非一家之私"(《读通鉴论·叙论一》),极力提倡"不以天下私一人"(《黄书·宰制》)。李贽针对当时一切以孔子的是非为是非的现状,主张不以孔子的是非为是非,如果"咸以孔子之是非为是非,故未尝有是非耳"(《答耿忠丞》)。黄宗羲直截了当地说君主是"天下之大害"(《明夷待访录·原君》)。戴震批判宋明理学的天理人欲之辩是"忍而残杀之具"(《孟子字义疏证》),揭露理学家是"以理杀人"(《戴东原集·与某书》)。唐甄更为深刻地指出:"自秦以来,凡为帝王者皆贼也。"(《潜书·室语》)这些思想都是传统文化中从道精神的发展。正如荀子所言:"从道不从君,从义不从父,人之大行也。"(《荀子·子道》)

近代以来,中国人民为了民族独立、国家富强而不断革故鼎新,学习西方进步的物质文化、制度文化、思想文化,以增强自身力量,变革传统的制度文化、思想文化,创建新型社会形态和文化形态,其内在动因是从道精神的鞭策。

1978年以后,中国人民能够从僵化的政治教条和体制中摆脱出来,走上改革开放的道路,面向世界、面向未来、面向现代化,走与人类文明共同发展的道路,并最终走上社会主义市场经济体制建设的轨道,也是与中国文化中的从道精神分不开的。

三、传统从道精神的现代审视

上述孔子的从道思想和传统从道精神的历史表现,对市场经济条件下的当代中国的社会发展,对中国特色的文化建设,有着重要的启迪和借鉴意义。

孔子的从道思想,对传统人文精神的形成和发展起了积极的促进作用。孔子对现实政治的态度,对传统人文精神中的政治合作精神和政治批判精神,具有引领精神方向的作用。这主要导因于孔子对有道之君和有道之政的自觉合作，以及对无道之君、悖道之政的严厉批判和保持距离。①孔子的言教、身教并行，为传统的政治合作精神和政治批判精神的理论阐扬，及其政治实践，提供了精神力量，成为后世的楷模。孔子的历史责任感和时代担当感，表现为始终不渝的参与精神，为后世作为一种理论形态和精神力量的历史担当精神的成熟，以及立足现实的实践精神的发展，提供了思想资源。孔子对价值原则的坚定信守，对后世追求崇高的精神价值观的发展和成熟，具有开启方向、规范行为的功能。总之，传统人文精神，作为一种重视实践、重视日常人生的价值观念和精神力量，其思想渊源之一，便是孔子的从道思想。②

今天的中国，正在进行现代市场经济体制的建设。传统文化的消极成分的制约，西方文化腐朽因素的侵蚀，现实社会政治、经济、文化体制的缺陷，特别是市场经济负面作用的影响，使得社会上各种矛盾复杂纷繁，并且有时表现得十分尖锐。极端个人主义、享乐主义、拜金主义，这些不良思潮严重腐蚀着人们的心灵，毒化着社会空气，使得文化建设的任务特别艰巨、沉重。应当实事求是地承认，当代中国的社会文化建设，还有十分漫长的道路要走，还有极为艰巨的任务等待有志之士去完成。要解决现实生活中的诸多问题，要提高全社会的文化素质，实现现代化建设的目标，当然有很多途径，而总结、借鉴传统文化人文精神的积极成分，无疑是一个重要的途径。

反思孔子的从道思想和传统人文精神，我们可以从中汲取若干有益的思想养料，并将其经过改造，运用于现代化建设事业的实践过程之中。

首先，政治合作精神和政治批判精神的统一，是我们保持清醒头脑、积极参与社会生活和现代化建设事业的思想保证之一，也是促进中国文化健康地走向现代化途程的重要保证之一。随着这些年来教育事业的发展，属于知识分子范畴的人越来越多。就其自身的资质和秉性而言，知识分子往往具有强烈的参与现实生活的精神，同时也有强烈的批判精神。半个多世纪的实践表明，如果知识分子对现实的政治生活仅凭感性参与，不加思

---

① 参见余治平《"君为臣纲"与"从道不从君"——儒家君臣一伦的公正性追求》，载《中国儒学》2013年第1期。

② 参见李宗桂《思想家与文化传统》，载《哲学研究》1993年第8期；《孔子从道思想与传统人文精神的当代价值》，载《中国哲学史》2000年第2期。

考，盲目顺从，有时就会导致意想不到的悲剧。例如 20 世纪 50 年代的"反右"运动、60 年代的"文化大革命"运动。如果我们的人民，特别是知识分子的头脑能够清醒一些，多一点价值理性，少一点盲目顺从，则当年的惨痛损失或许能够适当减少一些。不仅如此，就是在改革开放的时代大潮中，对某些部门、某些领导做出的已经被实践证明的错误决策，如果人们当时能够有一种批判精神，知识分子有一种群体批判意识，姑且不要奢望杜绝损失，但至少可以减少那些不应有的损失。因此，应当提倡并弘扬政治批判精神。当然，我们这里讲的政治批判精神，并不是盲目地与某些决策部门和领导唱对台戏，不是一味地以逆反心理处理一切，而是提倡一种符合现代意识的价值理性。不言而喻，在建设市场经济体制的今天，更为需要的是政治合作精神。如果没有对当代中国现代化建设事业的认同，没有振兴中华民族、复兴伟大的中华文明的高远志向，就不可能有自觉的政治合作精神。如果一味地以局外人的身份和眼光旁观当代中国的建设，以一种挑剔的态度对待社会现实，就难免失之偏颇。科学的态度是，政治合作精神与政治批判精神的统一，使二者之间形成合理的张力，造成一种良性的互动，以为市场经济体制的建设提供应有的帮助。

其次，立足现实的精神与重视传统的精神的统一，是促进新的中国文化精神生长的重要方式。身处生气勃勃的现代化建设事业迅猛发展的时代，我们的立身行事当然要以当代中国的现实为出发点，要一切从实际出发，反对脱离实际，反对空谈。同时，又要弘扬传统人文精神中重视传统的精神，充分利用优秀的文化传统，用新的时代精神进行改造，使其焕发新的生命力，为中华民族迈向新的纪元提供精神动力。总之，将传统仅仅看成包袱，割裂传统，抛弃传统，只顾眼前是不对的，是目光短浅的表现；但是，如果过分看重传统，以传统遮蔽现实、取代现实，以致脱离现实去空谈传统，也是不对的。应当将现实与传统融合、贯通，立足现实，背靠传统，面向未来，面向世界，使历史意识和现代精神相统一、本根意识与全球意识相结合，在新的基点上催生新的中华民族精神，才是正确的做法。

最后，历史担当精神与追求崇高的精神的统一，是消除种种社会弊端特别是清除思想毒瘤的重要方式。没有历史担当精神，就没有责任感和使命感；没有追求崇高的精神，历史担当精神就有可能流为个人自我中心，成为争名夺利的口实和遮羞布。社会尚贤使能的对应面，应当是个人的见贤思齐，而不是嫉贤妒能；尚贤使能客观上会激发出更为激烈的竞争，因而需要贵和尚中的崇高精神境界和良好的文化生态环境，否则只会产生更多的社会弊端和思想毒瘤。只有将历史担当精神与追求崇高的精神有机统一起来，才能达到净化社会空气、优化文化生态环境的目的。

要强调的是，我们重视历史文化传统在现代化建设中的作用，重视传统精神资源在市场经济条件下的开掘，并不是认为孔子的从道思想和传统人文精神是完满自足、尽善尽美的。事实上，我们认为孔子的从道思想和传统人文精神有着严重的时代局限性，就其作为价值观的一面来讲，它们作为一个整体，在今天已经不能适应时代的要求，而需进行根本性的改造，才能为我所用，为今天所用。但是，问题的严重性并不在于指出、批评并抛弃传统人文精神的弊病（这个问题比较容易引起人们的重视，也比较好解决），这就好比倒洗澡水不能把洗澡水和小孩一起倒掉；而在于如何客观地看待、理性地评价、科学地转化它的价值，从而使传统精神的资源汇入当代文化发展的长河之中，使民族文化的生命得以更为健康地成长。

第二节 "文化中国"的包容意识

一、由"文化"而"中国"

中国传统人文思想的又一重要内容，是"文化中国"的理想追求。

早在春秋时期，政治家们和思想家们就有了文化中国的理想。所谓"诸夏为中国，据夷狄为外"（《左传·昭公三十年》疏），"夷狄之有君，不如诸夏之亡也"（《论语·八佾》），"小雅尽废，则四夷交侵，中国微也"（《诗经·小雅》），等等，便是文化中国理想的表现。传说中的孔子修《春秋》，严夷夏之防，其原则是礼义道德。诸侯行为不合礼义道德的，便以夷狄看待；夷狄行为合乎礼义道德的，便以中国看待。孟子坚信进步文化能够改变落后文化，而落后文化不可能改变进步文化，其所谓"吾闻用夏变夷者，未闻变于夷者也"（《孟子·滕文公上》），便是这种信念的体现。汉代研究《春秋》的公羊家们明确认为，夷狄与中国的区别，并非种族或地域的不同,而是文化道德的有无。公羊学大师董仲舒认为,《春秋·宣公十二年》记载晋楚之战,晋国大败,《春秋》褒扬处于夷狄之邦的楚国合乎礼义,贬斥属于诸夏部族的晋国不合礼义,原因就在于《春秋》无通辞,评价标准以是否符合礼义为转移。晋国不讲礼义,虽属诸夏之国,也"变而为夷狄";楚国恪守礼义,虽属夷狄之邦,却"变而为君子"(《春秋繁露·竹林》)。夷夏之间,并无不可逾越的鸿沟。这就凸显了夷夏之辨的文化标准和意义,沟通了夷夏之间在文化心理上的联系。这种夷夏互变的思想,是中国古代理性精神的重要成分,是文化中国理想追求的重要内容之一。近代中国开眼看世界的开明思想家们,主张"师夷长技",实际上是承认"夷人"的器物文明高于华夏之邦。谭嗣同慨叹:"今中国人心风俗政治法度,无一可比于夷狄,何尝有一毫所谓'夏'者!"(《仁学》)可见,夷夏之别的标准,是文明进步的高下、有无。当然,用现代文明的眼光审视,这种华夷之辨的思想,无可否认地存在着某种轻视外族的意识。但我们更应看到的是,这种华夷之辨并非种族情结的外化,而是进步文化观念的体现,即对文明与野蛮的区别,是扬文明而弃野蛮的精神超越。何况,当时的思想家们已经反复申论,文明与野蛮的分界是礼义的有无,中国而失礼义则夷狄之,夷狄而能礼义则中国之,可见华夷之辨主要是个文化概念。

可以说,先秦时期以孔孟为代表的仁学理论中的个体人格独立和道德修养主张,以老子和庄子为代表的对个体精神自由的追求,是此前文化中国理想的进一步探讨和充实。尽管这种理想在当时因不合以武力取天下的潮流而被冷落,但从整个中国文化发展的历史进程来看,它们的确代表了中国古代文化精神的一个方向。秦王朝的穷奢极欲、横征暴敛,正是对文化中国理想的反动。汉代的改制更化,崇儒术,重文治,则是对"文化中国"理想的恢复和实践。

二、包容意识

显而易见,"文化中国"的理想具有很强的包容性。它的包容性不仅体现为对何为中国人的价值尺度的文化内涵的丰富,还表现为它本身内容的极大的涵括性,以及价值指向的多元性。

近年来,海外华人学者提出"文化中国"的概念,有的是从中国统一的角度考虑问题①；有的是从发掘精神资源的角度，把中国传统文化看作一个可资利用的精神宝藏②；或者将受中国文化精神价值影响的华人和外国汉学家的群体看作一个观念上的整体，阐发中国文化的价值和地位③。其中，以美国哈佛大学教授杜维明的观点较有代表性。杜维明指出，"文化中国"这一概念是相对于"政治中国""经济中国"而言，在以权力和金钱为议论主题的话语之外，开创一个落实日常生活而又能展现艺术美感、道德关切、宗教情操的公众领域。他认为，"文化中国"至少包括三个意义世界：第一个意义世界是由华人所组织的社会，包括中国大陆、台湾、香港、澳门和新加坡，当然也包括这些地区的少数民族。第二个意义世界是散布于世界各地的华人社会。第三个意义世界是指和中国既无血缘又未必有婚姻关系，但和中国文化结了不解之缘的世界各阶层人士，包括学术界、媒体、企业、宗教、政府及民间机构。杜维明强调："中国不仅是经济实体、政治结构、社会组织，同时是一个文化理念。"④ 杜维明关于"文化中国"概念的疏解，与我们的理解大致相同，即"文化中国"不是一个政治概念或者地理概念，而是一个文化概念。

国内有的学者认为，就世界华人文化的地区性的分化发展而言，文化中国的格局大致有五个层次：第一个层次是大陆母体的中华文化，第二个层次是台、港地区的中华文化，第三个层次是东南亚以及东北亚各国华人聚居地区的中华文化，第四个层次是散居世界各国的华人所拥有的中华文化，第五个是外国朋友的汉学研究中所弘扬的中华文化。这五个不同地区（层次）的中华文化，跨越了人文地理以及社会、政治、经济等的距离，也超出了民族、学派、语言等的歧异，而就其对中华文化的保存、弘扬和认同感而言，是一脉相通的，具有统一性；而就其对中华文化的取舍、丰富和发展而言，则又各有成就，各具特色，展现为杂多性。由一趋多，多中显一；同归殊途，一致百虑。"'文化中国'这一范畴，既涵摄世界华

---

① 参见〔美〕傅伟勋《"文化中国"与中国文化》，东大图书股份有限公司1988年版，第13~16页。

② 参见沈庆利《论两岸互动中的"文化中国"》，载《暨南学报（哲学社会科学版）》2017年第5期。

③ 参见〔美〕杜维明《文化中国》，见《一阳来复》，上海文艺出版社1997年版，第10~12页。

④ 〔美〕杜维明：《"文化中国"精神资源的开发与创建》，载《东方》1996年第1期。

人文化这一综合性概念在内,又包容了世界各国学者、作者和友好人士对中华文化日益扩大和深化的多种研究成果。"① 我觉得,这种看法是比较平实的。根据这种认识,我们可以明显地认识到,"文化中国"作为一种文化观念、文化意识,它本身具有很强的包容性,具有广阔的胸襟,能够在世界上不同的国家和地区立足,适应当地社会的环境,在与世界文明的交流中发展壮大自身。可以说,正是"文化中国"观念的精神激励和价值引导作用,使得世界上不同地区的认同中国文化的人们能够相互联系、相互学习,在文化交流中提升中国文化的质素,升华自己的境界。② 正因为如此,"文化中国"的包容意识及其价值理念,对海内外中华儿女凝聚力的增强有着无可替代的作用。

第三节 守成创新的进化意识

既守成,又创新,在守成中创新,通过创新达到守成,是中国传统人文思想的又一重要内容和显著特征,它主要表现为尊重传统、重视常道、崇尚守成等方面。

一、尊重传统而开新

以儒家文化为主导之一的中国传统文化,看重文化发展的连续性和延续性,因而十分重视传统、尊重传统。

中国传统思想文化中的尊重传统的观念和行为,集中表现为道统观念的深厚绵长。早在先秦时期,道统观念就已形成。孟子曾经叙述了由尧、舜、禹、汤到文、武、周公再到孔子的"道"的历程,朱熹认为这是"历序群圣之统"(《四书章句集注·尽心章句下》)。孟子在这里制造了一个久远的道统,并以道统继承人自居,其目的在于为其政治主张制造历史

---

① 萧萐父:《"文化中国"的范围与文化包容意识》,载《江海学刊》1994年第1期。
② 参见涂可国《"文化中国":内在意蕴与时代价值——兼与杜维明商榷》,载《烟台大学学报(哲学社会科学版)》2018年第2期。

根据。这个道统论的基本思路和价值取向，是先王之道，是典型的传统崇拜。汉代董仲舒以奉天法古为旗帜，以阴阳五行为骨架，构建了阳儒阴法、阳德阴刑的新的统治之道，尊孔子为"素王"，力倡"罢黜百家、独尊儒术"，将先秦时期百家争鸣中仅为一家之言的民间学说——儒学——提高到了官方意识形态的至尊地位，其基本理路和手法是托古改制、托古创新，无论形式上还是实质上，仍然是传统崇拜。唐代韩愈以"虽灭死万万无恨"（韩愈：《与孟尚书书》）的决心，护卫"二帝三王群圣人之道"（韩愈：《原道》），则更是历史上有名的道统论的体现，是传统崇拜的表现。这种以道统论为集中表现的传统崇拜观念和行为方式的历史作用，绝不仅仅是过去人们所说的"反动""保守""为封建统治张目"所能正确而全面揭示的。从文化发生论的角度审视，从文化的民族性的方面考察，尊重传统，维护传统，对民族文化的延续和稳定，对不同层级、不同时代的人们的价值观的整合，对民族向心力和凝聚力的形成和发展，都有不可忽视、不可替代的作用。至于有的统治者利用传统为自己服务，以至败坏传统、歪曲传统，离散人心，妨碍社会健康发展，则是另外一个问题，值得我们认真研究、批判，但它与民族文化传统本身无关。这就好比现代武器与歹徒的关系。歹徒利用现代武器作恶，固然需要严惩，但现代武器本身是无辜的，它是人类文明进步、发展的结果，我们不能严惩现代武器。历史事实表明，在以农立国的中国古代社会，在崇尚往古、崇拜祖先的宗法制度笼罩下的封建国度，传统是联系古今、贯通上下的精神纽带。在传统的旗帜下开新，在传统的道路上进步，是当时历史的必由之路。而这，正是在守成中创新的中国传统思想文化的重要特质之一。

二、重视常道而权变

与尊重传统的观念相一致，重视常道也是在守成中创新的进化意识的重要内容和显著特征之一。

由于传统中国社会是以个体小农为基础的自然经济的社会，个体力量的弱小与自然力量的强大形成强烈的反差，人们甘于安分守己，并不希望社会有剧烈的变动，更不希望自然界有什么变异，因此，祈求稳定、重视常道便成为传统精神文化的重要成分。对于社会制度、风俗习惯、行为方式等，孔子一贯主张因革、损益，即在继承的基础上革新，在坚持常道不变的前提下进行调整。孔子的治国方案是"为国以礼"(《论语·先进》),认为礼是"经国家,定社稷,序民人,利后嗣者也"(《左传·隐公十一年》)。礼不仅是政治制度和文教制度,而且是道德标准和行为规范,人们立身行事必须遵循礼的原则,"非礼勿视、非礼勿听、非礼勿言、非礼勿动"(《论语·颜渊》)。礼成了孔子认定的基本思想原则。在坚持礼的基本思想原则的前提下,孔子也奉行变通的原则。对于行礼所需的某些物品的材料,他赞同俭省的方法,而不拘泥于传统方式的一成不变。为了复兴周礼,孔子甚至企图参加公山弗扰反对季氏的叛乱。他的学生子路批评说:没有地方去就算了,何必一定要往公山弗扰那里跑,支持犯上作乱呢?孔子答复道:"如有用我者,吾其为东周乎!"(《论语·阳货》)为了实现礼的秩序,孔子不惜违反他一向极力主张的不得"犯上作乱"的原则,其灵活性、变通性令人称奇。可见,孔子在坚持礼这个常道不变的前提下,也主张并实行相当的变革。这是典型的在守成中创新、在坚持中发展的思路。孔子之后,儒家学者基本都恪守这种理论思路,奉行这种办事原则。孟子说"男女授受不亲,礼也;嫂溺,援之以手者,权也"(《孟子·离娄上》),坚持的是礼这个常道不变,在此前提下,可根据情况适当变通。荀子曾说过"百王之无变,足以为道贯"(《荀子·天论》),强调的是常道的延续性、继承性及其典范作用。董仲舒追求"天不变道亦不变"(《汉书·董仲舒传》),并宣称道是万世无弊的,有弊的就不是道,是对道的违背。他把常称作"经"、变看作"权","经"神圣不可怀疑、不可动摇,"权"是适当变通,是"经"的补充。治国做人,要经权并用,但必须以经统权,"夫权虽反经,亦必在可以然之域。不在可以然之域,故虽死亡,终弗为也"(《春秋繁露·玉英》),因为经为阳,权为阴,阳主阴次。董仲舒说:"《春秋》之道,固有常有变。变用于变,常用于常,各止其科,非相妨也。"(《春秋繁露·竹林》)常、变各有其用处,并不矛盾。他还说:"今所谓新王必改制者,非改其道,非变其理,受命于天,易姓更王,非继前王而王也……若夫大纲、人伦、道理、政治、教化、习俗、文义尽如故,亦何改哉?故王者有改制之名,无易道之实。"(《春秋繁露·楚庄王》)总之,常道永恒、神圣,不可怀疑、改变;但作为常道的补充,权变、损益是可以的。实际上,我们从董仲舒所建立的以阴阳五行为骨架,以天人感应为核心,综合法、道、名、墨、农、杂诸家思想而成的汉代新儒学体系来看,从他所建构的三纲五常的基本道德原则来看，其基本思想原则确实是尊重常道而又不乏权变，是在守成中创新，以创新促进守成、巩固守成。① 汉代以后，就整体而言，传统思想文化和社会的发展，基本上是走的这种路子。

三、崇尚守成而拓展

与尊重传统、重视常道的古代文化价值取向相应，崇尚守成也是中国传统思想文化的重要内容和显著特征之一。

中国文化历来看重守成，尊重前人的创造成果，不简单否定前人的成就。所谓"祖述尧舜，宪章文武"，本质上是一种尊重前人思想、继承前人成就的守成思路。中国古代积淀甚深的先王崇拜观念，也从一个侧面反映出崇尚守成思想的深厚。"周公郊祀后稷以配天，宗祀文王于明堂以配上帝"（《孝经·圣治》），祭祀后稷和文王，绝非为祭祀而祭祀，而是为了表明自己的事业与先辈事业的文化亲缘关系，是对先辈事业的继承。这是先王崇拜观念的重要表现，也是它的价值所在。孔子曾经表示："周监于二代，郁郁乎文哉，吾从周。"（《论语·八佾》）孟子"言必称尧舜"（《孟子·滕文公上》），宣称"非尧舜之道，不敢以陈"（《孟子·公孙丑下》）。这些都是遵循前人事业的足迹前进、认定事业发展的历史继承性和延续性的明证。

崇尚守成的思想，还表现为关于攻守异势的论辩。西汉初期，刘邦的谋士们针对暴秦速亡的深刻教训，明确提出了"取与守不同术"的理论，指出"仁者道之纪，义者圣之学"（陆贾：《新语·道基》），逆取顺守、文武并用才是"长久之术"（《史记·郦生陆贾列传》），应当"定制度，兴礼乐"，"立君臣，等上下，使纲纪有序，六亲和睦"（《汉书·礼乐志》）。这实际上是要继承、恢复先秦时期的礼乐文化制度和道德行为规范，是要保守既有的政教风俗，以此开出新的局面。

以注释为基本方式和外在特征的中国古代经学，无论其基本方法还是理论思路，都是典型的守成思想的体现。以前人的经典为价值导向，经学家们以注释的方式阐释前人的思想，并借此阐发自己的思想观点。无论古

---

① 参见李锦全、杨海文《文史情怀·守正创新·道法自然——李锦全教授学术访谈》，载《中山大学学报（社会科学版）》2020年第4期。

文经学还是今文经学,都是依托前人、依托经典而阐发自己的思想。尽管古文经学与今文经学之间对于经典的理解有着严重的分歧,但从思维方式和价值取向来看,都是在保守、认同前人成果的基础上推进学术的发展,进而推动社会的发展。

综上而言,尊重传统、重视常道、崇尚守成,都是中国传统思想文化中守成创新的进化意识的体现。这种在守成中创新的进化意识,具有鲜明的中国特色,即用渐进的、温和的、尊重前人的方式解释世界、改造世界,充分尊重历史,强调精神文化发展的历史继承和世代延续。这种态势,往往被批评为保守主义。其实,任何历史传统都不是可以一刀割断的,任何民族、任何文化,要发展,就必须对既有的成就有所守,如果没有所守,则飘游无根。从中国历史发展进程来看,正是这种在守成中创新的观念和方式,使得中华民族的文化积累十分深厚、价值整合十分成功、本根意识特别强烈,从而"中华文明源远流长、博大精深"成为国人自豪的根据。当然,任何事情都有两面性。尊重传统过了头,变成传统崇拜而不自觉、自拔,就会成为复古主义者;重视常道过了头,变成"天不变道亦不变"的信奉者,就会成为历史发展方面的形而上学者、教条主义者;崇尚守成过了头,变成故步自封、不思进取,就会成为保守主义者、国粹主义者。实际上,尊重传统、重视常道、崇尚守成这些思想观念,在历史上都曾程度不同地被统治阶级所利用,产生过消极的影响。但是,作为民族文化的基本成分,作为文化传统的重要内容,它们却又曾在历史上发挥过规范人心、整合价值、凝聚力量的作用。在建设中国特色社会主义文化的今天,在市场经济的时代,我们应当注意开掘其中的积极成分,赋予时代精神,使之为当代中国文化建设服务,为中国社会的政治、经济、文化有机协调发展服务。

第四节 崇德重义的价值追求

崇德重义的价值追求,是中国传统人文思想的另一重要内容和特质。中国传统文化一贯重视道德,道德评判是价值评判的主体内容和基本准则。早在先秦时期,崇尚道德的思想就已经成为社会思想的主流。《左传·襄公二十四年》记载,叔孙豹与范宣子讨论"死而不朽"的问题。范宣子认为不朽是指保姓受氏而守宗庙,以便世不绝祀。叔孙豹不赞成这种看法,认为:"此之谓世禄,非不朽也……豹闻之:'太上有立德,其次有立功,其次有立言',虽久不废,此之谓不朽。"这个著名的"三不朽"论断,对后世影响极为深远。立德、立功、立言,立德为首。孔子关于杀身成仁、舍生取义的思想,是道义至上的典型。孟子关于人禽之辩的思想,也是同一理路。在孟子这类思想家看来,人与禽兽的区别,其根本在于道德的有无。《孟子·滕文公》说:"人之有道也,饱食、暖衣、逸居而无教,则近于禽兽。"要超越禽兽,成为有道德的人,就要发扬人的善性,将恻隐之心、羞恶之心、辞让之心、是非之心这"四端"(四种善端),转化提升为仁、义、礼、智四种美好品德。人生在世,要做一个大义凛然的"大丈夫",就必须能够"富贵不能淫,贫贱不能移,威武不能屈"(《孟子·滕文公下》)。董仲舒反对"矫情而获百利",反对为了名利而"随世而轮转",提倡"正心而归一善"(董仲舒:《士不遇赋》)。陶渊明"不为五斗米折腰"。儒家经典《大学》标榜的"大学之道",是"明明德,亲民,止于至善",这是把对完美道德的追求看作"唯此唯大"。为社会各界普遍认同的"君子爱财,取之有道","宁为玉碎,不为瓦全",等等,也是如此,都是崇尚道德价值的表现。

崇德必然重义。道理很简单,义也属于道德的范畴,古代往往仁义并举。只是由于重义的思想在传统社会特别丰厚,并且对后世影响特别深远,故我们将其与崇德思想对举。

"义",指道德理想、价值追求,往往是"道"的同义语。"义"的本义是指适宜。合理的、适宜的言论和行为,称为义。《礼记·中庸》说:"义者,宜也。"孟子说:"仁,人之安宅也;义,人之正路也。旷安宅而弗居,舍正路而不由,哀哉。"(《孟子·离娄上》)他还说过类似的话:"人,人心也;义,人路也。舍其路而弗由,放其心而不知求,哀哉。"(《孟子·告子上》)义是人走的正路,不走正路,就必然走歪路,做出不符合仁德的事情,十分可悲。孔子力主"务民之义",要求对人民进行道德教化。只要在上者实行义,则老百姓就会自觉归依,即所谓"上好义,则民莫敢不服"(《论语·子路》)。这是儒家正己正人思想的一个表现。孔子十分推崇义的价值和地位,说:"君子义以为上。君子有勇而无义为乱,小人有勇而无义为盗。"(《论语·阳货》)符合义的事,可以放胆去做；反之，则要坚决抵制。对此，他有一系列论说，例如："义然后取，人不厌其取。"（《论语·宪问》）符合义的东西，你尽可去争取、获得，人们不会讨厌你、厌恶你。因为义是划分行为正当与否的标准，是区别君子与小人的分水岭，所谓"君子喻于义，小人喻于利"（《论语·里仁》），便道出了这种心声。正是因为如此，故"君子义以为质"（《论语·卫灵公》），以义作为根本，以便"行义以达其道"（《论语·季氏》）。实行义，成了实现道的理想的必由之路。如果不符合义而得到富贵，是君子所不齿的："不义而富且贵，于我如浮云。"（《论语·述而》）孟子也将义提到至上的地位，他劝导统治者说："何必曰利，亦有仁义而已矣！"（《孟子·梁惠王上》）汉代初年的思想家陆贾说："义者，圣之学""以义建功""君子以义相褒，小人以利相欺""万世不乱，仁义之所治也"（陆贾：《新语·道基》）。董仲舒宣称利是用来养人的身体，义则是用来养人的心，而"义之养生人大于利"（《春秋繁露·身之养重于义》）。他那著名的"正其谊不谋其利，明其道不计其功"（《汉书·董仲舒传》）的论断，将义与道对举，把义提到了极其重要的高度。汉代以降，儒家关于义的思想影响日益深广，并成为传统人文思想的重要构成和显著特征之一。

传统人文思想中崇德重义的思想，在中华民族的发展历程中产生了极为重要的影响，对中华民族和中国社会的发展有着十分重要的影响。崇德重义的价值追求，引领着人们超越物欲、冲破名利的羁绊，努力提高自己的精神境界，成为一个高尚的人、一个有道德的人、一个社会认可的谦谦君子。这种对个体道德境界的熏陶和提升，客观上起着规范人心、整合价值使之趋同的作用，文化认同感和心理归属感大大强化，从而使得中华民族凝聚力日益增强。在这个意义上讲，崇德重义的价值追求有着很强的历史合理性。但是，崇德重义的思想过于强调道德的至上性，以道义消解功利，否定物质追求的正当性，以道德教化、道德修养等同、取代一切，从而导致了泛道德论的盛行，压抑甚至扼杀了个体的自主性、独立性和创造性。这种否定利益主体而片面伸张道德主体的思想，对后世民族精神的多元发展和中国古代社会的可持续发展，起了负面的作用，对此，我们应当注意并需要采取有力措施予以纠正。

第五节 追求崇高的理性精神

追求崇高是中国传统文化的优秀传统,是传统人文精神的重要表现。①就精神实质和价值底蕴的重要性而言,追求崇高集中表现为对安身立命之道的构建和践行。

中国古人非常重视安身立命的问题,所以中国古代有着非常丰富和深厚的关于个人安身立命的思想,从政治、经济到文化、社会,从国家民族到社会群体,从家庭到个人,都有成系统的理论。其间,代表性的有这样六个方面。

(1)崇尚奋斗。中国文化有着一以贯之的诸多精神,其中居首位的就是自强不息。自强不息是中华民族精神的一个重要方面,中共十六大报告把中华民族精神概括为"以爱国主义为核心的团结统一、爱好和平、勤劳勇敢、自强不息的伟大民族精神"。"自强不息"最早出自《周易》。《周易》中说:"天行健,君子以自强不息。"意思是,"天"(自然界)雄健活泼地运行,人(君子)根据自然界的运行规律和现象而自强不息。中国古代有一种天人合一的思想,天道神圣,因此人要顺应天,和天相一致,人以天的法则为自身法则。既然天都是健康、活泼地不停运行的,那么人当然要效法天,要自强不息。自强不息作为中华民族精神的重要构成,贯穿中华民族几千年的发展历程,至今仍然是支持我们前进的巨大精神力量。改革开放40多年,走到今天,中国在国际上逐渐强大起来,人民生活逐渐改善,社会生活逐渐好起来,一个根本的因素,就是我们有自强不息的精神的支撑。可以说,没有自强不息的奋斗精神,就没有当代中国在世界上的和平崛起。同理,没有自强不息的奋斗精神,就没有中华民族在近代中国历经千难万险从鸦片战争战败后的空前巨大的耻辱中走出来,奋

---

① 从本质上看,上节所讲的"崇德重义的价值追求"也属于"追求崇高的理性精神"范畴。本章将二者分开论述,是为了从不同侧面彰显中国传统人文精神,亦即中国优秀传统文化的内容、特质和作用。有兴趣的读者,可以参看李宗桂等著的《中国优秀传统文化的现代价值》(人民出版社2019年11月出版)。

第十三章 中国传统人文思想

起抗争,自我批判、自我觉醒、自我超越,迈向现代化的征途。

(2)"三不朽"的追求。"三不朽"在《辞海》中是一个单独的词条,意思指三种不朽的事业。人生在世,应当不断奋斗,应该追求、成就三种品德,使自己不朽于后世。"三不朽"出自传统经典《左传》。《左传》中有句话说:"太上有立德,其次有立功,其次有立言,虽久不废,此之谓不朽。"意思是,人生在世最高的境界、最高的成就,处于第一位的是树立美好的品德,其次是成就一番事业,再次是著书立说、留名于世。立德、立功、立言,这就是"三不朽"。这种"三不朽"的思想,不仅仅是一种奋斗进取的精神,更重要的,它是一种精神境界的追求,是要挺立道德自我和事业自我,从而实现价值自我。

(3)"正其谊不谋其利,明其道不计其功。""正"即端正、弘扬、光大;"谊"通假"义";"明"即把握、理解、明白,引申为光大、追求、弘扬的意思;"道"即价值、理想、情操、境界;"功"可以引申为实惠、功利。意思是,我们把握追求、弘扬光大美好的道德理想、价值学说,而不计较、不追求得到了多少实惠、多少功利。

古人认为,人生在世,一个知识分子、一个君子,其一生关于个人、事业和社会的基本价值准则,应当是"正其谊不谋其利,明其道不计其功"。这个思想影响了中国社会两千年。西汉大思想家董仲舒提出的这个"正其谊不谋其利,明其道不计其功"的理念,非常强调道德价值的作用、地位,强调人不能总是斤斤计较经济利益、眼前利益,而要看长远、看精神、看思想,坚持正确的价值。

清朝的学者颜元在新的时代条件下,提出"正其义而谋其利,明其道而计其功",意思是既要坚持弘扬美好的品德、价值、理想、情操,推行正确的理想和价值,也要考虑实际的效果、个人的业绩、个人的收获。站在现代社会的价值基线上,我觉得后一个命题比较合理,更加生活化、更有人文关怀、更加符合人情,这叫作义利双行,即道义和功利两样并重。从中国传统思想文化发展的逻辑进程看,"正其谊不谋其利,明其道不计其功"是追求崇高;同样,"正其义而谋其利,明其道而计其功",也是追求崇高。总体上讲,我们个人要安身立命,首先应该有"正其谊不谋其利,明其道不计其功"的思想,即凡事不要光看功利,而要有道义担当,有道义追求。当然,在一定条件下,我们也要考虑自己正当的物质利益、经济利益、精神利益等。合起来讲,我们既要正义明道,又要谋利计功,但不能为了谋利计功而抛弃道义。

（4）忠恕之道。这是个人安身立命的一个非常重要的方面，也是中国古代文化中个人与他人、个人与社会之间相处即人际关系论里面的一个很重要的思想，在今天也有很合理的因素。忠恕之道是为人处世的一个基本原则和方法。"忠"，指"己欲立而立人，己欲达而达人"，这是孔子的话，意思是自己想在社会上立起来，也希望别人并帮助别人立起来；自己要想成就一番事业，也希望别人并帮助别人成就一番事业。"恕"，指"己所不欲，勿施于人"，意思是自己不想得到的东西，也不强加给别人；自己不想做的事，也不强迫别人去做；自己不想得到的不好遭遇、不好境况，也不希望别人得到更不强加于别人；如果不想自己被贬斥、受冷落，不愿被排挤、被流放，不想处于坎坷悲凉的境地，那么也不希望别人处于这种不顺的境地，这就叫作"恕"。"忠"与"恕"二者的结合，叫作忠恕之道。孔子有个学生曾说过："夫子之道，忠恕而已矣。"即是说孔夫子的基本方法、基本原则，其学说的价值核心就是忠恕，忠恕是实现仁的方法和原则，是为仁之方。

"己所不欲，勿施于人"的恕道，在今天这样一个竞争异常激烈的市场经济时代，有很重要的启迪意义和借鉴价值。比方说，若是我不想被人匿名诬告、诽谤、陷害，那么我也不去诬告、诽谤、陷害别人。前些年，西方国家召开过一个世界宗教领袖会议，会议结束时发表了一个《世界宗教领袖会议宣言》。该宣言中讲到"普世伦理"，即适合整个人类、不同国家、不同民族、不同时代的伦理道德、基本思想和基本伦理。会议宣言认为，中国文化中的"己所不欲，勿施于人"就是普世伦理，是不分国家、民族、种族的整个人类都应该接受的。与忠恕之道相联系，还有一个孔子说的待人处事的原则，这就是"躬自厚而薄责于人"，亦即严以律己、宽以待人，这个原则在今天仍然有积极的意义。

（5）大学之道。大学之道来源于《大学》一书。《大学》很短，它本是从《礼记》中抽出来的一篇文章。宋朝的学者朱熹从《礼记》中抽出《大学》《中庸》，单独加以注释，和他注释的《论语》《孟子》合起来称为"四书"。《大学》里面阐发了一整套个人怎样立身处世、治国安邦、经世济民的基本原则和方法，当然主要是从道德的方面去讲的。大学之道是指大学的原则、方法和基本理念，"大学"指大人之学，有高尚品德和卓越才能的人叫作"大人"。所以，大学之道就是指怎样使一个人成为高尚的人、"大学"之人、独立的人的原则和方法。

《大学》虽然很短，但内容很丰富。《大学》一开始就明确地说："大学之道，在明明德，在亲民，在止于至善。"因此，明德、亲民、止于至善就是大学之道。大学之道的第一条是"明明德"。第一个"明"作动词来理解，即把握、认识、理解、弘扬、追求的意思，第二个"明"是形容词，美好、高尚的意思，"明明德"就是把握、追求、弘扬美好高尚的品德。大学之道的第二条是"在亲民"，即亲近人民、亲爱人民。但是，后来南宋的朱熹作注释时把这里的"亲"解释为"新"，作动词来理解，指教育、熏陶、启蒙的意思。这样一来，要使人民在道德上不断地更新、完善，就要启蒙人民、教育人民、提升人民。大学之道的第三条在"止于至善"，即达到最高的善。明德、亲民、止于至善这三条叫作"三纲领"，它们是基本的原则，是最核心的部分。但是，只有这三条是不够的。把握、弘扬、光大、实践美好的品德，倾听人民、爱护人民、教育人民、帮助人民，提升人民的素质，最后达到最高的善，这些只是抽象的、笼统的原则，另外还需要具体操作的方法。古人是很聪明的，所以"三纲领"后面还讲了八条：格物、致知、诚意、正心、修身、齐家、治国、平天下，一般叫作"八条目"。"三纲领""八条目"就是大学之道。

（6）"大丈夫"精神。孟子大力倡导道德修养，高度重视道德修养对人生和社会的作用。他认为，仁义礼智这些美好品德不是外力强加于"我"的，而是根源于"我"内心的，即"仁义礼智根于心"。因此，他主张养浩然之气，培养善性，去除恶性，只要坚持不懈，仁义礼智这些善良品质就会从萌芽变成参天大树。最终，就会成为"富贵不能淫，贫贱不能移，威武不能屈"的堂堂正正的人，孟子称赞"此之谓大丈夫也"。能够挺立道德自我，做一个高尚的人，一个有益于社会的人，不被富贵诱惑，不被贫贱压垮，不被权势屈服，当然是大丈夫。这是从个人道德修养层面而言。其实，如果我们把眼光放得长远一些，从更为广阔的视野考察，可以看见，"大丈夫"精神并不仅仅表现于个人道德修养的领域，还体现在政治家的治国理政实践中。质言之，就是政治家的担当精神。北宋王安石变法，提出了著名的"三不足"观点：天变不足畏，祖宗不足法，人言不足恤。自己认定的革除弊政、实行新政的变法措施，如果利国利民，就要坚定不移地进行下去：无论天象如何异常变化，都不必畏惧；无论祖宗的规矩多么严密神圣，都不一定效法；无论反对变法的人们如何议论，都不必顾虑。这种思想观念及其相应的实践，无疑是政治家担当精神的体现，是政治家身上体现出的"大丈夫"精神。

中国传统文化内容极其宏富，追求崇高的精神表现相当多样，一切鼓励人们向上、向善、向前、向实的思想观念，都属于追求崇高的范畴，限于篇幅和主题，这里只能就其主要之点概略而论，详尽的阐释当留待相关专著完成。

第六节 中国传统人文思想的功能

上述中国传统人文思想，作为中华民族整体智慧的结晶，作为人类文明的重要构成，它有着特殊的功能。这种特殊功能主要表现为民族凝聚功能、精神激励功能、价值整合功能、行为规范功能。

（1）民族凝聚功能是其首要功能。中国传统人文思想是历史地发展着的。它的精华集中表现为中国文化的基本精神，具体化为坚韧不拔的从道精神、超越功利的人文精神、贵和尚中的和谐理想、文化中国的包容意识、守成创新的进化观念、崇德重义的价值追求，以及中华一体、天下一统的整体思想，等等。近代以来，传统人文思想在被批判继承、创造转化的同时，受到西方文化的影响，特别是通过社会变革的实践，逐渐形成了追求科学、民主、自由、文明、法治的思想观念，以及独立自主、自力更生、追求民族独立的思想观念。改革开放以来，又进一步形成了自立自主的观念、竞争与和谐一致的观念、效益与公正统一的观念、道义与功利一致的观念、契约观念，等等。这些思想观念，适合社会的需要，反映着不同时代的时代精神，因而有着强大的号召力和统摄力。它能够使人们超越地域、时代、种族、阶级的界限，为了长远的、整体的利益而克服个人自身的诸多局限，寻求文化心理的归宿，找到价值规范的依据，进而同心同德地为中华民族的整体利益和长远利益而不懈奋斗。

（2）精神激励功能是中国传统人文思想的另一个重要功能。传统人文思想是中国传统文化基本精神的体现，是民族优秀传统文化的体现，它应当而且必然反映着中国文化的健康的发展方向，能够激发人们的民族自尊心和自豪感。它理所当然地成为维系民族统一体存在、发展、壮大的精神力量，成为推动民族进步的思想源泉。文化中国的理想追求，激励着人们不断发展自己民族的文化，提升其品位，超越野蛮、粗鲁，突破狭隘的地域界限，包容更多的文明追求者，迈向更高的文明。贵和尚中的和谐理想，引导人们努力创造和谐融洽的局面，反对偏激，做事适度，"保合太和"，不以无谓的斗争为荣，而以有条件、有原则的让步换取统一、和谐的状态，从而在维护整体利益的同时，更好地保全自己、发展自己。坚韧不拔的从道精神、崇德重义的价值追求，对价值理性的弘扬，对人的精神境界的升华，都有无可替代的濡染、催化作用。

（3）价值整合功能，是中国传统人文思想的另一重要功能。中国古代文化是在多元一体的格局下发展起来的。齐鲁文化、巴蜀文化、荆楚文化、吴越文化、岭南文化、燕赵文化、三秦文化，等等，都是中国古代人民在长期的实践中，在特定的地域里，通过艰苦而又富有创造性的探索，所创造出来的反映该地域人民文明发展程度的文化。这些地域文化，各有其自然环境特色和社会人文特色，反映着不同的价值观念，彼此不能等同、取代。但是，这些地域文化都有着刚健自强的奋斗精神、中华一体的认同意识、理想至上的从道精神。这些精神和意识，体现着不同之中的"大同"，即价值取向方面的一致。正是在这种共同理想、共同精神的催化、交融下，多元发展的地域文化逐步走向融合，成为中华民族文化整体的重要成分。同时，不同地域的文化被纳入中华民族文化的整体框架之后，原本分别存在于各个地域文化之中的各种文化基因仍然继续存在，有的还被思想家们发掘、提炼，转化为全民族的共同精神财富。①

值得注意的是，思想文化的价值整合功能，其发挥作用的一个重要途径，是通过文化大传统的形成和扩展。天人合德、刚健有为、崇德重义、贵和尚中、守成创新、人本思想等，通过长期的历史淘洗，特别是通过思想家们的理论创造和宣传，以及政治家们的提倡，逐渐成为全社会广泛认同并自觉实践的文化观念。这些文化观念超越了地域和阶层的限制，成为共同的文化心理，代代承传，不易为外来的力量——无论是物质的力量还是精神的力量——所打破、所改变，从而成为中华民族的文化大传统。在文化大传统的浸染下，原有的地域文化所蕴含的文化小传统吸纳了更多的中国文化的共性，同时又继续保持着自己的个性，两者形成适当的张力，

---

① 参见孙华《传统人文精神的现代化转型》，载《人民论坛》2018年第33期。

推动着中国文化的整体发展和中国社会的稳步前进。

（4）行为规范功能是中国传统人文思想的又一重要功能。人文思想作为思想文化的精华，它所蕴涵的思维方式、价值观念、理想人格、伦理规范、审美情趣等，虽然属于不易为人们感知的深层结构的东西，但它在通过社会政治制度、经济生活等层面的运作表现出来后，特别是通过具体的个人行为展现出来后，就反映出其间的规范所在。修己安人、正己正人、成圣成贤、安邦治国、民胞物与、仁义礼智、天人合一等思想观念，一旦落实到具体的个人的操作层面，便强烈地显现出其行为规范的一面，而且是十分重要的一面。这些思想观念，实际上是传统社会的人生理想和价值准则，是人们的安身立命之道，它规范着人们的行为，使人们在价值目标方面趋同，从而在客观上增强了民族文化的生命力。

通过上述的民族凝聚、精神激励、价值整合、行为规范等功能的发挥，以及它们之间的交互作用，中国传统人文思想对全民族的价值观念产生了统摄作用，对民族文化心理产生了激发、认同作用，增强了中华民族凝聚力，推动了中国社会进步和中国文化的发展。

毋庸讳言，中国传统人文思想，在不同历史时期有着不同的表现，起着不同的作用。有学者指出，先秦人文精神表现为"人文化成"的文明创造精神、"刚柔相济"的理论思维力量、"厚德载物"的伦理道德规范，中国古代文化中这些人文精神的基本方面，在长期的社会发展中一直发生着作用。① 还有学者认为，传统文化的人文精神表现为以伦理、政治为轴心，不甚追求自然之所以然、缺乏神学宗教体系；表现为不把人从人际关系中孤立出来，不把人同自然对立起来，而是天中有人、人中有天、主客互融的天人合一思想；表现为人不把天作为仅供认知的对象物，不去追求纯自然的知识体系；在价值论上，表现为反功利主义；等等。② 台湾学者徐复观提出的中国文化的"忧患意识"和大陆学者李泽厚提出的"乐感文化"，都揭示、强调了中国文化的人文精神，但都有不足之处。忧、乐之外，应当加上"圆融"——忧乐圆融，这才是中国文化的人文精神。③

---

① 参见张岂之《关于先秦时期人文精神的几个问题》，载《光明日报》1996年9月17日。
② 参见庞朴《中国文化的人文精神（论纲）》，载《光明日报》1986年1月6日。
③ 参见朱汉民《宋儒身心之学的双重关怀》，载《中国哲学史》2011年第3期。

"忧乐圆融"可以说是对"忧患意识"与"乐感文化"的一种辩证综合。① "这个人文精神作为文化传统,铸就了我们民族的基本性格;它在各个不同时代有其不同的变异,呈现为不同的时代精神。"② 就中国古代文化传统而言,人文思想的具体内容包含着并体现为仁民爱物、修己安人、义以为上、天人合德、以人为本、刚健有为、贵和尚中等中国文化的基本精神和价值观念。就近现代文化发展历程而言,人文思想包含并表现为爱国主义、民族主义、科学精神、民主精神等最为基础的价值观念。中华人民共和国成立以后,通过数十年的艰难探索,特别是通过改革开放的生动实践,具有中国特色的现代人文思想正在神州大地孕育出来。独立自主、自力更生、艰苦奋斗、集体主义、爱国主义、法治精神、公民意识等具有社会主义时代色彩的、充分显示中华民族人文意识的精神因素,不断增强,并成为民族团结、社会进步的重要凝聚力量和激励力量。以重人情为特征的传统人际关系,正在逐渐转变为契约关系而又不乏人情;以长官意志为转移的社会运作系统,正逐渐转变到民主法治的轨道上;过去以他制他律为根本要求和显著特征的个体自我,正转变为以自制自律为特点,并与他制他律相结合的觉醒的主体意识;片面宣扬动机而忽视甚至蔑视效果的思维方式和价值观念,正在为动机与效果并重、不尚空谈、重视效益的新型思维方式和价值观念所取代;等等,不一而足。质言之,契约观念、法治观念、民主观念、主体意识、效益观念等,正在成为新型人文思想的重要内容。③

应当指出,中国传统人文思想有自身的缺陷。④ 庞朴先生就曾指出:"中国文化的人文精神,给我们民族和国家增添了光辉,也设置了障碍;它向世界传播了智慧之光,也造成了中外沟通的种种隔膜;它是一笔巨大的精神财富,也是一个不小的文化包袱。像一切事物都有自己的两重性一样,中国文化的人文精神也有两重性。"⑤ "中国文化是人文主义的。但这

---

① 参见陈珊、法帅《"忧乐圆融"的中华人文精神及对新时代中国文化建设的启示——以庞朴的文化理念为中心的探讨》,载《东岳论丛》2020年第5期。
② 庞朴:《忧乐圆融——中国的人文精神》,载《二十一世纪》1991年第6期。
③ 参见李宗桂《民族文化素质与人文精神重建》,载《哲学研究》1994年第10期。
④ 参见李承贵《人文认知范式与中国传统人文思想的豁显》,载《天津社会科学》2018年第3期。
⑤ 庞朴:《中国文化的人文精神(论纲)》,载《光明日报》1986年1月6日。

是一种缺乏近代西方那种科学与民主精神的人文主义。"① 我觉得，这些见解是十分精辟、深刻的。

　　思想当随时代。我们在迈向现代化的途程中，应当扬长避短，改造传统的人文思想，铸造具有现代意识、吸收外国优秀文化的新的人文思想。我们在锻造新型文化价值观的时候，在弘扬传统的人文思想的时候，要始终不渝地坚持弘扬时代精神，用时代精神引导、提升传统人文思想的品质。只有这样，我们中华民族的文化才能不断更新、不断成长，成为人类文化之林中的参天大树。

---

① 庞朴：《人文主义与中国文化》，载《文史知识》1987年第1期。

后　记

　　2020年是我任教35年的中山大学哲学系复办60周年，系里组织出版一系列著作，以展示本系的科研成果。系里将我在本系讲授本科生课程"中国文化概论"使用的教材《中国文化导论》一书（广东人民出版社2002年出版）列入出版计划，我乐于从命。现在读者见到的这个本子，是我在该书的基础上修订而成，故而书名成为《中国文化导论（修订本）》。

　　20世纪80年代中期，中国传统文化研讨热潮在神州大地兴起。适应大学生学习中国传统文化的需求，我于1986年在中山大学开设"中国文化概论"课程，继而于1988年在中山大学出版社出版了《中国文化概论》教材。该书成为中华人民共和国成立以后出版的第一部《中国文化概论》，中山大学是第一所开设"中国文化概论"课程的大学。该书出版以后，受到始料未及的欢迎，接连多次重印，包括出版社正式印刷和盗版的在内，总印数超过10万册。台湾地区出版了该书的繁体字本，韩国出版了韩文本。国内数十所高校将该书作为教材，韩国一些高校也将其作为教材。该书先后忝获"中国图书奖""全国优秀图书奖""国家教委（教育部）优秀教材奖"等多项奖励，并于2009年被国家新闻出版总署评选为"新中国60年优秀图书"，于2019年入选中共中央宣传部主办的"新中国图书版本展"。这些，都是对我的极大鼓舞和鞭策。

　　2002年，为了解决本校和兄弟院校本科生"中国文化概论"课程的教材用书问题，我对《中国文化概论》做了修订，删除了若干章节，增加了新的章节，修改了若干章节，以《中国文化导论》为书名由广东人民出版社出版。现在这个《中国文化导论（修订本）》，是在该书基础上修订而成，由中山大学出版社出版。

　　在本书修订过程中，我指导的已经毕业的博士们给予了有力的帮助，他们是程潮（广州大学教授）、张倩（华南理工大学副教授）、左康华（广州大学副教授）、贾未舟（广东财经大学副教授）、于霞（广东财经大学副教授)、罗彩(广东工业大学讲师)、林晓希(华南农业大学讲师)。中山大学出版社徐诗荣编辑付出了辛勤的劳动。在此,我向他们表示真诚的感谢!

李宗桂
2020 年 11 月 8 日于广州中山大学寓所